신고전학파 경제학과 행동 경제학
Neoclassical Economics and Behavioral Economics

NEOCLASSICAL ECONOMICS AND BEHAVIORAL ECONOMICS

신고전학파 경제학과 행동 경제학

홍 훈

연세대학교 경제학부

신론사

머리말

이 책은 20세기 경제학의 대표인 신고전학파 경제학neoclassical economics과 1970년대부터 신고전학파의 비판세력으로 등장한 행동경제학behavioral economics이 인간과 경제, 그리고 사회에 대해 제시하는 입장을 비교하는 데 일차적인 목표를 두고 있다. 이를 통해 사회과학에 보다 적절한 인간상을 모색하는 것이 이차적인 목표이다.

보다 구체적으로 서론에 해당되는 1장에서는 신고전학파 경제학의 전통적인 특징을 제시했다. 여기서는 여타 학파들로부터 신고전학파를 구분하는 데 목표를 두었다. 이론적으로 합리적 개인과 가격기구를, 방법론으로 개체주의와 반증주의를, 사회철학으로 자연 상태와 최소한의 정부를 내세운다는 점을 신고전학파의 특징으로 제시했다.

2장에서는 신고전학파 내부나 부근에서 1970년대 이후로 생겨난 몇 가지 변화들을 조명했다. 우선 신고전학파는 일반균형이론에서 그간 주어져 있거나 외생적이라고 간주했던 것들을 설명하고 있다. 선호형성, 기술변동, 제도발생 등이 대표적인 예이다. 이는 내적인 정합성을 공고히 하려는 신고전학파의 노력이자 자신의 공준과 전제에 대한 성찰에 해당된다.

둘째, 신고전학파는 합리성 등 자신의 입장과 방법을 다른 학문들의 대상들에 적용해 확인하고 있다. 첫 번째의 내생화가 내부를 공고히 하는 것이라면, 출산이나 결혼 등 대상의 외연적인 확대는 경제학의 세력팽창을 보여준다.

셋째, 신고전학파의 주변에서 행동경제학, 신경경제학, 실험경제학 등 새로운 흐름이 등장했다. 세 번째 흐름이 주로 개인의 합리성을 확인하는 방향이라면, 첫 번째와 두 번째는 합리성공준을 재검토하는 방향을 취하고 있다. 이 중에서 이 책은 행동경제학에 주로 초점을 맞춘다.

3장에서는 20세기의 표준적인 경제학이론으로서 기대효용이론expected utility theory 혹은 합리적 선택이론rational choice theory을 중심으로 신고전학파가 개인의 선호와 선택을 어떻게 설명했는지 검토해, 경제학의 인간상을 확인했다. 이를 위해 완전성이나 이행성 등 기대효용이론의 기본공준들을 논의했다. 이에 근거해 신고전학파의 사회철학인 자유방임주의 혹은 시장자유주의를 다시 검토했다.

4장에서는 신고전학파의 합리성 공준을 비판하면서 등장한 행동경제학의 이론과 이 이론에 근거한 인간상을 검토했다. 행동경제학은 기대효용이론이 주장하는 바와 달리 재화에 대한 선호에 있어 사람들이 비일관성이나 불안정성을 보인다고 주장한다. 그 근거로 행동경제학은 준거의존성과 손실회피, 맥락의 특정성, 초기대안의 중요성을 부각시켰다.

보다 넓게 행동경제학은 신고전학파가 상정하는 인간에 대해 의심하면서 의사결정과 행위를 규정하는 두 가지 체계를 내세웠다. 제1체계는 반자동적이거나 습관적으로 움직이는데 비해, 제2체계는 계산적이고 합리적이다. 신고전학파는 제2체계만을 인정하는 셈이다. 이에 따라 행동경제학은 자유온정주의를 자신의 사회철학으로 내세웠다. 합리적 개인에 근거한 자유방임주의에 맞서는 자유온정주의는 개인의 선택을 존중하면서도 개인이 비합리적인 행위에 빠져 들지 않도록 권유하는 장치를 주창한다.

결론에 해당되는 5장에서는 양자의 차이점이 아니라 유사성을 지적했다. 중요한 차이에도 불구하고, 인간을 사회와 독립적인 개인으로 파악하고 개인의 선택을 중시한다는 점을 양자의 유사성으로 부각시켰다. 사회성을 지닌 인간상을 모색하기 위해 행동경제학과 경제학 내에서 사회성을 강조하는 흐름, 사회적 맥락을 강조하는 심리학과 철학에 대한 전반적인 논의, 동양의 특징과 사회관계를 강조하는 문화/역사심리학, 그리고 체제 정당화이론과 사회적 지배이론을 검토했다.

이 책은 경제학의 여러 가지 학술지에 나온 논문과 전문서적을 자료로 삼았다. 먼저 주요 서베이 학술지인 *Journal of Economic Literature*와 *Journal of Economic Perspectives*를 일차적인 자료로 삼았다. 또한 여기서 정리된 것들을 신고전학파의 핵심적인 학술지인 *American Economic Review, Quarterly Journal of Economics, Econometrica, Journal of Political Economy, Review of Economic Studies*를 통해 확인하고 살을 붙였다. 더불어 *Cambridge Journal of Economics*나 *Journal of Evolutionary Economics* 등에 의존해 비판적인 관점을 정립하려고 노력했다. 끝으로 세부주제와 관련해 경험적인 연구에 근거한 심리학이나 경영학 논문들을 참고했으며, 주제에 따라 국내외 서적들을 추가적으로 검토했다.

광범위한 주제들을 다루고 있지만 세부 주제들의 내용이 아니라 전체적인 조망을 목표로 했다. 엄청난 문헌의 홍수 속에서 이 목표를 달성하기 위해 독서의 수량을 인위적으로 정해 놓았다. 절 하나에 평균 20-30편 정도의 핵심논문들을 읽어, 총 600편의 논문들과 부분적으로 이를 대체할 책들을 소화하려고 노력했다.

별다른 연구업적을 쌓지는 못했지만 경제학을 중심에 놓고 필자가 이런 저런 사상에 관심을 둔 지 여러 해가 되었다. 그간 가장 큰 관심을 끌었던 사상은 역시 마르크스와 헤겔 등의 사회사상과 사회철학이었다. 그 다음으로 관심을 끌었던 사상은 하이에크를 중심으로 한 오스트리아학파였다. 그러고 나서는 아리스토텔레스에 흥미를 느꼈다. 그런데 최근에는 행동경제학과 역사문화심리학에 관심을 두게 되었다. 어떤 이유로 이런저런 사상들에 관심을 가지게 되었는지에 대해서는 스스로 규명하지 못하고 있다. 그러나 행동경제학의 경우에는 어느 정도 엄밀성을 지니면서도 보다 현실적이어서 신고전학파 경제학의 빈 구석을 메울 수 있다는 위안이 저자를 이끌고 있는 것 같다.

신고전학파 경제학에 대한 비판과 이에 대한 대안 모색이 저자의 지속적인 작업의 목표이다. 이 책에서도 이런 목표를 달성하기 위해 노력했다. 여전히 한계는 너무나 많았다. 그렇더라도 이 땅의 경제학, 사회과학, 그리고 학문이 제대로 정착되기를 갈망하는 마음으로 심리적 부담을 억누르면서 이 책을 내놓게 되었다. 이번에도 보잘 것 없는 연구를 도와준 김 경에게 감사한다. 끝으로 이 저서는 2008년 정부(교육과학기술부)의 재원으로 한국연구재단의 지원을 받아 수행된 연구임(KRF-2009-812-B00072)을 밝혀둔다.

내 가슴 속에 흐르는 한 줄기 시냇물이
폭포수로 변할 때를 기다리며

신촌에서

차례 INDEX

1장

신고전학파 경제학의 전통적인 특징

1.1 이론: 합리적인 개인의 선택과 시장의 가격기구
1.2 방법론: 개체주의와 반증주의
1.3 사회철학: 자연상태와 최소한의 정부

18세기말에 영국의 고전학파로부터 시작된 경제학의 현재 모습이 신고전학파 경제학neoclassical economics이다.[1] 원래 1990년대까지 근대경제학은 신고전학파, 마르크스학파, 신리카도학파 및 후기케인즈학파의 세 부류로 나뉘어 있었다. 현재는 신고전학파가 자본주의의 주류경제학으로서 경제학계를 압도하고 있다. 신고전학파는 지역적으로 미국을 중심으로 자본주의 이론과 이념을 전세계에 전파하고 있다.

신고전학파의 이론은 미시경제학과 거시경제학으로 구성되어 있다. 계보로 보면 한계효용학파의 이론을 미시경제학의 뿌리로 삼으며, 케인즈John Maynard Keynes에 대한 보수적인 해석을 거시경제학으로 삼는다. 20세기의 대표적인 신고전학파로 케인즈주의의 새뮤엘슨Paul Samuelson과 토빈James Tobin, 그리고 차세대로서 새케인즈주의의 스티글리츠Joseph Stiglitz와 맨큐Gregory Mankiw 등을, 통화주의와 새고전학파에서는 프리드먼Milton Friedman, 스티글러George Stigler, 베커Gary Becker, 루커스Robert Lucas, 사전트Thomas Sargent, 프레스코트Edward Prescott 등을 들 수 있다.

신고전학파의 거시경제학 안에는 시장경제의 (불)완전함과 관련해 케인즈주의자와 통화주의자의 대립이 존재한다. 그렇지만 경제학의 사회철학은 고전경제학의 스미스Adam Smith에서 비롯되었으며, 그 내용은 시장과 가격기구

1 주지하듯이 '신고전학파'는 한계효용학파가 소비뿐만 아니라 생산을 고려하기 때문에 고전학파와 연속적이라고 주장하기 위해 마샬(Alfred Marshall)이 붙인 명칭이다. 이후 논의에서 고전학파와 신고전학파를 포괄하는 용어로는 '주류경제학'을 사용했다.

에 대한 포괄적인 믿음이다. 그런데 경제학이 신고전학파에 들어서면서 개인의 합리적인 선택이 시장의 가격기구에 결합되었다. 그러므로 개인의 합리적인 선택과 시장의 가격기구를 신고전학파의 양축으로 간주할 수 있다(홍 훈, 1992).

모든 학파는 이론, 방법론, 사회철학의 세 가지 측면에서 파악할 수 있다. 이 장에서는 70년대까지 나타났던 신고전학파의 모습을 이 양축을 중심으로 세 가지 측면에서 정리해 이후 논의의 기반으로 삼고자 한다.

1.1 이론 : 합리적인 개인의 선택과 시장의 가격기구

1.1.1 미시영역

게임이론이 등장하기 이전까지 신고전학파를 대변한 틀이 일반균형체계 general equilibrium system이다.[2] 수없이 많은 논문과 여러 명의 노벨상 수상자들을 배출한 일반균형체계는 시장의 균형을 설명하고 균형 하에서 시장의 효율성을 논증하는데 목표를 두고 있다. 이런 목표를 위해 경제전체를 개별 재화들과 개별 생산요소들의 시장들로 나누고, 이 모든 시장들에서 수요곡선과 공급곡선을 설정한 후, 이 시장들에서 동시에 균형들이 등장한다고 주장한다. 이에 따라 일반균형이론은 시장들의 상호의존성과 균형의 동시적인 성격을 강조한다.[3]

---

2 애로우(Kenneth Arrow, 2001)는 20세기 경제학의 다섯 가지 이론적 발전으로 불완전경쟁 및 게임이론, 정보경제학, 일반균형이론, 국민소득계정이론, 경제성장 및 발전이론을 꼽고 있다. 이 중 일반균형이론이 20세기 전반과 중반의 핵심이라면, 게임이론이나 정보이론 등은 중후반에 부상했다.

3 일반균형이론이 시장경제를 설명하는 틀이라는 믿음에 있어 미국의 경제학자와 한국의 경제학자 사이에 커다란 차이가 있다. 무엇보다 미국의 학자들은 이 이론으로 일상적인 문제를 다루겠다는 집념을 가지고 있다. 이에 비해 한국의 경제학자들은 이 이론을 가지고 한국경제의 구체적인 문제들을 다루겠다는 생각은 가진 적이 없는 것 같다. 이것은 이 이론의 보편적인 비현실성과 한국경제에서의 비현실성을 한국의 학자들이 스스로 토로한 것이다. 그렇지만 미국의 대학뿐만 아니라 한국의 대학에서도 일반균형이론은 연구와 교육의 금과옥조였다. 돌아보

일반균형체계에서 개인의 합리적 선택과 시장의 가격은 상호작용한다. 개인은 효용, 이윤, 만족, 편익의 극대화, 그리고 고통, 희생, 비용의 극소화를 위해 판단하고 결정해서 재화나 자원의 수량을 선택한다. 이 점에서 경제학은 선택이론적choice-theoretic이다. 재화나 자원에 대한 개인의 비교는 관찰, 정보처리, 인식과 판단을 필요로 한다. 개인이 대체보완관계에 있는 여러 용도의 재화들을 선택하는 행위들이 모여 시장에서 수요공급이 변동하고, 이에 따라 자원들이 다양한 용도를 찾아 여러 산업들 사이에 이동한다. 이와 같이 개인의 선택과 자원의 배분은 가격을 통해 연결된다.

신고전학파는 개인의 선택과 자원의 이동을 강조하므로 대체가능성을 포괄적으로 인정한다. 재화나 생산요소의 대체가능성이 개인이 선택할 수 있는 범위와 자원배분의 범위를 결정하기 때문이다. 같은 이유로 신고전학파는 재화나 자원들 사이의 보완관계나 보완비율보다 대체관계나 대체비율을 부각시킨다(Hicks, 1939, pp.47-48).

가격은 경제주체들이 지불할 부담이나 비용이므로, 경제주체들은 가격변동에 따라 자신의 선택을 변화시킨다. 가격에 따른 선택의 변동이 수요량과 공급량의 변동을 가져와 수요공급의 법칙, 수요공급함수, 수요공급곡선을 낳는다. 개별수요곡선은 소비자가 주어진 선호를 기반으로 가격이나 소득의 변동에 처해 재화와 서비스의 종류와 수량을 선택한다고 전제한다. 개별공급곡선은, 좀 더 복잡하지만, 주어진 기술에 의존해 생산자가 공급할 재화나 서비스의 수량(과 종류), 그리고 노동과 자본의 결합비율을 결정한다고 전제한다.

개별수요곡선들과 개별공급곡선들이 모여 시장수요곡선과 시장공급곡선을 이룬다. 그리고 시장의 수요량과 공급량의 차이에 따라 가격이 변동한다. 시장에서 나타나는 수요량과 공급량의 차이에 따라 가격을 변동시키는 가상적인 존재가 왈라스적인 경매인Walrasian auctioneer이다. 이런 가격변동이

면 현실에 적용되지 않지만 학자들이 중시하는 이론이나 사상은 한반도의 역사에서 드물지 않다. 가령, 유학이나 주자학이 한국의 현실에서 동떨어져 있는 경우에도 그것의 외형이 양반들에게는 오랜 동안 중요했다.

다시 개별수요량과 개별공급량의 변동을 가져와 개인의 선택과 시장의 가격 변동이 서로 영향을 주고받는다. 개인의 선택과 시장의 가격이 서로 영향을 주고받는 과정이 반복되면서, 시장에서 수요와 공급이 일치되는 고정점fixed point에 이르면서 균형이 성립된다.

시장의 수요량과 공급량이 일치되므로 균형이고, 모든 시장에서 동시에 그렇게 되므로 일반균형이다. 더불어 일반균형은 모든 시장들의 동시적인 균형이자 개인과 시장, 그리고 모든 개인들의 동시적인 균형이다. 시장의 수요량과 공급량이 일치되어 개인의 선택과 시장의 가격이 모두 더 이상 변할 필요가 없는 상태에 이른다는 점에서 균형은 고정점이다. 이런 골격 속에서 일반균형이론은 균형의 존재, 균형의 숫자, 그리고 균형의 안정성에 관심을 가진다.

한편으로 개인의 선택이 가격에 반응한다고 보므로 가격에 대한 탄력성elasticity이 중요하다. 다른 한편으로 개인들의 선택이 모인 수요와 공급의 변동에 따라 시장에서 가격들이 움직여야 하므로 가격의 신축성flexibility이 중요하다. 이같이 시장경제가 개인의 선택과 시장의 가격기구에 의존한다는 것은 가격의 탄력성과 신축성을 전제로 한다.

시장경제는 외적인 요인의 변동으로 인해 불확실성을 지닌다. 가격기구는 이를 무질서가 아니라 유연성으로 바꾼다. 가격이 정보이고 가격기구가 정보체계이므로, 외적인 변동은 시장에서 가격의 신축적인 변동으로 나타난다. 개인들은 여러 경제행위를 통해 이런 가격변동에 탄력적으로 반응해 자신의 이익을 최대화하는 방식으로 이에 대처한다.

따라서 가격을 통해 매개되고 조정되는 개인의 선택과 자원의 배분이 신고전학파가 파악하는 시장의 핵심이다. 힉스John R. Hicks는 자신의 책 1부의 시작부분에서 '이성도 선택이다Reason also is choice.'라는 『실낙원』Paradise Lost의 구절을 인용해, 합리적인 선택이 신고전학파의 초석임을 명시했다(Hicks, 1939, p.9). 또한 익히 알려진 바와 같이 신고전학파 경제학의 일차적인 경제문제가 희소한 자원의 적정한 배분이라는 로빈스Lionel Robbins의 주장은 절대다수의

동의를 얻고 있다.[4]

우선 신고전학파는 개인의 선택을 중시하므로 개인의 경제활동, 그리고 활동 중에서 선택을 가장 중시하고 다른 활동도 선택으로 바꾸어 생각한다. 넓게 보면 근대서양의 자유주의와 개인주의는 포괄적으로 개인의 선택을 중시해 왔다. 그런데 선택의 대상은 원래 재화, 직업, 배우자라기보다 왕이나 지도자, 정치체제였다. 이제 와서 이것은 개인의 선택이 경제현상에 국한되지 않음을 의미한다. 구매나 투표나 개인의 선택이다. 또한 구매가 시장에서 가격으로 환산되듯이, 선거에서 여러 개인들의 투표가 사회전체로 통합되고 합산된다. 투표가 개인의 합리적 선택에 해당되고, 투표의 결과인 대통령 선출은 시장의 균형에 해당된다.

그런데 경제학은 여타 사회과학과 달리 개인의 선택을 일차적으로 재화의 거래와 관련지었다. 또한 경제학이 주로 관심을 두는 시장에서는 개인의 선택에 가격이 따라다닌다. 가격은 개인이 선택할 대상에 수반된 비용이나 편익이자 재화를 위시해 시장에서 거래되는 물건에 대한 사회의 평가이다. 공개적인 평가라는 점에서 재화의 가격은 학생들의 점수와 비슷하다.

경제학의 일차적인 전환점은 가격이 재화의 정태적인 속성attribute이 아니라 변동하고 움직이고 수량적인 존재로 파악했다는 데 있다. 이 때문에 신고전학파는 개인의 선택을 가격, 그것도 움직이고 변동하는 가격과 연결시켰다. 개인의 선택을 가격과 연결시켜 얻은 것이 개별수요량 및 공급량과 개별수요곡선 및 공급곡선이다. 여기서 개인의 선택은 '매개변수와 연결된 제약하의 극대화'parameterized constraint maximization로 설정된다. 결과적으로 개인의 선택이 가격을 통해 시장의 수요공급으로 이어지며, 그 역도 성립한다.[5]

많은 유사성에도 불구하고 가격과 결합되어 있다는 점에서 시장은 정치

4 로빈스는 전통적인 케임브리지대학의 경제학에 맞서 신설된 시장지향적인 런던정경대학 경제학부의 수장이었다. 그는 대륙의 하이에크(Friedrich August von Hayek)를 불러들여 중도좌파적인 케인즈와 논쟁을 벌이게 한 장본인이기도 하다.

5 배리언(Hal Varian, 1978)은 개인의 선택과 시장의 균형을 연결시키는 방식으로 논의를 진행해 이런 생각을 명확히 하고 있다.

의 장이나 토론장과 다르다. 시장의 구매가 개인의 선택인 데 비해 정치장의 투표가 사회적 선택이라는 차이보다 투표와 대통령 선출 사이에 상호작용이 없다는 차이가 더 중요하다. 시장과 비슷하게 생각하려면, 가격에 준하는 것을 매개로 투표와 대통령선출 사이에 상호작용이나 조정이 있어야 한다.

이런 조정을 찾으려면, 득표수를 가격으로 생각하고, 예상되는 득표수를 예비조사를 통해 후보자들이 수시로 보고받아 자신의 공약을 수정하는 과정을 상정해야 한다. 또한 수정된 공약에 따라 후보자들에 대한 선택을 지속적으로 바꾸는 유권자들도 상정해야 한다. 혹은 특정 후보자가 몇 년마다 투표로 심판을 받는다는 점에서 이를 반복된 교환이나 게임이라고 생각할 수도 있다. 그러나 매일 매일 변하는 생선가격을 담아내려는 시장의 조정과 비교해 그 횟수와 길이가 너무 달라 유비를 내세우는 데 어려움이 있다.

신고전학파는 개인이 사회경제현상을 만들어내는 기본단위라고 보므로 합리성을 개인에게서 찾는다. 여기서 합리성은 비용과 편익을 계산해 자신에게 가장 유리한 대안을 선택한다는 것을 의미한다. 합리성이 다른 행위가 아니라 선택과 연결되므로 경제학의 합리성은 개인의 합리적인 선택으로 이어진다. 이런 이유로 신고전학파의 핵심논리를 합리적 선택이론rational choice theory이라고 부른다. 이 용어가 사회과학에서 전반적으로 사용된다면, 경제학에서는 이를 기대효용이론expected utility theory이라고 부른다. 신고전학파가 정치학이나 사회학보다 효용에 집착해 생산재뿐만 아니라 화폐, 그리고 소득으로서 이윤이나 지대, 심지어 주가나 채권가격 등도 모두 소비나 효용의 관점에서 파악하기 때문이다(Lucas, 1978).

그런데 신고전학파의 일차적인 경제문제는 자원배분이므로 일반균형이론도 이에 초점을 맞춘다. 고용, 물가 그리고 경제성장도 논의하지만, 자원배분만큼 중시하지 않으며, 이런 문제들도 되도록 자원배분으로 바꾸어 생각하는 경향이 있다. 역사적으로 여러 경제학파는 특정 문제에 대한 입장 혹은 해답이나 이 문제를 다루는 방법보다 각자 다루는 문제에 따라 구분된다. 예를 들어, 스미스는 경제발전, 리카도David Ricardo는 소득분배, 마르크스Karl Marx는 착취, 그리고 케인즈는 고용을 각기 자신의 핵심주제로 삼았다. 이에 비해 신고전학파는 일반균형과 직접 연관되는 경제문제로 자원배분을 중심에 놓는다.

경제전체 수준에서의 자원배분은 개인수준의 선택과 대칭을 이룬다. 우선 가동률이나 재고의 단기적인 변동을 논외로 하는 경우, 재화의 종류 및 수량은 산업들 사이의 자원배분과 일대일로 대응한다. 따라서 재화들에 대한 여러 개인들의 선택들이 주어진 가격 하에서 시장에서 합해져 산업들 사이의 자원배분으로 이어진다. 재화들에 대한 개인의 선택과 시장의 가격이 서로 영향을 주면서 균형이 형성되므로, 개인의 선택과 산업의 자원배분이 상호의존적이다.

또한 자원배분이 다른 경제문제보다 개인의 합리적 선택에 보다 쉽게 부합된다. 다른 문제들도 개인의 선택으로 설명할 수 없는 것은 아니며 실제로 신고전학파는 거의 모든 경제문제들을 개인의 선택으로 파악하려는 의지를 지니고 있다. 그렇지만 여타 문제들은 자원배분만큼 개인의 선택으로 쉽게 처리되지 않는다. 외견상으로도 경제발전에는 인구증가와 기호변동이 수반되고, 소득분배와 착취는 일차적으로 계층이나 계급과 쉽게 연결되며, 고용은 국민경제전체수준에서 등장하는 문제이다. 이런 의미에서 신고전학파에서 개인의 선택과 자원배분은 함께 간다고 추정할 수 있다.

물론 신고전학파에서도 개인으로부터 시장이나 경제전체로 나가기 위해서는 집계aggregation가 요구된다. 이런 집계과정에서 인간의 사회성 같은 것이 등장할법하지만 신고전학파에서 이와 비슷한 관심을 찾아보기는 쉽지 않다. 신고전학파가 개체들 사이의 상호의존성이나 상호관계를 부정하면서 개체를 단순히 합하면 전체가 되고 전체를 단순히 분해하면 개체가 된다고 전제하기 때문이다.

구체적으로 시장수요곡선과 시장공급곡선은 개별수요곡선과 개별공급곡선의 단순한 합이다. 이에 따라 가격에 대해 우하향의 개별수요곡선들을 기계적으로 수평으로 합하면 우하향의 시장수요곡선이 나온다. 비슷하게 우상향의 개별공급곡선들을 단순히 수평으로 합하면 기계적으로 우상향의 시장공급곡선이 나온다. 또한 개인들에 대한 집계를 재화들에 대한 집계와 같은 차원에서 취급한다(Varian, 1978, pp.147-154).

시장의 가격이 대체로 특정 재화나 생산요소의 사회적 가치와 사회적 비용을 반영한다고 보기 때문에 이에 따른 개인의 여러 가지 선택들이 빚어낸 균형이 사회적으로 적정한 상태라고 생각한다. 달리 말해, 주어진 기술과 선호 등의 조건 하에서 더 이상 개선의 여지가 없어 경제가 최상의 상태, 즉, 파레토 최적상태에 이르게 된다는 것이다.

시장의 변동이 개인의 선택들로 구성되어 있으므로 그 결과에 대한 판정 역시 이와 분리할 수 없다. 파레토 적정은 한 명 이상의 상태가 악화되지 않으면, 다른 개인들의 상황이 개선될 수 없는 사회의 상태를 의미한다. 이같이 이 기준은 사회를 개인들로 쪼개고, 사회의 상태를 개인들이 선택한 상태의 합으로 간주한다.

개인의 선택은 대상에 따라 여러 가지로 나타난다. 소비, 투자, 생산, 교환 등에 따라 바뀌고, 소비재, 생산재, 주식, 채권, 외환, 학교, 배우자, 식당, 병원, 직장, 파업, 대통령, 교회나 절, 그림과 음악회 등으로 다양하다. 그런데 경제학은 이런 대상의 내용이 근본적인 의미를 지니지 않는다고 본다. 이에 따라 약간 수정하거나 보완하면 소비자선택으로 대표되는 기대효용이론이 광범위한 대상들에 적용된다고 생각한다.

가령, 신고전학파의 입장에서 냉장고 구입과 출산에 대한 의사결정 사이에 근본적인 차이가 없다. 아이가 가져다 줄 출산의 고통이나 양육의 정신적인 위안이나 고통과 냉장고가 신선한 식료품을 보관해서 주는 쾌락 및 이것을 구입하기 위해 필요한 비용지출 사이에 차이가 없다. 모두 각자의 기호와 제약조건을 고려해 여러 대안들 중에서 제일 나은 대안을 선택한다고 생각한다.

이같이 대안의 선택과 교환을 강조하면서 신고전학파는 비용을 기회비용으로 파악한다. 기회비용에 따르면 특정 재화나 생산요소의 비용은 이를 (재)생산하는 데 들어간 비용이 아니라 이들의 특정 용도를 선택해 포기한 대안적인 용도의 가치이다. 예로서, 1만원을 점심식사에 소비했다면, 이 식사의 비용은 점심을 생산하는 데 들어간 비용이 아니라 이로 인해 포기한 극장관람이다.

이는 개인이 여러 대안들을 놓고 선택하며, 재화나 자원의 여러 대안들이 서로 대체될 수 있고 전용될fungible 수 있다고 전제한다. 따라서 여러 재화나 자원이 존재하지 않거나 존재하더라도 이들이 어떤 용도에 특화되어 있으면 기회비용은 무의미해진다. 가계예산에서 교육과 같이 특정 목적으로의 소득할당이나 우선배정, 정부예산에서 설정해 놓은 항목별 전용의 장벽, 학교에서 지급하는 장학증서, 후드 스탬프, 교육 바우처 등은 모두 이런 경우에 해당된다.

신고전학파는 넓은 의미에서 실재비용real cost이 아니라 명목비용nominal cost을 주장한다. 이는 비용이 그 자체가 아니라 상대적으로 존재한다는 의미로 재화와 서비스에 대한 구매력과 화폐가 개입된 '명목'과 의미가 약간 다르다. 기회비용은 특정재화의 가치가 화폐액수가 아니라 포기한 다른 재화로 표현된다고 보아 화폐변수를 제거한다. 기회비용 개념에는 거시적인 실질변수가 아니라 비용의 실재성에 대한 신고전학파의 회의가 담겨 있다. 물론 신고전학파는 거시뿐만 아니라 미시에서도 일관되게 화폐환상을 부정하고 화폐의 중립성을 강조하면서 실질변수에 집착한다.

미시차원에서 신고전학파는 화폐를 뉴메레르numéraire로 취급해 실질적으로 화폐를 배제한다. 이에 따라 신고전학파는 가격이 있으나 화폐는 없는 시장경제를 대상으로 삼는다. 그리고 교환을 매개하는 궁극적인 그 무엇으로 효용을 택한다. 그러나 재화인가 화폐인가 혹은 효용인가 화폐인가의 문제는 공리주의, 미시경제학, 후생경제학, 게임이론 등 도처에서 비일관성이나 갈등을 일으킨다.

신고전학파는 생산비용뿐만 아니라 생산에 별로 관심이 없다. 선택과 교환에 대한 집착이 생산에 대한 경시와 함께 가기 때문이다. 더구나 투입, 생산, 산출로 구성되는 생산과정을 고려할 여지는 전혀 없다. 심지어 일반균형이론은 생산뿐만 아니라 선택이나 교환에 대해서도 과정을 배제하면서 정태적으로 파악한다.

이것이 신고전학파가 의존하는 효용함수 및 생산함수(혹은 생산집합)와 초기경제학이나 상식에 부합되는 소비과정이나 생산과정 사이의 차이이다. 이 차이는 소비나 생산의 주체뿐만 아니라 대상을 설정하는 데도 영향을 미친다. 생산과정이나 소비과정으로 파악한 소비와 생산은 시간 속에서 그 시점에 주어진 재화나 자원·가술을 활용해 진행되는 인간의 활동이나 행동이다. 이에 비해 효용함수나 생산함수의 생산이나 소비는 실질적으로는 시간이 배제된 개인의 선택이다. 또한 이 선택의 대상들은 한 시점에 공존해 사지선다형으로 주어지는 재화들, 자원들, 그리고 기술들이다.

이와 같은 선택은 소비라는 특정 경제활동이 아니라 소비, 생산, 투자, 교환, 분배 등에 포괄적으로 적용된다. 무엇보다 초기부터 생산이 실질적으로 배제되었으므로, 생산을 선택으로 변형시키는 일은 손쉽다. 또한 선택의 주체는 소비자뿐만 아니라 노동자, 기업가, 투자자 등 광범위한 개인들이다. 동시에 선택이 포괄적인만큼 각 활동의 내용은 세척되고, 단순히 골격이나 형식으로 작용하게 된다. 이는 소비재에 국한되어 있던 한계효용이론에서 쉽게 한계생산성개념이 생겨나고, 이들이 자본재, 노동, 화폐 등에 손쉽게 확장된 역사와 맥락을 같이 한다.

이것은 신고전학파가 기술을 여러 자본과 노동의 비율들로 규정하고 이들이 여러 가지 선택대상들로 주어져 마치 가역적인 기술의 선택이 가능한 것처럼 생각하는 것과도 부합된다. 이로 인해 미시경제학과 거시경제학의 불일치가 생긴다. 수요와 공급이 전자를 압도하는 데 비해, 후자에서는 통상적인 의미의 소비와 생산이 중요하다. 거시경제학의 총수요공급과 미시경제학의 수요공급은 경제전체와 개별경제주체라는 차이 이외에도 이런 점에서 차이를 보인다.

시장이나 경제의 과정을 경시한다는 점은 마르크스와 케인즈로부터 신고전학파를 구분 짓는 특징이다. 이런 정태적인 신고전학파 체계에는 일반균형이론뿐만 아니라 개임이론도 포함된다. 다른 한편으로 인간 혹은 개인의 인지과정이나 의사결정과정을 경시한다는 점에서는 행동경제학이나 심리학으로부터 신고전학파가 구분된다.

일반균형체계에서 여러 시장들은 독립적으로 존재하지 않고 서로 얽혀 있다(Farmer & Geanakoplos, 2008, p.12). 우선 각 소비자가 하나의 재화가 아니라 여러 재화들을 주어진 예산의 제약 속에서 선택한다. 이런 상황에서 특정 재화에 대한 수요변동은 다른 재화들에 대한 수요변동으로 나타나며, 그 역도 성립한다. 대체효과나 소득효과가 이를 말해준다. 공급의 경우에도 이와 비슷하다. 이같이 여러 재화들과 생산요소들의 수요와 공급이 서로 얽혀 있으므로 여러 시장들의 일반균형이 중요해진다.

선호는 소비자가 지닌 기호로서, 주관적이므로 소비자마다 다르다. 그리고 선호는 가정이나 학교의 교육을 통해 형성된다. 그런데 경제학은 선호가 쉽게 변동하지 않는다고 보기 때문에, 수요공급곡선을 이용해 균형을 도출하는 사이에도 이것은 변동하지 않는다. 일반균형이론에서는 선호가 체계의 밖에서 형성되거나 변경된다고 보아 외생적이라고 규정한다.

수요곡선의 배후에 소비자의 선호가 있다면 공급곡선의 배후에는 기술이 있다. 기술 역시 원리상 생산자마다 다를 수 있다. 그런데 생산자에게 부여되는 기술 역시 선호와 마찬가지로 외생적이다.[6] 차이가 있다면 선호는 주관적인 데 비해, 기술은 객관적이다. 그런데 신고전학파는 주관, 객관, 기술, 환경, 사회 등을 모두 적정화를 위한 개인의 선택에 영향을 미치는 여러 가지 요인들로 취급해, 이들 사이의 내용적인 차이를 중시하지 않는다. 선호뿐만 아니라 기술도 가격변동으로 인해 수요공급량이 변동하는 사이에 변동하지는 않는다. 그러므로 신고전학파가 일차적으로 관심을 두는 수요와 공급의 변동은 선호 및 기술과 무관한 변동들이다. 심지어 이런 변동은 소득과도 무관하다.

부존자원도 선호나 기술과 마찬가지로 각자에게 주어져 있다. 여기서 부존자원은 자연적으로 타고나거나, 최소한 시장에 경제주체로 등장했을 때

---

6 초기 경제학의 다른 명칭인 정치경제학(political economy)과 근대 경제학(economics) 사이의 차이도 여기서 발생한다. 정치경제학은 여러 변수들을 포함하거나 내생화하면서 폭넓은 시각을 지니는 여타 사회과학 속의 경제학을 지향했다. 이에 비해 마샬 이후의 경제학은 점점 여러 변수들을 배제하거나 외생화하면서 좁은 시각에서 보다 엄밀하고 여타 사회과학으로부터 독립적인 학문을 추구해 왔다. 이런 차이는 특히, 마르크스의 정치경제학과 신고전학파 경제학 사이에 가장 두드러진다.

이미 변경이 가능하지 않다.[7] 이는 미국이나 브라질 등이 자원이 풍부한 나라라고 할 때와 비슷한 의미를 지닌다. 그런데 신고전학파는 개인을 강조하므로 국가나 사회 혹은 시장이 아니라 개인의 부존자원을 강조한다. 개인의 부존자원에는 소득이나 재산 혹은 생산수단뿐만 아니라 능력이나 교육수준 등도 포함된다. 이 역시 사람마다 구성 비율이나 그 크기가 다르다. 소위 각자 개인이 주어진 조건하에서 최선을 다해야 한다는 잠언이 이에 부합된다.

전반적으로 신고전학파는 시장경제가 제대로 작동한다고 보므로 외부효과, 공공재나 공유자원, 그리고 독점 등을 정상적인 상태에 대한 예외로 취급한다. 외부효과는 내부효과에 반대된다. 경제학의 두 가지 축이 합리적 개인과 시장의 가격기구이므로 내부효과와 외부효과를 구분하는 기준도 이 두 가지 축이다. 즉, 내부효과가 개인의 합리적인 의사결정에 고려되고 시장의 가격기구에 반영된 대부분의 경우라면, 외부효과는 그렇지 않은 일부의 경우이다. 나아가 외부효과를 관리하는 정부의 개입방식들도 개인의 선택과 가격을 허용하는 정도에 따라 평가된다. 예를 들어, 오염배출권보다 피구세가 낫다고 평가하고 오염배출권의 거래를 주장하는 이유는 개인이 선택할 폭을 넓게 허용하고 가격을 존중하기 때문이다.

신고전학파는 개인의 선택과 가격기구를 양축으로 삼기 때문에 개인의 선택에 고려되는지 여부와 시장의 가격기구에 반영되는지 여부를 거의 동일시한다. 이에 따라 개인이 고려한 요인과 시장의 가격에 반영된 요인이 동일하다고 보며, 개인이 고려하지 않은 요인과 가격에 반영되지 않은 요인도 동일하다. 물론 개인이 고려하고 가격에 반영되는 요인이 대부분이며, 개인이 고려하지 못하면서 가격에 반영되지 않는 요인은 일부이다. 그러므로 외부효과는 가격에 반영되지 않아 개인이 고려하지 않는 경우에 국한된다.

논리적으로 개인의 선택과 시장의 가격기구는 별개이다. 개인이 선택할 때

---

7 웹스터 사전에 나와 있는 의미 중에서 다음이 이를 나타낸다. 'to furnish with something freely or naturally, a young performer endowed with a great singing voice.' 경제학연구와 교육이 개념위주가 아니어서 경제학의 초심자가 부존자원의 이런 의미를 파악하는 데는 상당시간이 걸린다.

고려하지만 가격과 무관한 요인이나 개인들의 상호작용으로 인해 개인의 선택이나 시장의 가격기구 모두와 무관한 결과도 있을 수 있다. 그렇지만 신고전학파는 수요공급에서와 같이 개인들의 단순한 합이 시장이라고 보며, 생산이든 교환이든 과정과 시간의 흐름을 무시한다. 개인과 시장을 동일시하는 또 다른 이유는 시장에 대한 믿음으로 인해 인간이나 개인을 시장의 조정이나 균형에 부합되는 방향으로만 파악하기 때문이다.

과정이 생략되고 시간의 흐름이 무시된다는 것은 시작과 끝, 선택과 그 결과가 구분되지 않음을 의미한다. 사실 일반균형체계에서는 개인의 선택과 시장의 결과가 전후 없이 서로 영향을 미치다가 여러 시장에서 동시에 균형이 나타난다. 이런 체계에서는 개인이 고려한 것이 가격에 반영되고, 개인이 고려하지 않은 것은 가격에 반영되지 않으며, 그 역도 성립한다는 생각이 쉽게 생길 수 있다.

합리성과 이기심은 개인들이 원하는 것과 제약조건을 잘 알고 있다고 전제한다. 또한 엄밀하게 따져 신고전학파는 단순한 이기심이 아니라 계몽된 이기심enlightened self-interest을 상정한다(Hausman & McPherson, 1996). 예를 들어, 음주욕구는 있는 그대로 존중되는 것이 아니라 음주에 수반되는 여러 부작용이나 타인에 대한 피해를 당사자가 고려한 경우에 한해 존중된다.

그렇지만 신고전학파가 이에 대해 일관된 입장을 유지하고 있지는 않다. 가령, 어떤 학자는 음주가 외부 비경제 혹은 부정적 외부효과를 낳는다고 주장하기도 한다. 이런 설명은 음주로 발생하는 타인에 대한 피해 등을 개인이 고려하지 않았다는 점에서 계몽되지 않은 이기심을 상정한 것이다. 여기서 개인의 이기심과 시장의 기능은 서로 의존적이다. 즉, 신고전학파는 계몽된 사익 혹은 합리성을 인정하지 않으면 않을수록, 그만큼 더 부정적 외부효과와 시장경제의 불완전함을 인정할 수밖에 없다. 달리 말해, 개인이 계몽되면 될수록 그만큼 시장에서 처리해야 할 경제문제는 줄어들고, 그 역도 성립한다.

이는 개인의 합리성이 가격기구의 기능과 함께 간다는 앞선 지적을 다시 확인시켜 준다. 동시에 계몽된 이기심도 신고전학파의 다른 가정이나 개념과 마찬가지로 시장이나 가격이 완벽하다는 주장을 뒷받침한다. 나아가 외부비경제가 조세정책을 필두로 하는 정부의 정책을 통해 교정되므로, 경제주체의 계몽정도나 도덕교육과 정부정책 사이에 대체보완관계도 생긴다. 끝으로 경제학에서 말하는 이성이나 서양적인 시민의식이 충분히 발전하지 않았다면, 그만큼 국민에 대한 교육도 필요하고 정부의 정책도 요구된다는 논리도 성립한다.

그런데 게임이론이 등장한 이후 제도나 관습에 대한 논의가 늘어나면서 시장이나 가격에 대한 논의는 상대화되었다. 이에 비해 개인의 합리성은 경제학의 공준으로 남아 신고전학파에게 개인의 합리성이 가격의 신축성보다 더 견고한 핵심이라는 인상을 남긴다. 물론 합리적 개인의 축이 시장의 가격기구라는 축보다 중시된다고 해서 신고전학파가 완전히 전자로 기울었다고 단정할 수는 없다. 두 가지 축은 이미 서로에게 부합되도록 교정되어 있어 서로를 어느 정도 내포하고 있기 때문이다.

우선 신고전학파는 개인의 의사결정이나 행위의 내용을 그 자체로 파악한다기보다 이를 시장의 움직임에 대한 반영 혹은 모사로 설정하거나 이에 부합되게 재구성하려는 경향을 보인다. 심지어 시장의 움직임이 요구하는 바를 개인의 행위에 삽입해 이를 다시 확인한다고 볼 수도 있다(Becker, 1962, pp.2-13).

> 만약에 "대표"라는 말이 단순히 시장반응에 대한 미시적인 재현을 의미한다면, '대표' 가계는 현실의 가계들이 비합리적으로 행동하는 경우에도 합리적으로 행동할 것이다. 경제학자들은 이보다 더 나아가 단순히 시장의 반응을 미시적으로 복제한 하나의 가계에 대한 이론도 구축했다(Becker, p.7).[8]

신고전학파의 태두인 마샬Alfred Marshall은 교환을 통해 분배뿐만 아니라, 특히, 소비와 생산을 수요와 공급으로 전환시켰다. 이것은 소비나 생산을 일

---

8 A "representative" household would act rationally even when actual ones did not if "representative" simply indicates a microscopic reproduction of market responses. Economists have gone further and constructed also a theory of an actual household that is simply a microscopic reproduction of market responses.

종의 교환으로 바꾸어 시장에 부합되게 만든 것으로 이해할 수 있다. 또한 수요공급이 음양의 동일 평면 위에 놓여 있으므로 소비와 생산도 동질화된다. 더불어 소비(자)와 생산(자)의 구분보다 수요(자)와 공급(자)의 구분은 반전이 용이해 음양자체도 뒤바뀔 수 있다. 예를 들어, 건설업자가 주택의 생산자에서 소비자로 바뀌기는 어렵지만, 어제의 주택수요자는 쉽게 내일의 주택공급자가 될 수 있다.

이같이 수요공급곡선에서 소비 · 생산은 수요 · 공급과 명확히 구분되지 않고, 소비자 · 생산자는 수요자 · 공급자와 명확히 구분되지 않는다. 무엇을 얼마만큼 쓸 것인가와 살 것인가가 구분되지 않으며, 무엇을 얼마만큼 만들 것인가와 팔 것인가가 구분되지 않는다. 같은 맥락에서 수요자는 소비자이면서 구매자이기도 하고, 공급자는 생산자이면서 판매자이기도 하다. 생산(자)과 소비(자)가 교환(의 당사자)과 명확하게 구분되지 않으면, 생산(자)과 소비(자) 자체도 명확하게 구분되지 않는다.

이는 상식에서 벗어나지만 신고전학파가 교환에 중점을 두어 소비와 생산을 교환으로 환원하거나 소비와 생산을 교환과 결합시키기 때문에 발생하는 결과이다. 다시 말해, 수요(자)는 시장에 노출된 소비(자)이고, 공급(자)은 시장에 노출된 생산(자)으로 규정할 수 있다. 보다 넓게 보면, 소비와 생산이 명확히 구분되고 중간에 교환이나 시장이 개입되어 있는 상황에서 교환이 소비와 생산에 침투해 그 성격을 바꾸어 놓은 상황을 상정해야 한다. 이렇게 되면서 소비자는 수요자로, 생산자는 공급자로 전환된다. 소비나 생산자체와 달리 수요와 공급이 가격과 연결되므로 결과적으로 시장의 영역이 확장된 셈이다.

개체 차원에서는 선택이 교환과 유사한 역할을 발휘한다. 소비나 생산을 위한 의사결정을 선택으로 간주하는 것도 이를 교환에 부합되게 만들며, 개인차원에서 소비와 생산을 동질화한다. 그리고 교과서에서와같이 개인의 선택을 가격과 연결시켜 개별수요공급으로 삼고, 이를 시장수요공급과 동질화하면, 개인과 시장을 유연하게 연결할 수 있게 된다.

선택의 기반인 효용을 기수적 효용에서 서수적 효용이나 현시선호로 전환시킨 것도 개인의 의사결정을 시장의 현상과 같은 수준으로 표면화시킨 것이다. 이윤이 효용으로 환원되는 듯이 보이면서도 다시 효용추구가 이윤추구의 모습을 닮은 것도 이를 반영한다. 가령, 관찰할 수 없는 무차별곡선 상에서 작동하는 소비자의 움직임과 계산은 기업의 회계행위에 대한 모방으로 간주할 수 있다. 상대가격에 상응하는 한계대체율도 이와 비슷하다. 이는 수요와 공급을 절충한 마샬의 입장이 미시차원에서 보다 근본적으로 실현된 결과라고 볼 수 있다.

개체와 전체의 집계에서 인간관계나 사회관계를 인정하지 않으므로 신고전학파에서 개인들이 시장이나 사회로 발전하는 방식은 단순하다. 오히려 한 개인의 선택이 시장의 자원배분과 가격결정에 준하는 복잡성을 지니고 있다. 한 개인이 대상으로 삼는 재화들 사이의 n^2의 대체보완비율은 이를 보여준다. 심지어 신고전학파에서는 개인 안에 시장이 있고 전체가 있어 개인의 단순한 확대가 시장이자 경제전체가 된다. 특히, 시장이나 거시적 단위를 재화든 개인이든 미시적 단위의 닮은꼴과 같은 단순한 확대로 상정해 실질적으로 거시적 체계나 전체를 부정하거나 없애려고 노력한다. 준선형 효용함수quasilinear utility function나 대표경제주체가 이에 대한 증거이다(Mehra & Prescott, 1985, p.150).

주목할 것은 개인의 합리적인 선택과 시장의 가격기구에 의존하는 이런 경제학의 관점이 이론적인 차원에 머물지 않고 경제주체들의 관념이나 주관과 경제의 현실을 만들어내고 있다는 점이다. 세계화와 신자유주의이념에 따라 이기적으로 계산하는 개인과 수요공급에 근거한 시장의 가격결정이 국내경제에서뿐만 아니라 세계수준에서도 자연스럽다고 생각하는 일반인들이 늘고 있다(Watson, 2005).

특히, 국제통화기금IMF의 구제금융이나 세계은행World Bank의 개발정책은 제3세계에서 인간의 주관성을 비용과 편익의 계산에 모든 것을 거는 개인으로 재편하고 경제를 수요공급에 의존해 가격을 결정하는 시장으로 변형하는 데 목표를 두고 있다. 이에 대해 개인의 경제적 합리성과 시장의 익명성을 극대화해 개인이 지닌 타인에 대한 배려 등 도덕성이나 시민으로서의 정치적 판단, 그리고 경제가 지녀야 할 사회성이나 배태성을 배제한다는 비판이 적지 않다.

1.1.2 거시영역

전통적인 거시경제학을 뒷받침했던 IS-LM 체계와 이를 포괄하는 신고전학파적인 종합도 일반균형의 틀을 유지했다.[9] 신고전학파적인 종합에서도 재화시장, 노동시장, 화폐시장, 그리고 채권시장의 상호작용에 의해 물가, 고용 및 국민소득, 임금, 이자율이 동시에 결정된다. 미시경제학과 일차적인 차이가 있다면, 이는 다루는 현상과 변수가 달라지고 이에 따라 시장을 크게 나눈다는 점이다.

보다 중요한 차이는 미시경제학과 달리 거시경제학에는 학파들 사이에 대립이 있다는 점이다. 초기에 한계효용학파와 케인즈가 결합되면서 케인즈주의와 통화주의 혹은 시카고학파의 대립이 생겼고, 이로부터 이후 새케인즈주의와 새고전학파의 대립이 등장했다. 뭉뚱그려 이를 케인즈주의 진영과 통화주의 진영으로 구분할 수 있다.

통화주의 진영은 가격기구에 의존하는 시장에 대한 강한 신뢰로 인해 통화정책이나 재정정책 등 거시경제정책의 무용성이나 유해성을 주장한다. 이들은 완전경쟁과 일반균형이론에 대한 신뢰, 그리고 정부개입에 대한 거부 및 자유방임주의를 특징으로 삼는다. 이에 반해 케인즈주의 진영은 현실경제에서 가격기구의 불완전성을 지적하면서 통화정책과 재정정책을 통한 정부의 개입을 내세운다. 케인즈를 수용한 초기에는 통화정책 대 재정정책의 대립으로 나타났던 양자의 대립이 곧 정책 전반에 대한 입장의 차이로 확산되어, 정책을 인정하는 재량discretion인가 이를 부정하는 규칙rule에 대한 의존인가로 갈리게 되었다.

---

9 잘 알려진 바와 같이, IS-LM 체계는 케인즈의 『일반이론』에 대해 힉스와 한센(Alvin Hansen)이 해석한 결과이다. 그런데 로빈슨(Joan Robinson)을 위시한 후기 케인즈주의와 레이온후드(Axel Leijonhufvud)는 이것이 왈라스적인 일반균형의 관점에서 케인즈를 파악해 케인즈를 심각하게 왜곡했다고 비판하면서, 케인즈주의를 케인즈와 후기 케인즈학파로부터 구분해 왔다.

먼저 재화시장뿐만 아니라 노동시장의 완벽함을 신봉하는 통화주의자들은 임금과 가격의 신축성을 내세우면서, 케인즈주의의 주장이 노동자와 기업가의 합리적 선택에 배치된다고 반박했다. 이들은 시장경제와 미시경제학의 두 가지 축인 시장의 가격기구와 개인의 합리적인 선택을 거시경제와 거시경제학에도 그대로 유지한다. 이에 따라 이들은 시장에서 가격이 신축적일 뿐만 아니라 개인이 합리적으로 선택한다는 점을 고집한다.

특히, 새고전학파는 경제주체들에게 극도의 합리성을 부여하면서 경제전체의 변동에 대한 합리적 기대를 내세웠다. 합리적 기대를 통해 경제주체들이 물가상승 등을 정확히 예측할 수 있으므로, 자본가나 정부가 노동자를 위시한 경제주체들을 속이는 일이 단기적으로도 불가능하다.

통화주의와 새고전학파는 왈라스적인 일반균형에서 제시하는 바를 현실의 귀결로 내세워 실물부문과 화폐 및 금융부문의 고전적인 이분법을 내세운다. 이에 의하면 적어도 장기에 있어 일반균형체계를 통해 상대가격과 자원배분 등 실물요인들 혹은 실질변수들이 거시경제를 규정하며, 화폐부문은 실물부문을 반영해 물가를 결정하는 데 불과하다. 이에 따라 총수요의 변동은 화폐수량설에 따라 고용률이나 산출량과 무관하게 장기적으로 모두 물가변동으로 전환된다. 결국 실물부문과 화폐부문이 둘로 나뉘어 화폐의 중립성이 유지된다.

이같이 통화주의에 있어 화폐는 중요치 않다. 이는 화폐베일관을 통해 주류경제학에 이미 나타났던 생각이 보다 명확하게 드러난 것이다. 비록 화폐는 중요한 제도이며 불환지폐는 비용을 절감시켜 주는 수단이지만, 그것의 수량을 놓고 보면 중립적이거나 중요치 않거나 혹은 나쁜 쪽으로만 중요하다는 것이 통화주의 진영의 결론이다.

이것은 화폐변수 혹은 명목변수를 실질변수로 전환해 생각하는 경향을 낳는다. 즉, 화폐임금은 실질임금으로, 화폐이자율은 실질이자율로, 자산이나 화폐보유량도 실질가치나 실질잔고로 바꾸어 생각하게 된다. 이런 이유로 통화주의에서 거시현상과 관련된 개인의 합리성은 합리적 기대에 따라 물가변동률을 정확히 예측해 실질적인 변동만을 의사결정에 고려하는 것을 의미한다. 즉, 거시현상과 관련된 개인의 합리성은 실질변수와 명목변수를 제대로 구분해내는 것이 된다.

통화주의 진영도 시장경제에 실업이 존재한다는 것을 부정하지 않는다. 노동시장의 임금이 신축적이고, 시장의 가격기구가 완벽하며, 개인의 완전한 합리성을 지니더라도, 일시적으로 실업을 배제할 수 없다. 그렇지만 이들은 케인즈가 비판했던 피구Arthur Cecil Pigou의 마찰적 실업을 연장해, 시장에서 나타나는 실업이 자원이동 등 시장의 역동성을 유지하기 위해 불가피하다고 주장한다. 동시에 노동시장의 균형임금 하에서 각자가 스스로 선택한 자발적 실업을 강조한다. 이런 생각들은 60년대 말에 프리드먼이 주창한 자연실업률에 압축되어 있다. 이는 가속적 인플레가 수반되지 않는 실업률Non-Accelerating Inflation Rate of Unemployment, NAIRU이다.

통화주의 진영에 따르면 정부의 정책이 무력하거나 유해하므로 정부는 재량을 가지기보다 미리 규칙을 정해 놓고 이를 따라야 한다. 일반적으로 경제학은 시장과 정부의 이분법에 집착한다. 기업을 포함해 개인으로 쪼개져 분권화되어 있으므로, 시장에서는 보이지 않는 손이 지배하는데 비해, 정부는 중앙집권적이어서 거대하고 눈에 보이는 손이라고 생각한다. 이에 따라 신고전학파 안에서 정부정책이 무용하다는 논리와 시장경제의 가격기구가 완벽하다는 논리는 동전의 앞뒷면과 같다. 통화주의 진영에 의하면 시장에서 가격과 임금이 신축성을 지니므로 개인들의 선택이 시장에서 충분히 반영되고 조정되어, 고용이 현실적으로 최상의 수준에 이르고 물가가 안정성을 유지한다.

이같이 통화주의 진영은 미시경제학적인 기초를 일관되게 연장해 거시경제현상을 설명한다. 미시경제학의 기초는 개인의 합리성에 의존하는 기대효용이론인데, 새고전학파는 거시현상을 설명하는 데 있어 합리적 기대가설을 활용한다. 그러므로 기대효용이론과 합리적 기대가설의 거리는 멀지 않으며, 양자 모두 개인의 합리성에 포괄된다. 나아가 게임이론도 흔히 합리적 기대라는 표현을 활용하고, 이를 통상 말하는 합리적 기대와 연결시킨다(Aumann & Drèze, 2008, p.73). 이는 의미가 조금씩 달라져도 합리성이 경제학의 여러 부문이나 방법을 관통하는 개념임을 확인시켜 준다.

시장과 일반균형에 대한 믿음으로 인해 통화주의 진영은 경제에 불안정을 초래하는 경기변동의 원인을 일반균형체계에서 설정하는 외적인 요인 즉, 선호충격과 기술충격에서 찾는다. 이에 비해 케인즈와 케인즈주의는 최저임금법, 노조의 존재나 노동자의 화폐환상으로 인한 화폐임금의 경직성, 그리고 가격의 비신축성을 그 원인으로 삼는다. 노조와 자본가의 협상을 통해 일정 기간 동안 화폐임금이 고정되고, 경제의 변동으로 인한 화폐임금의 인하압력이 노조의 저항에 의해 저지된다는 것이다.

원래 케인즈는 동물적 근성이나 유동성에 대한 집착 등을 통해 수시로 개인의 합리성을 의심했다. 이에 비해 케인즈주의는 개인이 합리적이지 않다고 주장한다기보다 개인의 존재나 미시적 기초를 의식하지 않았으므로, 가격경직성이나 화폐환상을 미시적인 차원에서 해명하지 않았다. 그런데 새케인즈주의는 케인즈주의가 미시적 기초를 소홀히 했다는 새고전학파의 주장을 수용했다. 따라서 통화주의 진영과 케인즈주의 진영 사이의 이견에도 불구하고 이제는 신고전학파의 거시경제학도 개체주의를 공통분모로 삼게 되었다고 말할 수 있다.

미시적 기초를 강조하는 새케인즈주의의 착상들로 메뉴비용이나 효율임금을 들 수 있다. 이에 의하면 메뉴를 새로 만드는 데 수반된 비용이나 불확실성, 그리고 임금인하로 인한 사기저하 등의 비용을 고려한 합리적 선택의 결과로 가격이나 임금이 신축성을 잃게 된다. 미시적 기초에 의존하지만, 가격과 임금의 비신축성과 정책의 유용성을 자신의 입장으로 유지하고 있다는 점에서 새케인즈주의는 케인즈주의를 계승한다.

이같이 새케인즈주의에는 개인의 합리적인 선택과 가격·임금의 비신축성이 공존한다. 이에 따라 비록 경제주체들이 합리적이지만, 미시경제학에서 말하는 것처럼 시장이 완벽하지 않기 때문에, 정부의 총수요정책이 단기적으로는 실질생산과 고용에 영향을 미친다고 새케인즈주의는 주장한다.

신고전학파 전체로 보면 미시경제학에는 합의가 존재하지만, 거시경제학에는 이같이 이견이 존재한다. 미시경제학과 거시경제학 사이의 이런 불일치는 신고전학파의 약점이다. 통화주의 진영이 미시와 거시를 관통해 일관성을 유지한다면, 케인즈주의 진영은 이런 일관성보다 현실성을 강조한다(Reder, 1982, pp.11-16).[10] 케인즈주의 진영은 불완전경쟁을 강조하면서 이론의 현실성을 앞세워 논리적 일관성을 희생하고 있다. 반면 통화주의 진영은 완전경쟁을 상정하는 일반균형이론에 집착하면서 논리적 일관성을 우선시해 현실성을 희생한다.

양자의 대립 속에서는 이론적 정합성의 기준과 경험적 타당성의 기준이 충돌하고, 이런 충돌이 보수주의와 개혁주의로 이어진다. 이에 따라 단기에는 케인즈주의 거시정책이 고용진작이나 물가안정에 유효하지만, 장기에는 왈라스적인 일반균형이 성립한다는 절충적인 논리가 등장했다.

보다 적극적으로 새케인즈주의가 미시적인 기초에 근거해 가격의 비신축성 등 시장의 불완전성과 정부의 개입을 내세운다면, 양자의 이견은 거시경제학에 국한된다고 보기 힘들다. 오히려 신고전학파가 그 파장을 억지로 거시경제학에 가두어 잠복해 있다는 인상을 받는다.

1.1.3 이후 논의를 위한 해석

지금까지의 검토를 통해 신고전학파 경제학은 개인의 합리적인 선택과 시장의 가격기구를 핵심으로 삼는다는 것을 확인했다. 또한 현 수준에서 미시와 거시를 통해 케인즈주의를 포함해 신고전학파 경제학이 양보할 수 없는 견고한 핵심이 개인의 합리성이고, 이를 뒷받침하는 논리가 기대효용이론이다. 이후 논의를 위해 이에 대해 보완해 보자.

---

10 레더에 의하면 시장원리주의에 가까운 시카고학파는 프리드먼에 이르러 기틀을 잡았다(Reder, 1982). 원래 시카고대학 경제학부의 일 세대는 시장주의자에 가까운 바이너(Jacob Viner), 중간적인 나이트(Frank Knight), 그리고 객관적인 사회주의자인 랑게(Oscar Lange)로 구성되어 있었다. 그런데 사회주의자였던 랑게나 시장주의자였던 바이너가 아니라 나이트가 일 세대를 주도했다. 그러다가 나이트 밑에 있던 프리드먼이 시카고대학 경제학과를 통일하면서 철저한 시장주의를 표방하는 현재의 시카고학파가 형성되었다.

(1) 합리성

신고전학파의 핵심은 경제주체를 위시한 개인의 합리적 선택이다. 개인들은 양적으로 서로 다른 소득이나 능력 등 제약조건 하에 놓여 있으며, 사전적으로 우열을 가리기 힘든 다양한 대안들과 선호들을 가지고 있다. 또한 개인은 자신이 원하는 바를 잘 알며, 최상의 대안을 선택할 수 있다. 재화들로부터 얻는 기대효용에 대한 할인과 미래에 대한 확률적인 예측을 위해 각 개인에게 계산능력이 요구된다. 더불어 가격을 위시해 계산에 필요한 정보는 공정한 경쟁을 위한 기회균등의 원칙에 따라 모두에게 동등하게 제공된다. 주식거래와 관련해 각 회사의 재무제표가 공개되어야 하고, 분식회계가 법적 제재의 대상이며, 내부자 거래가 금지되는 이유도 여기에 있다.

(2) 선택

신고전학파는 인간이나 개인의 활동 중에서 선택을 가장 중시하고 선택이외의 다른 활동들도 선택으로 바꾸어 생각한다. 신고전학파에서 자유는 선택의 자유이고, "나는 선택한다. 고로 나는 존재한다." 신고전학파는 전통적 의미의 경제활동인 소비, 생산, 분배, 교환, 그리고 노동이나 투자 등을 모두 개인의 선택으로 취급한다. 나아가 출산, 진학, 취직, 오락, 신앙 등 경제외적인 활동도 선택으로 취급한다. 여기서 선택은 계산에 근거하므로, 계산이 수반되지 않는 습관(세수), 본능(식사)이나 충동(음주), 도덕과 규범의 실천(자리양보)을 비합리적이라고 취급해 경시하거나 효용을 낳는 행위로 바꾸어 생각한다.

(3) 대안

개인에게 선택의 대안들은 미리 주어져 있다. 구매의 대상으로 삼는 소비재들의 집합이나 채택하는 기술들의 집합이 미리 주어져 있어, 소비자나 생산자는 이 중에서 최적의 대안을 선택할 수 있고, 또한 선택할 뿐이다. 한편으로 이것은 모든 개인들이 대안들에 대한 정보를 충분히 공유하고 있다는 것을 의미한다. 다른 한편으로 이것은 활동이나 선택 과정에서 새로운 대안이 발견되어 대안들의 집합이 확장되거나 변경되는 일이 흔치 않다는 것을 의미한다. 나아가 제도나 기술 혹은 제품의 혁신은 고려되지 않는다. 이같이 모든 경제활동이 선택으로 간주되면서 활동과 활동의 대상 사이의 연관이 없어진다.

(4) 개인

선택의 주체가 개인이므로 집단, 조직, 계층, 계급, 국가, 사회 등의 존재가 부정되거나 개인들의 모음으로 전환된다. 이같이 신고전학파에서 전체는 단순히 개체들의 합이다. 동시에 개인주의와 자유주의를 지향하므로 개인의 자발성과 동등성을 강조한다(Luce & Raiffa, 1957, p.187). 현실경제 속에서 기업, 특히 대기업은 여러 명의 인간으로 구성되며 위계를 가진 조직인데, 경제학은 이를 단순히 한 명의 생산자로 간주한다. 나아가 완전경쟁을 표준적인 시장의 형태로 삼아 기업을 미세한 존재로 만들고, 현실경제에서 나타나는 가격결정력 등 기업의 힘을 배제한다. 보다 발전된 이론에서는 기업이 계약들이나 계약당사자들의 모음이라고 생각한다. 동등성을 강조하므로 대기업이나 노조 등의 존재와 이들의 힘이나 세력관계를 심각하게 생각하지 않는다.

(5) 유인

신고전학파가 강조하는 유인은 개인수준에서 외적으로 주어진다. 그런데 심리학에서 일부 경제학자들이 차용한 논리에 따르면 유인이나 동기부여는 내외로 나뉜다(Bénabou & Tirole, 2003). 외적인 동기extrinsic motivation는 돈이나 점수를 위한 노동이나 공부로, 내적인 동기intrinsic motivation는 그 자체가 좋아서 하는 활동이나 공부로, 각기 예시할 수 있다. 내적인 동기와 외적인 동기는 상호보완적일 수도 있고 서로를 구축할 수도 있다. 이 때문에 유인이 생산성이나 혁신에 미치는 영향을 논의하기 위해서는 양자를 종합적으로 검토해야 한다. 이 중에서 신고전학파는 일방적으로 외적인 동기에 집착한다. 즉,

가격이나 소득 등 돈이나 점수를 목표나 제약으로 삼는 활동이나 공부, 더 정확하게 말하면, 이런 선택에 집착해 왔다. 외적인 유인에 집착하는 이유는 개인을 분석의 단위나 원자적인 존재로 간주해 개인 안에 내적인 과정이나 구조를 부여하지 않기 때문이다.

(6) 효용

신고전학파는 자신의 출발점인 공리주의와 한계효용학파의 사상이나 이론을 크게 변형시켰지만, 여전히 경제활동이 효용이나 후생의 증대를 추구한다고 보아 모든 현상이나 존재를 효용의 관점에서 파악한다. 재화나 서비스 이외에 화폐나 도덕 등 온갖 사물을 효용함수에 집어넣으려는 갈망도 같은 맥락에서 이해할 수 있다. 이 입장에서는 개인이 여러 재화들과 여러 시점의 재화들로부터 효용을 얻는데 있어 일관성을 유지해야 한다. 또한 시장전체의 결과를 판정하기 위해 효용의 대인 비교나 합산이 요구된다. 물론 공리주의와 마찬가지로 효용이론도 절차나 과정보다 결과를 강조한다.

(7) 교환

신고전학파에서 경제의 최종목표는 효용이고 소비이지만 소비에 이르게 하는 활동이 교환이다. 소비가 결과라면 교환은 이를 위한 동등한 개인들의 자발적인 선택들이 만나 이루어진다. 더구나 가계의 소비과정을 별로 인정하지 않으므로 교환은 더욱 중요해진다. 개인주의 관점에서도 개인들의 사회적 활동을 부인할 수 없는데, 교환은 개인의 자발성과 동등성을 손쉽게 보장하므로 신고전학파에게 핵심적인 사회적 행위가 된다. 개인의 합리적인 선택들이 자발적이고 동등하게 만나 교환행위가 생긴다.

교환을 중시하면서 생산이나 분배, 그리고 소비 등 거의 모든 경제활동을 교환(이나 자원배분)으로 환원해 실질적으로 그들의 존재나 사회성을 부정한다. 분배를 재화의 가격결정과 동일시하며, 생산을 노동과 임금의 교환으로 규정한다. 이에 따라 기업을 생산자와 동일시하며, 생산함수를 상정해 생산과정을 기술적인 공정으로 파악한다. 동시에 기업을 단순히 교환의 주체로 파악하고 통치관계나 기업 내의 위계를 포함한 모든 인간관계를 교환으로 치환해 생각하면서, 이들이 모두 수평적이라고 주장하는 경향이 있다.

(8) 미시와 거시

신고전학파는 거시현상도 상당부분 미시현상으로 분해하므로 미시경제학과 거시경제학에 차이를 두지 않고 합리성을 적용한다. 미시적인 의미의 합리적 선택이나 거시적인 합리적 기대나 모두 합리성에 포함되며, 심지어 기대효용이론이 이들 모두에 적용된다. 미시경제학에서 개인의 합리성이 상대가격과 연결된다면, 거시경제학에서 개인의 합리성은 물가와 연결된다.

그런데 상대가격과 물가는 선택대상이나 조건의 차이를 넘어서 인식능력의 차이를 내포할 가능성이 있다. 경제주체들은 상대가격의 변동에 대해 혼란을 겪지 않으며, 상대가격의 변동을 물가변동으로 착각하지도 않는다. 이에 비해 물가변동을 상대가격의 변동으로 오해할 수 있다. 이것은 물가변동이 상대가격의 변동보다 복잡한 현상임을 의미한다. 그렇다면 합리적 기대를 형성하는 거시경제의 주체는 미시경제의 주체에 비해 보다 높은 수준의 지식과 인식을 필요로 한다고 판단할 수 있다. 경제주체들이 물가변동을 상대가격의 변동으로 착각한다는 신고전학파이론은 이런 차이를 부분적으로 인정하고 있는 것 같다. 그러나 전반적으로 신고전학파는 합리적 기대가 소비자 선택에서보다 더 높은 수준의 합리성을 요구한다고 보지 않는다.

(9) 화폐

신고전학파는 교환을 강조하면서도 교환이 소비로 이어진다고 보아, 화폐획득을 경제활동의 궁극적인 목표로 삼지 않는다. 주류경제학은 고전경제학에서부터 화폐획득이 현실 경제주체들의 목표가 아니라고 주장해 왔다. 신고전학파는 화폐를 뉴메레르로 간주하면서 어떤 재화라도 화폐가 될 수 있다고 생각한다. 이에 따라 화폐적인 교환과 물물교환을 구분하지 않는다. 일상적인 교환에서 재화나 서비스가 화폐와 교환되므로, 이는 신고전학파의 선택이 현실의 '교환행위'와 구분되는 또 다른 측면이다. 나아가 화폐가 사회관계라면 화폐에 대한 배제는 사회나 사회관계에 대한 배제가 된다. 더불어 화폐는 시간의 흐름 속에서 의미를 지니므로 화폐의 배제는 시간의 배제에 부합된다.

신고전학파 경제학은 소비자가 재화로부터 얻는 효용을 극대화하는 행위와 기업이 화폐로 환산한 이윤을 극대화하는 행위가 모두 이기적이고 합리적인 선택으로 조화롭게 공존한다고 생각한다. 이 때문에 신고전학파는 화폐를 경시하고 인간의 축적욕구와 화폐의 퇴장기능을 부정하면서 교환수단의 기능에 집착한다. 또한 상당기간 동안 제도로서 화폐를 주어진 것으로 받아들여 화폐의 발생에 관심을 기울이지 않으며, 화폐공급의 외생적인 성격을 강조해 왔다. 이런 생각들은 화폐수량설에 함축되어 있다. 중상주의, 마르크스, 케인즈 등은 이와 대비된다.

신고전학파는 화폐를 경시해 화폐경제를 실물경제로 바꾸어 생각하므로, 화폐를 재화로 환원하고 화폐변수 혹은 명목변수를 실질변수로 전환한다. 상대가격으로 쉽게 환산되는 재화가격보다 물가가 화폐변수로서 독자성이 더 크다. 그렇지만 거시적으로도 경제주체가 합리적이어서 물가를 예측할 수 있다고 주장하게 된다. 예측을 통해 화폐변수로부터 실질변수들을 추출할 수 있으면, 개인들이 실질변수에 따라 움직일 수 있다. 이렇게 되면 개인 차원에서 화폐환상이 사라지고 경제전체는 화폐 없는 경제가 된다.

(10) 균형

신고전학파는 경제에 존재하는 안정성이나 질서를 균형으로 파악한다. 경제에 모종의 질서가 존재한다는 데에 대해 대부분 경제학자들이 동의하지만, 이 질서를 균형으로 파악한다는데 특징이 있다.[11] 더 이상 선택이나 가격변동

---

11 외견상 경제에 질서가 존재한다는 것을 부정하는 학자들도 있다. 케인즈는 불안정한 경제를 말했고, 폴라니(Karl Polanyi)나 그 이전의 아리스토텔레스는 경제가 자기 스스로 설 수 없다고 보았다. 그러나 이들도 경제자체가 완전히 자율적이거나 자족적인 질서를 지니지 않았다고 말

의 여지가 없는 상태가 균형이라는 점에서 신고전학파는 동태적인 과정보다 정태적인 최종결과를 강조한다. 과정이나 시간을 배제한다는 점에서 균형개념은 공리주의나 효용이론과 합치된다. 하이에크Friedrich August von Hayek가 지적했듯이, 다른 조건이 같다는 가정ceteris paribus은 정태적 성격을 유지하기 위한 방책이다.

신고전학파의 균형개념은 자기교정적인 수렴을 허용할 뿐 순환적이거나 누적적인 과정, 불균형, 혹은 반균형을 배제한다. 균형이나 균형의 안정성 등은 물리적인 유추로서 발생, 재생산 및 변형, 진화 등 생물학적인 유추와 대립된다. 후자는 초기의 고전경제학, 마르크스, 베블렌Thorstein Veblen, 그리고 진화경제학 등이 사회경제의 질서를 파악한 방식이다. 특히, 최근에 부상하고 있는 진화경제학은 결과를 예측하지 못하므로 과정을 중시한다.

(11) 시간

신고전학파는 정태적이어서 시장뿐만 아니라 개인의 선택을 파악하는데 있어서도 시간의 흐름을 배제한다. 잘 알려진 바와 같이, 일반균형이 강조하는 동시결정은 시간의 흐름을 배제해 시작과 끝을 구분하지 않는다. 또한 균형과 결과를 중시해 균형에 이르는 과정을 경시하므로 최종상태를 경로와 독립적으로 생각한다.

고전경제학이나 상식적인 생각에 따르면, 생산 → 분배 · 교환 → 소비의 순환에 있어 시간이 흐른다. 반면 신고전학파의 소비에서는 구입되거나 소비되는 순서가 무시된다(Hands, 2010b). 이 입장에서 합리적인 선택은 여러 재화, 자원, 기술 등 한 시점에 주어진 사지선다형의 대안들을 대상으로 삼는다. 예를 들어, 밥을 먼저 먹고 나중에 커피를 마시든, 먼저 커피를 마시고 나중에 밥을 먹든, 신고전학파에서 효용은 같다.

이같이 신고전학파의 선택은 생산과 생산과정을 고려하지 않을 뿐만 아니라 교환을 중시하면서도 '교환과정'이나 소비과정을 인정하지 않는다. 결국

할 뿐, 여타 영역들이나 힘들에 의존하는 경우 경제가 모종의 질서를 갖출 수 있다고 본다.

신고전학파는 생산이 아닌 교환, 그것도 교환관계, 교환과정, 교환행위가 아닌 교환을 위한 선택에 모든 승부를 걸게 된다. 그리고 이 선택은 '교환비율'과 대체비율 등 비율에 의존한다. 이같이 신고전학파가 상정하는 추상적인 선택은 관계, 시간, 화폐를 배제해, 고전학파나 상식적인 차원의 구체적인 매매로부터 벗어나 있다.

(12) 이탈

이론이 제시하는 상황은 이상적인 시장이므로 현실의 시장은 이로부터 벗어날 수 있다. 개인의 합리성과 시장의 가격기구가 경제의 핵심이므로 이런 이탈은 개인의 합리성이 불완전하거나 가격의 비신축성을 위시한 시장의 불완전함으로 나타난다. 신고전학파도 이를 부정하지 않는다. 그러나 개인과 시장에 대한 궁극적인 신뢰로 인해 신고전학파는 이런 것들이 지속적거나 고질적인 어려움이 아니라는 점을 내세운다. 이런 주장은 탐색비용, 거래비용, 마찰적 실업, 이동성의 부족, 불완전한 정보, 교육이나 경험 혹은 학습의 부족, 단기와 장기에 대한 구분에 의존한다. 특히, 단기적으로는 개인이나 시장이나 모두 불완전하나 장기에는 반복되는 게임을 통해 이들이 완전해진다고 신고전학파는 주장한다.

1.2 방법론 : 개체주의와 반증주의

신고전학파의 방법론으로 분석의 단위와 관련된 개체주의와 지식과 관련된 반증주의를 언급할 수 있다. 우선 신고전학파는 방법론적인 개체주의에 의존해 개인이나 개체를 궁극적인 분석 혹은 행동 및 선택의 단위로 삼는다 (Piore, 2010, p.383). 이 입장에서는 전체나 사회를 개체나 개인으로 분해할 수 있다고 생각한다. 앞서 지적한 바와 같이, 거시경제학에 잠복되어 있던 방법론적 애매함이 합리적 기대가설 등의 영향으로 방법론적인 개체주의로 해소되었으며, 이에 따라 미시적 기초를 갖춰야 한다는 생각이 지배하게 되었다.

그 결과 신고전학파 안에서는 미거시를 불문하고 더 이상 방법론적 개체주의에 대한 이의는 존재하지 않는다. 이에 관해 다음과 같은 추론이 가능하다.[12]

> 시장에 가면 우리는 산더미와 같이 쌓여 있는 재화들을 발견할 수 있다. 이 재화들은 수시로 거래되고 이동한다. 그런데 재화들은 물건이므로 스스로 움직일 수 없다. 재화들을 이동시키는 것은 인간이다. 시장의 인간은 계산하는 합리적인 개인으로 존재한다. 그러므로 개인이 행위의 단위이자 논의의 출발점이다. 인간이 개인으로 존재하기 위해서는 개인이 자유와 자율성을 지녀야 한다. 시장에서 개인은 자신의 이익을 위해 여러 재화들 중에서 최상의 대안을 선택하는 자유를 누린다. 이렇게 개인들이 선택한 결과가 만나 거래가 나타나고 이들이 합쳐져 시장에서 여러 재화들에 대한 수요공급이 등장한다.

방법론적인 개체주의는 신고전학파에서 적어도 두 가지 모습으로 나타난다. 이는 개인이나 개체들로 구성되는 관계, 구조, 과정을 인정하지 않는다는 외적인 측면과 개체를 구성하는 내적인 관계, 구조, 과정을 인정하지 않는다는 내적인 측면이다. 쉽게 말해, 개체나 개인과 별도로 존재하는 관계나 전체나 사회를 부정할 뿐만 아니라 (외견상) 개체나 개인의 내부에 존재하는 관계나 체계를 부정한다. 현재까지 별로 지적되지 않은 후자를 먼저 논의하자.

첫째, 신고전학파의 개체주의는 개인이나 개체가 더 이상 쪼개지지 않는 원자이므로 내적으로 어떤 체계나 구조를 가지고 있지 않다고 생각한다. 나아가 개인들이 유지하는 인지과정이나 동기부여의 과정도 경시해 왔다. 구체

---

12 이는 마르크스(Karl Marx)의 논리체계를 변형시킨 것이다. 사실 불완전하나마 재화의 속성으로 간주되는 정지된 가격에서 변동하는 가격으로의 이행은 마르크스의 논리전개 및 가격에 대한 설명과 넓은 의미에서 비슷한 측면을 지니고 있다. 마르크스의 가치도 일차적으로 교환과정에서 상품이나 생산물의 속성에 가깝게 제시되었다가, 여기에 생산과정이 결합되고 자본이 등장하면서, 과정 속에서 움직이고 늘어나는 존재가 된다. 물론 마르크스는 인간과 경제에 대한 관점에 있어 신고전학파와 근본적인 차이를 지니며, 가격이 아니라 가치, 그것도 노동가치를 우선시한다. 나아가 상품들의 물적인 관계에 지배되는 교환·착취의 사회관계 및 계급관계에 근거해 재생산과정과 가격을 설명했다. 뿐만 아니라 『자본론』에서 가치는 재생산과정의 실제 시간 속에서 움직이는데 비해, 일반균형체계에서 가격은 가상적인 시간 속에서 수량적으로 변동한다.

적으로 기업을 일인 생산자로 간주해 그 내부의 지배구조를 최근까지 경시해 왔으며, 현재도 기업을 개인들로 분해하거나 환원하려고 노력한다.

또한 개인의 내부나 내면에 관심을 가지지 않으며, 이를 유인이나 동기부여와 연결시키지 않는다. 신고전학파는 개인이 외적인 유인이나 동기부여에 단기적으로 어떤 반응을 보여 어떤 결과가 나오는지에 집중한다. 반면 이것이 인간내면의 인식이나 감성을 어떻게 바꾸는지에 대해서는 무관심하다.

구체적으로 새로운 급여체계나 입시제도에 처해 노동자나 학생이 겪는 내면의 변화와 이것이 장기적으로 가져올 인간성이나 생산성 등의 변화과정에 대해 경제학은 최근까지도 무관심했다. 물론 관찰이 어려운 것보다 관찰이 쉬운 것, 과정보다 결과, 그리고 장기적인 것보다 단기적인 것에 관심을 집중하는 신고전학파의 성향도 이런 경향을 낳는 데 몫을 하고 있다. 그러나 개인을 원자로 보아 그 내부를 인정하지 않는다는 점이 보다 근원적이다.

둘째, 개체나 개인이 궁극적인 단위라고 생각하므로 외적으로 이들 사이의 상호의존성이나 관계, 그리고 이들로 구성되는 사회구조, 나아가 이들을 유지하고 재생산하는 과정을 별로 고려하지 않는다. 이런 생각의 가장 단순한 유형은 개인의 인식, 이익, 의도, 행위를 합하면 사회의 인식, 이익, 의도, 행위가 된다고 보는 것이다. 이런 생각은 개인의 수요공급곡선을 수평으로 합하면 시장의 수요공급곡선이 된다는 생각에서 확인할 수 있다.

이보다 복잡하게 전체가 개체의 단순한 합은 아니지만, 양자의 불일치가 장기적으로 해소되므로, 설명할 필요 없다거나, 양자의 불일치를 설명할 수 없더라도 이에 만족해야 한다고 주장한다. 신고전학파도 시장 등 전체의 결과가 개인들의 행위의 합에서 벗어나는 상황을 배제하지 않는다. 그런데 이런 상황은 일시적으로 존재할 뿐 시간이 지나면서 학습을 통해 해소되거나 교정된다고 생각한다. 혹은 모든 이론이 지닌 보편적인 불완전성으로 인해 언제나 설명할 수 없거나 설명할 필요 없는 잔여가 존재한다고 주장한다. 신고전학파는 가설이나 모형이 근본적이거나 완벽한 설명을 제시한다고 자부하지 않기 때문에 잔여나 잔차에 대해 불편해 하지 않는다. 나아가 이런 불일치를 보이지 않은 손이나 인간행동의 의도되지 않은 결과 등으로 간주하기도 한다.

신고전학파에서 개인의 환경은 타인 전체, 자연환경, 그리고 사회를 구분 없이 포괄한다(Marschak, 1950, p.112). 특히, 자연(쓰나미)과 사회(주가폭락)를 구분하지 않는 이유는 모든 것을 개인이나 개체의 적정화라는 관점에서 이해하기 때문이다. 이에 따라 개체주의의 입장에서는 사회구조와 사회관계, 계급이나 계층 혹은 집단 등을 모두 개인들의 모음으로 간주한다. 이런 이유로 개체주의에 근거한 신고전학파는 개인과 시장뿐만 아니라 개체와 집단도 명확히 구분하지 않아, 개인, 집단, 시장, 사회를 지속적으로 동일시하거나 혼동하는 경향이 있다(Hicks, 1939, pp.34-35). 예를 들어, 한 개인이 가격변동에 따라 수요공급량을 변경하면 같은 방향으로 시장의 수요공급량도 움직이게 되어 있다.

이런 이유로 신고전학파는 선택도 순전히 개인의 행위로 간주한다. 일상적으로 선택은 개인, 집단 혹은 계층 및 계급, 사회의 세 가지 차원에서 나타난다. 가정주부의 장보기와 같은 소비자선택은 개인차원이다. 또한 임금협상은 경영자집단과 노동자집단의 선택이다. 끝으로 대통령선거는 사회전체의 선택이다. 이같이 선택의 결과가 집단이나 사회전체차원에서 등장할 수도 있음을 신고전학파도 부인하지 않는다. 그러나 신고전학파는 집단·계층·계급과 사회라는 존재와 이들이 선택의 주체일 수 있다는 점을 부인한다.

이에 따라 집단이나 조직의 선택도 모두 개인의 선택들로 분해될 수 있다고 본다. 뒤집어서 이들의 선택은 개인들의 선택이 모여서 형성된다고 생각한다. 달리 말해, 신고전학파는 집단·계층·계급과 사회라는 존재를 모두 개인으로 환원하며, 이들의 선택을 개인의 선택으로 바꾼다. 애로우로부터 시작되는 사회적 선택 개념은 이런 관점에서 제시된다.

신고전학파는 선호의 차이도 개인차원의 차이라고 생각해, 선호나 기호가 사회적으로 결정된다는 생각을 거부한다. 또한 외견상 집단·계층·계급 수준의 차이라도 개인의 차이가 모아진 데 불과하다. 더불어 선택의 대안들과 소득의 차이도 개인들의 차이로 간주한다. 이런 개인들의 차이를 인정하는 경우 이에 대해 설명하지 않거나 한계생산성이론 등을 통해 간접적으로 능력주의나 공적주의로 정당화한다. 사유화된 지식과 정보도 개인의 차이를 낳을 뿐 집단·계층·계급의 차이를 가져오지는 않는다.

개인들 사이의 상호관계를 인정하는 신고전학파의 상위이론도 인간관계나 사회관계에 일차적인 중요성을 부여하지 않는다. 개체가 원초적이라고 보기 때문에 관계자체가 사회구조의 일부가 아니라 개인들의 선택한 결과가 된다. 관계가 개인들이 선택한 결과이므로 단기적인 관계들이 반복되어 반드시 지속적이거나 장기적인 관계로 발전한다고 보지 않는다.

또한 개체가 분해될 수 없는 원초적인 단위라고 생각하므로, 사회관계나 상호작용을 파악하더라도 개체들 사이에 외적인 관계를 설정할 뿐 내적인 관계를 상정하지 않는다(Lazear, 2000, pp.112-114, 119-122). 이는 경제주체로서 가계를 소비자나 수요자와 동일시해 가정이라는 집단을 인정하지 않는 것에 부합된다. (보다 중요한 점으로) 기업을 생산자나 공급자와 동일시해 기업내부의 조직이나 위계를 강조하지 않는 것에도 부합된다.

나아가 개인의 존재나 효용을 그 자체로 인정한 후, 타인과의 관계가 추가적인 효용이나 이윤의 변동을 가져온다고 생각한다. 이 경우 인간관계나 사회관계는 그 자체로서 존재하는 것이 아니라 개인의 수단으로 취급된다. 상당수의 사회연결망이론social network theory은 이에 준한다. 이같이 모든 관계나 존재는 개인의 행위나 속성으로 환원된다. 이 점에서 신고전학파의 교환은 장기적 거래관계나 마르크스의 '교환관계'와 구분된다.

신고전학파는 사회나 시장을 개인으로 분해할 뿐만 아니라 재화나 자원도 개별적 존재로 파악한다. 이 관점은 의식주 대신에 개별 재화나 서비스를 대상으로 삼으며, 자원이나 생산수단보다 개별적인 노동, 토지, 자본에 익숙하다. 이는 재화나 자원의 유연한 대체와 자본주의경제에서 나타나는 재화나 자원의 이동성, 그리고 이에 근거한 자원배분에 부합된다.

보다 구체적으로 특정 기업이나 산업 혹은 지역으로부터 다른 기업, 산업, 지역으로 재화, 노동, 자본이 이동하기 위해서는, 서로 연결되어 있거나 결합되어 있던 다른 인간이나 소유자 및 재화나 자원으로부터 특정 인간이나 재화나 자원이 손쉽게 분리될 수 있어야 한다. 물론 이런 배분의 기반은 개인의 자유로운 선택이다. 이런 생각이나 현실은 개인들로 이루어진 사회구조나 사회관계를 용해하며 다시 재화들 사이의 결합이나 보완관계를 최소화한다. 폴라니Karl Polanyi 등이 강조하는 배태성embedded은 이런 재화나 자원의 개체성과 대비된다.

이와 관련해 신고전학파가 개인들 사이의 상호의존성에는 인색한 데 비해 재화들 사이의 상호의존성에 대해서는 오래 전부터 개방적이었음을 언급할 필요가 있다. 개인과 달리 개별재화와 자원에 대해서는 대체보완이라는 상호의존성을 인정한다. 그런데 대체보완을 인정한다고 해서 신고전학파가 재화나 자원의 개별적인 성격을 부정한다고 오해하지 않아야 한다. 개별재화나 서비스는 독립적인 효용을 지니며 대체보완관계로 인해 추가적인 효용의 증감을 겪을 뿐이다.

개인은 여러 재화들과 서비스들 사이의 대체보완에 관심을 둔다. 개인차원에서 형성되어 시장으로 투사되는 이런 관계들을 개인은 비율 등 수량으로 파악한다. 이에 따라 극대화나 극소화를 목표로 한 개인의 선택은 이들이 낳는 ${}_nC_2$개의 관계와 비율들이 구성하는 헤시언 디터미넌트Hessian determinant의 부호와 수량을 통해 표현된다. 이같이 인간이 개인으로 쪼개지고 재화와 자원들이 대체보완의 연관성을 유지하면서, 개인 안에서 개인이 선택하는 재화와 자원들이 시장이나 사회의 작은 모습을 이룬다. 개인의 선택은 시장의 자원배분에 준하고, 재화들에 대한 개인의 (한계)대체비율은 시장의 상대가격에 해당된다.

사회가 개체들의 모임이라고 보는 신고전학파의 입장에서 관계는 비율들의 반복적인 확인이다. 예를 들어, 시장에서의 교환은 나와 가게주인의 관계라기보다 얼마주고 얼마를 받았는지를 보여주는 재화 및 화폐의 수량과 비율로 나타난다. 나아가 가격과 같이 외적인 비율뿐만 아니라 대체율과 같은 '내적인 비율', 그리고 지불할 의사willingness to pay나 잠재가격shadow price 등 묵시적인 비율까지 중요하다.

비율을 이와 같이 중시하는 것은 관계를 전반적으로 인정하지 않고 인정하더라도 외적인 관계만을 인정한 것과 대조적이다. 예를 들어, 대체관계나 보완관계는 대체재나 보완재라는 재화의 성격을 나타내면서 동시에 (한계) 대체비율이라는 비율이다. 또한 교환관계는 개인들의 선호나 교환행위이자 재화들의 교환비율이다.

일반적으로 관계는 여러 가지 비율을 낳으므로 관계와 비율은 무관하지 않다. 관계가 존재하면 비율이 나타난다. 예를 들어, 친구라는 관계는 이들이 만나는 횟수로 나타나고 이들이 나눈 대화의 수량으로도 나타날 것이다. 그런데 관계에서 비율이 파생되는지 아니면 비율들이 모이고 반복되어 관계가 사후적으로 생기는지에 대해서는 견해가 갈라진다.

보다 구체적으로 먼저 상당수 학자들에게 관계는 비율의 배후에서 존재하고 비율에 우선한다. 이들은 인간관계와 교환관계, 인간의 욕망과 재화의 유용성 사이의 관계, 재화들의 대체보완관계들을 강조한다. 인간관계로부터 감정의 교류나 의견이나 물건의 교환이 발생하고, 이에 따라 교류나 교환의 비율이 생겨난다. 친구관계로부터 감정의 왕복, 의견을 주고받는 비율, 식사비용의 분담비율 등이 나온다. 또한 인간의 욕망과 재화의 유용성을 인간과 재화의 관계로 파악하면, 이로부터 인간이 특정 재화를 필요로 하는 비율 등을 도출할 수 있다. 하루에 밥 세 그릇이나 하루에 2천 칼로리 등이 그런 예이다. 끝으로 특정 개인의 차원에서 재화들의 대체관계나 보완관계가 존재하므로 대체비율이나 보완비율이 나온다.

이에 반해 주류경제학은 비율들이 모여 사후적으로 관계가 형성되며 오로지 비율들을 통해 관계를 확인할 수 있다고 생각한다. 이같이 경제학에서는 비율이 관계에 우선하며, 비율이 관계를 대신하므로, 비율의 배후에서 관계를 찾을 필요가 없다. 경제학은 고전학파로부터 이런 생각을 간직하고 있었기 때문에, 모든 경제현상을 관계로 파악하지 않고 비율로 계산하는 경향이 강하다. 신고전학파와 그것의 근거인 기대효용이론은 비율과 수량을 더욱 강조해, 교환비율, 효용이라는 수량, 보완비율, 그리고 특히 대체비율을 그 자체로 부각시킨다.[13] 단적으로 한계대체율체감의 법칙에서 한계나 대체뿐

13 이런 차이는 산업연관관계와 산업연관계수, 통화와 통화량, 고용과 고용량이나 고용률, 자본

만 아니라 비율이 중요하다.

이것은 신고전학파의 방법론적인 기반과 관련이 있다. 우선 거슬러 올라가 관계를 비교로 전환시킨 장본인은 흄이다(Hume, 1739-40, p.61). 신고전학파도 여타 학문분야에서와 마찬가지로 이론의 평가기준 혹은 지향목표로 논리적 정합성과 경험적 타당성을 추구한다(Allais, 1989, p.13). 그럼에도 불구하고 신고전학파는 베이컨Francis Bacon과 흄Daivd Hume의 영국 경험주의와 벤담Jeremy Bentham의 공리주의, 포퍼Karl Popper의 비판적 합리주의, 비엔나 서클의 논리실증주의, 프레게Gottlieb Frege와 러셀Bertrand Russell의 분석철학, 미국의 도구주의, 실용주의, 행태주의 등과 친화력을 가지고 있다.

무엇보다 신고전학파는 관찰 가능한 것에 집착하기 때문에 포퍼의 비판적 합리주의에 의존한다. 1938년부터 허치슨Terence Hutchison을 통해 경제학계에 소개된 비판적 합리주의는 흄David Hume과 칸트Immanuel Kant의 결합이다(Lewin, 1996, p.1305). 한편으로 포퍼는 흄에 의존해 경험적인 규칙성에 대한 관찰, 그리고 이에 근거한 이론의 반증을 강조했다. 그러나 다른 한편으로 그는 칸트의 선험a priori을 수용해 관찰되는 자료가 그 자체로 존재할 수 없고, '이론을 실고 있다는' 점을 고집했다.

이에 따라 다 같이 경험주의이지만 포퍼는 비엔나 서클의 확증주의를 비판하면서 반증주의를 내세웠다. 가령, 현재까지 검은색의 백조black swan가 발견되지 않았다고 해서 백조가 흰색이라는 가설이 증명된 것이 아니라고 포퍼는 주장했다. 포퍼가 '진리'뿐만 아니라 '이론'이라는 용어에 대해서조차 부담을 느끼면서 추정적인 가설을 고집한 이유가 여기에 있다.[14]

자유주의 인식론인 포퍼의 입장에서는 자연과학의 가설과 마찬가지로 사회과학도 사회경제적인 구조나 역사로부터 독립적인 가설을 제기할 수 있고,

---

과 자본량, 자본의 유기적 구성과 구성 비율 등으로도 예시할 수 있다.

14 그러므로 "진리가 너희를 자유롭게 하리라"는 번역 구절은 인식이 사회와 무관하게 자유를 가져다 준다고 보는 문제도 있지만, 진리를 손쉽게 생각한다는 문제도 안고 있다. 다만, 개항 이래 학문과 교육에 치중해 온 한반도의 흐름이 학문과 교육에 진리라는 거창한 목표와 사명을 부여하고 있음을 확인할 수 있다.

이 가설에 대해 중립적이고 객관적인 논의가 가능하다. 이에 따라 누가 어떤 문제나 가설을 제기하느냐는 각자의 '선택'으로서 이에 대해 사전적으로 평가(評價)할 수 없다. 신분이나 계급의 구분 없이 누구나 자신의 부존자원을 가지고 시장에 접근할 수 있듯이, 누구나 자신의 문제를 가지고 토론장에 접근할 수 있다. 또한 시장에서 가격(價格)으로 평가받기 이전에 생산비용이나 노동가치로 상품을 판단할 수 없듯이, 이론이나 가설에 대해 토론장에서 논의하기 이전에 평가할 수 없다.

이에 따라 포퍼에게는 연구자의 학자적 양심과 과학자집단의 토론 및 검증을 객관적으로 만들기 위한 절차적이거나 형식적인 합리성이 중요하다. 절차적이거나 형식적인 합리성은 연구대상과 학문자체의 사회적 성격을 부정한다. 형식적인 합리성에 대해 마르크스 등이 내세우는 실체적 합리성은 이런 차이를 반영한다.

신고전학파는 포퍼의 비판적 합리주의를 모태로 가치중립성과 엄밀성을 강조하면서, 수학적 분석방법에 의존하고, 검증 혹은 반증을 위해 계량적 방법을 중시한다. 이 입장에 의하면 경제학에서도 사회나 역사로부터 독립된 학자집단의 토론과 객관적인 검증이 가능하다.[15] 자연과학적인 엄밀성과 가치중립성을 신뢰하면서 신고전학파는 규범성을 세척해낸 실증경제학을 내세웠다.

신고전학파는 수리적 방법에 의존해 일반균형체계의 구축에 몰두하면서, (시장이념 이외의) 제반 가치들을 무차별하게 취급하기 때문에, 정치적 입장이나 정책의 표명을 회피하는 경향을 보인다. 이론이 특정 정책과 일대일로 대응하지 않으므로, 이론은 학자의 몫이고, 이에 근거한 정책의 결정은 정책당국자의 몫이다. 이는 모든 것을 동질적인 가격으로 환산하는 시장의 현실이나 인간의 다양한 욕망들을 우선순위 없이 무차별하게 취급하는 공리주의

15 그런데 절차를 중시하는 차원을 넘어 이를 효용으로 환원하는 경제학의 흐름도 있다(Frey & Stutzer, 2002). 절차자체를 가치로 간주하지 않고 효용을 낳는 수단으로 생각하는 이런 흐름은 절차적 합리성과 반드시 일치하지 않는다. 절차자체를 가치로 인정하는 경제이론은 민주주의와 공존하는 시장경제에 부합된다. 이에 비해 절차에서 효용을 얻으려는 경제이론은 민주주의를 허물거나 이를 흡수하려는 시장경제에 부합된다.

와 친화력을 갖는다. 또한 이는 가정의 현실성이나 결론의 현실적인 함의 혹은 문제의 심각성 등을 고려하지 않고 내적인 일관성에 일방적으로 의존하는 신고전학파의 흐름과도 통한다. 기대효용이론은 이런 신고전학파의 전형적인 모습이다.

신고전학파는 포퍼를 수용하는데 있어 칸트적인 요소보다는 흄적인 요소를 부각시켰다. 실증적 방법을 강조하면서, 포퍼와 일치되지 않지만, 도구주의의 성향도 드러낸다. 누구보다 시카고학파의 프리드먼은 사회철학에 있어 자유방임주의를 주장하면서, 방법으로 도구주의를 취한다. 그는 실증경제학의 방법론을 통해 이론의 목표가 설명이 아니라 예측이라고 주장했다(Friedman, 2008). 포퍼의 방법론이 신고전학파의 이상이라면, 도구주의는 신고전학파의 현실이다.[16]

예측을 목표로 하는 한 이론의 가정이나 거기에 담겨 있는 행동주체의 준칙이 반드시 현실적일 필요도 없다. 인간이 이기적이거나 합리적이지 않더라도 마치 그런 것처럼 가정해서 예측이 가능하면, 사람들이 이기적이거나 합리적이라고 간주해도 된다. 소비자나 기업이 실제로 효용이나 이윤을 극대화하지 않더라도, 예측만 잘 할 수 있다면, 극대화한다고 가정해도 무방하다.

흥미롭게도 상당수 경제학자들은 이론의 도구주의를 시장에 대한 믿음으로 정당화한다. 실제 경제주체가 비합리적이더라도 시장에서는 극대화하는 합리적 경제주체들만이 살아남기 때문에 합리성의 공준이 타당하다는 것이나(Hirshleifer, 1977, p.10). 이 논리는 시장이나 합리성을 옹호할 수 있는 범위 내에서만 시장의 선별을 인정한다. 이같이 가치중립을 표방하는 신고전학파에서도 방법론이 시장주의라는 사회철학과 연결되어 있다.

개체주의에 도구주의가 결합되면, 인지, 심리, 기호 등 인간에 대한 구체적인 내용이 경시될 수밖에 없다. 동시에 이 입장에서 활용하는 효용이나 소득 혹은 이윤도 내용을 담고 있는 개념이 아니라 이름이나 외양을 지닌 정의로

---

16 하이에크는 프리드먼과 같이 사회철학에 있어 자유방임주의를 표방하면서도, 이론의 목적과 방법에 대해 프리드먼과 견해를 달리했다. 이를 통해 이론과 사회철학이 일대일로 대응하지 않을 뿐만 아니라 사회철학과 방법론도 일대일로 대응하지 않는다는 것을 확인할 수 있다.

변하게 된다. 현시선호이론에서 확인되듯이, 이 점에서는 케인즈주의자인 새뮤엘슨과 통화주의자인 프리드먼 사이에 차이가 없다.[17] 이론의 현실성을 강조하는 케인즈주의자가 정합성을 강조하는 통화주의자보다 가정의 현실성이나 이론의 설명력을 중시할 가능성이 높지만, 근원적인 차이를 보이지는 않는다.

거슬러 올라가 주류경제학이 따르는 베이컨의 경험주의는 영국의 철학으로서 데카르트René Descartes를 위시한 대륙의 합리주의와 대립된다. 경제학이 다른 학문과 달리 영국에서 발전했다는 점을 고려하면, 경제학이 합리주의보다 경험주의로부터 영향을 받았다는 것은 이상하지 않다. 보다 직접적으로 영향을 미친 흄은 두 사물이 지속적으로 동시에 등장하는 상황constant conjunction에서 이론이나 가설의 근거를 찾았다. 또한 이런 상황에 대한 관찰이 반복되어 형성되는 관습과 습관이 확률적인 현상으로서 생각들의 연상association을 낳는다고 주장했다.

> 여러 차례의 실험으로 자신의 주장을 정립했으면, 진정한 철학자에게 무엇보다 요구되는 것은 원인을 파고들려는 무절제한 욕망을 억제하고 이에 만족하는 것이다(Hume, 1739-40, p.60).[18] 그러므로 오직 경험을 통해 우리는 한 물체의 존재를 다른 물체의 존재로부터 추론할 수 있다.
>
> 우리는 어떤 한 종류의 물체들의 존재를 나타내는 반복된 예들을 가지고 있음을 기억한다. 또한 우리는 또 다른 종류의 물체들의 개별 사례들이 언제나 이들에 수반되었다는 것과 이들에 근접해서, 그리고 순차적으로, 나타나는 규칙적인 질서 속에 존재해 왔다는 것도 기억한다(Hume, 1739-40, pp.136-137).[19]

---

17 포퍼나 하이에크의 방법론도 시장과 무관하지 않으나 이와 같이 연결되지는 않는다. 이들에게는 인간이 소유한 상품들 사이의 경쟁과 인간이 지닌 의견들의 경쟁 등 시장과 토론장의 유비가 존재할 뿐이다. 이들은 인간자체에 대해 구체적인 내용을 부여한다.

18 Nothing is more requisite for a true philosopher, than to restrain his intemperate desire of searching into causes, and having establish'd any doctrine upon a sufficient number of experiments, rest contented with that.

19 'Tis therefore by EXPERIENCE only, that we can infer the existence of one object from that of another. We remember to have had frequent instances of the existence of one species of objects; and also remember, that the individuals of another species of objects have always attended them,

> 이 연상을 만들어내는 습관은 물체들이 빈번하게 함께 등장하면서 생기므로, 조금씩 완성도를 더해가며, 분명히 우리의 관찰에 들어오는 매번의 사례로부터 새로운 힘을 얻는다. 그러나 습관이 이 정도의 완벽함을 달성하기까지, 이보다 낮은 여러 정도들을 거치며, 이 모든 정도에 있어 추정이나 확률로 간주된다. 그러므로 확률에서 증명으로 이동하는 정도의 차이는 많은 경우에 감지되지 않는다(op.cit., p.181).[20]

공리주의도 주류경제학과 불가분의 관계에 있다. 공리주의는 20세기에 형성된 비판적 합리주의보다 더 오랜 기간 주류경제학에 기반을 제공해 왔다. 미시경제학의 연장선상에 있는 후생경제학에 이르면 공리주의와의 이런 연관이 보다 선명하게 드러난다. 무엇보다 경제학의 합리적인 판단과 선택은 원래 벤담의 공리주의에 근거를 두고 있었다.

공리주의는 '쾌락과 고통의 산술'로 규정된다. 이에 따라 공리주의는 인간의 이성적인 차원을 쾌락과 고통에 대한 계산능력으로 환원한다. 장부를 정리하는 회계사의 계산능력이 숫자로 표시된 화폐의 액수나 재화나 자원의 숫자가 아니라 여러 감정들로부터 얻어지는 쾌락과 고통에 적용되는 셈이다.

쾌락과 고통은 인간의 감성을 나타내므로 공리주의는 이성이나 습관, 본능의 지배를 경시한다. 이 때문에 공리주의는 철학적 급진주의로 불렸다. 신고전학파의 합리성도 본능, 순간적인 감정, 습관 등에 따른 인간의 행동을 배제한다. 이런 것들을 신고전학파는 비합리적이라고 규정한다. 나아가 이기심을 제약하는 도덕이나 규범 등의 영향을 고려하지 않는다. 양보해서 도덕이나 규범이 인간행위에 영향을 미친다고 보는 경우에도 이런 것들을 개인의 이익으로 환원하는 경향이 강하다.

무엇보다 공리주의가 인간행위의 동기보다 행위의 결과를 강조한다는 점

---

and have existed in a regular order of contiguity and succession with regard to them.

20 As the habit, which produces the association, arises from the frequent conjunction of objects, it must arrive at its perfection by degrees, and must acquire new force from each instance, that falls under our observation. But before it attains this pitch of perfection, it passes thro' several inferior degrees, and in all of them is only to be esteem'd a presumption or probability. The gradation, therefore, from probabilities to proofs is in many cases insensible.

이 신고전학파와 통한다. 과학의 실용성을 강조하는 제임스William James나 듀이John Dewey 등의 미국 철학인 실용주의도 결과나 효과를 중시한다고 해석한다면, 경제학과 경영학이 추구하는 현실의 실용성과 쉽게 맞물린다.

왓슨John Watson과 스키너Burrhus Frederic Skinner의 행태주의behaviorism는 20세기 초 미국에서 발전된 심리학의 분파로서 1920-30년대부터 미국에서 사회과학을 변화시켰다. 이 입장은 중간과정을 파악하는 일이 쉽지 않다고 보아, 이를 '알 수 없는 부분'으로 놓는 반면, 관찰이 가능한 처음의 자극과 끝의 반응에 집중한다. 신고전학파에서 이에 부합되는 대표적인 예로는 현시선호이론과 생산함수 등이 있다(Kahneman, Knetsch & Thaler, 1986b, S298).

우선 기수적 효용이론이 서수적 효용이론으로 바뀐 후에 다시 현시선호이론이 등장했다(Lewin, 1996, pp.1308-1311). 현시선호이론은 가격의 변동을 자극으로 보고, 수요량의 변동을 이에 대한 반응으로 파악한다(Gul & Pesendorfer, 2009). 이 이론은 의사결정과정에 무관심한 채 가격, 선호, 정보, 제약에 집중한다(Camerer, 2009). 생산함수도 기업 안에서 진행되는 생산과정이나 의사결정과정, 주인대리인의 관계, 사회적 연결망, 지배구조 등을 도외시하고, 오로지 투입과 산출에 집착한다. 이들은 주어진 현상에 대한 축약형의 이론에 해당된다.

원인과 결과를 매개하는 과정을 고려할 필요가 없다거나 고려할 수 없다고 보면, 인과에 대한 관심이 줄어드는 대신 상관관계나 동행comovement이 부각된다. 그리고 이런 상관관계는 관계라는 질적인 차원보다 상관계수나 공분산이라는 수량적인 차원으로 등장한다. 관계의 유형이나 존재가 아니라 관계의 밀접함이나 소원함이라는 연속적인 수량($-1 < \rho < 1$)이 주안점이기 때문이다. 이런 관점에서는 관계의 존재여부는 상관계수가 '0'이거나 '1'이라는 극단적인 경우들로 포함된다. 나아가 이런 관계의 내용이 무엇인지 알 수 없고 알 필요도 없다고 본다.

예를 들어, 어떤 백화점 방문에 있어 높은 상관계수를 보이는 두 사람은 단순히 백화점의 단골손님들로 전혀 무관할 수도 있고, 단골손님과 점원일 수도 있으며, 백화점 내 식당에서 주기적으로 만나는 친구일 수도 있다. 이에 대해 상관계수로는 구분할 수 없고 이에 근거하는 이론은 이것을 구분할 필요가 없다고 생각한다.

이런 철학의 영향으로 신고전학파가 통계학이나 계량경제학에 의존해 상관관계에 만족한다는 점은 주지의 사실이다. 이는 이미 흄에서도 확인된다.

> 우리가 이런 원리들에 설득된 상태에서 도서관에 들르는 경우 어떤 것을 파괴해야 하는가? 예를 들어, 만약 우리가 신학이나 형이상학 서적을 손에 들게 되면, 그 책이 수량이나 숫자와 관련된 어떤 추상적인 추론을 담고 있는지 물어보아야 한다. 그리고 아니라면, 사실이나 존재하는 것에 관한 실험적인 추론을 담고 있는지 물어보자. 역시 아니라면, 이 책을 불길에 맡겨버려라. 왜냐하면 이런 책은 요설과 환상만을 담고 있기 때문이다(Hume, 1748, p.132).[21]

흄의 경험주의로부터 시작되는 관찰과 수량에 대한 강조는 사회를 개체의 합으로 보는 경향과 무관하지 않다. 경험주의나 계량경제학은 다루는 표본의 자료를 개별 관찰치들의 단순한 모음[1 2 ... n]으로 취급한다. 이는 구성요소들의 상호연결이나 이들이 모여 이루는 맥락context이나 구조를 중시하지 않는다. 사회가 개인들의 모임에 불과하며 이들 사이의 상호관계나 이들이 모여 생길 수 있는 모종의 전체성을 부정하는 개체주의도 맥락이나 구조를 인정하지 않는다는 점에서 동일하다. 여기서 신고전학파는 인식의 선험적인 성격, 개체의 전체성, 그리고 개인의 사회성을 모두 부정하는 셈이다.

이미 지적한 바와 같이 이런 저런 경로로 경제학은 결과를 강조한다. 경제학이 개인의 선택과 시장의 현상을 두 가지 축으로 삼으므로 경제학의 결과주의도 이 두 가지와 연결된다. 인간행위와 관련해서는 이것이 의사결정이나 행위로 이어지는 근원적인 동인이나 인지과정에 대한 간과로 나타난다. 시장

21 When we run over libraries, persuaded of these principles, what havoc must we make? If we take in our hand any volume; of divinity or school metaphysics, for instance; let us ask, Does it contain any abstract reasoning concerning quantity or number? No. Does it contain any experimental reasoning concerning matter of fact and existence? No. Commit it then to the flames: for it can contain nothing but sophistry and illusion.

의 경제현상에 있어 결과에 대한 강조는 경제적 과정에 대한 경시로 이어진다. 이는 신고전학파가 일반균형체계에서 균형을 강조하면서 균형에 이르는 과정을 경시한다는 사실에도 부합된다.

인과관계를 밝히지 않고 상관관계만으로도 예측이 가능하므로, 상관관계에 대한 만족은 예측을 이론의 목표로 삼는다는 점과 통한다. 더불어 과정과 인과는 시간을 필요로 하므로 과정에 대한 경시는 시간에 대한 경시를 낳는다. 과정과 시간이 배제되면 정태적인 상태가 되므로, 정태적인 상태나 균형이 동태적인 과정을 대신하게 된다. 또한 시간이 배제되면 상관관계가 일방적인 인과관계보다 중요해지고, 상호의존성을 강조하게 되어 쌍방의 동시결정이 자리 잡게 된다. 일반균형체계의 동시결정은 이에 부합된다. 끝으로 변수들의 상호의존성은 개인들이 상호의존적이어서 일방적으로 수탈이 발생하지 않고 교환을 통해 모두 이익을 얻는다는 입장과 외형상 비슷하다.

수량주의는 신고전학파의 두드러진 특징인데 한계효용학파 중에서도 왈라스적인 전통과 연관이 있다. 일반적으로 마르크스주의는 비율보다 관계를 강조하고, 정도보다 범주나 개념들을 중시한다(홍 훈, 2006c). 그런데 반대편에 서 있는 오스트리아학파의 멩거Carl Menger도 가치수량에 앞서 가치 자체를 논의했고, 뵘바베르크Eugen von Böhm-Bawerk는 이자율에 앞서 이자 자체를 설명했다(홍 훈, 2000). 나아가 이념적으로 중간에 있는 케인즈도 자신의 『확률론』(1921)에서 확률적인 비교가 언제나 가능하지 않으며, 가능하더라도 반드시 수량으로 표현되지 않을 수 있다고 주장해, 관계로서의 확률을 강조했다. 이보다 정도는 덜 하지만 애로우(1951)는 사회적 선택을 논의하면서 선호를 비율에 앞서 관계로 파악했다.

그러나 신고전학파의 지배적인 흐름은 수량주의이다. 이 입장에서는 가치나 가격, 자본, 이자, 화폐, 확률, 선호를 무엇보다 수량으로 이해하며, 심지어 이들이 수량으로만 존재한다고 생각한다. 이런 입장은 케인즈의 확률이론에 대한 램지Frank Ramsey의 비판에서도 확인되며, 경제학의 방법론에 대한 기반인 흄으로까지 거슬러 올라간다.

> *질과 양 각각의 정확한 정도에 대한 관념을 형성하지 않고서는, 마음이 이들 모두에 대해 어떤 관념도 형성할 수 없다.* 질과 양 양자 모두의 정도가 정확하게 규정되지 않고서는, 어떤 감각에 대한 자극도 마음에 존재할 수 없다(Hume, 1739-1740, pp.65-66).[22]

그런데 수량을 통해 그 모습을 드러내는 존재는 수없이 많으며, 자연현상과 사회현상 중에서 경제현상은 더욱 그렇다. 몇 시나 몇 킬로그램인지를 보고 시간과 무게를 확인하고, 몇 원인지를 통해 가격을 확인한다. 그렇지만 모든 존재의 구체적인 모습이 수량은 아니다. 가령, 남녀의 사랑이 반드시 만남의 횟수나 함께 지내는 시간 혹은 선물의 숫자로 나타나지 않는다.

직접 관찰되는 수량이나 숫자에 집착하면, 구체적으로 관찰할 수 없는 추상적인 존재를 인정하지 않는 경향을 지니게 된다. 신고전학파는 도구주의나 수량주의로 인해 많은 내용을 담고 있는 개념(槪念)conception이나 범주(範疇)category보다 각자 자신의 편의에 따라 선택하는 정의(定義)definition를 선호한다(Watson, 2005, pp.60-62). 자신의 이론이나 모형에서 일관되게 유지하기만 하면 충분한 정의에 근거해, 신고전학파는 수리적 연역이나 통계적 측정에 집중한다. 따라서 신고전학파에서 학문적인 발견은 주로 수리적인 연역이나 수량적인 측정으로 나타난다.

이와 관련해 경제학이 강조하는 정의가 개념이나 범주와 다르다는 점을 명확히 할 필요가 있다. 개념이나 범주는 어느 정도 객관적으로 정해져 있는 내용이나 의미를 담고 있어 그런 내용이나 의미로 규정된다. 이와 달리 신고전학파에서 반기는 정의는 단순한 이름에 가까워 무거운 내용이나 의미를 담고 있지 않다. 또한 내용이나 의미가 담겨 있더라도 그것이 객관적으로 주어진다기보다 연구자의 편의에 따라 달라지는 경향이 크다.

신고전학파가 수리모형이나 통계모형에서 집착하는 정의에 요구되는 덕

---

22 the mind cannot form any notion of quantity or quality without forming a precise notion of the degrees of each... no impression can become present to the mind, without being determin'd in its degrees both of quality and quantity.

목은 오로지 일관성이다. 이는 일단 정해 놓은 정의가 하나의 논리전개과정에서 변하지 않아야 한다는 기준이다. 개념이 무거워지더라도 현실을 많이 품으려고 노력한다면, 정의는 경박해지더라도 일관성을 유지하는 데 만족한다.

대체로 인과관계에 근거한 설명은 사물의 본성을 파악하기 위한 개념을 필요로 한다. 이에 비해 상관관계에 근거한 예측은 사물에 대한 편리한 정의로 충분하다. 이런 정의를 사용해 전개한 가설이 예측을 가능케 한다면, 신고전학파는 그것으로 만족할 것이다. 또한 개념은 질적인 범주로 나타나는 데 비해, 정의는 주로 양적인 차원과 연관된다.

개념이나 범주는 실재론realism에 가깝고, 정의는 유명론nominalism에 가깝다. 또한 개념이나 범주가 대륙의 합리주의, 특히 헤겔이나 마르크스에 부합된다면, 정의는 영국의 경험주의나 영미철학에 부합된다. 경제학에서는 이것을 마르크스의 『자본론』과 신고전학파 교과서의 차이로 예시할 수 있다. 마르크스가 고민한 상품, 가치, 화폐, 자본 등은 개념이나 범주에 속한다. 이들이 담고 있는 내용은 손쉽게 바뀌기에는 너무 무겁다. 이에 반해 신고전학파는 재화나 화폐 혹은 자본이 무엇인지 고민하지 않는다. 그저 이들이 어떤 것이라고 각자 정의한다. 나아가 이들을 간단히 x, y, z 등 기호로 표시할 수 있을 정도로 정의에 담긴 내용은 가볍다.

구체적인 예로 마르크스주의는 노동가치론을 내세우기 위해 노동이 무엇이며 가치가 무엇인지 사투를 벌여 왔다. 이에 비해 한계효용가치에서 출발한 신고전학파는 효용이 무엇이고 가치가 무엇인지 심각하게 토론하는 단계에서 곧 벗어나, 효용에 대한 측정의 어려움과 이를 해결하기 위한 효용함수에 안착했다. 이런 입장에서는 오늘의 사과와 내일의 사과는 다를 수 있고, 그런 다름은 오늘의 사과와 오늘의 자동차 사이의 다름과 다르지 않다.

결과적으로 마르크스주의자는 노동가치론을 방어하기 위해 노동가치와 잉여가치를 구체화하는 논리를 설정하고 생산가격과 이윤으로의 전형문제transformation problem로 고민했다. 이에 비해 신고전학파는 효용개념을 더욱 세척해 단조변환monotonic transformation이면 동일성이 유지되는 효용함수를 제시했다(Varian, 1978, pp.146-147, 173). 이런 신고전학파의 발전방향을 놓고 볼 때 이렇게 희석된 효용이 다른 방식으로 희석된 화폐와 구분 없이 뒤섞여, 화폐 단위 효용함수money metric utility function를 이룬 것은 이상하지 않다(Samuelson, 1974, pp.1261-1264; Varian, 1978, pp.108-110).

이것은 노동인가 효용인가의 차이나 평균인가 한계인가의 차이와 구분되는 별개의 차이이다. 뵘바베르크를 위시한 오스트리아학파의 한계효용이론에서는 이런 식의 변화를 예상하기 힘들다는 데서 이 점이 확인된다. 보다 적극적으로 행동경제학의 대표자 카네만이 지적했듯이, 신고전학파의 효용이론은 벤담의 공리주의와 차이가 있다.

또 다른 예로 마르크스가 그렇게 여러 범주를 동원해 설명하는 화폐라는 개념과 프리드먼이 생각하는 화폐가 극명한 차이를 보인다. 마르크스가 "화폐는 어디서 어떻게 생기는가?" 아니면 적어도 "화폐란 무엇인가?"로 고민한다면, 프리드먼은 "화폐의 수량을 어떻게 측정할 것인가?"로 고민한다. 화폐공급량과 관련해 경제학에서 등장하는 많은 정의들은 후자를 위해 동원된 것이다. 이같이 개념이나 범주가 내용을 상실하면서 정의로 바뀌는 경우는 신고전학파에서 흔하다. 이 때문에 심지어 효용이 화폐뿐만 아니라 확률과 동일해지기도 한다(Varian, 1978, pp.174-175).

신고전학파의 이런 성격은 초급보다 중급이나 고급과목으로 가면 갈수록 더욱 심해진다. 경제원론이나 초급이론에서는 초심자가 능히 던질 수 있는 질문을 의식해 그나마 기본개념들을 설명한다. 그러나 상위이론으로 갈수록 이런 설명은 수학적인 정의와 수리적인 연역의 배후로 숨어 들어간다. 이런 이유로 상위이론에서는 더욱 더 개념에 대한 충실한 설명을 기대할 수 없다. 개념에 대한 심화가 아니라 주어진 정의에 대한 수리적인 처리나 일반화가 이론을 고급화한다고 믿는다. 일반화는 재화나 경제주체가 2에서 n으로 늘어나는 것을 의미한다. 수리적인 증명이나 모형의 검증과정에서 개념의 내용이 부가되는 경우도 있으나, 이는 여전히 부산물이다. 이 때문에 경제학에는 기본개념에 대한 설명이 아예 없는 경우도 적지 않다. 다음이 대표적인 예들이다.

① 가치나 가격이 무엇인지 논의하지 않고 수요공급에 따라 가격이라는 수량을 결정한다.
② 선호자체를 논의하지 않고 (한계)대체율을 정의한다.
③ 시장이라는 체제나 제도를 논의하지 않고, 시장의 종류를 제시한다.
④ 자본이 무엇인지 설명하지 않고, 생산함수에 투입되는 자본량을 말한다.
⑤ 이윤과 이자가 무엇인지 구분하지 않고, 수요공급에 따라 이자율를 결정한다.
⑥ 기업이 무엇인지 논의하지 않고, 생산함수와 비용함수, 그리고 생산자선택을 말한다.
⑦ 화폐가 무엇인지 설명하지 않고, 통화량을 말한다.

신고전학파 경제학에 익숙해진 사람보다 초심자에게 이런 특징은 더욱 이해하기 힘들다. 초심자는 경제학이 화폐, 시장, 그리고 자본 등이 무엇인지 알려주기를 기대하므로, "x를 이렇게 정의하자"라는 방식의 논리전개에 만족할 수 없다. 그러나 신고전학파 경제학자는 이런 정의에 오랜동안 익숙해져 있다. 이 때문에 기본 개념들에 대해 쉽사리 답하지 못한다. 보다 근본적으로 신고전학파가 연구와 교육에 있어 개념설명이나 이해 혹은 경제학적인 사고보다 수리적인 정교화와 도구에 대한 훈련에 치중하기 때문이다. 그 결과 경제학계에서 개념이해는 부당하게도 각자의 경험과 연륜에 맡겨진다.

신고전학파에서 개념이 정의로 축소되면서, 개념상의 차이나 종류 및 질적인 차이가 부차적으로 취급되며 수량적인 차이의 극단적인 경우로 포함된다. 가령, 오로지 가격이 수요량을 변화시키거나 가격이 수요에 영향을 미치지 않은 경우는 탄력성이 '0'이나 '∞'인 수요곡선으로 표시된다. 가격의 영향을 주어진 것으로 받아들인 상태에서 가격이외의 다른 요인들이 영향을 미치지 않거나 가격이 영향을 미치지 않는다는 분류나 질적인 판단을 극단적인 수량이 대신하는 셈이다. 다른 예로 투입계수가 고정된 레온티에프 유형이 생산요소들이 자유롭게 대체되는 상황의 극단적인 경우로 포함된다.

수량 자체로 보더라도 신고전학파는 절대적인 수준보다 상대적인 비율, 차이 혹은 변화율에 집중한다. 재화나 서비스의 가격, 환율, 물가 등이 모두 그런 예이다. 따라서 신고전학파는 흔히 범주, 종류, 질의 차이, 불연속성, 굴절이나 단절 등을 모두 연속적인 상황의 극단으로 포괄한다.

이같이 양적인 차원을 위주로 하는 일반이론의 추구가 신고전학파의 특징 중 하나이다. 물리학도 이런 경향을 보이므로 이는 신고전학파 경제학의 고유성이 아니다. 그렇지만 역사학이나 경제사뿐만 아니라 생물학이나 심리학에서 보듯이, 모든 학문이 이런 방향을 취하지는 않는다. 따라서 경제학이 이론을 수리화하면서 범주, 종류, 질의 차이를 정도나 수량의 차이로 환원해 내용을 가볍게 하거나 개념을 약화시키는 경향을 지니게 되었다는 점이 문제이다.

1.3 사회철학 : 자연상태와 최소한의 정부

신고전학파의 정치 · 정책적 결론은 자유방임주의laissez-faire이다. 자유방임주의는 아담 스미스를 위시한 고전학파가 중상주의에 대한 반대를 표현하면서 시작된 경제적인 자유주의의 극단적인 모습이다. 경제적인 자유주의는 시장경제에 대한 믿음을 나타낸다. 그리고 그런 믿음은 시장의 가격기구에 대한 믿음과 개인의 합리적 판단 및 선택에 대한 믿음으로 구성된다. 그러므로 자유방임주의는 개인이 합리적으로 선택할 수 있고, 이들이 모이는 시장의 가격이 이런 선택들을 조정하므로, 각자에게 경제적인 활동을 맡겨야 한다고 주장한다.

이같이 시장경제 혹은 자본주의경제에 대한 신고전학파의 신뢰는 개인의 합리성과 가격기구에 대한 신뢰를 의미한다. 원래 고전학파에서부터 경제학은 이기적 개인들이 자유롭게 결정하고 행동하는 시장이 자연에 가깝다고 생각했다. 이런 생각이 강화되면서, 개인의 이기심이 인간의 본성이며, 이런 본성이 허용되는 시장경제의 결과가 자연스런 상태를 이룬다는 관념이 신고전학파에 정착되었다. 이는 시장이 자생적이며, 동시에 자기를 조직하고 규제하며 재생산한다는 생각을 담고 있다(Polanyi, 1944, pp.249-250).

자연스러운 것은 언제나 어디서나 발견된다는 점에서 보편적이기도 하다.

이에 따라 주류경제학은 시간을 관통하고(원시시대와 근대), 공간을 초월해서(미국과 소련), 인간이 이기적이고 합리적이며, 동시에 시장이 존재한다고 주장한다. 특히, 인간의 이기심과 시장이 태초부터 존재했다고 생각한다. 더불어 자연스럽고 보편적인 것은 당연한 존재이기 때문에 별도로 설명하거나 정당화할 필요가 없다.

결과적으로 신고전학파에서 개인의 합리성과 가격기구는 믿음이나 신앙에 가깝다. 방법론적으로 이론의 목표를 예측에 두면서 인간의 합리성 등에 대한 공리나 가정의 현실성을 중시하지 않는다는 점이 이런 믿음과 부합된다. 시장에 대한 믿음은 무엇보다도 가격에 대한 믿음이다. 그리고 가격에 대한 믿음은 시장의 가격이 특정 상품이나 생산요소의 사회적 가치 및 사회적 비용을 반영한다는 논리에 근거한다. 이에 따라 개별주체가 가격을 감안해 행동할 때, 사회 전체적으로도 최상의 상태에 이른다고 생각한다. 소비자·생산자잉여에 근거한 시장균형에 대한 정당화나 파레토최적 개념을 통한 교환이나 무역에 대한 옹호도 같은 맥락 속에 있다.

여기서 개인들은 사회 속에서 비교우위를 기준으로 교환을 통해 서로 이익을 얻을 수 있다. 이것은 사회구성원들이 서로 일방적인 수탈이나 착취관계, 혹은 불균등한 발전구조 속에 있지 않으며, 경제의 구성원들이 상호의존적이고 서로에게 도움이 된다는 주장이다. 이는 방법에 있어 일방적인 인과성이 아니라 상호의존성과 동시결정을 주장한 것과 통한다.

이런 최상의 상태를 방해하는 외부효과나 독점은 정상적인 상태에 대한 예외이거나 이로부터의 이탈에 불과하다. 구체적으로 개인의 이기심과 시장의 가격이 자연스러우므로, 개인이나 시장 밖에 있는 외부효과는 주목하지만, 이들 안에 있는 내부효과는 언급할 필요가 없다. 또한 시장은 대부분 성공하므로 시장실패는 예외적인데 비해, 정부실패는 당연하다.

신고전학파에 의하면 가격기구에 의존하는 시장경제는 중앙계획국의 명령에 의존하는 계획경제와 달리 경제문제들을 효율적으로 해결할 수 있다. 시장이 완벽하지는 않지만 이런 의미에서 현실적으로 가능한 최상의 체제이다. 이 때문에 미시차원의 정부개입을 회피하기 위해 조세정책을 중심으로

한 유인책에 중점을 두고, 거시차원에서는 금융정책과 재정정책에 만족하거나 심지어 이조차 거부한다. 같은 이유로 신고전학파는 경제계획은 물론이고 산업정책이나 본격적인 소득재분배정책, 그리고 수량적인 제한이나 할당에 의존하는 정부의 각종 정책에 반대한다.

신고전학파에서 개인의 합리성이나 이기심은 이상이자 현실이다. 현실로 보면 인간의 본성이 이기적이므로 윤리나 규범이나 문화가 중요치 않다. 이상으로 보면 인간의 합리성은 부분적인 불완전성을 보이기도 하지만, 학습과 반복을 통하거나 시간과 비용을 들이면 교정된다. 여기에 시장이 국가의 개입으로부터 독립적일 때 이런 본성이 최대한도로 존중된다는 논리가 겹쳐, 주류경제학은 개인주의와 세계주의의 결합을 내세우게 된다.[23] 이와 같이 신고전학파는 방법론과 사회철학 모두에 있어 개인주의를 표방한다.

개인과 세계시장 두 가지를 내세우는 신고전학파에게 이들의 사이에 끼어 있는 국가권력은 유해하거나 무력하고, 계층이나 계급 등 각종 중간조직은 부차적이다. 넓게 보아 합리적인 개인과 가격이 지배하는 시장이 원초적이므로, 다른 모든 것은 이보다 부차적이거나, 이로부터 파생되거나, 이들로 환원된다.

계층이나 계급, 혹은 국가라는 존재나 이들의 이익이 여러 개인들이나 이들의 이익이 모인 것이므로 모두 개인으로부터 파생되었다고 간주한다. 협회나 정당 등 이익집단들은 더 말할 필요도 없다. 화폐라는 제도나 기업이라는 조직이 시장거래에서 발생하는 비용을 줄이기 위해 생겨난다는 거래비용이론은 이보다 조금 발전된 논리이지만, 여기서 크게 벗어나지 않는다.

인간본성과 자연 상태를 상정하므로 시장주의는 보편성을 자부한다. 이에 따라 시장에서 벌이는 경제활동의 자연스러움이 보편성으로 부각된다. 보편성을 부여하기 위해 시공을 초월해, 어디서나, 그리고 언제나, 시장을 발견할 수 있다는 논리로 나아가게 된다. "어디서나"는 공존하는 여러 시장경제의 차이를 부정하고, "언제나"는 시장경제의 변화, 즉, 그것의 과거와 미래를

---

23 "세상은 넓고 할 일은 많다"는 구호는 이를 드러낸다. 물론 마르크스주의 입장에서는 이것이 인간의 사회성에 대한 간과와 자본의 팽창주의나 제국주의를 의미한다.

부정한다. 비교경제체제나 비교제도와 경제사를 통해 공간적이거나 시간적으로 존재하는 여러 시장경제들의 차이들을 인정하는 경우에도, 이런 차이가 이들의 동일성에 비해 부차적이라고 생각한다.

공간적인 보편성에 의하면, 동양이든 서양이든 이슬람이든, 외형상 자본주의이든 사회주의이든, 시장은 존재한다. 또한 시장은 얇게, 두껍게, 혹은 표면에 드러나 있거나 아니면 적어도 잠복해 있다. 흰색시장이든, 암시장이나 회색시장이든 모두 시장이다. 공간적인 보편성으로 인해 공존하는 시장경제의 다양성이나 도덕이나 규범, 그리고 문화의 차이를 부정한다. 단순화시키면, 모든 경제의 차이는 종류나 질의 차이가 아니라 정도나 양의 차이에 불과하다. 가령, 독일경제나 한국경제의 특수성을 인정하지 않는다.

이와 유사하게 시간적인 보편성으로 인해 시장경제의 과거와 미래의 변화가 축약된다. 역사적인 변동도 모두 시장의 양적인 확산으로 파악된다. 이에 따라 신고전학파는 역사의 단계 등 불연속적인 변동을 부정한다. 심지어 역사자체에 부정적이라고 볼 수도 있다. 또한 시간적인 보편성은 경제와 사회의 미래와 관련해 대안적 체제의 전망 등을 배제한다. 인간 본성이나 자연 상태라는 개념이 인간과 사회의 양 측면에서 시장경제의 진정한 과거를 축소하거나 배제하기 때문이다. 이것이 여타 사회과학에 비해 경제학이 제도나 문화 등에 대해 훨씬 더 무감각했던 이유이기도 하다.

시장의 보편성에 대한 신고전학파의 믿음은 반증주의와 수리화에 근거해 시장경제의 논리에 자연과학적인 객관성을 부여하는 경향에 부합된다. 경제학자들은 자연과학, 특히, 물리학의 이론과 같이 시장경제의 논리가 문화나 관습과 무관하게 보편적으로 적용될 수 있다고 생각한다. 이같이 신고전학파는 경제학의 상대성은 물론이고 경제의 상대성도 거부한다. 이는 포퍼에 부합되는 반면 이론의 상대성과 맥락이나 지역의 중요성을 내세운 쿤Thomas Kuhn과는 불일치를 낳는다.

신고전학파는 개인의 합리성뿐만 아니라 시장도 경제의 현실이자 이상이라고 생각한다. 현실 속에서 시장은 불완전하지만, 경제가 점점 더 시장화 되는 필연적인 경향이 있다고 생각한다. 이는 산업화가 시작되면서 보다 많은 물건에 화폐가격이 붙어 이들이 상품이 되고, 사람들이 화폐로 모든 것을 환산하게 되는 추세를 표현한다.

이 추세에는 자가소비나 물물교환의 대상이었던 재화들이 상품화되는 초기와 통상 상품으로 간주하기 힘든 것들까지 상품화되는 후기가 포함된다. 전자는 경제 자체가 시장으로 흡수되는 과정인데 비해, 후자는 경제 이외의 영역까지 시장에 흡수되는 과정이다. 이는 물과 공기, 공해배출권, 장기, 아기, 투표, 정의와 자유, 웃음과 친절, 성 등이 거래되는 상황에 해당된다. 물론 초기나 후기나 모두 상품화에는 저항과 갈등이 수반된다. 금기시되거나 신성시되는 가치들에 대한 상품화에는 그런 갈등이 더욱 크다.

시장이 이상이므로 현실경제가 이로부터 일시적으로나 부분적으로 벗어날 수 있다는 점을 신고전학파도 인정한다. 동시에 이상적인 수준의 시장으로부터 현실이 지속적이거나 체계적으로 벗어난다고 보지는 않는다. 그러므로 경제주체들이 스스로 학습을 통해 장기적으로 시장으로부터의 이탈을 교정하거나, 부분적으로 법이나 정부의 개입을 통해 인위적으로 교정한다. 시장실패의 사례인 외부효과나 공공재, 공유자원에 대한 신고전학파의 대책은 조세나 보조금 등을 도입해 상황을 시장에 가깝게 만들고, 경제주체들의 합리성을 촉진시키며, 재산권을 확립하는 것이다.

시장이 자연스럽고 효율적이라고 믿기 때문에 경제에 문제가 생기는 경우 그 원인을 경제 밖에서 찾는다. 예를 들어, 경기변동은 순조롭게 움직이는 시장경제에 외부로부터 태양흑점, 선호변동이나 기술변동 등의 충격이 가해져 발생한다. 동시에 시장내부의 상황변동뿐만 아니라 시장 외적인 충격도 궁극적으로는 개인의 합리적 판단과 가격변동을 통해 흡수되거나 수용될 수 있다고 본다. 이런 이유로 경제가 균형이나 정상적인 궤도에서 지속적이거나 누적적으로 이탈하지 않는다고 생각한다. 물론 이는 시장과 합리성의 관점에서 모든 현상과 존재를 파악하려는 노력이다.

경제학은 원초적으로 시장이 국가와 대립된다고 보았으며 국가로부터 개인의 자유를 보호하려는 입장에서 출발한다. 보다 근원적으로 이런 생각에는 사회를 이루는 개인들이 그 자체로 존재할 뿐 그들 각자가 전체성이나 사회성을 내면화하고 있지 않다는 전제가 깔려 있다. 개체가 전체와 무관하므로 사회나 국가가 개체와 통할 수 있는 통로도 차단되어 있다.

가령, 신고전학파에서 특정 개인에게 자동차라는 재화는 쾌락의 대상이거나 소유물로서 의미를 지닌다. 이 입장에서 개인의 쾌락이나 소유, 그리고 이에 따른 개인과 재화의 관계는 사적이다. 이 점에서 푸펜도르프Samuel Pufendorf나 밀John Stuart Mill은 루소Jean Jaques Rousseau나 칸트와 명확하게 대비된다(홍 훈, 2009a, 199-214쪽). 후자와 반대로 전자는 개인에 존재하는 사회성을 부정하거나 희석시킨다.

밀은 개인에게 정치화되거나 사회화되지 않는 내면이 있고 이런 내면을 지닌 개인들이 모여 사회나 정치의 장을 이룬다고 생각한다. 다만, 밀이 의지와 이익이라는 표현을 병기한 것은 양자의 절충일 가능성이 높다. 사회철학에 있어 푸펜도르프의 개체주의는 인식에 있어 흄의 경험주의와 결합되어 있다. 이런 흐름은 영국의 경제학을 통해 강화되었다. 하이에크가 푸펜도르프와 칸트를 직접 언급하지는 않았으나, 영국적인 합리주의와 대륙적인 합리주의에 대한 그의 구분이 이에 부합된다.

> 다른 독재와 마찬가지로 다수의 독재도 처음에는 주로 공적인 권위의 행위들을 통해 작동했고 통속적으로는 아직도 그렇다는데서 두려운 존재였다. 그러나 사려 깊은 사람들은 사회자체가 그 사회를 구성하는 분리된 개인들에게 집단적으로 독재자가 되는 경우, 독재의 수단이 단순히 정치적 기능의 담당자들의 손을 통해 행해지는 행위에 국한되지 않는다. 그것은 생활의 세세한 부분들에 훨씬 더 깊이 파고들어 정신자체를 노예화하면서 도피할 수단을 거의 남기지 않는다. 전체적인 의견이 개인의 독립성을 정당하게 방해하는 데는 한계가 있으며, 이 한계를 찾아내 침해받지 않도록 유지하는 일이 정치적인 폭정에 대해 보호하는 일보다 인간사의 좋은 조건으로 더욱 불가결하다(Mill, 1991[1859], pp.8–9).[24]

---

24 Like other tyrannies, the tyranny of the majority was at first, and is still vulgarly, held in dread, chiefly as operating through the acts of the public authorities. But reflecting persons perceived that when society is itself the tyrant-society collectively over the separate individuals who compose it-its means of tyrannising are not restricted to the acts which it may do by the hands of its political functionaries. it leaves fewer means of escape, penetrating much more deeply into

전체적으로 보면 신고전학파는 인식의 선험성, 개체의 전체성, 그리고 개인의 사회성 모두를 부정한다. 먼저 인식을 순전히 경험 위에 놓으려고 하면서 선험적인 성격을 부정한다. 또한 개체들 사이의 상호연관성이나 이들이 모여 이루는 전체성을 부인한다. 끝으로 개인들의 관계나 이들의 사회적인 성격을 배제한다.

합리적 개인과 시장이 현실적으로 최상의 체제라는 입장은 국가의 개입과 조화되기 힘들다. 신고전학파에서 시장과 국가는 각기 거의 모든 좋음을 가진 자연physis과 거의 모든 나쁨을 가진 인공nomos이라는 이분법적인 존재들이다. 일반적으로 동서양에서 자연스런 것은 좋고 인공적인 것은 나쁘다. 신고전학파에서는 시장이 자연스러우므로 정부는 인공적이고 인위적이다.

또한 신고전학파는 법을 통한 정부의 개입보다 정책을 통한 개입에 부정적이다. 국가의 정책을 수행하는 관료들이 공익을 위해 노력한다는 보장이 없기 때문에 모든 정책은 의도에서부터, 혹은 적어도 결과에 있어, 의심을 받는다. 신고전학파가 익숙한 정책은 국가의 정책이 아니라 기업의 정책이며, 기업의 정책은 개인의 합리성과 시장의 원리를 그대로 반영한다. 이런 맥락에서 서술적인 차원에 머물던 신고전학파가 정책이나 전략 등 규범적인 주장을 내세우게 된 것이다(Lazear, 2000, pp.117-127). 결과적으로 신고전학파는 국가의 개입을 시장의 유지나 시장에 대한 보완, 그리고 개인의 합리성 육성에 국한시킨다.

먼저 국가는 시장이 작동하기 위해 요구되는 여러 가지 법적 테두리를 유지하고 개선하기 위해 법규들을 제정하고 시행한다. 시장경제는 사유재산과 계약을 존중하므로 이와 관련된 법의 제정 및 시행이 국가의 역할이다. 이 경우 국가는 여러 경제주체들이 벌이는 경제활동과 이들 사이의 경쟁에 대한 공정한 심판관에 불과하다(Friedman, 1982). 심판으로서의 국가는 계약의 당사

---

the details of life, and enslaving the soul itself. There is a limit to the legitimate interference of collective opinion with individual independence: and to find that limit, and maintain it against encroachment, is as indispensable to a good condition of human affairs, as protection against political despotism.

자가 아니라 개별주체들이 맺는 계약관계의 제삼자로 등장한다.[25]

더불어 정부는 교육의 담당자로 등장한다. 민주주의와 시장경제가 제대로 작동하기 위해서는 시민이나 경제주체가 합리적이어야 하므로 미성년자들의 합리성을 배양해야 한다. 민주주의와 시장경제에 대한 기본지식을 제공하는 이런 교육은 대학보다는 의무교육에 해당되는 초중등학교를 통해 이루어진다. 인적자본의 형성을 위한 교육이나 전문지식의 배양은 시장에 맡기자고 신고전학파는 주장한다. 그렇지만 시민과 시장경제의 주체를 육성하는 초중등교육은 시장경제에서도 공공성을 지닐 수밖에 없다.[26]

이런 역할은 다원주의 국가이론에 합당하다. 사회구조나 계급 등 고착된 집단을 부정한다는 점에서 다원주의국가이론은 방법론이나 사회철학으로서 개인주의에 부합된다. 또한 여러 가치들을 무차별하게 취급하는 가치중립성이 다원주의와 친화력을 갖는다. 결과적으로 신고전학파는 가치중립적이고, 화폐, 자본, 기술뿐만 아니라 국가도 중립적이라고 생각한다.

시장 스스로의 조정이나 교육 및 법적인 개선은 모두 신고전학파에게 개인차원의 한계적인 적응이고 사회차원의 미세한 조정이다. 이 때문에 신고전학파가 허용하는 변혁은 포퍼의 부분적 사회공학에 부합된다. 이 입장에서는 노동자계급에 의하든 사회전체의 합의에 의하든 급진적이거나 혁명적인 변화를 거부할 수밖에 없다. 한계적인 적응은 점진주의에 부합되며 혁명적인 변화나 사회적 합의를 전체주의로 간주한다.

---

25 그러나 운동경기에는 완전히 제삼자로 경기를 즐기고 평가하는 관중이 존재하는데 비해, 시장에서는 기업뿐만 아니라 소비자도 이런 의미의 방관자가 아니다. 시장의 모든 경제주체는 직접적으로든 시장을 통해서든 다른 경제주체들과 경제에 영향을 미친다. 따라서 시장의 경쟁은 선수뿐만 아니라 관중이 참여하고 영향을 받는 보다 적극적인 의미의 경기로 보아야 한다.

26 마르크스는 이를 자본주의 이념교육이라고 규정한다. 그런데 제3세계의 시장경제에서 서양식의 합리성은 이상일 뿐 현실 그 자체가 아닐 수 있기 때문에 아동뿐만 아니라 성인에 대한 의식개혁이나 교육이 더 큰 기능을 지니게 된다. YWCA의 소비자운동이나 교육과 관련된 학부모의 의식개혁운동 등이 그런 예이다. 여기서 의식개혁을 내세우는 사람들은 엘리트층이기 때문에, 서양의 어른과 아동의 관계가 제3세계에서는 엘리트와 민중의 관계로 바뀌기도 한다. 동시에 급격한 사회변혁을 피하기 위해 보수세력이 의식개혁을 전가의 보도로 삼는 경향이 있으므로 넓은 의미에서 의식개혁은 신고전학파와 친화력을 갖는다.

둘째, 시장주의자도 시장이 완벽하다고 주장하지는 않는다. 신고전학파의 입장에서 시장의 불완전성은 외부효과나 독점, 재화의 배타성이나 경합성 부재 등 가격이 사회적 가치나 사회적 비용을 반영하지 못할 때 발생한다. 이런 근거에서 극단적 시장주의자나 야경국가의 옹호자들도 국방, 보건, 교육, 특히 초중등교육에 있어 국가의 역할을 인정할 수밖에 없다. 또한 시장경제는 빈곤이나 기초생계 해결과 소득분배, 사회적 안전망 등에 있어 취약할 수 있으므로 정부는 조세정책 등을 통해 이런 시장의 불완전함을 교정한다.

또한 케인즈주의자는 고용과 인플레이션 등 거시적인 경제문제를 재정정책이나 금융정책을 통해 완화할 수 있다고 생각한다. 케인즈주의는 개인들의 경제활동을 존중하면서도 이들이 모여 시장에서 발생하는 비합리성이나 불완전함을 교정하거나 수정하기 위해 정부의 부분적 개입을 요구한다. 그러나 케인즈주의자들도 미시경제정책은 거부하기 때문에 이들이 생각하는 시장의 불완전함이나 정부정책은 여전히 제한적이다.

셋째, 신고전학파는 정부의 정책이 필요한 경우에도 시장친화적인 개입을 우선시한다. 시장이 가격기구와 개인의 선택으로 규정되므로, 시장친화적인 정책이란 시장의 가격기구를 존중하고 개인의 합리적 선택을 허용하는 정책을 의미한다. 명령이나 수량할당보다 조세가 낫다고 주장하는 이유는 가격을 통해 영향을 미치며 개별 경제주체들의 선택을 허용하기 때문이다.

예를 들어, 오염배출권이 불가피한 경우 거래를 허용해야 한다고 주장하는 이유는 오염의 가격이 형성되고 이에 근거해 개별생산자가 선택할 수 있기 때문이다. 산업정책에 대해 극렬히 반대하는 이유도 신고전학파의 핵심적인 경제문제인 자원배분과 관련해 산업정책이 개인의 합리적인 선택과 시장의 가격기구를 존중하지 않기 때문이다.

이런 신고전학파의 주장은 이미 존재하는 시장을 존중하라는 주장에 가깝다. 그런데 최근에 신고전학파는 이에 그치지 않고 보다 적극적으로 시장이 없는 경우 시장을 만들어야 한다고 주장한다. 재화나 서비스가 상품화되어야 시장이 형성되므로, 이는 적극적인 상품화를 의미한다.

우선 세계화 과정 속에서 국유재산이나 공유재산을 사유재산이나 상품으로 만들어 재산권을 확립함으로써 시장경제의 기반을 넓혀야 한다고 주장한다. 이보다 적극적으로 실종된 무역missing trade에 대한 보완이나 의료노동시장의 인원배치나 통신부문의 경매 등 시장이나 제도장치의 설계mechanism design 등을 주창한다(Roth, 2002).[27]

이행기경제의 제도정착, IMF 위기와 관련된 구조개혁 등도 그런 예에 가깝다. 이 경우에는 인위적인 정부의 개입이라도 시장을 보완하고 창출한다는 이유로 쉽게 용인한다. 과정이 인위적이더라도 의도나 결과가 시장이라면 넓은 의미에서 시장주의에 부합된다고 보는 셈이다. 급진적인 정부개입의 도입과 달리, 급진적인 시장의 도입은 문제가 없다고 본다.

자세히 보면 신고전학파 부근에서 합리적인 개인으로 구성된 시장을 옹호하는 방식은 한 가지가 아니라 두 가지이다. 하나는 이미 언급한 바와 같이 합리성과 시장이 본성이거나 자연스런 상태라고 주장하는 것이다. 그런데 이 주장은 합리성과 시장이 어디서 나왔는지 설명하지 않는다. 이와 달리 보다 적극적으로 합리성과 시장이 인류의 역사 속에서 자연스럽게 형성되었다는 주장도 있다.

일반균형에 의존하는 신고전학파에서 성인인 개인의 합리성과 시장은 처음부터 주어져 있다. 이는 신고전학파가 경제적 존재의 발생이나 기원 혹은 존재에 대해 논의하지 않는다는 흐름과 합치된다. 다시 말해, 신고전학파는 1 → n과 n → 1을 논의하지만, 0 → 1 혹은 0 → n을 논의하지는 않는다.

발생이나 기원을 설명하지 않는다면 이는 순식간에 창조된다는 생각과 마찬가지일 수도 있다. 즉, 신고전학파에서 합리성과 시장의 출현은 성경의 천

---

27 설계경제학(design economics)은 시장을 위한 제도나 체제를 인위적으로 건축한다는 방법이나 과정에 있어서는 자생적인 질서를 강조하는 하이에크와 대립된다. 반면 목표나 결과가 계획이 아니라 시장이라는 점에서는 시장경제에 부합된다. 이에는 게임이론과 실험경제학뿐만 아니라 이행기경제와 제도에 대한 관심이 겹쳐 있다. 또한 설계에 대한 관심은 비단 경제학뿐만 아니라 조직행동이론 등에 광범위하게 확산되어 있다. 예를 들어, 2012년 유럽조직학회(EGOS)의 학술대회 전체 주제는 *Design*이었다.

지창조나 빅뱅과 비슷하다. 태초에 이기심과 시장이 존재했다는 신고전학파의 입장은 태초에 말씀이 있었다는 성경의 천지창조와 유사하다. 또한 성경에서 말씀을 통해 인간과 동물이 생겨나고 번성하는 것과 신고전학파가 인간의 합리성이나 시장의 자연스러움을 선언하는 것 사이에 큰 차이가 없다.

이런 신고전학파의 묵시적인 창조론은 마르크스의 생산양식이론이나 종말론과 배치되며, 역사학파의 단계론이나 제도학파의 제도진화와도 조화될 수 없다. 특히, 다윈Charles Darwin의 진화이론과 진화이론에 근거한 하이에크의 자유주의도 전통적인 신고전학파와는 합치되지 않는다.

보다 적극적인 시장의 대변자인 하이에크는 시장과 시장을 유지하는 규칙들을 자생적 질서로 규정한다. 그는 개인의 합리성과 시장질서가 처음부터 주어져 있던 것이 아니라 역사 속에서 진화과정을 거쳐 스스로 걸러지고 성숙되었다고 주장한다. 나아가 그는 시장을 거의 서양 문명의 발전 그 자체로 간주한다. 그러므로 그의 주장은 시장이 효율적이라는 주장보다 근원적이고 적극적인 시장에 대한 옹호이자 국가의 개입에 대한 거부이다.

인간의 합리성과 시장의 가격기구의 형성과 연관되지만 독립적인 문제가 있다. 개인의 합리성과 시장의 이론적이거나 역사적인 관계이다. 이는 신고전학파의 전제와 관련되는 근원적인 문제이다. 이에 대해 양자가 정의 상관관계를 지닌다고 답하면, 예측의 수준에 머물러 진정한 설명이 되지 못한다. 이보다 적극적인 답변으로 i) 합리성이 시장을 낳는다, ii) 거꾸로 시장이 합리성을 낳는다, 그리고 iii) 이보다 절충적으로 양자가 서로 영향을 주고받는다는 주장이 가능하다. 여기서는 이에 대한 논의의 단서로 다음을 지적하는데 그치고자 한다.

왈라스주의자에 가까운 프리드먼, 앨시언Armen Alchian, 베커 등은 인간이 어느 정도 합리적인데, 시장에서 합리적 인간만을 걸러내므로 시장을 통해 특정 개인이 아니라 행위자들 전체의 합리성이 완벽에 가까워진다고 주장한다. 하이에크도 결론적으로는 이들과 비슷하나, 진화를 강조하면서 이들보다 근원적으로 시장이 학습을 통해 사람들의 합리성을 조성한다고 생각한다. 호지슨Geoffrey Hodgson도 하이에크와 같이 진화를 강조하지만 보다 특정적으로 공진화coevolution를 내세우면서 인간과 시장이나 제도의 상호작용과 발전을 강조한다.

2장

신고전학파 경제학의 변화

앞선 논의에서 경제학 내부의 이념이나 학파의 다양성이 신고전학파를 통해 상당부분 제압되었다는 점을 지적했다. 이런 주장의 연장선상에서 1960-70년대 이후 현재까지 발생한 신고전학파의 변동을 정리하면, 한편으로 다수의 신고전학파 경제학자들이 자신의 입장과 방법을 여러 비경제적인 대상에서 확인하려고 노력하고 있다. 다른 한편으로 이들은 기존 이론에서 외생적이라고 간주했던 것들을 내생화 하고 있다. 전자가 외연적이어서 다른 학문으로침투하려는 노력이라면, 후자는 내포적이어서 내부를 견고히 하는 노력에 가깝다.

경제학이 그 동안 주어진 것으로 받아들였던 변수들이 여타 학문들의 대상이나 영역에 속한다고 보면, 사회학이나 인류학으로의 전진과 선호형성과 같은 내생화는 동일한 흐름으로 간주할 수 있다. 이들 모두는 개인의 합리성과 이에 근거한 기대효용이론의 확산이다. 이와 반대로 신고전학파의 합리성 공준 등에 대한 비판적인 검토가 신고전학파 '주변'에서 진행되고 있다.[1]

비판적인 변화라고 볼 수 있는 행동경제학은 이후로 미루고, 이 장에서는 신고전학파 경제학을 보완하거나 연장 혹은 확장하는 이론적인 변화에 집중하고자 한다. 이를 내포적인 변화와 외연적인 확장으로 나누어 한두 명의 대표적인 학자들을 통해 검토하고자 한다.

1 여기서 '주변'은 신고전학파 내부의 이론적인 전개로 간주할 수 있거나 마르크스와 같이 완전히 적대적이지 않다는 의미를 지닌다. 이후의 논의에서 확인되는 바와 같이, 행동경제학은 합리성에 비판적이어서 신고전학파의 공준에서 벗어나지만, 적지 않은 부분에서 이와 친화적이거나 타협적이다.

2.1 내포적인 변화

이 세상에 모든 것을 한꺼번에 다 설명하는 이론체계는 드물다. 신고전학파 경제학도 이론체계를 제시할 때 설명의 대상으로 삼는 부분이 있고, 주어져 있다고 보는 부분이 있다. 그런데 종전에 주어져 있다고 보았던 것까지 설명하는 것은 이론체계가 보다 높은 수준의 자기완결성, 자기준거성, 자족성, 자립성 등을 추구하고 있다는 증거이다. 신고전학파의 이런 경향은 현실에서 시장이 더욱 자기완결성을 높여가는 것과 평행을 이룬다. 자연이나 여타 사회적인 조건들에 의존하던 시장경제가 이들을 구성해 나가는 시장으로 변해가고 있다. 이와 평행으로 경제학이 여러 전제나 가정에 의존하던 경제학에서 이것들까지 설명하는 경제학으로 변해가고 있다.[2]

2.1.1 선호의 형성과 합리성

상당기간 동안 신고전학파의 핵심을 이루었던 일반균형이론은 수요함수의 기반인 선호와 공급함수의 기반인 기술이 주어져 있다고 가정해 왔다. 안정되게 주어진 선호를 조건으로 소비자는 가격이나 소득의 변동에 처해 재화와 서비스의 수량과 종류를 선택한다. 이와 비슷하게 안정되게 주어진 기술을 조건으로 생산자는 공급할 재화나 서비스의 수량과 종류, 그리고 노동과 자본의 결합비율을 결정한다. 여기서 기술(발전)과 노동 · 자본비율(의 차이

---

2 변증법에 근거한 헤겔 및 마르크스의 거대한 사상적인 틀이나 수리적인 방법에 근거하는 정교한 왈라스적인 일반균형은 내용, 방법, 입장에 있어 대조적이다. 또한 일단 사회주의의 몰락으로 양자의 승패가 갈렸다. 그러나 양자 모두 자신들의 입장을 제시하기 위해 현실을 추상화한 틀을 구축했다는 점에서 비슷하다. 마르크스도 사회주의이행 이전의 자본주의에 관해 자기완결적인 이론체계와 사회체제를 상정했다. 또한 현실과 상당한 거리감을 주면서도 일세를 풍미했다는 점에서도 비슷하다. 적어도 근대서양에서 인간에게 이런 거대한 틀은 현실을 설명한다는 기능이외에도 현실에 대해 많이 알고 있다는, 때로는 헛된, 자부심을 인간과 사회에 부여해 정서적이거나 이념적인 안정에 공헌했던 것으로 보인다. 그렇다면 양자 모두에 대한 비판세력은 오히려 이론의 전제나 가정 자체를 이론내부에서 제공하는 자기완성적인 체계를 부정하는 괴델(Kurt Gödel)이나 경제의 배태성을 내세운 아리스토텔레스와 폴라니, 그리고 현실과의 거리에 민감한 맬서스, 케인즈, 그리고 후기 케인즈주의 등이 될 것이다.

나 변동)은 구분된다.

전통적인 신고전학파의 이론에서 변하는 것은 가격, 소득, 선택되는 재화와 서비스의 종류와 수량이며, 선호와 기술은 외생적으로 주어져 있다. 선호는 개인의 성장과정을 통해 가정과 교육기관에서 형성되어 개인이 시장에 당도했을 때는 이미 정해져 있다. 이런 생각에 따라 신고전학파는 선호를 설명하지 않고 방치해 왔다(Hirshleifer, 1977, p.17). 마찬가지로 기술도 과학자가 연구소에서 만들어 내며 생산자는 이것을 받아들여 사용한다고 생각해 왔다.

물론 선호와 기술이 경제와 시장의 밖에 있어 외생적으로 주어져 있다고 하더라도, 이들이 전혀 변하지 않는다고 신고전학파가 생각한 것은 아니다. 다만, 이런 변동이 수시로 일어나지 않는다고 생각한다. 경제나 시장 밖에서 불규칙하게 변동한다고 보기 때문에 이들의 변동을 외적인 충격으로 파악한다.

이런 생각은 현실경제의 반영이라기보다 '다른 조건이 같다는' 정태적인 일반균형의 틀 안에서 시장을 설명하고 정당화하려는 신고전학파의 목적과 이론적 편의에서 생겨났다. 그런데 최근 들어 시카고학파가 중심이 되어 이 같은 선호와 기술의 외생적인 성격을 적극적으로 재검토하고 있다(Reder, 1982, pp.34-36).

이론에 문제가 생길 때 경제학자들은 단기와 장기를 구분해 해결하는 경향이 있다. 장단기의 구분은 예를 들어, 미시경제학에서 자본이나 기업의 이동여부와 관련해 등장하고, 거시경제학에서 자연실업률과 실제실업률의 차이나 예상물가변동률과 실제물가변동률의 차이로 등장한다. 이 구분은 흔히 이동성, 교육, 학습, 경험으로 규정된다. 그런데 장단기구분은 자의적인 임시방편ad hoc에 가깝다. 또 따른 임시방편은 이론을 구출하기 위해 상수로 간주하던 선호나 기술의 변동을 근거 없이 허용하는 것이다. 이렇게 보면 외생변수들에 대한 신고전학파의 일관된 설명은 보다 적극적인 노력이다.

우선 선호를 주어진 조건이 아니라 설명의 대상으로 삼아, 그것의 존재나 형성 그리고 변동을 설명함으로써 이들을 내생적으로 만들고 있다. 이와 관련해 베커의 논문을 다루자. 먼저 스티글러와 베커는 '사람들의 기호에 대해서는 논할 수 없다.'*De gustibus non est disputandum*는 제목의 논문에서 외견상 기호의 형성이나 급격한 변동, 혹은 기호의 다양성과 관련된 현상들을 신고전학파의 논리를 연장해 설명했다(Stigler & Becker, 1977).

이들이 설명한 현상은 점입가경(漸入佳境)의 중독(예, 마약과 고전음악, 김치와 커피), 습관이나 관습(음주와 독서), 광고에 대한 적응(프리미엄 맥주와 전원주택), 유행(영화와 옷) 등이다. 이는 일견 비합리적인 소비현상들을 합리성에 근거해 설명한 것이다. 구체적으로 선호의 안정성이나 인간들 사이의 유사성이라는 신고전학파의 기존 가정을 존중하면서, 가격과 소득의 변동이라는 통상적인 변수에 근거해 이런 현상들을 설명했다.

논리의 핵심은 가계생산함수household production function를 통해 소비 혹은 소비자선택에 생산 혹은 생산자 선택을 결합시킨 점이다. 이에 의하면 각 소비자는 자신의 중독, 습관적 소비, 광고에 대한 적응, 유행에 대한 추종을 위해, 시장에서 거래되는 재화good를 그대로 소비하지 않고, 소비능력이나 "소비자본" 등을 이용해, 모종의 소비제품commodity을 만든다. 소비자는 재화자체가 아니라 제품으로부터 효용을 얻으므로 재화에 대한 수요와 제품에 대한 수요는 일치하지 않는다.

음악과 음악 감상, 배추와 김치를 예로 들 수 있다. 음악자체와 시간을 들여 음악을 감상하는 것을 각기 재화와 제품으로 구분할 수 있다. 또한 배추로 김치라는 제품을 담그는 방법이 모종의 숙련이나 기술이며, 김치를 먹을 줄 아는 것이 능력이 된다. 기존경제학에서는 "x를 하고 싶어 한다"(포도주를 먹고 싶어 한다)는 선호에 초점을 맞춘다. 이에 비해 소비능력은 "x를 할 줄 안다"(포도주를 마실 줄 안다)는 점을 부각시킨다.

이런 생각 속에서 소비자는 시장에서 제공하는 재화들을 놓고 효용을 극대화하는 수동적인 존재가 아니라 적극적으로 재화를 변형하고 여기서 나온 제품으로부터 효용을 극대화하는 존재이다. 여기서는 소비와 소비능력을 키우는데도 시간과 노동과 자본이 필요하며, 소비시간이 생산시간이나 노동시간과 같이 동질적인 시간으로서 이들과 경합한다(Becker, 1965).

베커는 화폐뿐만 아니라 시간을 고려한 소득이나 비용을 완전한 소득full

income이나 완전한 비용full cost으로 표현했다. 이런 소득이나 비용의 변동에 따라 사람들은 전통적으로 인정되어 왔던 노동과 여가뿐만 아니라 시간집약적인 소비(요리)와 재화집약적인 소비(배달한 식사)나 시간집약적인 제품(자녀와 놀기)과 재화집약적인 제품(자녀에게 장난감 사주기)들을 서로 대체하고 이들의 적절한 소비비율을 선택한다.[3]

소비능력을 소비 자본으로 파악하는 것은 베커가 다른 데서 내세운 인적자본과 맥락을 같이 한다(Becker, 1975). 인적자본은 기업이나 학교와 관련된 노동자의 능력이다. 가계의 생산과 생산함수가 등장하면서, 이를 통해 가계의 소비습관이나 소비능력이 소비 자본으로 전환되었다고 추정할 수 있다. 인적자본뿐만 아니라 소비 자본은 모두 노동자, 자본가, 소비자의 시간과 노력, 그리고 여타 자원이 투입되어 형성되며, 해당 개인의 선택대상이다. 그렇더라도 공장의 생산과 인적자본은 그 의미가 명확한데 비해, 가계의 생산과 소비 자본은 모호하며 비유에 의존하고 있다.

이런 흐름은 돈이나 자원을 유연하게 전용할 수 있고, 여러 재화들의 대체가 가능해서 효용이라는 동질적인 목표에 봉사한다는 생각과 상통한다. 여기서 시간이 돈이라는 속언이 보다 충실한 내용을 가지게 된다. 동시에 이를 통해 재화나 화폐와 같은 차원에서 시간이 합리적인 계산의 대상이 된다.

베커는 이에 앞서 충동이나 습관 등 개인차원에서 비합리적인 행위도 시장차원에서 합리적인 결과, 즉 우하향의 시장수요곡선을 낳는다고 주장했다(Becker, 1962). 여기서는 미시적인 기초 자체를 파고들지 않고, 대표소비자나 대표기업, 개별수요 및 공급과 시장수요 및 공급 등 개체와 시장 혹은 전체의 관계가 논의의 대상이었다. 그렇지만 그는 합리적인 선택의 결과가 아닌 것처럼 보이는 것을 합리적인 선택의 결과로 만들려는 문제의식을 처음부터 일관되게 유지해 왔다.

최근에 베커는 신고전학파의 약점을 신고전학파의 입장에서 재해석하지

---

3 베커가 소비 속에서 생산을 발견했기 때문에 그의 시간/재화의 집약성은 노동/자본집약성과 비슷하다. 대체를 허용하는 것이 신고전학파인 베커가 고전학파/마르크스/스라파와 다른 점이다. 생산을 포용하지만 소비이기 때문에 이윤을 고려하지 않는다는 점이 또 다른 차이이다.

않고 있는 그대로 수용하는 것처럼 보인다. 특히, 습관과 타인과의 비교 등 행동경제학과 친화력을 갖는 요인들을 수용하고 있다(Rayo & Becker, 2007a, 2007b). 그렇지만 이런 요인들의 단기적인 영향은 인정하는 한편, 장기적인 영향은 부정함으로써, 자신의 입장을 유지하고 있다. 장단기의 구분이외에 행동경제학과 친화적인 요소들을 수용할 수 있는 이유는 행동경제학과 신고전학파가 개체주의나 공리주의를 공유하기 때문이다. 이 점은 나중에 상세히 논의할 예정이다.

동시에 베커의 이 연구는 진화이론에 의존해 기대효용이론을 옹호하려는 흐름에 포함된다(Rogers, 1994; Robson, 2001, 2002). 인류의 진화를 통해 효용함수와 효용극대화 등이 형성되었다고 주장함으로써 기대효용이론이 불가피하다고 정당화하는 것이다. 이것은 합리적인 경제인을 생물학적으로 진화한 인간과 동일시하며, 새비지Leonard Savage 등이 제시한 선택의 기본공준을 진화의 결과로 제시한다(Cooper, 1987).

이 주장이 성립하려면 효용의 극대화가 적응력fitness의 극대화와 일치되어야 한다. 효용은 재화를 소비해서 얻는 만족이고, 적응력은 자손의 숫자이다. 양자를 연결시키기 위해 효용을 소비로 바꾸고, 다시 소비를 본인을 위한 현재의 소비와 자손을 위한 미래의 소비로 구분한다. 그래서 시점사이의 선택을 통해 효용을 극대화하면서 자손의 번성을 극대화한다고 주장한다. 이에 따라 이자율에 대한 설명과 인구증가율에 대한 설명이 접근하게 된다.

이는 진화이론자체와 차이를 보인다. 보편적인 다윈주의에서는 만물이 진화의 결과이면서 동시에 앞으로 진화하고 변화할 것으로 예상한다. 이에 비해 신고전학파는 홍적세에 인간에게 형성된 그 무엇으로 효용함수와 선호를 설정해 진화이론을 거의 창조이론과 비슷하게 만드는 것 같다. 이 때문에 진화개념으로 효용함수를 단순히 정당화한다는 인상을 받게 된다. 따라서 신고전학파는 사회문화적 진화보다 생물학적인 진화에 경도되어 있다.

경영학에 흔히 등장하는 '사바나 원리'the savanna principle도 이와 비슷하다. 이 원리에 의하면 단 것에 대한 인류의 기호가 오래 전에 초원에서 생존해야 하는 상황에서 생겨났다. 이것을 보면 아마도 형식논리에 가까운 기대효용이론이 진화이론을 수용하기 위해서는 적어도 벤담이나 한계효용이론의 기수적 효용이론으로 되돌아가야 하지 않나 생각된다.

이런 신고전학파의 변화에 대해 선호나 기술과 여타 변수들 사이의 관계라는 관점에서 논의할 필요가 있다. 선호와 기술은 경제이론에서 경제행위나 경제성장의 원초적인 근거이다. 신고전학파는 선호나 기술보다 부차적인 여타 요인들은 경험적인 분석에서 잔차로 취급한다. 그런데 선호나 기술의 변동을 설명하려면 이들이 사회조직 등 여타 요인들로부터 영향을 받는다는 점을 인정해야 한다. 동시에 여타 요인들은 부차적이므로 독립적으로 경제에 영향을 미치지 못하고 선호나 기술을 통해 간접적으로 영향을 미쳐야 한다. 이런 이유로 신고전학파는 선호와 기술 자체에는 차이가 없는데, 다른 요인들이 이들에 변형을 가해 표면에 나타나는 모습만 달라진다고 주장한다.

선호와 기술이 근원적이지만 여기에 추가요인들이 개입해 소위 '축소형' reduced form 선호와 기술이 국가나 문화권마다 다를 수 있다는 주장은 이에 가깝다(Cole et al., 1992, p.1092). 이에 의하면 국가별로 성장률이 다른 이유는 저축 등에 대한 선호가 다르거나 기술이 다르기 때문이 아니다. 이것들은 같은데, 출산이나 유산상속, 분업이나 협업 등 사회나 문화적인 요인들이 영향을 주어 단기적으로 선호나 기술이 다르게 나타난다는 것이다.[4]

동시연립방정식체계에서 보면, 내생적인endogenous 변수들의 상호작용을 제거하고 외적인predetermined 변수와 종속변수의 관계로 방정식체계를 바꾸어 놓으면 축소형이 된다(Pindyck & Rubindfeld, 1981, pp.181-182). 수요와 공급의 방정식을 예로 들면 다음과 같다.

4 신고전학파에서만 이런 문제가 등장하는 것은 아니다. 반대 진영의 마르크스도 노동가치론을 유지하기 위해 투하노동량이나 사회적 노동량이외의 요인들은 가치실체나 가치창출이 아니라 가치형태나 가치분배와 연결시켰다. 그런데 효용과 노동의 차이를 논외로 하더라도, '축소형'의 논리는 실체와 형태의 논리와 차이가 있다. 신고전학파는 실체를 부정하는 경향이 있으므로, 모종의 형태에서 축소된 형태로 바뀌었다고 생각한다. 이 점에서 위의 논문은 모호하다. 어떻든 저축성향을 예로 들면, 사회역사적인 요인과 개인적인 요인 중 어느 것이 보다 근원적인가가 문제이다. 어느 것이 근원적인가에 따라 나머지는 자동적으로 부차적이 된다.

$$Q_t^S = \alpha_1 + \alpha_2 P_t + \alpha_3 P_{t-1} + \varepsilon_t \qquad\qquad Q_t = \gamma_1 + \gamma_2 Y_t + \gamma_3$$

$$Q_t^D = \beta_1 + \beta_2 P_t + \beta_3 Y_t + u_t \dashrightarrow P_t = \delta_1 + \delta_2 Y_t + \delta_3$$

$$Q_t^D = Q_t^S$$

시간선호와 관련된 신고전학파의 최근 문제의식은 개인의 심리를 구성하는 다양한 요소들을 들추어내는 데 편중되어 있다. 이런 이유로 이를 통해 선호에 문화나 역사적 요소를 고려하는 폭넓은 조망이 가능한 것은 아니다. 그렇지만 수리화나 내부이론의 제약으로 인해 획일적으로 규정되었던 이 부분에 대해 좀더 넓은 조망이 가능하다. 적어도 신고전학파는 게임이론 등을 통해 선호체계의 문화적이거나 생물학적인 진화를 인정하고 있다.

신고전학파가 종전과 달리 가계내부에 대해 관심을 기울이고 있다는 점도 지적할 필요가 있다. 앞서 언급한 바와 같이 가계생산함수 등을 통해 가정 내의 경제활동을 수동적인 소비가 아니라 적극적인 활동으로 규정하고 있다. 또한 종전에는 사회학이나 인류학의 대상으로 규정되었던 가정의 활동, 즉 결혼, 출산 및 부부생활, 이혼, 세대 간의 상호부조 등을 경제학의 대상으로 삼고 있다(Becker, 1976; Bergstrom, 1996).

신고전학파는 인간의 합리성도 보다 다양하게 바라보고 있다. 먼저, 신고전학파는 인간의 이기적이고 합리적인 행위를 넓혀, 창조적인 행위와 기회주의적인 행위를 여기에 포함시키고 있다(Makowski & Ostroy, 2001, p.491). 창조적이고 적극적인 행위는 기업가의 혁신으로, 기회주의나 전략적 행위는 계약의 불이행이나 정보왜곡 등으로, 각기 예시된다.

전자는 오스트리아학파와 슘페터Joseph Alois Schumpeter가 강조했고, 후자는 윌리엄슨Oliver Williamson 등이 개념화했다. 후자에는 도덕적 해이와 연관된 은폐된 행위와 역선택과 관련된 은폐된 정보가 포함된다. 정보의 비대칭성에는 다시 사적정보의 문제와 "배달"이나 실행의 문제가 있다(Makowski & Ostroy, p.493). 이 중 이행의 문제는 고용시장에 대한 이윤배분과 같이 유인적합성이나 유인체계의 고안이라는 의제를 낳는다. 또한 이런 논의

는 그간 신고전학파가 경시해 왔던 기업내부를 설명하는데 유효하다.[5]

이런 변화로 일부 신고전학파학자들은 가격순응이나 완전탄력적인 수요 등의 공준들을 재고하고, 가격에 담기지 않는 분산된 지식이나 정보 등을 인정한다. 또한 대체성에 비해 보완성을 중요하게 생각하며, 완전경쟁 대신에 독점적 경쟁이나 불완전경쟁을 고려하고, 균형개념에 대한 폭넓은 사고를 촉구하고 있다. 나아가 완전경쟁을 고집하는 경우에도 이것이 실행문제를 해결하지는 못한다는 점을 인정한다. 더불어 종전에는 가격결정을 중심으로 논의한데 비해, 이제는 잉여의 완전한 획득 등 분배위주로 논의를 전개하기도 한다.

이는 왈라스적인 일반균형이론과 달리 최근의 신고전학파가 보다 다양한 인간의 행위를 설명하고 있음을 보여준다. 또한 제한된 범위에서나마 시장을 보다 다양하고 현실적으로 파악한다는 것을 의미한다. 이는 경제학의 연구대상이 확대되는 현상과 궤를 같이 한다. 더불어 인간행위와 시장에 대한 다양한 접근으로 고전학파나 일상적인 상식에 가까워지는 부분도 있다.

그러나 이런 변화에도 불구하고 방법론적인 개인주의와 합리성은 여전히 신고전학파의 핵심을 이루고 있다. 외견상 선택이 아닌 행위이거나, 집단이나 조직의 선택이거나, 비합리적인 선택이더라도, 개인의 합리적인 선택으로 바꾸어 생각하려는 집착이 신고전학파에서 일관되게 나타난다. 심지어 과거 경제학이 상품위주였다면, 최근에는 더욱 개인위주이다.

2.1.2 기술변동과 내생적 성장이론

로머Paul Romer의 내생적 성장이론endogenous growth theory은 일반균형이론체계에서 외생적이라고 보았던 기술을 내생적으로 만들려는 시도이다(Romer, 1987, 1990, 1994). 우선 전통적으로 신고전학파에서 기술은 외생적으로 주어져

---

5 이미 언급한 바와 같이 기업의 내부보다 인간 혹은 개인의 내부나 내면에 대한 관심은 더욱 적어서, 어떤 경우에도 유인체계와 연결되지 않는 것 같다. 다만, 일부 기업이론(Holmstrom & Milgrom, 1991)과 교육이론이 노동자와 학생의 능력이 다면적이어서 관찰이 가능한 차원들에 집중하는 경우 이들의 능력에 대한 평가나 발전이 왜곡될 수 있음을 지적하고 있다.

기술변동은 알 수도 없고 알 필요도 없는 존재였다. 기술변동은 생산함수 자체의 이동이므로 주어진 생산함수에서 임금이나 이윤/이자에 따라 변동하는 노동과 자본의 대체나 이들의 결합비율과는 구분된다. 솔로우(Robert Solow, 1956, 1957)에 의하면 기술변동은 생산량에서 노동투입과 자본투입의 공헌을 제외한 나머지, 즉, 솔로우 잔차Solow residual로 규정된다. 물론 여기에 완전경쟁 하에서 생산요소들이 한계생산물에 따라 소득을 분배받는다는 논리가 결합되어 있다.

이미 지적한 바와 같이 신고전학파에서 경제활동은 시간이 필요한 과정 속의 행위가 아니라 정지된 상태에서 최적의 결과를 추구하는 선택이다. 특히, 생산함수는 시간을 배제하고 생산과정의 복잡성이나 불확실성을 생략한다. 시간이 점으로 축소되면서 기업, 기업의 지배구조나 생산과정뿐만 아니라 이에 수반된 기술변동은 신고전학파에서 미지의 상자로 남아 있었다(Rosenberg, 1982).

생산함수에 표현된 기술의 외생성은 기술이 노동이나 자본과 분리되어 있거나, 기술변화가 생산 혹은 경제활동과 분리되어 있다는 점으로 나타난다. 또한, 기술변동이 기업의 조직과 무관하거나, 기술을 통계자료와 같이 누구나 이용할 수 있다는 점 등도 이를 보여준다. 이에 따라 기술이 문자나 숫자 등의 상징을 통해 명시적인 지식explicit knowledge으로 기호화 되어codified 요리책의 요리법과 같이 청사진으로 제시될 수 있다고 생각한다. 신고전학파가 지식을 정보나 자료와 별로 구분하지 않는다는 점은 이에 부합된다.

이 입장에서는 기술이 누구에게나 공개된 지식으로 기업들 사이에 쉽게 전파되므로 기업들 사이에 기술의 차이를 인정하기 힘들다. 또한 기술의 차이가 생산성이나 경쟁력의 차이를 낳기도 힘들다. 사적재화와 달리, 그리고 공공재와 같이, 기술이 완전히 배제성과 경합성을 지니지 않는다고 보는 셈이다.

그런데 아브라모비츠Moses Abramovitz(1956)가 지적했듯이, 기술변동을 전차항으로 처리하기에는 경제성장에 대한 잔차의 공헌이 너무 크다. 이렇게 되는 이유는 잔차가 기술변동뿐만 아니라 제도, 고용, 착취나 노력추출의 변동, 대외개방의 정도 등 기타 모든 변동들을 포괄하기 때문이다(Pack, 1994). 총요소 생산성의 추정도 이런 모호성을 안고 있다(cf., Young, 1995). 여기에 여러 국가의 경제성장이 수렴하지 않는다는 점이 현실로 드러났다.

이를 설명하기 위해 우선 로머는 기술이나 지식은 경합성이 없어 사적재화가 아니지만, 부분적으로 배제성은 있어 완전한 공공재도 아니라고 주장한다. 경합성이 없으므로 기술혁신은 외부효과를 지닌다. 또한 부분적으로 배제성을 지니므로 신기술이 일시적으로 기업에 독점이윤을 낳는다. 이에 따라 그는 기업이 가격순응적이고 시장이 완전경쟁적이라는 경제학의 전제를 포기한다.

독점이윤을 얻기 위해 기업이 기술을 개발하므로 기술변동은 더 이상 외생적이지 않다. 로머에게서 기술은 하늘에서 떨어지는 것이 아니라 자원을 투입해서 개발하는 것이다. 그러나 그 역시 기술혁신이 기술을 활용해 생산에 종사하는 현장인 기업이나 공장과 내적으로 연결되어 있다고 생각하지는 않은 것 같다. 또한 그에게도 기술개발은 여전히 시간이 필요한 과정 속의 활동이 아니라 정지된 상태에서 여러 대안들 중에서 특정 결과를 추구하는 선택이다. 동시에 생산과 기술개발의 주체인 기업이 소비자와 같이 일인 생산자가 아니라 조직이라는 점을 그 역시 심각하게 고려하지 않았다.

여타 경제학파나 일상의 경제주체들에게는 기술의 내생성, 기술의 파급효과, 독과점이나 기술혁신에 부여되는 지대 등은 지당한 것이었다. 가령, 마르크스는 기술이 언제나 경제내적이라고 생각했으며, 슘페터에 앞서 기술에 수반된 창조와 파괴, 그리고 이에 수반된 특별잉여가치를 명확히 인식하고 있었다. 따라서 마르크스와 슘페터 모두에게 기술혁신이 발생하는 자본주의에서 완전경쟁이란 어불성설이었다.

일반적으로 신고전학파는 스스로 만들어 놓은 시각으로부터 벗어나는데 상당한 논리와 근거를 자신에게 요구한다. 이 경우 기술의 외생성이나 완전경쟁을 당연시하면서 이로부터 벗어나는 것에 대해 상당한 부담을 느끼고 있다. 그리고 경제학의 다른 전통이나 상식선에서는 당연시하는 것을 부정했다가, 이를 다시 부정하면서도, 자신의 번복을 별로 인정하지 않는다. 심지어 이런 부정의 부정을 마치 이론적인 혁신으로 과장하는 경향마저 보인다.

2.1.3 불완전한 계약과 정보

시장경제에서 이루어지는 대표적인 경제행위가 교환이라면, 이런 교환의 법적인 근거가 계약이다. 교환이 동등한 경제주체들 사이에 성립되듯이, 계약도 법적으로 동등한 주체들 사이에 성립된다. '신분에서 계약으로'라는 근대의 법적인 특징을 "신분에서 교환으로"라는 경제적인 특징으로도 이해할 수 있다. 사회계약이 국가와 시민의 관계가 걸려 있는 공적인 영역에 속한다면, 통상적인 계약은 개인과 개인의 사적인 영역에 속하고 민법이나 상법과 관련된다.[6]

전통적으로 신고전학파는 완전한 계약을 전제했다. 가령, 각자의 이익에 따라 자발적으로 재화나 노동의 교환에 합의하면, 이를 뒷받침하는 계약은 자동적으로 집행된다고 생각했다. 특히, 노동시장에서 고용주와 노동자가 교환에 합의하면 나머지는 생산함수를 통해 기계적으로 굴러간다고 보았다. 이런 이유로 신고전학파는 계약을 전제했을 뿐 이를 논의의 대상으로 삼지는 않았다.

이에 비해 불완전 계약incomplete contract 이론은 계약의 불완전함에서 출발한다. 계약서가 계약의 이행과 관련해 나중에 벌어질 수 있는 모든 상황contingency을 명시할 수 없다는 것이다. 다양한 상황이 전개될 가능성은 계약 당사자들의 이기적인 행위가 다양하고 경제와 사회가 불확실하다는데서 발생한다. 이 이론은 이로 인한 경제적 결과를 설명하고, 이에 대비하는 논리를 제공한다(Shleifer & Vishny, 1997, p.741; Tirole, 1999).[7]

---

6 서양에서 'contract'나 'convention'은 우리말의 계약(契約)과 정확히 일치하지 않는다. 이에 대한 증거는 성경에 기독교인들이 하느님과 계약을 맺었다는 점, 구교에서는 요사이도 남녀의 혼인을 계약이라고 부른다는 점, 베커 등은 결혼이 실제로 교환이고 계약이라고 생각한다는 점 등이다. 한국에서는 하느님이나 신령, 그리고 혼인은 모두 신성해서 쉽사리 계약이나 교환 혹은 그것의 당사자로 부를 수 없다.

7 영미자본주의의 불완전계약은 독일이나 일본의 자본주의의 묵시적 계약(implicit contract)과

구체적으로 완전한 계약에 대한 장애는 정보의 비대칭성, 기회주의, 도덕적 해이, 역선택 등이다(Tirole, 1999, pp.754-761). 현실의 계약은 일단 체결된 후에도 이런 불확실성으로 인해 이행의 어려움을 겪는다. 그런데 이런 상황변동을 미리부터 계약서에 기술할 수 없기 때문에indescribable 계약은 완전할 수 없다. 그밖에도 재협상, 담합, 부의 제약, 이행의 주체가 인간이라는 점 등이 제약을 가할 수 있다.

이 이론에 의하면 재화시장이나 노동시장에서 교환에 대한 합의와 계약서의 작성으로 상황이 끝나지 않으므로, 재화의 배달 등 계약의 이행이나 인사관리 및 노무관리가 중요하다. 재화의 배달은 모기업과 협력업체 사이의 납품 문제로, 노동의 집행은 동일한 계약 하에서도 소위 노동·노력의 추출에 따라 성과가 달라진다는 점으로, 각기 예시할 수 있다.

긍정적으로 보면 불완전계약이론은 현실을 수용하려는 노력이자, 과거 법이나 기술이 지배했던 영역을 경제학적으로 설명하려는 시도이다. 그럼에도 불구하고 이 이론 역시 방법론적인 개인주의를 위시해 신고전학파의 틀에 집착하므로 신고전학파의 외연확대로 이해할 수 있다.

이 점은 마르크스와의 대비를 통해 선명하게 드러난다. 마르크스는 유물론과 총체적인 시각에서 생산과정에서의 계급들 사이의 착취로 인한 집행의 문제와 명시적인 계약의 형식적인 성격을 누구보다 먼저 지적했다(홍 훈, 1998). 마르크스와 마찬가지로 불완전계약이론도 법이나 계약이 경제적인 논리를 통해 파악될 수 있다고 주장한다. 그렇지만 이 이론은 개인주의에 따라 계급이나 계층의 존재를 경시하며, 세력관계를 정보나 지식의 문제로 간주하고, 계약의 당사자들이 동등하게 선택의 범위를 갖는다고 본다. 더구나 생산과정과 기업내부의 구조 자체를 중시하지 않는다.

나아가 계약의 원초적인 불완전성이나 경제의 원초적인 불확실성을 부정

유사하나 차이도 있다. 독일에서는 묵시적 계약이 불완전계약과 같이 명시되거나 기술될 수 있는 사항뿐만 아니라 서로 알면서도 명시하지 않는 사항을 포함한다. 이런 차이는 영미에서 경제활동이 단기적인 관계에 치중하는데 비해, 독일에서는 장기적인 관계에 의존하기 때문에 발생한다.

하고 궁극적으로는 계약이나 시장의 완전성을 가능성으로 상정한다. 이는 마치 국제경제이론에서 무역이 발생하지 않을 때 이를 '실종된 교역'으로 간주하는 것과 마찬가지의 오류를 안고 있다. 즉, 현실에 비추어 이론을 평가하고 수정하는 것이 아니라 거꾸로 이론에 근거해 현실을 탓한다.[8]

이와 관련해 경제학에서 정보의 중요성을 언급할 필요가 있다. 전통적으로 신고전학파는 경제주체들이 의사를 결정하는데 있어 각자가 알고 있는 것을 중시한다. 특히, 소비자는 어떤 대안들이 선택가능하며, 이들에 대한 자신의 선호가 어떤지 미리부터 잘 알고 있다고 가정한다. 가령, 자동차를 구입하는 경우, 어떤 종류의 자동차가 어떤 가격에 팔리는지, 그리고 자신이 어떤 자동차의 색깔, 모양, 수명 등에 대해 어떤 취향을 갖고 있는지 잘 알고 있다.

동시에 보수적인 사회과학과 경제학은 기회균등과 동등한 참여의 장a level-playing field을 강조한다. 이런 이유로 경제주체들에게 분기별 물가상승률 같은 정부통계나 상장회사의 손익 및 주가 같은 정보가 동등하게 제공된다고 본다. 나아가 이런 정보는 왜곡되지 않으며, 경제주체는 선택을 위해 이런 정보를 가장 효율적으로 이용한다고 주장한다.

그런데 하이에크나 애로우에 기원을 두고 있는 정보경제학은 정보의 객관성, 완전성, 대칭성을 인정하지 않고, 정보창출이나 공개의 어려움을 지적한다. 이에 따라 일반균형이론에 근거한 시장의 최적상태를 제한한다(Stiglitz, 2000, p.1443; 2002, pp.470-474). 특히, 정보와 지식이 소비자와 생산자, 혹은 노동자와 자본가 등 경제주체들 사이에 비대칭적이다. 심지어 누구나 알고 있는 정보나 사실이란 이 세상에 거의 존재하지 않는다(Boisot et al., 2004, p.63).

정보의 불완전성을 수용하면, 여과장치로서의 교육, 효율임금, 소작의 유인 등과 관련된 주인대리인 문제, 지속적인 임금차등, 가격과 질의 관계, 자본시장의 불완전성, 후진국의 발전전략, 효율과 형평의 연계 등을 설명할 수

---

8 물론 이론이 현실을 만드는 측면이 없지 않다. 이론을 배운 경제학자와 시장원리를 습득한 시민들이 시장경제를 어느 정도 만들어나간다고 볼 수 있다. 뒤에서 언급하는 바와 같이 최근에는 보다 적극적으로 경제학자들의 설계나 고안이 상품이나 경제를 만든다는 주장도 있다. 그렇지만 원리상 이론에 근거해 현실을 비난할 수는 없는 것 같다. 현실에 앞서 이론이 수입되는 한국 등에서는 엘리트주의로 인해 특별히 이런 경향을 경계할 필요가 있다.

있다(Stiglitz, 2002). 이와 관련해 분류sorting, 여과screening, 신호보내기signaling 등이 중요해진다. 또한 정보의 은폐나 조작 등이 인정되므로, 희소성 대신에 관찰 가능한 것과 숨겨진 특성이나 행위의 차이가 중요해진다(Stiglitz, 2000, pp.1447-1449; Stiglitz, 2002, p.476, 484). 이런 것들은 표준적인 경제이론을 통해 포착되지 않는다.

대안들에 대한 정보와 관련해 게임이론이나 일반균형체계는 모든 상황에서 선택의 대안들이 동시에 주어진다고 생각한다. 이는 순차적으로 대안들이 제시되는 상황을 배제한다. 전자는 슈퍼마켓에서의 장보기나 사지선다형의 문제풀기로, 후자는 숲속의 보물찾기, 인간이나 동물의 짝짓기, 그리고 집구하기로, 각기 예시할 수 있다.

넓혀 보면 동시적인 선택과 순차적인 선택의 차이는 단순한 선택의 종류에 따른 분류라기보다 선택을 파악하는 방식의 차이이다. 신고전학파의 경제인은 처음부터 모든 대안들을 완벽하게 알고 선택한다. 이에 비해 정보경제학은 대안들을 하나씩 알아나가는 모색이나 탐색이 선택에 수반된다고 상정한다. 가령, 대안들이 동시에 주어지는 것처럼 보이는 장보기에서도 특정의 슈퍼마켓 내에서 식품을 사지 않고 여러 슈퍼마켓을 돌아다닐 수 있다. 또한 특정 슈퍼마켓 안에서도 한정된 수량을 할인해서 판매하는 경우도 있다.[9]

신고전학파의 일반균형이론을 수정한다는 점에서 정보경제학은 긍정적이다. 이런 의미에서 불완전계약이라는 주제를 정보경제학의 세부주제로 간주할 수도 있다. 정보의 불완전성이 시장의 불완전성을 증가시키므로, 거시경제학을 놓고 보면, 정보경제학은 새고전학파보다 새케인즈주의와 친화력을 가진다.

그런데 주류경제학과 사회과학은 정보와 지식을 동일시하고, 물리학에서는 자료와 정보를 동일시해, 이들 사이의 경계가 아직도 모호하다(Boisot et al., 2004, p.58). 이 점에서 정보경제학도 마찬가지이다(Stiglitz, 2002, p.483). 신고전학

9 사지선다형의 문제는 분명히 현실과 거리가 있으나 "위의 어느 것도 답이 아니다" 혹은 "위 모두가 답이다" 등의 선택사항을 추가시키면, 보다 현실에 접근한다. 이들은 계량경제학의 잔차를 설정하는 것과 비슷하다.

파가 이런 느슨한 규정에 만족하는 이유를 추적할 필요가 있다.

앞 장에서 지적한 바와 같이, 신고전학파는 범주나 개념을 중시하지 않고, 수량들의 상관계수에 의존하는 예측에 만족하며, 심지어 경제학자나 전문가와 일상적인 경제주체를 구분하지 않는다. 이런 점들이 자료, 정보, 지식을 명확히 구분하지 않는 흐름에 부합된다.

그러나 해석이 개입되어 있는가, 그리고 현상에 대한 설명력을 지니고 있는가 등에 따라 이런 구분은 불가피하다. 예를 들어, 경제학에서 자료는 거시경제통계, 좁은 의미의 정보는 특정 지역의 주민의 직업이나 연령 분포, 그리고 지식은 김치 담는 법이나 경제학 지식이다. 또한 자료, 정보, 지식은 각기 물리적 상태, 상징, 맥락을 전제한다는 점에서 구분된다(Boisot et al., pp.46-48, 52, 63). 전화번호부는 자료이고, 동아리 회보는 정보이며, 뇌수술의 기술은 지식이다. 무엇보다 정보, 그리고 특히, 지식은 물체가 아니다.

이렇게 보면 정보경제학은 정보의 불완전성이나 비용을 주로 강조해, 정보나 지식의 주관적인 창출과 관련된 해석의 중요성을 충분히 인정하지 않는다. 정보가 그대로 주어지지 않아, 단기적로는 선택대안들에 대해 잘 모르기 때문에 탐색이 필요하고, 거래하는데도 시간이나 돈이 들 수 있다. 이 점에서 정보경제학도 탐색비용이나 거래비용, 학습의 필요성을 부인하지 않는다. 그러나 시간이 지나거나 돈을 지불하고도 해소되지 않는 일관되고 체계적이며 지속적인 지식이나 정보의 부족, 그리고 인지적인 어려움이나 해석의 중요성까지 정보경제학이 인정하는 것은 아니다.

경제학의 정보는 개별경제주체들이 스스로 파악할 수 있는 것(과자의 가격과 용량이나 품질)과 전문가만이 파악할 수 있는 정보(소의 광우병이나 파생상품의 성격)를 포함한다. 후자는 식약청이나 소비자보호원 등이 소비자에 제공하는 정보에 가깝다. 신고전학파는 양자 사이에 경계가 확연하다고 전제한다. 그렇지 않다면, 어려운 지식과 막대한 정보를 필요로 해서 경제주체들의 선택이 제대로 이루어지지 않을 수 있으며, 이것이 개인의 선택에 의존하는 시장경제에도 부담을 줄 수 있다. 그렇지만 최근에 문제가 되고 있는 광우병과 파생상품과 관련해서도 과연 신고전학파의 이런 경계가 유효한지

의문을 제기할 수 있다.[10] 이는 개인의 합리적 선택을 가능하게 만드는 데 필요한 정보가 신고전학파가 생각한 것보다 양적으로 더 많고 질적으로 더 높은 수준이라는 것을 의미한다.

무엇보다 정보경제학은 자료, 정보, 지식이 권력, 세력, 힘 등을 낳는 것이지 그 반대가 아니라고 전제하는 것 같다. 그러나 거꾸로 권력 등의 차이가 개인, 계층, 계급들 사이에 정보 등의 차이를 낳을 수 있다. 지식사회학이나 마르크스주의 입장에서는 "아는 것이 힘"이 아니라 "힘이 아는 것"을 결정한다(Boisot et al., 2004, p.50). 또한 전근대적이거나 선진화되지 않은 사회에서도 정보가 힘을 낳는 것이 아니라 반대로 힘이 정보를 가져다준다.

끝으로 정보경제학에서도 주체는 개인인데, 과연 개인을 정보 생산 및 처리의 주체로 단정할 수 있는지 분명치 않다. 경제연구소를 가지고 있는 대기업을 위시한 기업을 개인으로 간주할 수 없으며, 반대로 정부는 각 부서나 부처로 나누어 보아야 할 것이다. 나아가 이들의 존재가 정보의 비대칭성이 생기는 기반이 될 수도 있다.

정보이용 등의 관점에서 일반균형이론이 제시하는 효율성을 논증하기 어려운 시장이 자본시장이다. 일상적으로 관찰하는 바와 같이, 주식 및 채권이 거래되는 자본시장에서 주가와 수익률은 경제뿐만 아니라 정치, 사회, 자연계의 거의 모든 변수들로부터 영향을 받는다. 이런 이유로 특정 이론과 무관한 임의 변동random walk 모형이 주가를 설명하는데 많이 활용되었다.

이와 달리 효율적인 자본시장을 강조하고 시장효율성가설을 신뢰하는 이론들이 마팅게일martingale 조건을 수용하면서 등장했다. 이 이론들은 개인이 안정적인 선호 하에서 합리적으로 선택하며, 주가나 수익률이 궁극적으로 경제의 기초적인 실물여건들에 의해 결정되는 내재적인 기본가치에 상응한다고 주장한다(LeRoy, 1989, pp.1586-1587, 1616).

임의변동 모형이든, 마팅게일 모형이든, 밀러Merton Miller, 모딜리아니Franco Modigliani, 파마Eugene Fama나 머튼Robert Merton 등의 경제학자들은 표준적인

10 미국에 식약청과 함께 금융소비자보호원이 생길 예정이라는 점은 이를 말해 준다(Balakrishnan et al., 2009).

금융이론standard finance을 통해 자본시장도 정보이용 등에 있어 효율적이라고 믿고 있다. 이 논리에 따르면 소비재의 시장가격에 그것의 품질이나 평가가 포함되어 있듯이, 주가가 이미 시장의 모든 정보를 반영하기 때문에 투자자가 시장을 능가해 차익을 얻을 수 없다. 또한 유행이나 변덕 등 비합리적인 행위는 배제되고, 실물과 지속적으로 무관한 주가나 수익률도 존속할 수 없다. 이들은 주가가 1/3 줄어든 1987년의 검은 월요일이나 1999년의 인터넷 버블조차도 합리적인 근거에 따라 설명한다(Malkiel, 2003).

이와 관련해서는 이론이 자신에 맞게 시장을 만들어간다는 주장도 중요하다(MacKensie, 2006). 이 주장에 의하면, 블랙-숄즈-머튼의 이론이 제시하는 바가 자산이나 파생상품의 균형가격이나 자연가치를 나타낸다고 투자가들이 생각하고 이에 따라 매매하면서, 현실경제 자체가 점점 더 이 이론에 부합되도록 변형된다.

그렇다면 이론이 원래 경제현실에서 벗어났더라도, 이 이론이 경제주체의 의사결정과 행동에 기준을 제공하면서, 경제현실이 이 이론에 맞게 구축될 수 있다. 이렇게 되면 경제학이론은 주어진 현실을 기술하거나 주관적으로 해석할 뿐만 아니라 현실을 만들어 나간다. 여기서 이론이 현실을 변화시키는 방식은 이론을 교육받은 경제주체가 계몽되어 경제현실이 간접적으로 바뀌거나 이론에 근거한 정책이나 정치를 통해 현실이 개혁되는 것보다 근원적이다.

2.1.4 기업과 제도

전통적으로 신고전학파는 기업의 내부조직이 존재하지 않는다고 보거나, 존재하더라도 경제적이거나 사회적인 의미를 지니지 않는다고 보거나, 아니면 주어진 것으로 보아 분석하지 않았다. 구체적으로 공급곡선을 구성하며 생산함수로 대변되는 기업은 생산량과 생산요소의 비율을 지체 없이 선택한다는 점에서 개별 생산자와 구분되지 않는다. 기업의 내부에 조직이 존재한다는 점을 인정하더라도, 신고전학파는 시장과 개인의 두 가지 축에 집착하기 때문에 여타 존재를 논의의 대상으로 삼지 않았다. 적어도 조직이 정치학이나 사회학의 대상일 수는 있으나 경제학의 대상은 아니라고 생각했다. 혹은 경제활동에 영향을 미치지만 선호나 기술과 같이 손쉽게 변하지 않는 안정성을 가지므로 주어진 것으로 보았다.

그런데 이제는 신고전학파나 그 부근의 이론들이 기업의 내부와 기업들 사이의 관계를 본격적으로 설명하고 분석한다. 나아가 기업뿐만 아니라 화폐, 시장, 규칙, 윤리, 법 등 제도가 포괄적으로 경제학의 대상이 되고 있다. 이 때문에 기업과 제도에 대한 연구는 경제학의 연구대상이 확장되었다는 점을 여실히 보여준다(홍 훈, 1998).

신고전학파에 부합되는 기업이론의 선구자 코즈에 의하면, 시장에서는 자신의 이익에 따른 개인의 선택과 동등한 개인들 사이의 교환으로 인해 가격이 형성되고 자원이 배분된다. 이에 비해 기업은 기업주와 사원, 혹은 상급자와 하급자의 수직적인 명령체계에 의존해 생산과 자원배분 등 경제문제를 해결한다.[11] 코즈는 시장을 주어진 것으로 받아들인 상태에서, 시장경제 내에 존재하면서도 계획경제의 요소들을 지닌 존재로 기업을 설정했다. 그리고 시장에서 거래하는 경우 가격발견이나 판매전략 등으로 거래비용이 발생하기 때문에 거래가 내부화되어 시장을 대체하는 수직적인 기업이 생긴다(Coase, 1937, p.21).

이런 코즈의 착상이 1960-70년대에 들어 주목을 받으면서, 기업의 존재, 기업의 크기, 기업과 시장의 관계, 대기업과 협력업체의 관계에 대한 관심이 경제학계에서 되살아났다. 그 중에서도 가장 근본적인 문제는 기업이 왜 발생하며 기업의 내부가 왜 현재와 같은 모습을 갖추게 되는가이다.

코즈의 논리는 가장 직접적으로 거래비용이론을 낳았지만, 그 주변에 이와 다른 접근방법들도 함께 촉발시켰다. 이후에 등장한 기업이론들은 네 가지

11 익히 짐작할 수 있지만, 이것이 현실에 존재하는 사회주의체제로부터 얻은 착상이라고 코즈는 자신의 노벨상 수상 강연에서 밝혔다(Coase, 1992, p.715). 그러니 그의 입장에서 기업은 소규모의 사회주의에 가깝다. 코즈까지 이같이 생각했다면, 대부분의 경제학자들이 현실과의 거리에도 불구하고 교과서에서 말하는 시장의 모습에 얼마나 함몰되어 있는지 확인할 수 있다.

부류로 나뉜다. 코즈를 계승하는 윌리엄슨Oliver Williamson등의 거래비용이론, 앨시언이나 뎀제츠Harold Demsetz등의 재산권적인 접근, 라이벤스타인Harvey Leibenstein, 아커로프George Akerlof, 호지슨 등의 사회-인류학적인 접근, 보울즈Samuel Bowles 및 긴티스Herbert Gintis, 그리고 디이트리히Michael Dietrich 등의 마르크스주의적인 접근이 그것이다.

거래비용이론은 시장에서 거래하는데 계약 작성, 가격 발견, 계약 집행 등으로 비용이 수반되기 때문에 이를 해소하기 위해 기업이 존재한다고 주장했다. 윌리엄슨에 의하면 기회주의와 자산 특정성이 개입되면서 경제주체가 살지 혹은 만들지를 선택한다(Williamson, 1975, 1985, 2002, pp.176-179). 거래비용이론은 마르크스가 자본주의의 구조적인 사실로 규정한 교환과정과 생산과정을 개별주체의 선택사항으로 만든 셈이다.

윌리엄슨은 최근에 자신의 이론이 차지하는 위치를 다음과 같이 설명했다. 대상의 층위와 변동주기로 보아 비공식적인 제도(예, 관습)는 사회이론이 다루는데 비해, 재산권이론과 정치이론은 정치체제(재산법)를 다룬다. 거래비용이론은 이들보다 아래 단계에서 계약과 거래를 다루고, 기존의 경제학이론은 이보다 더 아래 차원에서 자원배분과 고용을 다룬다(Williamson, 2000, pp.597-599).

재산권적인 접근은 경제주체들의 소유권과 이에 근거한 계약에 초점을 맞추어 기업을 여러 계약들의 덩어리로 간주한다. 여기서 기업은 계약들로 분해되고, 계약은 다시 개인들로 분해된다. 따라서 이 이론은 전통적인 신고전학파와 마찬가지로 기업을 개인들이 선택한 결과로 간주한다. 이념적으로 보면 재산권적인 접근은 개인의 이기심과 경제적인 자유를 극대로 존중해야 한다는 입장에 서 있다.

사회-인류학적인 접근은 상대적으로 가격기구의 역할을 축소시키면서 과거 경제학이 경시했던 규범, 관습, 타성, 습관 등에 의존하는 지속적인 인간관계가 기업의 특징이라고 본다. 신고전학파도 인간관계를 고려하나 이런 관계를 개인이 선택한 결과로 본다는 점에서 차이가 있다. 끝으로 마르크스의 관점에서는 보다 많은 노동을 끌어내기 위해 노동자에 대해 자본가가 가하는 통제와 이에 대한 노동자의 저항에 초점을 맞추어, 생산과정과 노동자와 자본가 사이의 세력관계를 기업의 핵심으로 삼고 있다.

이와 관련해 영리법인인 기업과 구분되는 비영리법인도 언급할 필요가 있다. 미국 같은 시장경제에서도 비영리법인이 기업화되지 않고 항상 존재해 왔다는 것이 신고전학파가 설명해야 할 부분이다. 자선단체, 학교, 병원, 고아원, 탁아소 등을 포함하는 비영리법인은 잉여나 수익이 생기더라도 분배하지 않는다. 또한 장기적으로 적자를 피해야 하지만, 이윤극대화를 목표로 삼지 않는다. 이런 의미에서 비영리법인은 사적인 기업과 공적인 정부의 중간에 놓여 있다.

그런데 신고전학파는 이에 대해서도 시장친화적인 해석을 제공한다. 비영리와 영리의 구분이 점점 더 모호해지고 있다는 점을 지적하거나, 전체 논의를 효율성의 관점에서 전개한다. 특히, 비영리단체가 계약실패contract failure에서 생겨난다고 보는 것은 계약의 불완전성이나 불확실성을 강조하는 논리와 친화력을 가진다(Hansmann, 1981, pp.67-68).

구체적으로 높은 신뢰가 요구되는 재화나 서비스의 경우, 특정 집단이 자신의 이념을 외부로부터 분리시켜 지키려는 경우, 재화나 고객의 다양성이 중요한 경우 등에 있어 비영리법인이 의미를 갖는다(Rose-Ackerman, 1996, pp.723-724). 여기서 신고전학파가 비영리법인을 시장경제에 대한 경계, 공동체적 가치에 대한 지향, 혹은 효율성 가치의 압도에 대한 거부 등과 연결시키지 않았다는 점을 주목할 필요가 있다.

종전의 신고전학파는 시장에서의 교환, 기업 내에서의 기술적인 투입-산출, 그리고 계약에 대한 법적인 보장에 의존했다. 현대적인 기업이론들도 이들을 인정하지만 기술적인 생산함수와 계약에 대한 법적인 집행을 넘어서 기업내부에 경제적인 공간을 설정한다. 이들도 현실적으로 엄연히 존재하는 국가의 기능을 부인하지는 않는다. 그러나 흔히 그렇게 해 왔듯이, 기업이론도 국가 본연의 기능이 경제적인 장치로 대체된다는 것을 보임으로써, 종전의 법적인 대상을 경제적이거나 경영학적인 대상으로 바꾸고 있다.

또한 이들은 보다 확고하게 방법론적 개인주의에 의존해 기회주의나 속임

수 등 비윤리적인 행동들을 수용한다. 더불어 생산을 기업의 핵심적인 활동으로 보아 경제에서 생산이 갖는 의미를 되살린다. 이같이 기업이론을 통해 과거보다 경제학의 대상이 늘어났고, 보다 다양한 이기적 행위를 설명했다.

기업의 지배구조와 관련해, 여러 이해당사자들의 이해와 이에 따른 행위가 어떻게 다른지, 그리고 이들을 어떤 유인이나 제도를 통해 엮여 나갈지가 핵심이다(Shleifer & Vishny, 1997, pp.769-773). 경영자, 기관 투자자 등 대주주, 소액주주, 은행 등 채권자, 종업원, 그리고 소비자와 지역주민이 기업의 이해당사자들이다. 이들 중 주주와 채권자는 투자자로 묶인다. 그런데 경영자와 투자자나 종업원, 주주와 채권자, 대주주와 소액주주 사이의 이해관계가 서로 다르며, 각자는 다른 이해당사자나 기업 전체의 이익을 고려하지 않고 자신의 이익만을 추구한다.

가령, 경영자가 주주의 이익을 고려하지 않고, 직장에서의 소비나 자산의 이전 등 자신을 위한 금융거래, 해고에 대한 저항, 주주총회의 무력화 등 자신의 개인적인 이득에 골몰할 수 있다. 이 논의에서 이해당사자들은 주인·대리인의 관계로 설정된다. 이중에서 경영자나 투자자와 노동자 사이의 관계보다 소유와 경영의 분리에 따른 경영자와 주주 및 채권자의 관계가 중심을 이룬다.

종전의 이론과 비교해, 교환, 대체, 보완의 대상에 경영자나 투자자 등이 추구하는 이해나 목표로 현금흐름뿐만 아니라 투표권, 통제권control rights 혹은 의사결정권, 잔여소득에 대한 재량이 포함되어 있음을 주목할 필요가 있다(Shleifer & Vishny, p.750; Hart, 2001, p.1083). 또한 기업의 지배구조가 상당부분 법적인 요인에 의해 규정된다는 점을 적극적으로 고려하고 이를 경제학의 대상으로 취급한다. 더불어 지배구조나 이와 관련된 법 규정의 발전에 정치적 요인도 고려한다. 끝으로 이 논의는 기업의 재무구조나 지배구조에 그치지 않고 자본주의의 유형 등 제도전반이나 경제체제 문제로 이어진다. 이는 코즈가 기업의 존재에 대해 논의할 때 사회주의 논쟁에서 영향을 받은 것과 같은 흐름 속에 있다.

2.1.5 게임이론

이념을 넘어서 경제학의 여러 분야와 사회과학, 그리고 윤리학이나 생물학에 이르기까지 1960년대 이후 게임이론이 유력한 방법으로 부상했다. 게임이론은 폰노이만(Johann von Neumann)과 모르겐스턴Oscar Morgenstern, 내시John Nash, 하사니John Harsanyi, 젤텐Richard Selten, 아우만Robert Aumann 등을 거쳐 발전해 왔다. 애로우가 20세기 경제학에서 다섯 가지 중요한 발전들 중 하나로 규정했을 정도로 게임이론은 중요한 의미를 갖는다(Arrow, 2001).

왈라스적인 일반균형이론에서는 개체들과 시장 혹은 개체들과 환경의 관계가 중심을 이룬다. 게임이론은 여러 개체들 사이의 상호작용과 전략적 행위를 설명한다. 이같이 게임이론은 행위자, 특히 개체들 사이의 상호작용에 중점을 두어 논의의 대상에 있어 일반균형이론과 차이를 보인다. 폰노이만과 모르겐스턴은 로빈슨 크루소의 일인경제에 사회적 경제를 대비시키면서, 처음부터 이 점을 강조했다(von Neumann & Morgenstern, 1943, pp.10-11).

이런 이유로 개임이론이 도입된 이후 경제학에는 전통적인 미시경제현상과 거시경제현상 사이에 개체들의 상호작용이 끼어들었다. 이는 이미 잘 알려진 경제원론 교과서 맨큐의 열 가지 원칙에 반영되어 있다. 그에 의하면 열 가지 원칙은 사람들은 어떻게 결정을 내리는가, 사람들은 서로 어떻게 상호작용하는가, 그리고 나라 경제는 어떻게 움직이는가로 대분류된다.[12] 또한 이 과정에서 게임이론은 계량경제학과 달리 순전히 방법의 차원을 넘어서 인간의 합리성 등에 관한 일정한 가정이나 내용을 가지고 발전했다.

일반균형이론은 선호나 기술보다 묵시적이지만 경제활동을 위한 제도나 규칙도 주어져 있다고 생각했다. 이에 대한 반발로 행위의 요인들을 폭넓게 조망하는 입장들이 등장해, 한편으로 감정의 역할과, 다른 한편으로 규범

---

12 맨큐의 경제원론은 여러 가지 분류상의 어려움을 안고 있다. 첫 번째 부류에는 선택의 대가, 기회비용, 한계원리 등 세 가지가, 세 번째에는 생활수준과 생산능력, 화폐수량설, 단기적인 필립스 곡선이 포함되어 있다. 두 번째 인간의 상호작용에는 경제적 유인, 자유로운 거래의 이익뿐만 아니라 시장의 중요성과 정부의 역할이 포함되어 있다. 그런데 시장과 정부가 왜 각별히 상호작용과 연결되어야 하는지 분명치 않다.

의 역할을 강조하게 되었다(Elster, 1989, 1998). 특히, 선호와 관련해 인간행위의 결정요인으로 윤리나 도덕을 강조하는 경향이 생겼다(Hausman & McPherson, 1993). 게임이론에서는 이보다 좁지만 기존의 일반균형이론에서 주어진 것으로 받아들였던 규칙이나 관습 등을 여러 합리적인 경제주체들의 장기적인 이익을 촉진시키는 존재로 설명한다(Lewis, 1969).

이기적인 행위에 국한하지 않고 타인의 선호나 예상되는 행위를 고려한 의사결정이나 행위와 규칙이나 관습의 발생을 논의한다는 점은 일반균형이론에 비해 게임이론이 발전한 부분이다. 그런데 방법과 내용 모두를 고려할 때 신고전학파와 관련해 제기될 문제는 게임이론을 활용하면서 신고전학파가 일반균형이론으로부터 어느 정도 벗어났느냐이다. 게임이론의 대표적인 교과서를 중심으로 신고전학파와 기대효용이론의 특징을 보다 구체적으로 확인해 보자(Luce & Raiffa, 1957).

먼저, 게임이론은 태생적으로 효용이론, 더 정확히 말해, 기대효용이론, 그리고 공리주의, 나아가 미시경제학이론과 밀접하게 관련되어 있다. 차이가 있다면 게임이론은 미래에 대한 기대뿐만 아니라 타인에 대한 기대 혹은 타인의 전략과 당사자의 전략 사이에 발생하는 상호작용으로 인한 결과에 대한 기대를 부각시킨다. 타인이 아니라 날씨와 같은 자연의 상황에 대해 예측할 수 없어 여러 가지 상태가 가능한 경우에도 이에 대한 전략의 선택으로 기대되는 효용을 상정한다. 그러나 게임이론에서 재화와 타인, 타인과 자연, 현재와 미래에 대한 구분이 중요치 않으므로 이런 차이도 일차적인 의미를 지니지 않는다.

더구나 주지사실common knowledge 등을 통해 게임이론이 일반균형이론보다 더 강한 합리성을 전제한다. 한 행위자가 자신에게 가능한 모든 행위, 자신의 특정 행위에 대한 상대방의 반응으로 나타날 가능한 모든 행위, 그리고 다시 이에 대한 자신의 행위 등을 모두 알고 있다고 가정한다. 이는 향후 여러 시점에 진행될 모든 행위들을 현시점에서 완전히 파악할 수 있다고 보므로 완전한 지식을 가정한다.

이것은 흄과 아담 스미스가 일찍이 지적했고 하이에크Friedrich August von

Hayek가 강조한 것으로, 오랜 세월 진화해 온 비공식적인 규범들을 인정하지 않는 것이 된다. 사람들은 규범이 있는지 알지 못하면서도 규범을 따르고, '새는 노래하는 의미도 모르면서 자꾸만 노래를 한다.'(Binmore, 2008, p.25).[13] 또한 이것은 폴라니Michael Polanyi가 강조한 바, 개념화 할 수 없지만 우리가 일상에서 활용하는 암묵적인 지식을 경시하는 것이기도 하다.

둘째, 신고전학파 경제학에 결합된 게임이론은 효용이론과 공리주의, 경제학이론과 함께 철저한 개인주의에 근거하고 있다. 방법론적인 개인주의에 근거해 모든 경제사회현상이 개인의 의사결정과 행위로 분해된다고 생각한다. 또한 사회철학적인 의미의 개인주의에 따라 개인이 각자 자기이익을 구하는 것이 현실이고 이상이라고 생각한다. 이런 두 가지 의미의 개인주의에 따라 개인이 각자 자신의 이익, 그리고 자신의 효용을 극대화한다고 전제한다. 당연히 개인은 합리적이다. 또한 선택의 공준이나 정보나 지식에 대한 가정들도 전통적인 미시경제이론에 도입된 바와 대동소이하거나 더 강하다.

동시에 게임이론도 자극과 반응 사이에 일어나는 개인의 동태적이고 복잡한 인지와 추론과정이나 의사결정과 행위를 고려하지 않는다(Binmore, 1987, p.184, p.194). 이에 따라 게임이론도 인간을 자동화된 기계나 완전히 진화된 동물과 동일하게 간주한다는 비판을 면하기 어렵다. 나아가 게임이론이 진정한 의미에서 전략적인 행위나 상호작용을 논의하지 않는다는 평가까지 등장했다(Rizvi, 1994, p.11).

셋째, 이와 연관된 논리로 게임이론은 여타 경제학이론들과 마찬가지로 계층이나 계급 혹은 여타 집단이 사회학적인 개념이라고 본다(Luce & Raiffa. 1957, p.164, 168). 이들을 개인들이 이익을 따져 자발적으로 형성한 연합coalition으로

---

13 '새는 노래하는 의미도 모르면서 자꾸만 노래를 한다. 새는 날아가는 곳도 모르면서 자꾸만 날아간다.' 이는 송창식 님의 '새는'이라는 곡의 가사이다. 빈모어에 의하면 새들이 짝짓기를 위해 노래를 하는데 자신의 노래가 그런 기능을 가지고 있는지 모른다. 비록 문화적인 진화가 결합되어 있지만, 인간도 새와 다르지 않아서, 자신이 알지도 못하면서 따르는 규범이나 관습이 수없이 많다는 것이다.

취급한다. 연합으로 인해 발생한 추가적인 이익을 구성원들 사이에 어떻게 나누는지의 측면 대가 지불side payment 문제는 이런 관점에서 등장한다.

긍정적으로 보면, 집합의 구성요소인 게임의 참여자는 개인이고, 전체 집합은 사회를 나타내며, 연합은 교환 등 인간들 사이의 관계나 집단, 계층, 계급 등을 나타낸다(op.cit. p.193). 그런데 개인들은 자신의 이익에 따라 연합을 이룰지를 선택한다. 개인의 합리성과 집단의 합리성에 대한 구분도 이런 상황에서 발생한다. 이런 이유로 게임이론의 관점에서 개인이나 개체는 원초적이고 계층이나 집단은 부차적이며 일시적이다.

이 입장에서는 사회를 개인들이 1, 2에서 n으로 변하는 것으로 정의한다(p.157). 또한 일부 개체들이 모여 이루는 인간관계, 집단이나 이들 전체가 모여 이루는 사회 등에 대해 독자적인 의미 혹은 가치를 부여하지 않는다. 관계나 집단을 인정하는 경우에도, 이것들을 개인이 자신의 이익을 극대화하는 수단이자 선택의 대상으로 취급한다.

이 관점에서는 집단이나 사회 혹은 조직이나 인간관계 등이 재화나 자원과 다르지 않다. 윤리나 도덕, 사회자본이나 문화자본을 효용으로 환원하는 것도 같은 맥락에서 이해할 수 있다(op.cit. p.96). 또한 이 입장에서는 개체가 기업과 같은 조직으로서 내부에 구조를 갖춘 체계나 위계일 가능성을 고려하지 않는다. 더불어 사회관계나 습관 및 관습의 타성을 고려하지 않으므로, 일반적으로 자본주의의 고용관계나 한국사회의 장기적인 인간관계를 선택하는 데 개입되는 제약들을 의식하지 않는다. 이런 점들에 있어 게임이론은 기존 경제학이론과 맥락을 같이 한다.

넷째, 게임이론은 일반균형이론과 마찬가지로 정태적이다(op.cit. pp.163-164) 이는 개인의 합리성과 지식에 대한 가정에서 이미 확인된 바이다. 일견 게임이론은 상대방의 전략에 대응하는 역동성을 지니므로 과정을 중시한다고 주장할 수도 있다(Lazear, 2000). 그러나 이런 일련의 행동과 대응들은 균형으로 귀결되므로 여전히 정태적이다.

게임이론은 시장을 전제로 하지 않지만 미시경제이론에서와 비슷한 균형이나 균형점을 상정한다. 수요와 공급이 일치해 가격이 변동하지 않고 그런 이유로 모든 개인이 자신의 선택을 변경할 필요가 없는 것이 시장의 균형이다. 내시균형도 다른 모든 참여자들이 전략을 바꾸지 않아서 자신도 전략을 바꿀 필요가 없는 상황이다. 시장전체가 여타 모든 참여자들로 바뀌었을 뿐, 모든 변수들의 정합성과 이로 이한 정지 상태를 나타낸다는 점에서는 같다. 이같이 게임이론과 기대효용, 그리고 합리적 기대가설은 개인의 합리성과 경제과정에 대한 정태적인 파악을 공유하고 있다.

개인의 추론이나 조정 등 동태적이거나 역사적인 과정을 동시적으로 주어진 상태들로 간주한다는 점에서 정태적이라는 비판도 게임이론에 제기되었다(Binmore, 1987, pp.180-189, 212). 이 점에서 과정보다 균형 상태를 중시하며 미래의 모든 거래를 현재화한다는 점에서 정태적이라는 비판을 받았던 일반균형이론과 다르지 않다. 일반적으로 물체나 상태가 아니라 행위나 과정을 그 자체로 효용함수에 넣기는 쉽지 않다. 한 사람의 다양한 행위에 대해 반응하는 전략적인 행위를 포함하기는 더욱 어렵다. 그래서 게임이론은 정지된 행위 혹은 화가가 그리는 죽은 물체 혹은 정물(靜物), 형해(形骸) 혹은 화석(化石)이 된 행위를 수용하는 것으로 보인다. 이런 성격이 기대효용이론에도 내장되어 있다.

앞서 언급한 완전한 공통의 지식을 통해 시간의 흐름 속에서 진행될 행위들을 현재라는 한 시점에 주어져 있는 대안들로 간주함으로써 동태적인 상황을 정태적으로 만든다. 혹은 미래에 선개될 일들을 과거사에 대한 회고와 마찬가지로 바꾼다. 이런 사고방식은 신고전학파에 낯설지 않으며 일반균형체계도 이와 유사한 정태적 성격으로 인해 비판을 받아왔다. 소비자 선택에서 여러 소비재의 묶음들이 동시에 주어진다고 보거나 기업들이 생산기술의 청사진을 가지고 있다는 생각이 이를 말해준다. 이같이 일반균형체계뿐만 아니라 게임이론도 모든 상황에서 선택의 대안들이 동시에 주어진다고 생각한다.

다섯째, 게임이론도 신고전학파 미시이론과 마찬가지로 효용과 화폐(그리고 재화) 사이에서 방황하고 있다(op.cit. p.120). 한편으로 효용을 있는 그대로 측정할 수 없으나 이를 화폐(나 재화)와 동일시할 수도 없다. 동시에 측정이 가능하지 않더라도 화폐(나 재화)와 다른 모종의 주관적 가치나 평가를 인정하지 않을 수 없다. 개량된 의미로라도 효용이 존재하지 않는다면, 개인은 존재하지 않는 것이 된다. 돈이나 재화는 인간과 독립적으로 존재하므로, 효용이나 이와 유사한 개념이 없다면, 돈이나 재화를 인간과 연결시킬 수 없기 때문이다.

베르누이Jacob Bernoulli와 몽모르Pierre Rémond de Montmort가 제기한 성 피터스버그의 역설St. Petersburg paradox이 이를 말해준다. 이 역설에 의하면, k번째에 앞면이 나오면 2^k\$를 주는 도박의 기대치를 계산하면 무한대이므로, 무한히 많은 돈은 걸 수 있다는 결론이 나오는데, 이것은 직관에 반한다. 그래서 이 역설은 통계학자들에게 도전거리가 되었다. 이 문제에 대해 베르누이Daniel Bernoulli는 화폐에 효용을 부여하고 그 효용이 체감한다고 주장해 일단 해명의 실마리를 찾았다.

다른 한편으로 2인이나 n명이 개입된 게임에서 효용을 화폐와 비슷하게 취급해야 논리를 전개할 수 있는 부분이 여러 군데에서 등장한다. 특히, 이 문제는 공리주의가 안고 있는 효용의 대인비교와 결합되어 나타난다. 효용이 화폐의 선형함수라고 가정한다든지, 연합형성과 관련해 등장하는 측면적인 대가지불이 이전 가능한 효용transferable utility으로 설정되는 것 등이 그런 예이다(op.cit. p.120, 168, 180-1, 197).[14]

미시경제학에서도 효용극대화와 이윤극대화의 갈등 그리고 소비자잉여와 생산자잉여의 갈등으로 효용과 화폐의 갈등이 등장한다. 그런데 이 갈등은 화폐도 결국 재화와 교환되고 재화가 모두 효용을 낳는다는 논리로 억압된다. 개인의 목표가 궁극적으로 이윤이나 화폐가 아니라 시장에서 가격을 지

14 이전 가능한 효용은 여러 사람들 사이에 이전되면서도 그 합계가 변동하지 않는다. 재화나 화폐가 아닌 효용이라는 추상적인 존재가 산업들 사이에 이전되면서도 수량의 변동을 겪지 않는 것이다. 이는 마르크스의 전형문제에서 노동가치와 비슷하다. 그렇지만 개인들 사이에 유지되는 주관적인 효용의 양적인 불변성이 산업들 사이에 유지되는 객관적인 노동가치의 양적인 불변성보다 이론적으로 더 큰 부담이라고 생각된다.

불하고 얻은 재화가 주는 효용이라고 주장한다. 이에 비해 게임이론은 반드시 시장과 가격을 전제하지 않아 화폐가 재화로 전환되는 것을 당연시할 수 없으므로 보다 노골적으로 효용과 화폐의 갈등을 겪는다.

그렇다고 재화가 효용을 대신할 수도 없다. 재화는 효용뿐만 아니라 인간의 의식주와 생계를 이루므로 재화의 소비는 동식물과도 어느 정도 공유하는 부분이다. 또한 재화는 객관적으로 주어진다는 점에서 화폐와 비슷하며 효용과 다르다. 그렇지만 의식주를 구성하는 여러 재화들은 이질적이어서 동질적이며 추상적인 단위를 제공하지 않는다. 이것이 재화가 효용이나 화폐, 심지어 노동과도 차이나는 부분이다.

재화가 하나만 존재하는 곡물모형이나 경제주체가 하나 밖에 없는 로빈슨 크루소 경제의 경우에서는 이런 단위를 쉽게 얻을 수 있다. 경제발전이전의 단계에서 주곡인 밀이나 쌀이 다른 모든 재화를 압도하는 경우도 이에 준한다. 이보다 복잡하지만 소비재들을 복합 상품으로 취급할 수 있는 경우나 마르크스의 유기적 구성이 산업들 사이에 동일하거나 스라파의 표준체계인 경우에도 재화가 동질적인 단위가 될 수 있다. 그러나 이들 모두는 제한적이다. 이런 이유로 효용이나 화폐가 아니라 재화자체가 인간이나 동물의 목표라고 하더라도 이를 이기심이나 합리성과 연결시킬 수는 없다.

요약하면, 게임이론은 태생적으로 효용이론, 더 정확히 말해, 기대효용이론, 그리고 공리주의, 끝으로 미시경제학이론과 밀접한 관계에 있다. 또한 게임이론도 철저한 개인주의에 근거하며, 계층이나 계급 등이 개인들로부터 파생된다고 생각한다. 나아가 게임이론도 일반균형이론 마찬가지로 정태적이며, 효용과 화폐(그리고 재화) 사이에서 방황하고 있다. 따라서 게임이론이 가격을 직접 다루지는 않지만 일반균형이론과 거의 비슷한 비판에 처해 있다고 판정할 수 있다. 동시에 신고전학파와 결합된 게임이론은 진정한 의미의 진화나 복잡성을 고려하는 이론과 구분되어야 한다. 이같이 게임이론과 일반균형이론 사이의 유사성 때문에 기대효용이론이 양자를 관통하는 신고전학파의 핵심이 될 수 있다.

2.1.6 합리적 기대가설과 실물경기변동이론

거시경제학에서는 케인즈의 혁명을 비판하기 위해 제시된 1960년대 프리드먼의 통화주의, 1970년대부터 등장한 합리적 기대가설, 그리고 1980년대의 실물경기변동이론을 주목할 필요가 있다. 이에 대한 대항은 1970년대의 불균형이론, 1970년대 시장청산이 수반되지 않는 적응적 기대의 수용, 1980년대의 메뉴비용이나 효율임금 등 시장의 불완전성에 대한 설명 등으로 파악할 수 있다(Mankiw, 2006, pp.32-37).

통화주의 진영과 케인즈주의 진영의 논란은 지속되고 있으나, 이론적인 혁신으로 볼 만한 것들은 시카고학파에서 주로 제공했다. 특히, 합리적 기대이론이 혁신적이라고 평가된다. 거시경제학에서 케인즈는 기대를 외생적으로 처리했는데, 통화주의 진영에서는 합리적 기대를 통해 개인의 합리성을 극대화하면서 기대를 내생화 했다. 무스John Muth가 합리적 기대를 통해 초합리성super-rationality을 내세운 것이다. 이 개념은 카네기-멜론 대학에 함께 머물던 사이먼Herbert Simon의 제한적 합리성과 반대 방향으로 나간 것이다.

재정정책 등 정부정책이 고용을 증대시킬 수 있다는 케인즈주의의 입장은 자본가나 노동자 등 경제주체의 기대가 현실의 변동을 정확히 예측하지 못한다고 전제한다. 구체적으로 재정정책으로 인해 발생하는 일차적인 물가상승을 제대로 예측하지 못한 상황에서, 노동자들은 물가상승에 상응하는 화폐임금의 인상을 요구하지 않아, 실질임금의 감소를 겪게 된다. 이에 따라 노동자는 실질임금의 하락을 감지하지 못하고 예전과 동일한 노동량을 공급한다. 반면 자본가는 실질임금이 하락하였으므로 노동에 대한 수요를 늘린다. 이에 따라 재정정책은 물가상승과 함께 부분적으로 고용증대를 가져온다고 케인즈주의는 생각했다.

이에 비해 새고전학파에 의하면 노동자도 실질임금의 하락을 커다란 시차 없이 정확하게 예측하고, 물가상승으로 인한 실질임금의 하락을 감지하면서, 노동의 공급량을 줄인다. 새고전학파에 의하면 모든 거시정책은 경제주체들을 지속적으로 속일 수 없어, 심지어 단기적으로도 물가상승을 가져올 뿐 고용을 증대시키지 못한다. 케인즈주의 진영이 잘못된 이론을 내세우게 된 것은 거시경제의 미시적 기초를 간과했기 때문이라고 이들은 주장했다.

그런데 1장에서 논의한 바와 같이 거시경제학의 논쟁이 초기에서 후기로 넘어가면서 보다 확고한 미시적 기초가 필요하고 개인의 합리성을 보다 철저하게 고려해야 한다는 생각이 학파와 관계없이 자리 잡게 되었다. 이는 방법론적인 개인주의가 신고전학파 전체로 일관되게 확산된 것을 의미한다.

특히, 노동시장에서의 물가변동과 관련해, 거시경제학에 미시적 기초를 제공한 개념이 합리적 기대이다. 합리적 기대이론에 이르러 경제주체들의 합리성은 계량모형에 의존하는 경제학자들의 예측능력에 근접할 정도로 극대화된다. 결과적으로 이 이론은 정책무용론을 넘어서 허무주의를 낳게 된다. 최소한 개인의 비합리성을 제거하고 경제의 불확실성이나 불안정성을 배제한다는 점에서 합리적 기대 이론은 기대효용이론과 차이가 없다.

새고전학파의 실물경기변동이론은 시카고학파의 전통적 견해의 연장선상에 놓여 있다. 통화주의 진영은 일반균형체계에 충실해 고전적인 이분법과 화폐의 중립성을 내세운다. 이에 따라 적어도 장기에 있어 화폐는 중립적이며 실물에 영향을 주지 않는다. 이런 실물경제의 기초여건fundamentals에 대한 집착으로부터 현실의 경기변동이 화폐나 금융부문과 무관하게 실물부문에서 발생한다는 실물경기변동이론이 나온다.

이 입장에서 시장은 정상이고 경기변동은 이로부터의 이탈이다. 그리고 정상적인 시장을 일반균형이 대변하므로, 이탈은 일반균형체계에서 주어졌다고 간주했던 상수의 변동으로 설명된다. 일반균형체계가 시장의 움직임을 설명하는데 있어, 선호와 기술 등은 시장경제를 구성하는 요소들이다. 제도, 역사, 문화 등도 묵시적으로 주어지나, 구성요소가 아니라 시장의 환경을 이룬다. 끝으로 날씨 등 우연적인 요인은 시장의 구성요소도 아니고 환경도 아니다.

선호와 기술의 변동이 시장 혹은 경제 밖에서 결정된다는 점에서 실물경기변동이론은 마르크스가 자본주의에 존재한다고 생각한 심각한 구조적 모순이나 케인즈의 체제상 불확실성과 대비된다. 통화주의가 시장 안에서 발생하는 어려움을 감기에 비유한다면, 마르크스는 폐암으로, 케인즈는 신종독감 정도로 생각할 것이다.[15] 그런데 경기변동이 주기적으로 발생하므로 선호와 기술의 주기적인 변동이 경제에 외적인 충격을 가한다고 주장해야 한다. 선호보다 기술에 대해 주기적인 변동을 상정하기가 손쉬우므로 결국 주기적인 기술변동이 경기변동의 주요요인이 된다.

맨큐(Mankiw, 1989)의 비판적 이해를 참조하면, 이 이론이 기술변동을 중시하는 이유는 다음과 같다. 구체적으로 현실경제에서 불황(호황)이 되면 실질임금이 하락(상승)한다. 그런데 일반균형이론에 따르면, 불황(호황)으로 고용이 줄면(늘면) 임금이 늘어야(줄어야) 한다. 즉, 불경기에 고용이 줄면 한계생산물이 증가하며, 완전경쟁을 가정하는 경우, 이는 임금의 상승을 낳는다. 호경기에는 이와 반대로 움직여야 한다.

그런데 현실에서는 이와 반대이다. 이론과 현실의 불일치를 메우기 위해 주어진 생산함수에서의 이동이 아니라 생산함수 자체의 하향(상향) 이동을 가져오는 기술발전의 둔화(강화)를 경기변동의 근거로 제시하게 된다. 생산함수, 완전경쟁, 그리고 한계생산성이론을 함께 고집하는 경우, 현실경제에서 호경기의 높은 임금과 불경기의 낮은 임금은 기술변동에 의한 생산함수의 이동으로 설명할 수밖에 없다.

이같이 실물경기변동이론은 필립스곡선과 같이 경험적인 일반화가 아니라 거꾸로 일반균형아론을 가지고 현실의 경기변동을 설명하려는 내적인 욕구에서 생겨났다. 이에 근거한 실증분석을 보면, 솔로우 잔차를 통한 총요소생산성의 측정치가 경기변동과 같은 방향으로 움직이지만, 단기적인 기술혁신을 포착하기에는 이것이 너무 포괄적이다. 실물경기변동이론이야말로 기

15 신고전학파에 공황이나 불황이라는 의미의 용어가 'depression', 'recession' 등 여럿 존재하는데, 이는 모두 공황이나 불황이라는 문제를 없애거나 희석시키려는 의도를 지니고 있다(Galbraith, 1976, pp.37-38). 사회학에서는 자본주의 외적인가 내적인가의 문제가 마르크스와 베버의 차이로 등장한다. 아마도 신고전학파의 시장체계는 베버의 극화라고 생각된다. 합리적 기대가설과 실물경기변동이론은 모두 마르크스의 입장과 정확하게 대립된다. 전자는 정부의 정책이나 개인의 선택과 무관한 운동법칙이나 경제구조를 부인한다는 점에서(Kantor, 1979), 후자는 공황이 경제외적으로 발생하는 것으로 본다는 점에서, 마르크스와 대립된다.

존 경제학의 이념과 이론이 부과하는 좁은 시각을 보여준다. 이는 금융부문을 위시한 시장경제의 불안정성을 부정하면서도, 현실로 나타나는 주기적인 경기변동을 설명하기 위해 마련된 가공적인 논리라고 생각된다.

2.2 외연적인 확대

신고전학파는 방법론적 개체주의를 인간의 본성이 이기적이라는 주장과 결합시켜, 거의 반세기 전부터 전통적으로 경제학의 대상이 아니었던 사회현상을 설명해 왔다. 이에 따라 게임이론 등 강력한 도구에 힘입은 경제학적 분석이 여타 사회과학의 영역으로 침투해 이 영역을 재구성하는 격변을 낳고 있다. 이 때문에 이제 경제학은 사회과학과 거의 동의어가 되고 있다(Hirshleifer, 1985). 이와 평행으로 경제학은 좁은 의미의 경제인이 아니라 인간 자체에 관심을 기울이게 되었다(Hirshleifer, 1977, p.3, 각주 4).

이런 이유로 하커트Geoffrey Harcourt 같은 비판적인 학자뿐만 아니라 허시라이퍼Jack Hirshleifer와 같은 신고전학파학자도 공공연히 경제학자를 '제국주의자'로, 경제학을 사회과학의 '제국주의'로 규정한다(Hirshleifer, 1977, pp.3-4, 19, 28; Harcourt, 1979; Lazear, 2000).[16] 물론 증상에 대한 진단에서 일치할 뿐 이에 대한 평가에 있어서는 양자가 다르다. 이는 시장경제에 대한 입장에 따라 세계화에 대한 판정이 다른 것과 비슷하다.

> 최근 몇 년 동안 경제학은 스스로 자신에게 부과했던 장벽들을 허물면서, 결과적으로 나타나는 사회적 형상에 의해 제약을 받지만, 합해지면 이들을 다시 규정하는, 그런 목표지향적인 행위로 해석될 수 있는 모든 인간의 행위를 주제로 삼기 시작했다. 결과적으로 사회과학들이 전반적으로 뭉쳐지는 과정 속에 있다고 간주할 수 있다. 경제학이 "제국주의적으로" 자신의 분석도구들을 광범위한 사회문제들에 활용하면서, 사회학과 인류학과 정치학이 될 것이다. 이런 의미에서 여기서 "경제학"은

---

16 레지어(Lazear, 2000)는 경제학의 내포적인 변화와 외연적인 변화 모두를 이에 포함시킨다.

넓게 보아 "사회과학"과 동의어로 이해할 수 있다(Hirshleifer, 1977, pp.3-4).[17]

경제학은 원래 아담 스미스 등을 통해 윤리학, 법학, 정치학으로부터 어느 정도 독자적인 영역을 구축해 왔다. 이때는 현실 속에서 경제가 윤리, 법, 정치로부터 완전히 분리되지는 않지만 이들로부터 자율성을 획득하는 상황이었다. 그 이후 20세기 중반에 신고전학파 경제학이 지배하면서 경제나 경제학이 이들로부터 완전히 독립했다. 그러더니 2백여 년이 지난 현재는 보다 적극적으로 이론적으로나 현실적으로 경제가 거꾸로 여타 영역들로 파고들어 이들을 재구성하고 있다.

제국주의적인 신고전학파 경제학과 마르크스의 유물론은 대상의 외연에 있어 유사하다. 일찍이 마르크스는 자신의 유물론에 근거해 경제를 사회의 중심에 놓고 이를 하나의 체계로 파악했다. 이런 이유로 그에게서 정치, 법, 학문, 종교, 문화 등 상부구조는 경제라는 하부구조 위주로 움직인다. 이 때문에 시카고학파의 허시라이퍼는 가끔, 그것도 긍정적으로, 마르크스를 언급해 왔다. 물론 이런 유사성으로 인해 사회에 대한 관점, 인식론과 방법론, 이론의 내용 등에 있어 신고전학파가 마르크스의 유물론에 가까워졌다고 판단할 수는 없다. 무엇보다 노동가치론에 근거한 화폐 및 자본과 기대효용이론에 근거한 합리적인 개인의 대립이 두드러진다.

생물학이 생계나 생존과 번식을 진화와 결합시켜 설명하기 때문에 경제학과 생물학의 교류가 증가하면서, 경제학과 진화이론의 유사성도 강화되었다(Hirshleifer, 1977, p.4; Cole et al., 1992, p.1095; Robson, 2001, p.26). 그러나 차이점들은 남아있다.

---

17 In recent years economics has begun to break through these self-imposed barriers, to take as subject matter all human activity that can be interpreted as goal-directed behavior constrained by and yet, in the aggregate, determinative of resultant social configurations. The upshot is that the social sciences generally can be regarded as in the process of coalescing. As economics "imperialistically" employs its tools of analysis over a wider range of social issues, it will become sociology and anthropology and political science. It is in this sense that "economics" is taken here as broadly synonymous with "social science."

우선 효용은 의식주의 소비를 통해 얻는 만족이므로 의식주의 소비자체나 이를 통한 생계유지 및 출산이나 번식과 구분된다. 다윈은 '자연성'을 강조하면서 식량이나 의식주 등 사용가치와 인구나 노동자의 공급에 집중했고, 유전자를 중시했다. 그런데 소비를 통해 생계를 유지하고 이에 근거해 번식이 가능하다는 논리는 신고전학파보다 고전학파에 가깝다. 또한 신고전학파는 생물학적인 진화와 선별이 재산권 등의 제도들과 무관하다며 불완전함을 내세워 시장경제가 우월하다는 입장을 견지하고 있다(Hirshleifer, 1977, p.46).

나아가 신고전학파는 개체의 역할을 균형과 진화 양자 모두에서 중시해 집단선별 등을 강조하지 않는다. 더구나 신고전학파는 원래부터 물리학의 영향을 많이 받아 재생산이나 진화보다 균형개념에 의존해 왔다. 이런 이유로 진화이론을 받아들이는 상황에서도 진화 혹은 변화나 과정보다 결과나 최종상태 혹은 균형을 강조하는 경향을 보이고 있다(Hirshleifer, p.6, 44). 진화이론에서와 달리 균형체계에서는 결과가 예정되어 있어 미래가 닫혀 있다. 게임이론에서 '진화적으로 안정적인 전략' evolutionarily stable strategy 개념 등을 통해 진화를 균형과 비슷하게 파악한다는 점은 이와 무관하지 않다. 이런 차이까지 감안해 신고전학파의 변동을 진단한다면, '합리적인 경제주의' 정도로 규정할 수 있다.

2.2.1 정치와 법

이미 1960년대에 스티글러, 애로우, 다운즈. 올슨 등 경제학자들이 정치현상을 설명하기 시작했다. 여기에 일부 정치학자들이 가세했다. 주요 문제로는 유권자의 투표 및 참여, 선호의 통합, 정보의 통합, 제도적인 분석 등이다(Miller, 1997, p.1174). 이에 따라 최근에는 게임이론에 의존해 경제현상과 정치현상의 통일장을 구축하려는 흐름이 생겼으며, 경제와 정치를 종합적으로 설명하는 신정치경제학New Political Economy이 등장했다.

2009년에 윌리엄슨과 함께 노벨경제학상을 수상한 정치학자 오스트롬 Elinor Ostrom은 이런 흐름을 차세대 합리적 선택이론으로 제시했다. 이것을 보면, 집단행동과 얼굴을 맞대고 하는 의사소통에 대한 강조를 제외하면 미국의 정치이론이 과연 경제이론과 어떻게 다른지 말하기 힘들다. 다만, 경제이론과 마찬가지로 초기에 게임이론에 크게 의존했던 그녀의 정치이론이 나중에 협동의 상존을 인정했고, 역진귀납backward induction과 내시균형자체나 이를 향한 전략의 유효성을 제한했다(Ostrom, 1998, p.5, 9, 14).

그녀는 게임이론이 상정하는 합리적 선택을 게임의 반복횟수, 보수의 충분한 증가, 그리고 경쟁의 강화와 더불어 나타나는 극단적인 상황으로 규정했다. 결과적으로 그녀는 종전의 합리성을 완전히 부정하지 않지만, 제한된 합리성이나 불완전한 합리성을 지배적인 현실로 받아들였다. 이에 따라 윌리엄슨이나 아커로프와 같이 호혜성, 신뢰, 명성, 규범 등을 부각시켰다.

규범을 부각시키고 이를 진화적으로 해석하는 흐름에서는 악셀로드Robert Axelrod가 선구자로 알려져 있다(Axelrod, 1986, pp.1102-1107). 그는 규범을 유지시키는 기제로서 초규범, 압도, 내면화, 저지, 사회적 증명, 집단에의 소속, 법, 명성 등을 들고 있다. 특히, 초규범은 규범으로부터의 이탈자가 아니라 이탈행위의 방관자나 옹호자에 벌을 가하는 것을 의미한다.

경제학이 처음 등장했을 때, 정치 및 사회와 경제의 분리가 어렵다거나 경제학이 정치나 정책적 함의를 가진다고 해서 통상 '정치경제학'으로 불리었다. 그런데 19세기말 마샬이 경제를 따로 분리해 신고전학파를 내세우면서 '경제학'으로 명칭을 바꾸었다. 그런데 이제 경제학이 다시 신고전학파 정치경제학으로 되돌아가고 있다.

그렇지만 초기의 경제학과 달리 신고전학파의 정치경제학은 방법론적 개인주의에 의존해 경제현상뿐만 아니라 정치현상에 미시적 기초를 제공한다. 또한 종전의 정치학에서 주로 자연언어에 의존해 규범적인 논의에 중점을 둔데 비해, 신고전학파는 게임이론 등 인공 언어에 의존한 엄밀한 논리를 구사한다. 이런 것들이 이 같은 경제학의 팽창을 우호적으로 받아들이는 근거이기도 하다.

동시에 이런 변화가 경제학자들의 일방적인 공격이라기보다 정치학과 경제학이 상호 가지고 있던 가정이나 입장을 비교하고 반성하는 기회를 제공하고 있다. 개인의 합리성이나 이기심을 강조하는 경제학으로서는 이를 통해 정치현상을 설명할 수 있는지 고민거리를 안게 되었다. 이와 반대로 정치학자들은 공익이나 집단의 합리성 그리고 시민의 권리나 의무라는 전통적인 개념들을 인간의 이기심에 비추어 재고하고 있다.

가령, public good이 공공선(公共善)인지 아니면 공공재(公共財)인지 건설적인 혼란이 일어나고 있다. 원래 근대들어 재화good는 최고선 등 좋음 혹은 선good에서 파생되었다. 서양언어로는 비슷하지만 경제학에서 강조하는 재화는 아리스토텔레스가 강조한 선이나 좋음과 일치하지 않는다. 철학의 선이 우열이 있는 내적이거나 외적인 좋음들로 구성된 데 비해, 경제학의 재화는 물적이고 외적인 존재에 국한되어 있다.

근대에 이르러 재화가 부각되면서 철학과 정치학은 정신적이고 윤리적인 것을 강조해 선에, 경제학은 물질적인 것으로 재화에, 각기 집착했다. 그러므로 정치학에서는 공공선이, 경제학에서는 공공재가 각기 등장했다. 그러나 이제 경제학이 정치학으로 진격하면서 공공선이 공공재가 아닌지 검토하는 역전이 일어나고 있다.

이에 따라 종전에 공공선은 이제 공공재이기도 해서, 철학적인 선과 경제학적인 재화의 양면을 드러내고 있다. 아리스토텔레스는 철학적 의미의 선을 강조하면서, 공공재가 아니라 공공선을 주장하고, 사적인 재화조차 공공성을 가져야 한다고 설파했다. 이에 반해 경제학은 사적인 재화는 물론이고, 공공선조차 공공재라는 재화로 바꾸며, 철학적인 선조차 물적인 재화로 바꾸어 소비의 대상으로 환원하는 경향이 있다. 이런 상황에서 롤즈J.ohn Rawls의 social primary goods가 사회적 일차선인지 일차재인지도 모호해졌다.

신고전학파 경제학은 법학으로도 진입했다. 앞서 지적한 바와 같이 원래 신고전학파에서 법은 경제활동의 테두리를 설정하며, 정부나 법원은 경제활동에 대한 심판관이다. 그런데 이제는 법의 발생, 존재, 그리고 변화에 대해 경제적인 요인에 의존해 설명함으로써 법적인 영역을 경제학의 대상으로 흡수하고 있다. 이는 경제학과 법학의 쌍방교통이 아니라 법에 대한 일방적인 경제학적 분석이다. 이에 따라 경제학이 법학을 변화시키고 경제학자가 법학자나 변호사에게 지식을 전파하고 있다. 이는 과거 독일의 역사학파가 경제현상을 법적으로 설명했던 것과 정반대의 흐름이다(Frerichs, 2011, p.290).

계약과 관련해서는 코즈나 윌리엄슨 등이 이런 경향을 주도했다. 이와 관련된 고전적인 논의는 사회적 비용에 대한 코즈의 논문이다(Coase, 1960). 여기서 그는 법적인 해석에 숨겨져 있는 경제학적인 논리를 명시화하는 일을 자임했다.

> "합당하다"든지 "통상적이거나 일상적인 사용" 같은 단어나 용어의 해석에는, 아마도 대체로 무의식적이고 확실히 그다지 명시적이지 않지만, 해당 문제들의 경제적인 측면들을 인정하는 부분이 있다(p.22).[18]

그런데 신고전학파의 문제의식이 자원배분에 있으므로, 법경제학도 법이 자원의 효율적인 배분을 추구해 왔다고 해석한다. 특히, 입법의원이 아니라 법관의 판결과 판례가 법을 형성한다고 보는 영미법에서 거래비용의 축소와 재산권의 적정한 할당 등을 통해 이런 원리가 작동했다고 본다(Posner, 2004, pp.68-69). 형법 등 광범위한 영역의 법에서는 이 흐름을 주로 시카고학파의 학자들, 그 중에서도 베커와 포스너Richard Posner가 주도했다.

베커가 범죄를 확률적인 비용과 편익으로 환산해 생각한 것이 그 예이다. 또한 과거 미국에서 가축업자와 농부 사이에 울타리를 누가 치느냐가 가축의 숫자와 농작물의 수량에 의해 수시로 변경되었다는 포스너의 설명도 그런 예이다(Posner, 1987, p.6). 포스너에 의하면 불문법에 의존하는 영미법은 시장경제에 부합되는 방향으로 변화되어 왔으며, 비용편익분석 등을 통해 설명된다.

최근의 연구사례를 들면, 미국의 탁아소에서 늦게 아이를 데리러 오는 부모에게 벌금을 부과했더니, 오히려 지각하는 부모가 늘어났다(Gneezy et al.,

---

18 in the interpretation of words and phrases like "reasonable" and "common or ordinary use" there is some recognition, perhaps largely unconscious and certainly not very explicit, of the economic aspects of the questions at issue.

2000). 이 경우 사람들이 벌금을 내면서 더욱 떳떳하게 지각한 셈이다. 벌금을 내면서 원래 있던 죄의식이 돈으로 전환되어 벌금이 가격과 같은 역할을 발휘했기 때문이다.[19]

같은 맥락에서 경제와 윤리의 관계도 언급해야 한다(Hausman & McPherson, 1993; Akerlof, 1982; Elster, 1989). 원래 신고전학파의 모태를 이룬 한계효용학파는 상당 부분 벤담의 공리주의에 근거하고 있다. 그런데 벤담은 공리주의를 먼저 윤리와 법에 적용했다. 이 점에서 경제논리가 법으로 확산되는 것은, 규범과 서술의 구분에도 불구하고, 정치 등 기타 영역으로 확산되는 것보다 자연스럽다.

이런 배경 속에서 법경제학이라는 새로운 분야가 형성되고, 법원과 법률사무소에 경제학자들이 드나드는 일이 미국뿐만 아니라 한국에서도 빈번해지고 있다. 법에 대한 이런 경제학적인 해석은 경제학이 확산되는 전반적인 과정의 일환으로 이해할 수 있다.

물론 신고전학파의 이런 확장이 신고전학파 자신의 한계를 보여준다는 점도 지적할 필요가 있다. 신고전학파는 자원배분 문제에 집중함으로써 소득분배를 소홀히 하는데, 법을 경제적으로 해석하는데 있어서도 동일한 한계가 반복되고 있다(Hovenkamp, 1995). 지불할 의사 개념에 숨겨져 있는 문제로서, 물질적인 부의 추구가 정의나 공정성 등 보다 높은 가치를 대신할 수 있느냐, 그리고 만약 경제적 가치가 수단에 불과하다면 이것이 어떻게 상위의 목표와 연관되느냐 등의 근본적인 의문이 남아 있다(Dworkin, 1980).

2.2.2 사회와 문화

베커 등은 결혼이나 이혼, 출산, 동창회, 범죄 등을 모두 비용과 편익을 고려한 개인의 선택이 빚어낸 결과들로 해석했다. 그에 의하면 각 개인이 자신의 주관적 · 객관적 이익과 손실을 따져 결혼이나 이혼을 결정하고, 출산 여

19 이는 점수를 가격과 동일하게 생각하는 것이나 학점 인플레이션과 물가 인플레이션이 유사하다고 본 포스너의 생각에 부합된다(Posner, 2004, pp.70-71).

부와 출산하는 아이의 숫자를 결정한다. 특히, 아기의 출산은 내구 소비재의 구입과 같은 선택이다. 아기가 반복적으로 재롱을 떨어 효용을 주고 지속적인 양육의 수고를 필요로 한다는 점에서, 냉장고와 같다. 다만, 이런 선택에서 냉장고보다 복잡하게 아기의 "질"과 "양"이 고려되어야 한다.

또한 주차위반은 벌금을 낼 확률과 벌금의 액수, 그리고 불법주차로 인한 시간절약 등을 종합적으로 고려해 "저지르는" 선택이다. 동창회 가입이나 파업가담 여부 등도 집단의식이나 계급전체의 이익이 아니라 비용과 이익에 대한 이런 계산을 통해 결정된다. 또한 이런 개인들의 판단과 선택이 모여 사회 전체적으로 결혼이나 이혼의 비율, 출생률, 동창회의 규모, 혹은 파업의 횟수와 가담비율 등이 결정된다.

이같이 베커에서 "아기는 냉장고이고", "결혼은 교환이며", "모든 죽음은 자살이고", "범죄도 선택이다." 이런 구절들에는 "내가 아는 것은 내가 모르고 있다는 사실뿐이다"와 같은 철학적인 수사에 버금가는 수사가 담겨 있다. 다만, 베커의 수사는 옳든 그르든 수리적인 엄밀성과 통계적인 근거를 자부하고 있다. 보다 중요한 것은 이들 모두가 개인의 합리적인 선택을 금과옥조로 삼고 있다는 점이다.

이런 경제학적인 분석은 모든 인간관계를 교환행위로 분해하기 때문에 사회학의 종언을 운운할 만큼 심각한 파장을 불러오고 있다. 예로서, 결혼은 당사자들의 종합적인 이해타산이 맞아떨어져 나타나므로 근본적으로 교환과 다르지 않다. 지속적인 부부관계는 교환의 반복에 해당되고, 이혼은 어떤 시점에서 교환이 갱신되지 않은 것을 의미한다. 이와 비슷하게 소위 사제관계는 지식을 얻으려는 학생의 이익과 수업료를 벌려는 선생의 이익이 합치되어 나타난다. 이런 인간관계에서 금전이나 물질이외의 요인들이 고려되지만, 모든 것들이 개인의 이익과 비용으로 환산되므로, 이들이 통상적인 교환과 근원적으로 다르지 않다고 주장한다.

미술, 소설이나 시 등 문학작품, 그리고 연극, 영화, 음악, 무용 각종 공연 등 고급예술이나 대중예술을 포함하는 문화영역에도 경제이론이 적용되고 있다. 우선 신고전학파도 문화상품이 여타 상품들과 몇 가지 측면에서 다르다는 점을 인정한다. 가령, 문화상품은 개인의 생산물이며, 개인에 따라 이질적이고, 재생산이 불가능한 경우가 많다. 또한 민간 소유자에게는 내구재이지만 공공재의 성격을 지닌다(Throsby, 1994, p.4). 더불어 순수예술 공연 등은 보편적으로 지속적인 비용질환에 시달려 정부의 보조나 개인적인 자선을 필요로 한다(op.cit. p.12). 끝으로 문화상품에서 얻는 가치는 사과와 같은 통상적인 상품에 비해 훨씬 더 주관적이다.

그런데 신고전학파 입장에서는 이런 특수성이 시장원리를 부분적으로 제한하는 데 그칠 뿐, 시장원리의 정지를 가져오지는 않는다. 가령, 예술가들은 돈보다 동료집단에서의 명성을 중시한다. 그렇지만 이런 명성이 소비자에게는 다시 작품의 질적 수준을 평가하는 기준으로 작용해, 결국 작품의 가격에 영향을 미친다(op.cit. p.14). 흔히 사회학자나 예술가가 문화영역과 관련해 강조했던 사용가치와 교환가치의 대립이나 모순은 이런 방식으로 희석된다. 이같이 문화영역에서도 신고전학파의 진입은 역력하다.

선물에 대한 논의도 신고전학파의 성격을 명확하게 드러낸다. 신고전학파에 의하면 성탄절에 선물이 오고가는데 선물은 타인의 선호를 짐작해야 하는 어려움을 안고 있다. 이 때문에 현금지불과 비교해 선물주기에서는 지불의사와 가격의 차이, 즉 잉여가 최대로 보장되지 않는다. 결과적으로 성탄절에는 사중손실이 발생한다(Waldfogel, 1993). 신고전학파는 선물수수도 이같이 개인의 합리적 선택으로 설명해 문화를 경제로 치환하고 있다. 물론 선물의 사회적 기능을 강조하는 인류학자나 행동경제학자는 이에 대해 비판적이다.

2.2.3 교육과 종교

신고전학파, 특히 시카고학파는 교육서비스도 통상적인 재화나 서비스와 동일시한다. 여타 시장과 마찬가지로 교육시장에도 개인의 극대화에 의존한 선택, 개인과 학교들의 경쟁, 이로 인한 균형이 존재한다. 구체적으로 교육의 목적은 인적자본의 육성이고, 개인은 학비나 시간 등의 비용과 인적자본으로 인한 임금상승이라는 편익을 비교해 진학여부를 결정한다. 또한 교육에 대해서도 생산함수를 상정할 수 있다(Hanushek, 1986, pp.1150-1155). 나아가 여타시장에서와 같이 비용에 대비한 가격이나 학비의 균등화가 성립한다.

물론 신고전학파도 교육의 특수성을 인정한다. 먼저 수요측면에서 당사자인 학생이 비용과 편익을 제대로 분석할 수 없으며, 교육의 내용에 대한 정보가 부족해 제대로 선택할 수 없다는 어려움이 있다. 또한 교육은 여타 사회구성원에게 이익을 준다는 의미에서 긍정적인 외부효과를 지닌다. 더불어 교육과정에 가정배경이나 학생의 누적된 학습능력 등이 함께 투입되고, 수량화하기 힘든 질적인 변동이 수반된다(op.cit. pp.1162-1163).

나아가 소비자인 학생이 장차 형성될 인적자본의 원료를 제공한다.[20] 뿐만 아니라 교육에서는 소비자인 학생이 인적자본의 생산에 참여하며, 그것도 여러 학생 등과 함께 합동으로 생산에 참여한다. 이로 인해 다른 소비자 혹은 다른 학생의 자질이 동료효과peer effects를 통해 영향을 미친다는 특수성도 있다(Rothschild & White, p.1995).

그럼에도 불구하고 신고전학파는 교육도 여전히 선택과 매매의 대상으로 간주하며, 교육과정도 생산으로 취급하고, 이런 특수성들이 시장에 대한 이차적인 보완책을 요구할 뿐이라고 주장한다. 가령, 외부효과가 있으므로 정부가 교육을 장려하기 위한 보조금을 지불하면 된다. 또한 교육시장에서도 학교와 학생들 사이에 경쟁이 있으므로, 여러 학교들 사이에 학비에서 장학금을 공제한 순비용이 균등해진다고 본다.

더불어 대학에 진학하는 학생들은 등록금 등 학비를 교육서비스에 대한 가격으로 지불할 뿐만 아니라 동료효과를 통해 공헌하는 바에 따라 장학금 등의 형식으로 일종의 임금을 지불받는다. 교육은 한편으로 교수나 교사가 생산하는 교육 서비스를 공급하면서, 다른 한편으로 학생이 이런 생산의 원

---

20 정도의 차이는 있지만 이것은 소비와 생산이 동시에 일어나는 서비스산업에서 일반적으로 나타나는 현상이다. 교육받을 학생의 수학능력, 수리를 받을 중고 자동차나 집의 상태, 치료받을 환자의 육체적이거나 정신적인 질병이나 체력 혹은 체질, 성형수술의 대상인 고객의 용모, 교화의 대상인 신도의 믿음 등은 모두 넓은 의미에서 원료에 해당된다. 한국의 과거 생산방식에서 떡을 주문한 고객이 떡을 만들 쌀을 제공하거나 양복 주문자가 옷감을 제공하는 예도 이에 포함된다.

료를 제공하는 과정이다. 이에 따라 한편으로 학생은 교사가 공급하는 서비스에 대한 대가로 등록금을 지불하고, 다른 한편으로 학생은 자신이 제공한 원료와 각 생산단계의 중간제품에 대한 대가로 장학금을 지급 받는다. 물론 교육서비스의 질과 양에 따라 등록금에 차등이 있듯이, 학생들의 능력에 따라 장학금에도 차이가 있다.

그러나 교육의 특수성이 경제학이론에 포섭되지 않을 정도로 심각하다고 보아 신고전학파를 비판하는 논리도 적지 않다. 먼저 교육 서비스를 구입한다는 것은 소비이면서 교육서비스의 창출이나 생산이므로, 교육은 생산, 교환, 소비의 복합적인 과정이다. 같은 이유로 학생은 소비자이면서 생산자이며, 심지어 교환의 당사자이다(Litten, 1980, pp.47-49; 홍 훈, 2008). 이같이 교육에서는 소비자와 생산자 혹은 수요자와 공급자, 소비와 생산 혹은 수요와 공급이 분명히 구분되지 않으므로, 수요와 공급 등의 확연한 구분에 의존하는 신고전학파 이론이 교육을 설명하는 데 어려움이 있다. 또한 비용과 가격 혹은 가치를 단순히 수량화하기에는 요인들이 너무 복잡하다.

미국에서도 부존자원 등에 있어 대학 간에 차이가 있고, 이로 인해 상급대학과 하급대학 사이에 학생들에 대한 등록금과 보조금의 차이가 크다(Winston, 1999). 대체로 상급대학에서는 등록금과 장학금 양자의 수준이 모두 높으며, 하급대학에서는 등록금과 장학금의 수준이 모두 낮다. 결과적으로 비용과 가격의 비율이 학교마다 크게 차이나므로, 통상적인 의미의 경쟁적 시장을 교육계에 상정하기 힘들다.

교육에 대한 신고전학파의 중요한 착상은 통상 말하는 노동시장뿐만 아니라 학교 자체를 공장 겸 시장으로 상정하는데 있다. 그것도 생산 공정마다 가격이 매겨지는 정교한 공장과 시장의 결합(예, 학년별 장학금 지급)을 상정해야 한다. 내구재에 대해 중고시장이 존재하고, 자본재에 대해 구입가격과 임대료를 구분하며, 주식에 대해 주가와 수익률을 구분할 수 있다. 그러나 단계별 완성도에 따라 가격이 달리 매겨지는 제품의 예는, 원유가공 정도를 제외하면, 현실적으로 쉽게 발견할 수 없다.

뿐만 아니라 가르침과 배움의 변증법적인 결합은 교육과정에서 반복적인 교류가 존재한다는 것을 의미한다. 경제학적인 유추를 최대한 수용하더라도 이것은 화폐나 가격을 매개로 하지 않는 선생과 학생, 그리고 학생들 사이의 물물교환이나 각자가 사유재산으로 삼을 수 없는 공유재의 생산과 소비에 가깝다. 이에 근거해 교육에 대해서는 가격으로 환산할 수 있는 부분이 많지 않으며, 좋은 교육일수록 더욱 그렇다고, 신고전학파를 비판할 수 있다.

신고전학파에게 일견 계산의 대상이 아니라고 생각되는 종교도 합리적 선택의 대상이며, 일반 상품과 다르지 않다. 일단 종교는 초자연적 힘을 신뢰하는 믿음, 활동, 제도들의 공유로 정의된다. 개인은 믿음으로부터 자신이 얻는 현세와 내세의 정신적인 만족뿐만 아니라 건강, 가정생활, 사회적응 등 물적인 이득 때문에 종교를 상품을 고르듯이 선택한다(Innacone, 1998, p.1468, pp.1478-1480). 또한 아담 스미스의 『국부론』에 의존해 기업가뿐만 아니라 성직자도 이기심에 따라 움직이고, 기업과 마찬가지로 교회도 시장의 힘으로부터 제약을 받는다고 생각한다. 나아가 경쟁의 이익, 독점의 폐해, 그리고 정부 규제의 위험이 교회에도 그대로 적용된다.

이에 따라 신고전학파는 종교를 서비스의 공급과 수요로 간주한다. 문화상품과 마찬가지로 정신적인 가치를 주는 종교를 신앙이나 믿음을 확인하고 강화하는 행위에 대한 수요와 공급으로 간주한다. 이런 수요와 공급은 기독교의 경우 교회에 소비하는 시간과 헌금으로 나타난다. 그리고 이에 대한 수요는 효용함수를 통해, 공급은 초자연적 종교상품의 생산함수로 규정된다.

현세와 내세를 통해 효용을 극대화한다고 보면, 연령증가에 따른 신앙의 증가, 신앙생활로 보내는 시간, 헌금 등 투입하는 돈 사이에 대체관계가 있다. 생산함수에서는 믿음이라는 습관의 형성이나 개종 등을 설명할 수 있다. 교회 등 종교기구는 기업과 같이 서비스를 생산하는데, 신도들이 합동으로 일종의 동아리 재화club goods를 만든다(op.cit. p.1482). 여기서는 신도들 사이에 신앙을 강화시키는 일종의 긍정적인 외부효과가 존재한다. 이 점에서 신앙서비스는 교육서비스와 비슷하다. 다만, 교육서비스에서 나타나는 교사의 지배력보다 교회의 예배에서 나타나는 성직자의 지배력이 더 크다.

집단적 생산이라는 특징을 제외하면, 기업가정신이나 판매전략 등에서 성직자는 기업인과 다르지 않다는 것이 신고전학파의 입장이다(op.cit. pp.1484-1485). 이런 관점에서는 각 종파가 기업이고 이런 종파들이 모여 산업을 이룬다.[21] 시장에서의 경쟁과 다양성이 성장과 발전을 기약하듯이, 교계에서도 국교를 폐지하고 민간의 자발성을 존중하며 경쟁을 촉진한 것이 다수의 좋은 종교를 낳았다. 결과적으로 경제학자들은 종교에 대한 시장모형이나 합리적 선택이론을 내세운다(op.cit. pp.1488-1490). 이런 입장의 종교경제학은 1970년대와 1980년대에는 소폭으로 증가했으며, 1990년대부터는 지속적인 흐름을 이루고 있다.

통상적인 재화나 서비스와 비교해 예배나 기도 등이 가지는 특수성은 종교가 동아리의 집단적 행위를 통해 준공공재를 생산하고 소비한다는 설명에 반영되어 있다. 특수성에 대한 이 같은 규정은 예배를 사과와 같은 여타 재화와 구분하기보다 전혀 사과와 다른 것을 사과와 비슷하게 만드는 노력이다. 종교에서도 개인의 합리적인 선택이라는 논리를 찾으려는 신고전학파의 모습이 확연하다.

2.3 경제학의 변화에 대한 정리

지난 20-30년 간 진행된 신고전학파의 변화는 방법과 대상의 양 측면에서 나타났다. 이 변화는 외생적인 변수의 내생화, 새로운 대상의 수용, 새로운 방법의 모색으로 규정할 수 있는데, 궁극적으로는 보다 포괄적인 의미에서 경제인의 모색으로 이해할 수 있다.

첫째, 선호와 기술을 위시해 기존 이론이 주어진 것으로 간주했던 것들을 내생화하고 있다. 이것은 일반균형이론에서 편의 혹은 정교함을 위해 상정했던 인위적인 질곡에서 벗어나려는 노력으로 해석된다. 선호의 형성이 가계에서 이루어지고, 기술혁신의 주체가 기업이므로, 이런 논의는 가계와 기업의

---

21 기업(예, 현대 자동차)과 산업(예, 자동차 산업)의 구분은 종파(감리교)와 종교(기독교)뿐만 아니라 생물학에서 종(풍산개)과 속(개)의 구분으로 이어진다.

내부에 대한 관심이기도하다. 이에 따라 불문가지로 내버려두었거나 자신의 대상이 아니라고 생각했던 기업과 가계의 내부로 신고전학파 경제학이 진입하고 있다.

이런 노력들은 한편으로 비현실적이라고 비난을 받았던 신고전학파이론을 보다 풍요롭게, 그리고 현실적으로, 만들고 있다. 또한 이를 통해 신고전학파는 순수이론을 중심으로 내적으로 보다 견고해지고 있다. 이에 대한 증거로 경제사나 경제사상사 등이 경제이론에 가깝게 재편되고 있다는 사실을 들 수 있다. 경제이론과 상당부분 독립적으로 진행되던 경제사 연구가 계량경제사나 제도에 대한 관심이나 노스Douglas North 등의 노력을 통해 보다 경제이론에 근접하고 있다. 비슷한 이유로 경제학설사에서도 18세기나 19세기의 고전적인 인물보다 20세기의 경제학자들이 더 부각되고 있다.

둘째, 경제학은 보다 공격적으로 여타 학문으로 파고들어 이들의 대상을 자신의 대상으로 흡수하고 있다. 경제학이 정치학과 사회학은 물론이고 윤리학, 법학, 심리학, 생물학, 인류학으로 진입하거나 이들과 접촉하고 있다. 정치학과의 접촉은 새로운 정치경제학을 낳았으며, 베커 등의 이론은 사회학을 바꾸는 결과를 가져왔다. 경제학자인 베커가 미국사회학회의 회장이 된 것은 이를 말해준다. 또한 심리학과의 교류를 통해 실험경제학이나 행동경제학이 생겨났으며, 생물학과의 상호작용을 통해 생물경제학이 등장했다. 그런데 이들 분야는 기존 신고전학파 경제학의 틀을 벗어날 잠재력도 함께 지니게 되었다.

셋째, 개인의 의사결정과 선택에 대해 보다 확고한 기초를 제공해 개인의 합리성을 공고히 하고 있다. 넓게 보면 미시적 기초의 확보는 방법론적인 개체주의의 확산으로서 신고전학파의 거시분야뿐만 아니라 경제외적인 사회현상에도 적용되었다.

동시에 개개인의 이기적이고 합리적인 행위에 창조적인 행위와 기회주의적인 행위를 수용하고, 외견상 집단을 위한 행위나 이타적인 행위도 넓은 의미에서 이기적인 행위로 해석하고 있다. 즉, 이들을 친족이나 유전자의 이기적 행위로 간주하거나 상대방의 이타적인 행위를 기대하는 행위로 재해석하고 있다. 이런 변화는 경제학의 중심주제인 경쟁과 시장에 대해서도 보다 다양하고 현실적인 이해를 낳고 있다.

이에 대해서는 왜 개인인가, 그리고 개인은 과연 합리적인가의 두 가지 의문을 제기할 수 있다. 전자는 유효한 행동단위를 계급, 계층, 개인 중 어느 것으로 보느냐는 사회과학의 오랜 숙제이다. 물론 신고전학파는 일관되고 고집스럽게 상당히 좁은 의미의 개인에 집착해 왔다. 이런 집착은 동구 몰락과 마르크스주의 퇴조라는 현실 속에서 더욱 강화되었다. 그래서 계급, 계층에 대한 논의는 뒷전으로 밀리고 경제학의 내외에서 개인의 행위나 합리성에 대한 논의가 무성해지고 있다.

넷째, 왈라스적인 일반균형체계에서와 달리 게임이론이 새로운 방법이 되었다. 또한 반증주의에 근거해 계량경제학인 방법에 일방적으로 의존하던 상황에서 벗어나, 질의응답, 실험, 현장조사, 뇌파검사 등 새로운 방법을 도입하고 있다. 경제학에서 개인이나 인간이 그만큼 중요해졌기 때문에 이 같은 연구가 진행된 것으로 볼 수 있다. 그런데 신고전학파의 이런 노력이 자신의 근거를 공고히 하는 부분도 있지만 기존의 흐름에 비판적인 결과를 가져오기도 했다. 또한 이런 결과는 경제학에서만 새로울 뿐 철학이나 여타 학문에서는 이미 알려져 있는 것들이다.

3장

신고전학파 경제학에서의 선호와 선택

3.1 기대, 확률, 효용, 선호
3.2 기대효용이론의 공준
3.3 효용함수와 세계화
3.4 기대효용이론과 인간

1장에서 개괄한 바와 같이 신고전학파는 개인의 선택에 의존해 경제현상을 설명한다. 그런데 이것의 이론적인 근거인 기대효용이론이나 합리적 선택이론은 경제학뿐만 아니라 사회과학전반, 그리고 심리학에 번져 있어 그 중요성을 충분히 인식할 필요가 있다. 카네만은 기대효용이론이 사회과학에서 가장 중요한 이론이라고 평가했다(Kahneman, 2011, p.270). 나아가 이 이론을 근대 서양을 대표하는 합리적인 사고방식으로 간주한 사람도 적지 않다. 심지어 위험이나 불확실성이 개입되는 상황에서의 합리적인 행위나 선택이 확률이론에 의존해 보편적인 법칙을 찾으려는 서양 근대 계몽주의의 이룰 수 없는 야망을 담고 있다는 주장도 있다(Gigerenzer, 2000, p.201). 이에 의하면 인간의 합리성과 확률이론이 서양의 계몽주의라는 동전의 양면이다.

기대효용이론의 중요성은 이 이론이 지니고 있는 다양한 명칭에서도 확인된다.[1] 심리학에서는 이를 고전적인 합리적 선택이론classical theory of rational choice, 고전적 의사결정이론classical decision theory, 표준적인 결정이론standard decision theory, 고전적인 주관적 확률이론classical subjective probability theory 혹은 주관적 기대효용subjective expected utility 등으로 부른다(Cooper, 1989, pp.457-458,

1 홉스(Thomas Hobbes)가 지적했듯이, 명칭부여가 인식의 시작이므로, 중요하게 인식되는 사람이나 사물일수록 그 이름이 여러 가지이다. 왕이나 독재자, 이보다 덜하지만, 귀족이나 양반들은 호칭이 하나둘이 아닌데 비해 천민이나 하인은 그 반대여서, 문자 그대로 유명과 무명에 가깝다. 많은 이름들을 가지고 있었던 두견새와 생태는 한국에서 분명히 중요한 존재였다고 보아야 한다.

473; Gigerenzer, 2000, p.201). 심리학은 의사결정의 요인들을 고려하는데 있어 경제학보다 관대하기 때문에 이같이 여러 명칭을 사용한다. 반면 경영학은 흔히 가치극대화value maximization를 주장하는데, 이는 기대효용이론보다 더 좁은 개념이다. 경영학에서는 오로지 소비자나 기업이라는 개체의 행위 자체에 집착하기 때문이다. 끝으로 어떤 학자들은 이들 모두를 표준적인 사회과학 모형standard model of social science이라고 부르기도 한다.

이에 따라 합리적 선택이론 혹은 기대효용이론이 경제학을 넘어서 근대 서양의 대표적인 사상들 중 하나라고 규정할 필요가 있다. 또한 이에 수반된 확률이론과 통계적 추론도 서양의 합리성을 대변하는 논리로 해석해야 한다. 이 이론이 경제학의 핵심이고 학교시험에도 나오지만, 확률까지 동원된 공식이 경제주체의 행위 등 현실과 부합되어야 할 이유는 없다고 한국경제학계에서는 순간순간 생각하는 경향이 있다. 그러나 이 이론을 신봉하는 서양의 경제학자들은 결코 이렇게 생각하지 않고 있다. 이는 사회에 대해서든 시장에 대해서든 추상적인 체계를 설정해야 비로소 안정을 찾는 서양인의 의지를 담고 있다. 이런 의지를 담고 있다는 점에서 기대효용이론 및 일반균형체계와 헤겔 및 마르크스의 변증법적인 체계 사이에 별 차이가 없는 것 같다.

3.1 기대, 확률, 효용, 선호

기대효용이론의 의미는 '효용'과 '기대'로 나뉜다. 먼저 신고전학파는 쾌락주의 혹은 공리주의로부터의 영향으로 경제활동을 위시한 개인의 행위가 효용을 추구한다고 생각한다. 이에 따르면 자본재는 물론이고 이윤이나 화폐가 아니라 소비재로부터 얻는 효용이 경제주체의 궁극적인 목표이다. 효용이 최종목표이므로 생산이나 분배가 아니라 소비가 중요하고, 소비자체보다 소비를 위한 선택과 교환이 더 중요하다(Farmer & Geanakoplos, 2008, p.12, 14).

둘째, 선택이론은 소비자선택과 같이 위험이 수반되지 않은 경우와 도박과 같이 위험이 수반된 경우로 구분된다. '기대'는 위험을 의미한다. 그래서 선택에 위험이 따르는 경우를 포괄하려면 단순한 효용이 아니라 기대효용을 고려해야 한다(Slovic, 1995, p.364). 수익이나 효용이 확실한 경우를 확률이 '0'이거나 '1'인 특수한 경우로 간주해, 기대효용에 포함시킬 수 있지만, 그 역은 성립하지 않는다.

위험이 개입된 현실의 대표적인 현상은 도박과 보험이다. 도박은 위험을 감수하고 보험은 위험을 회피하므로 서로 반대방향으로 움직이나, 양자 모두에 위험이 수반되어 있다. 통계학은 물론이고 경제학에서 확률과 관련해 언제나 도박이나 복권을 예로 삼기 때문에 위험이나 확률현상이 마치 이들에 국한되어 있다고 생각하기 쉬우나, 이것은 오해이다. 도박과 보험은 위험이 개입된 가장 전형적인 경우에 불과하다. 기대효용이론은 위험이 보편적이라고 전제한다.

자본주의경제에서 위험은 일상의 도처에서 발견된다(Friedman & Savage, 1948, p.279, 283). 가령, 주식투자에서 얻는 수익과 효용보다 자동차를 구입해 얻을 효용의 편차가 적다. 그렇지만 자동차구입에도 여러 부품의 이상으로 인한 위험이 수반된다. 또한 노동자 채용이라는 선택에도 실적이나 능력 혹은 근로조건 등과 관련된 위험이 수반된다. 이 때문에 위험이 없는 경우에 적용되던 선택이론을 위험이 있는 경우에도 일관되게 적용하려는 목표가 한동안 경제학을 이끌어 왔다(op.cit., p.280).

놓치지 않아야 할 것은 신고전학파의 기대효용이론이 효용뿐만 아니라 기대나 확률도 개인 차원에 설정한다는 점이다. 마르크스나 케인즈는 자본주의의 불확실성을 체제 전체 차원에서 설정하면서 개인이 계산하거나 통제하기 힘든 존재로 간주한다. 이에 비해 기대효용이론은 불확실성을 분해해 개인이 통제할 수 있는 확률적인 위험으로 취급한다. 그런데 기대효용이론을 여러 대상에 대한 여러 종류의 선택을 포괄하는 일반이론으로 이해하기 위해서는 다음과 같은 논리가 필요하다.

우선 선택대상을 전체적으로 파악하기보다 분석적으로 접근해 몇 가지의 독립적인 차원dimensions이나 속성attributes으로 분해한다. 이들은 화폐, 시간, 확률 등 재화나 물체들이 지닌 여러 속성들이다. 이어 이들이 서로 비교가능하고 통약된다고(commensuration) 보아 이들 사이에 상충, 보완, 대체를 상정한다. 이렇게 한 후 여러 차원들에 가중치를 부여해 이 차원들을 하나로 합산한다. 끝으로 합산의 결과 총점이 높은 대상을 선택한다(Slovic & Lichtenstein, 1968, p.1; Prelec & Loewenstein, 1991, p.770; Green & Myerson, 2004, p.789).[2] 다음의 예들을 통해 이런 산술을 구체적으로 살펴보자.

① 소비재 묶음: [사과 1개, 책 2권]과 [사과 2개, 책 1권]

무차별곡선에서 흔히 다루었던 대로 사과와 책은 효용을 낳는 재화들이다. 두 가지 소비재묶음을 놓고 선택하는데 있어 사과 1개와 책 몇 권이 서로 대체되는지 혹은 심리적으로 교환되는지가 관건이다. 이런 생각은 사과와 책이 소비재묶음의 독립적인 구성요소들로서 서로를 대신하거나 대체할 수 있다고 전제한다. 또한 사과나 책이나 모두 재화로서 효용을 주므로 한 요소의 증가(감소)가 다른 요소의 감소(증가)로 상쇄(보상)된다. 물론 이들 사이의 대체비율은 개인마다 다르다. 여기서 사과와 책의 숫자는 효용을 구성하는 차원들로 간주되고 있다.

② 특정 재화: [좋은 성능, 높은 가격]의 컴퓨터와 [나쁜 성능, 낮은 가격]의 컴퓨터

마케팅에서 흔히 다루는 일상적인 구매에서 성능과 가격은 제품의 두 가지 차원으로서 서로를 대신한다. 높은 성능이 높은 가격을 보상하고, 낮은 가격이 낮은 성능을 보상한다. 물론 두 가지 이상 다수의 차원들을 고려할 수도 있다. 예를 들어, 자동차를 선택하는데 있어 [성능. 에너지 효율, 디자인, 공간, 음향시설, 중고차가격, 수명] 등을 고려한다. 학생들의 수학능력을 {국어, 수학, 영어, 과학탐구, 사회탐구}로 나누어 평가하고 합산하는 것도 이와 비슷하다. 물론 차이가 있다. 전자에서는 여러 차원들 사이의 교환비율이나 합산의 가중치는 주관적이어서 개인마다 다른데 비해, 후자에서는 이런 차이들이 이미 해소되어 가중치가 객관화되어 있다.

---

2 이 이론에 담긴 합리성은 경제학뿐만 아니라 서양경제의 일상에 널리 확산되어 있다. 중세이후 북부 이탈리아와 영국에서 주로 발전했고 괴테가 극찬한 후 베버가 진단한 복식부기는 대표적인 예이다. 복식부기는 통약을 통한 추상화와 수량화에 의존해 객관성을 앞세우고, 여러 종류의 상충들을 상정하며, 대차의 균형과 동등성을 내세운다(Carruthers & Espeland, 1991, pp.34–35, 57–58). 따라서 기업의 효율성과 생존가능성을 높인다는 기술적인 측면뿐만 아니라 자본주의경제와 기업을 정당화하는 수사적이고 상징적인 측면이 복식부기와 관련해 공존해 왔다. 가령, 감가상각은 자본주의가 발달해 고정자본이 도입되면서 생긴 회계문제이다.

③ 복권/금융자산: [낮은 확률, 많은 상금]의 복권과 [높은 확률, 적은 상금]의 복권

복권들에 대한 비교와 선택도 확률과 상금이 서로를 대신하거나 보상할 수 있다고 전제한다. 확률이 낮으면 상금이 많아서 이를 보상하고, 상금이 적으면 확률이 높아서 이를 보상한다. 두 차원을 모두 고려한 기대치는 이런 보상을 전제로 한다. 효용에 있어 사과와 책이 서로를 대신할 수 있듯이, 기대치에 있어 상금과 확률은 서로를 대신할 수 있다. 이에 따라 상금과 확률은 복권의 차원들을 구성한다. 마찬가지로 [고수익, 고위험]의 주식과 [저수익, 저위험]의 채권도 차원들로 규정된다. 물론 확률과 상금의 교환비율이나 합산의 가중치는 개인마다 다르다. 특히, 확률조차 주관적으로 해석할 수 있다.

④ 할인: [오늘의 사과10개]와 [내일의 사과12개] 혹은 [오늘의 100만원]과 [내일의 120만원]

사과의 숫자나 상금의 크기와 이들의 획득 · 소비시점이 두 가지 차원을 이룬다. 이들에 대한 선택에도 숫자나 크기와 시점이 서로를 대신할 수 있다고 보아 하나의 척도로 환원된다. 일반적으로 나중에 먹는 사과는 오늘 먹는 사과보다 못하기 때문에 무차별해지기 위해서는 더 많은 숫자로 보상되어야 하다. 이것이 이자(율)의 근거가 되는 할인(율)이다. 사과가 아니라 화폐로 환산된 상금에 관해서도 이와 비슷하게 생각할 수 있다. 역시 어느 정도의 지연과 어느 정도 수준의 재화량이나 화폐량이 서로 대체되는지는 각자의 주관에 달려 있다.

⑤ 여러 가치들: [높은 경제성장, 많은 환경파괴]와 [낮은 경제성장, 적은 환경파괴]

일상적으로 구입하는 재화뿐만 아니라 사회의 중요한 가치들에 대해서도 마찬가지로 생각할 수 있다. 경제성장과 환경은 상당 경우 상충된다. 이를 비교하기 위해서는 1%의 성장률이 얼마만큼의 환경파괴를 보상하는지 혹은 환경을 지키기 위해 어느 수준의 경제성장을 희생할 수 있는지를 파악하고 결정해야 한다. 이런 논의에서 경제성장과 환경은 이상적인 사회를 구성하는 두 가지 차원으로 설정되며, 서로 비교가능하다고 본다. 역시 어느 정도의 성장률과 어느 수준의 환경파괴가 서로 교환될 수 있는지는 각 개인의 주관이나 각 사회의 의사결정에 달려 있다.

이렇게 보면 주로 ③과 ④와 관련되는 기대효용이론을 소비자행동이론과

연결시켜 파악할 수 있다. 일반재화들과 관련된 ①과 ②의 유비에 의존해, 복권의 구성요소들을 보면, 화폐액으로 표시된 보수와 확률이 서로 독립적이어서 분해가 가능하다. 또한 기대치 계산에서 보수와 확률은 동질적이며, 이들은 모든 구간에서 유연하게 서로 대체된다. 가령, 1$의 보수 증가는 일정한 %의 확률 감소로 상쇄된다. 이에 따라 기대치를 아래와 같이 표시할 수 있다.

$$E(A_1) = p_1x_1+q_1y_1,\ E(A_2)=p_2x_2+q_2y_2,\ \ E(\,.\,):\ \text{기대치}$$

기대효용이론은 재화나 화폐의 가치가 물리적인 수량으로 주어지지 않고 심리적이거나 주관적인 효용u을 지닌다고 주장한다. 이에 따라 기대치가 기대효용EU이 된다. 기대효용에서도 복권의 구성요소들을 보면, 보수에서 나오는 효용과 확률은 서로 독립적이어서 분해가 가능하다. 또한 보수로부터 나오는 효용은 확률과 동질적이어서, 모든 구간에서 유연하게 대체될 수 있다고 전제한다. 가령, 한 단위의 효용 증가는 몇 %의 확률 감소로 상쇄된다.

$$EU(A_1)=p_1u(x_1)+q_1u(y_1),\ EU(A_1)=p_2u(x_2)+q_2u(y_2)$$

기대효용이론에 대한 행동경제학 등의 비판은 이들 여러 차원들 사이의 독립성이나 대체가능성을 부정하거나 완화하고 이들 사이의 상호의존성이나 상호작용을 내세우는 것임을 미리 지적할 필요가 있다(Prelec & Loewenstein, 1991, p.784).

이에 따라 기대효용에 근거한 선택이론은 효용뿐만 아니라 확률과 밀접한 관계에 있다. 의사결정의 논리, 효용이론, 주관적 확률이 연관되어 있으며, 귀납적 논리, 논리적 의미론, 수학일반이 서로 얽혀 있다(Cooper, 1987, p.407). 또한 이들이 게임이론과 별개가 아니라는 점도 주목해야 한다. 쉽게 말해, 효용은 미시경제학이 다루고, 확률은 통계학에서 배우며, 이와 별개로 게임은 게임이론에서 배우는 식이 아니라는 것이다. 이 점은 기대효용이론의 초석을 깔아 놓은 폰노이만과 모르겐스턴이나 새비지에서 드러난다.

거시경제현상과 관련해 이미 많은 경제학자들이 이런 의사결정과 경제현실에 담겨진 불확실성을 강조해 왔다. 특히, 마르크스와 케인즈는 자본주의 체제 전체에 동태적인 성격과 불확실성이 존재한다고 주장하면서, 공황이나 불황을 당연시했다. 나아가 이들에 의하면 거시적으로뿐만 아니라 미시적으로도 생산의 무정부성이나 화폐교환이 무질서나 불안정성을 낳는다. 더구나 이런 무질서나 불안정성이 특정 변수, 부문 혹은 경제주체에 국한되지 않는다. 이들과 달리 극단적으로 자유주의를 표방하는 오스트리아학파의 미제스와 하이에크도 이런 입장을 공유하고 있다. 특히, 하이에크는 일반균형이론이 정태적이어서 시장경제의 동태적인 성격과 이에 수반된 불확실성을 배제한다고 비판했다.

이들과 비교하면 신고전학파는 불확실성보다 위험을 강조한다. 불확실성과 위험의 차이는 체제 전체와 관련되는가 아니면 특정 변수나 경제주체와 관련되는가 혹은 인간의 무지나 정보부족을 어느 정도 심각하게 받아들이는가로 구분된다. 신고전학파, 특히 왈라스주의자와 통화주의자는 거시적인 차원이나 포괄적인 의미의 불확실성을 대체로 부인하고 국부적인 위험만을 강조한다. 극단적으로 보면 신고전학파는 확실성과 동치certainty equivalent가 될 수 있는 위험에 집중한다.

둘째로, 신고전학파는 위험을 지식이나 정보로 바꾸어 생각한다. 위험은 특정의 어떤 결과(동전 앞면)가 나올지 확실히 알지 못하나, 어떤 결과들(동전의 앞면 혹은 뒷면)이 가능한지를 알고, 이런 결과들이 어떤 확률들을 가지는지 아는 상황에 부합된다. 이에 비해 불확실성은 어떤 결과가 나올지 확실히 모를 뿐만 아니라 어떤 결과들이 가능한지 다 알고 있지 못하고, 이들의 확률에 대해서도 잘 모르는 상황에 해당된다.

기대효용이론은 지식이나 정보와 관련된 한계에 대해서도 확률처리가 가능하고 가능한 결과들을 이미 알고 있다고 보아, 근원적인 무지를 부인한다. 따라서 기대효용이론은 일반균형이론이나 계량경제학의 방법에 부합되는 논리이다. 역사적으로 보면 기대효용이론에는 베르누이의 확률이론, 파레토와 에지워스가 변형시킨 한계효용이론, 그리고 나중에 등장한 게임이론이 엉겨 있다.

보다 구체적으로 먼저 고대 에피쿠로스Epicurus의 쾌락주의와 근대 벤담의 공리주의에서 비롯된 효용개념은 1870년대 한계효용학파를 통해 본격적으로 경제학에 도입되었다. 노동가치론을 대체하면서 한계효용학파의 근거를 제공한 효용가치이론은 도입된 이후 신고전학파에 정착될 때까지 계속 변동했다. 특히, 기수적 효용이 서수적 효용으로 바뀌었다. 이런 변동과정에는 무차별곡선을 도입한 파레토Vilfredo Pareto, 에지워스Francis Ysidro Edgeworth, 슬루츠키Eugene Slutsky, 힉스, 알렌Roy George Douglas Allen, 새뮤엘슨 등이 공헌했다.

물론 경제학이 처음부터 벤담의 공리주의나 쾌락주의적인 심리학을 완전히 제거하고 행태주의를 수용한 것은 아니다. 가령, 파레토는 소비의 순서 등을 중시해 행동경제학과 비슷한 관심을 가지고 있었다(Hands, 2011, pp.394-396). 선택의 자유 등에 수반된 자유의지나 자발성을 무시할 수 없었기 때문이다(Hands, 2010a, pp.641-644). 그렇더라도 경제학이 행태주의를 수용하는 방향으로 나간 것은 분명하다. 이로 인해 경제학과 심리학의 거리는 상당히 벌어지게 되었다.

이런 흐름에 따라 효용이라는 실체를 제거하고 선택이론을 완전히 형식논리에 가깝게 만들어 기대효용이론을 제공한 사람들이 폰노이만과 모르겐스턴이다. 이같이 모순 없는 일관성에 치중해 현실이나 사회와의 연관성을 경시하는 경향은 수학의 형식주의에 부합되며, 로빈스에도 예정되어 있었다(Brower, 1913; Niebyl, 1940, p.110). 이에 따라 1940년대 이후에는 표준적인 소비자 선택이론이 정착되었다(Hands, 2010a, p.633 각주1; Hands, 2010b, p.387). 이것을 나중에 정교하게 만든 학자가 새비지Leonard Savage이며, 루츠Duncan Luce와 라이파Howard Raiffa는 이를 보다 평이하게 전달했다. 보다 상세하게 논의해 보자.

먼저 고전적인 효용이론에 의존해 개인 차원에서 효용함수를 설정할 수 있다. 여기서 한계효용체감의 법칙에 따라 동일한 수량의 재화가 증가할 때 이로부터 얻는 효용이 점점 감소하므로 효용함수는 오목형concave이 된다. 간단한 기호로 표시하면 효용함수는 다음과 같다.

$$U = U(x),\ U' > 0,\ U'' < 0$$

x: 재화나 화폐의 수량 벡터, 즉, $[x_1\ x_2\ \ldots\ldots\ x_n]$ U: 총효용

그런데 전통적인 효용개념에 대한 비판과 수정을 통해 신고전학파 경제학은 두 가지 점에 동의하게 되었다. 우선, 재화나 서비스들이 대체관계나 보완관계를 지니고 있어 이들이 효용에 미치는 영향이 가합적으로 분리가 가능하거나additively separable 독립적independent이라는 보장이 없다. 또한 이보다는 논란이 많지만 기수적 효용이 타당하지 않으므로 서수적 효용으로 바꾸어야 한다는 것이다(Samuelson, 1967[1947], pp.93-94). 이에 따라 거꾸로 관찰된 소비자의 선택이나 수요에 근거해 적분가능성integrability의 조건이 충족되면 결과적으로 효용함수를 얻게 된다(Hands, 2011, pp.391-394).

$$U = U(x_1)+U(x_2)+\ldots\ldots+U(x_n),\ \ U_j' > 0,\ U_j'' < 0,\ \ \forall_j$$
$$\rightarrow U(x) = U(x_1\ x_2\ \ldots\ x_n)$$

서수적 효용이론에 따라 한계효용체감의 법칙이 무차별곡선 상의 한계 대체율 체감의 법칙이 된다. 한계 대체율 체감에는 위험회피가 포함되어 있다. 보다 중요하게 서수적 효용에서는 순서만을 따질 수 있기 때문에, 크고, 작고, 같음이 있을 뿐이다. 무차별곡선은 이를 나타낸다.[3] 그러므로 얼마나 크고 작은지는 물론이고 몇 배인지 등의 비율은 말할 수 없다. 따라서 특정 효용함수의 단조변환monotonic transformation도 효용함수이다(V(U)). 더 좁혀 효

---

3 경제학을 처음 배울 때부터 줄곧 갖고 있던 의문 중의 하나는 무차별곡선에 등장하는 '무차별'이라는 번역어의 껄끄러움이다. 영어 *indifference*는 사물들 사이에 차이가 없거나 차이를 느끼지 못한다는 의미이다. 철저하게 사물과 관련되거나 이를 바라보는 개인을 염두에 두고 있다. 이에 비해 우리말의 '무차별'은 사람들을 평등하게 취급한다는 의미에 가까워, 사회성을 담고 있다. 따라서 이 번역어는 개인과 재화 등 물체사이의 관계와 사회관계를 혼합하고 있다. 이렇게 보면 무차별이란 번역은 어색할 뿐만 아니라 정확치 않다. 일본어에서는 차별(差別)이라는 말을 사람과 물건에 두루 사용한다(國語辭典, 2005, 580쪽). 그러므로 상당수의 학술용어가 그렇듯이, 이것은 일본학자의 번역이 한자문화권을 통해 그대로 수입되어 발생한 문제라고 판단할 수 있다.

용함수는 단조변환 중에서 선형변환linear transformation으로 규정된다(W(U)).[4] 선형변환으로 규정되는 효용함수는 원점과 측정간격이나 단위가 열려있는 경우에 해당된다.

$$V(U),\ dV/dU>0,\ U(x) = U(x_1\ x_2\ \ldots.\ x_n)$$
$$W(U) = aU(x)+b,\ \ a>0,\ b>0$$

이는 섭씨온도와 화씨온도 사이의 변환과 같다. 온도에서 섭씨와 화씨는 원점이나 절편과 단위구간을 달리 한다. 이 두 가지 온도체계는 선형변환의 관계에 있다. 즉, C=5/9(F-35)   C: 섭씨, F: 화씨.[5]

일반적으로 경제, 윤리, 심리뿐만 아니라 물리현상에 대한 측정도 모종의 동질적인 속성, 즉 가치value, valence를 전제로 삼는다. 그리고 효용에서 무차별이 기준이듯이, 이들에서도 같음을 나타내는 등가equivalence나 중립상태 '0'이 기준이 된다. 더불어 모든 측정은 감각으로 쉽게 포착되지 않는 이런 가치를 눈에 보이게 전환하는 과정mapping을 필요로 한다. 온도라는 자연현상을 눈금을 가진 온도계의 수은주 높이로 전환하고, 시간을 눈에 보이는 시계바늘과 시계의 눈금으로 변환한다.

그런데 기수적 효용에서 서수적 효용으로의 변천은 물리학적인 측정이 발전한 방향과 반대이다. 구체적으로 물리학은 서수적인 측정에서 기수적인 측정으로 나갔다(Carnap, 1995, 6장; 홍 훈, 2000, pp.87-90). 예를 들어, 기온과 관련해 "덥다"와 "춥다"의 구분이 "더 덥다"와 "더 춥다"로 발전하고, 이어 "이만큼 더 덥다"와 "이만큼 더 춥다"로 발전했다. 경제학은 초기에 효용을 마치 무게와 같이 객관적으로 측정할 수 있는 것처럼 생각해, 기수적 효용을 상정했

---

4 단조변환은 선형변환 이외에도 lnU(x), kU(x), $U(x)^2$ 등 다양한 변환들을 포함한다(Allen, 1935; von Neumann & Morgenstern, 1943, pp.22-23). 선형변환이 단조변환의 일부에 불과하므로, 선형변환은 단조변환보다 효용함수의 범위를 더 좁게 규정한다.

5 무게나 길이의 서로 다른 도량형들 사이의 관계는 이보다 단순해 원점은 같고 단위구간만 다르다. 예를 들어, 1kg은 b파운드이고, xkg은 bx파운드이다. 또한 1인치는 b센티미터이고, x인치는 bx센티미터이다.

다. 그러다가 무게와 달리 효용이 주관적이어서 이런 측정이 가능하지 않다고 판단하게 되면서 서수적 효용으로 옮아갔다. 현시선호이론은 이 방향으로 더욱 움직여 기수적이든 서수적이든 효용개념에서 완전히 벗어나려는 노력으로 평가된다.

이같이 효용과 거리를 두면서 신고전학파에는 일관성, 안정성, 불변성 등의 요건만을 충족시키는 형식논리에 가까운 합리적 선택이론이 남게 되었다. 이 이론에 의하면, 미리 측정된 효용에 따라 선호나 선택을 설명하는 것이 아니라 거꾸로 드러난 선호나 선택으로부터 효용을 미루어 추정한다. 기대효용이론이 의존하는 효용함수는 이같이 실질적인 내용이 없는 효용개념에 근거하고 있다. 그리고 이 이론이 기대효용이론의 근거가 되었다.

이런 어려움은 온도, 무게, 길이, 혈압, 시간, 효용, 후생이나 행복, 국민소득, 물가지수 등 제반 개념에 개입된 측정의 문제들을 비교하면 어느 정도 이해할 수 있다. 자연현상으로 객관적으로 주어지지 않고, 인간이 개입되며, 이 중에서도 개인의 주관보다 사회성이 개입되면, 그 어려움이 더욱 크다고 말할 수 있다.

우선 온도, 무게, 길이 등 자연현상과 관련된 수량은 객관적으로 주어지며, 혈압은 개인과 관련되나 객관적으로 주어진다. 이 때문에 여러 지역의 온도, 여러 물체의 무게나 길이는 언제나 비교가 가능하고, 인간의 자연적 차원들이나 속성들인 체온, 몸무게, 신장도 비교가 가능하다. 이 경우 "갑이 을보다 키가 크다.", "갑이 을보다 키가 20센치 더 크다.", 그리고 "갑의 키가 을의 키의 1.25배이다."등의 측정이 모두 가능하다. 인간과 관련된 혈압도 객관적으로 주어지기 때문에 여러 사람들 사이에 비교가 가능하다. 이미 확인한 바와 같이, 측정을 위해서는 원점과 단위 혹은 간격이 고정되어야 한다.

그런데 효용, 후생, 행복은 개인적이면서 주관적이다. 국민소득이나 물가지수는 객관적으로 주어지면서 동시에 경제나 사회전체와 연관된다. 시간은 이런 모든 구분을 벗어난다. 물체와 달리 인간의 심리와 관련된 효용, 후생, 행복은 측정이 쉽지 않다. 미국 중산층의 행복지수와 아마존밀림에 사는 원주민의 행복지수를 비교하는 일도 쉽지 않다. 국민소득과 물가에 대한 연도

별 비교와 지역별 비교는 이보다 쉽지만 여전히 문제를 안고 있다.

넓게 보면, 초기의 한계효용이론은 가치가 상품이나 재화에 내재된 속성이나 배후에 존재하는 모종의 실체라는 노동가치론의 생각을 비판했다. 이 이론은 개인과 재화의 관계 속에서 주관적으로 가치가 형성된다는 점을 내세웠다. 이에 따라 가치가 객관적 실체에서 주관적 존재로 바뀌었다. 그런데 주류 경제학이 한계효용이론을 수용하면서, 벤담이 생각한 효용이 관찰하거나 측정할 수 없는 존재라는 비판에 따라 효용을 서수로 변형했다.

또 달리 보면, 초기의 한계효용학파, 특히, 제본스와 멩거는 자신들의 이론이 현실의 소비에 근거한다는 점을 명확히 했다. 그리고 이로 인해 생산에 중점을 둔 고전학파나 마르크스와 대립을 이루었다. 그런데 그 이후 신고전학파는 교환 및 시장과 친해지도록 소비를 선택으로 변형시켰다. 이 같은 효용이론의 변화는 교환을 수용하고 보편적인 소비행위를 시장에 가까워지도록 약화시킨 것이라고 해석할 수 있다(Simon, 1986; Hands, 2010a, 2010b, 2011).[6]

소비를 위시한 제반 경제활동이 선택으로 전환된 것은 합리적 선택이론이 추상적인 형식논리로서 일관성을 거의 유일한 기준으로 삼는다는 앞선 지적에 부합된다. 또한 기수적 효용이론이 서수적 효용이론이나 효용이론의 포기로 이어졌다는 지적에도 부합된다. 나아가 선택의 포괄성은 시장의 포괄성이나 물체들의 보편적인 상품화와 합치된다.

신고전학파는 각종 집단과 인간관계나 사회관계를 부정하고 개인을 선택의 주체로 설정했다. 이와 비슷하게 생계나 의식주 등으로 묶여 있거나 연결되어 있는 재화들을 개별재화들로 분해했다. 그런데 일단 분해한 후 개별재화들 사이에 대체와 보완이라는 연관관계를 발견하게 되었다. 이에 따라 효용함수에 들어가는 여러 재화와 서비스들은 개인에게 서로 독립적으로 효용을 추가하는 것이 아니라 상호의존적으로 전체효용에 영향을 미친다. 생산함수에 투입되는 생산자원에도 이와 비슷한 논리가 연장되었다.

---

6 이와 유사하게 노동가치론도 나름대로 교환을 수용하는 방향으로 조정된 경향이 있다. 투하노동에 대해 사회적 노동을 강조한 것이 그런 흐름이다. 탈근대주의에 이르면 중층결정을 허용해 이런 경향이 더욱 강화된다. 그런데 이들은 모두 생산을 교환으로 환원하지는 않으므로, 구조적으로도 소비를 교환으로 환원하는 기대효용이론과 차이가 있다.

예를 들어, 빵과 책의 효용이 같고, 우유와 주스의 효용이 같더라도, 빵과 우유의 총효용과 책과 주스의 총효용은 다를 수 있다. 일반적으로 빵과 우유는 보완적인데 비해, 책과 주스는 독립적이기 때문이다. 즉, u(빵) = u(책), u(우유) = u(주스), u(빵, 우유) > u(빵) + u(우유) = u(책, 주스) = u(책) + u(주스). 이는 교과서에서 임의의 두 재화에 대한 교차탄력성이 모두 영인 상황으로 표현된다.

이에 따라 신고전학파는 소비자개인에서 시작해 효용함수를 상정한 후, 재화들 사이의 대체보완관계 및 비율을 얻어낸다. 그리고 이에 근거해 재화들의 균형과 교환비율 혹은 가격과 개인들의 교환관계를 설명한다.

대체보완관계는 고전적인 효용이론에서 근대적인 수요이론으로 넘어오는 과정을 이루고 있는 파레토, 힉스, 알렌, 새뮤엘슨 등에서 부각되었다. 에지워스와 파레토는 개별재화들이 독립적으로 소비되지 않고 서로 연관되거나 상호의존적으로 소비된다는 점을 인식했다. 이에 따라 이들은 독립성과 의존성이나 연관성을 구분하고, 다시 연관성을 보완성complementary과 경쟁성competitive으로 구분했다(Pareto, 1971, pp.181-209). 보완인가 대체인가는 특정 재화(x)의 한계효용이 다른 재화(y)의 소비량 변동에 따라 증가하거나 감소하는지 여부($\partial^2 u / \partial x \partial y \gtreqless 0$)에 달려 있다.

익히 알려진 바와 같이, 소득효과와 대체효과를 분리하는 슬루츠키 방정식은 관찰 가능한 자료에만 의존하는 방향으로 경제학이 옮아가고 있음을 보여준다(Slutsky, 1915). 그런데 그는 특정 재화의 효용이 그 재화의 소비량에만 의존하는 특수한 경우를 진지하게 다루고 있다.[7] 힉스와 알렌이 그의 생각을 승계하면서 효용이 측정 가능한 수량이 아니라 지표에 불과하므로 특정 효용함수의 단조변환(F(u), F'(u)>0)도 역시 효용함수라고 규정했다(Hicks &

---

7 그렇더라도 이후의 신고전학파와 슬루츠키의 논의 사이에는 약간의 차이가 있다. 그에게서 "예산"(budget)은 소득이 아니라 소비자의 선택으로 결정되는 실물재고에 가깝다. 또한 그는 모두 보완이나 대체를 관계로 상정했고, 대체를 재화들 사이의 경쟁으로 표현했다. 여기에 그는 대체효과를 잔여적 변동성(residual variability)으로 표현해 소득효과를 중시한 것 같다. 더불어 한계효용이 체증하여 욕구가 차지 않는 재화들도 비중 있게 다루었다(p.31). 무엇보다 그는 경제학과 심리학의 지속적인 연계를 주장했다(pp.27-29).

Allen, 1934, Part I, pp.59-60). 이렇게 되더라도, $\partial u/\partial x>0$ 이고, $\partial u/\partial y > 0$이면, $\partial F/\partial x = F'(u)(\partial u/\partial x) > 0$이고, $\partial F/\partial y = F'(u)(\partial u/\partial y) > 0$이다.

그런데 이들은 에지워스나 파레토가 인식하지 못한 점을 지적했다. 아래 식에서와 같이 단조변환 함수의 2차 미분함수 F"의 기호가 자의적이기 때문에, 더 이상 $\partial^2 u/\partial x\partial y \gtreqless 0$로 보완이나 대체를 판정할 수 없다. 이 점을 지적하면서 힉스와 알렌은 대체가 경쟁을 대신할 뿐만 아니라 보완과 경쟁의 이원적인 구분자체를 포괄한다고 생각했다.

$$\partial^2 F(u)/\partial x\partial y = F'(u)\partial^2 u/\partial x\partial y + F''(u)[\partial u/\partial x][\partial u/\partial y]$$

$$??\qquad\qquad +\quad +/-\qquad\quad ?\qquad +\qquad +$$

또한 이에 합당하게 경쟁, 보완, 독립성에 대한 정의도 변경하려고 노력했다. 이들은 두 재화 사이의 대체를 중심에 놓으면서, 경쟁, 보완, 독립도 두 재화들 사이의 관계/비율이 아니라 두 재화 사이의 대체와 제3의 재화와의 관계/비율로 설정했다(Hicks & Allen, 1934, Part I, pp.73-75, Part II, pp.210-211). 이들은 전통적으로 당연시해 왔던 보완성을 약화시키기 위해 노력한 것 같다. 힉스/알렌에서 '경쟁적'이라는 규정을 '대체'개념이 대신해, 그 중요성이 커지면서 보완개념은 부차적이 되었다(Hicks, 1939, chapter 3). 대체비율은 있어도 보완비율은 등장하지 않는다는 사실도 이를 보여준다.

그런데 조지스큐-뢰겐이 지적했듯이, 보완개념에 대한 경시는 힉스/알렌을 받아들인 새뮤엘슨에게서 더욱 두드러진다(Samuelson, 1947, p.184; Georgescu-Roegen, 1952, p.1). 실제로 힉스/알렌에서는 논의의 대상이었던 보완성이 새뮤엘슨에서는 완전히 추방되는 듯이 보인다. 하지만 이상하게도 상당시간이 흐른 후 새뮤엘슨은 자신의 과거 입장을 번복해 대체가 아니라 보완이 중요하고 복잡하다고 주장하면서, 비트겐스타인Ludwig Wittgenstein까지 끌어들여 이 점을 설득하려고 노력했다(Samuelson, 1974).[8]

---

8 이 논문에서도 새뮤엘슨은 현학적이면서 수리적이고 어려운 논리를 전개했다. 그런데 특이하

내 의견으로는 보완성의 문제가 그것의 내적인 중요성에 비해 너무 많은 주목을 받아왔다. 아마도 힉스가 보완성에 관해 두 가지 이상의 서로 다르고 (일관되지 않은?) 정의를 내리고 있다는 사실을 이 기간에 아마도 아무도 알아차리지 못했던 것 같다. 바로 이 점이 보완성개념이 본질적이지 않다는 것을 상징하는 것 같다 (Samuelson, 1947, p.183, 184).

보완성개념에 대해 새롭고 현대적인 조망이 필요한 시점이 무르익었다. 가장 단순한 사물이 때로는 가장 이해하기 힘들다(Samuelson, 1974, p.1255).[9]

이 같은 반전은 재화들 사이의 관계를 대체위주로 바라보는 흐름에 대한 반성이라고 생각된다.[10] 비록 대다수의 경제학자들은 이미 보완보다 대체에 길들여져 있지만, 새뮤엘슨의 반성을 존중한다면, 대체보완에 대해 보다 상세하게 논의할 필요가 있다. 특히, 상식적으로 파악한 대체보완과 비교하면 이 개념들의 성격이 보다 명확해진다.

먼저 신고전학파는 인간뿐만 아니라 재화·자원도 개체로 분해해 파악한다. 그렇지만 개인들과 달리 개별재화나 자원들 사이에는 대체나 보완 등 상호의존성을 인정한다. 또한 독립적인 개인의 선택은 재화들의 보완관계보다 대체관계에 부합된다. 보완관계가 재화나 자원들의 묶음을 만들고, 개인이 선택할 여지를 줄이기 때문이다. 더불어 재화들의 대체보완은 객관적인 기능이 아니라 개인의 선호나 선택의 차원에서 설정된다(Hicks & Allen, 1934, Part

---

게도 이 논문에서 그는 마르크스에 의존해 화폐단위효용함수를 착안해냈다(p.1261). 그는 사람들이 화폐를 물신으로 숭배한다는 마르크스의 주장을 화폐자체가 효용을 준다는 논리로 해석한 셈이다. 물론 마르크스는 이런 식으로 생각하지 않았고, 재화나 상품이나 사용가치를 화폐와 뒤섞는 범주들의 혼합을 인정할 수 없을 것이다. 이는 그가 신고전학파와 마르크스의 철학적 차이를 완전히 파악하지 못해서 생긴 오류라고 생각된다.

9 In my opinion the problem of complementarity has received more attention than is merited by its intrinsic importance. It is perhaps symptomatic of the essential unimportance of the concept of complementarity that in this period no one seems to have noticed that the author gives two or more distinct (and inconsistent?) definitions of complementarity. ... The time is ripe for a fresh, modern look at the concept of complementarity. The simplest things are often the most complicated to understand fully.

10 현실경제와 밀착되어 있는 설계경제학에서도 기술적이거나 경제적인 의미에서 보완성이 중요한 문제로 부상했다(Roth, 2002, pp.1344-1345, 1365-1366).

I, p.70, Part II, p.199, 211; Hicks, 1939, pp.47-48). 동시에 가격기구도 중시하므로 가격과 소득에도 의존한다. 그 결과 대체와 보완은 주로 비율로 취급되며, 비율과 구분되는 질적인 차이로서 대체보완관계는 [− 0 +]로 표현된다(Mosenson & Dror, 1972).

3.2 기대효용이론의 공준

기대효용이론이 신고전학파의 귀결이라는 점은 프리드먼과 새비지의 논문에서 구체적으로 확인할 수 있다(Friedman & Savage, 1948). 이들에 의하면 위험회피와 위험감수가 도박과 보험의 공존으로 나타난다. 예를 들어, 도박의 기대치보다 낮은 가격을 지불하려고 들면 위험을 회피하려는 경향이고, 기대치보다 높은 가격을 지불하려고 들면 위험을 감수하려는 경향이 된다. 보험은 이와 반대이다. 위험이 수반된 선택대상 A로부터 얻은 화폐로부터의 효용은 다음과 같다.[11]

$$U(A) = pU(x) + qU(y), \quad x < y, \ p + q = 1$$

여기서 정당한 가격은 같은 효용을 낳는 화폐액이며, 복권의 가격이나 보험료가 이보다 낮거나 높으면 위험회피나 위험감수를 나타낸다. 이들은 베르누이와 이후의 학자들이 화폐의 한계효용체감에 집착해 이런 점들을 제대로 설명할 수 없었다고 주장했다. 위험을 회피하면 효용함수가 위로부터 볼록하며(원점으로부터 오목하며), 위험을 감수하면 효용함수가 위로부터 오목하다(원점으로부터 볼록하다). 이에 따라 이들은 효용함수의 오목성과 볼록성이 결합되어 나타날 수 있다고 보았다.

그런데 이들은 위험회피나 위험감수를 신분이나 계층의 차이나 변동과도

11 일관성을 위해 이들의 기호가 아니라 카네만(Daniel Kahneman)과 트버스키(Amos Tversky)의 기호로 표시한다.

연결시켰다. 즉, 신분이나 계급의 변동이 수반되면 위험을 회피하거나 위험을 감수하는 경향이 더 커질 수 있다(op.cit. pp.298-299). 이는 기대효용이론의 초기에 위험의 사회적 측면을 논하고 신분과 계급을 의식한 사례이다. 사실 베르누이도 화폐의 한계효용체감을 주장하면서 빈자와 부자의 차이와 연결시켰었다(Bernoulli, 1954).

여기서 기대치의 도출은 불확실한 상황으로부터 확실성에 상응하는 것을 찾는 것으로 이해할 수 있다. 예를 들면, 50% 확률의 1천만 원을 5백만 원과 동일하게 취급한다. 이는 확률을 평균치를 구할 때 도입하는 가중치와 동일하게 취급하는 것이기도 하다.[12] 이 생각은 선택대안을 상금과 확률이라는 두 가지 차원으로 나누어 파악하고 이들의 상충관계와 비율을 고려한다는 점에서 통상적인 소비자선택과 다르지 않다.

구체적으로 소비재를 선택하는데 있어, 비교의 기준들을 여러 차원으로 분해하고, 이들을 동일한 평면에서 비교해 서로의 대체, 보완, 상충의 관계와 비율을 설정한다. 자동차를 구입할 때 에너지 효율과 디자인을 고려한다면, 두 가지 차원에서 비교한 것이 된다. 경제학에서 강조하는 바와 같이, 여기서 소비자는 에너지 효율과 디자인의 상충비율을 고려해 의사를 결정한다.

기대효용이론은 도박이라는 선택대상도 상금과 확률이라는 두 가지 차원으로 분해해 파악한다(Green & Myerson, 2004, p.769). 이미 언급한 바와 같은 경제학의 분석주의나 원자주의는 인간, 재화나 자원뿐만 아니라 위험이 수반되는 대상에도 적용된다. 사람들은 상금과 확률의 상충과 대체를 고려해 높은 확률의 낮은 상금이나 낮은 확률의 높은 상금 중 하나를 선택한다. 마찬가지로 당장 얻는 적은 상금과 나중에 얻는 많은 소득도 소득과 시점이라는 두 가지 차원에서 파악한다.

기대효용이론에서 재화나 서비스 등 선택대상에 대한 개인의 호불호는 원래의 쾌락이나 효용이 아니라 선호로 나타나며 선호는 호불호의 우열과 무차별을 포함한다. 합리성을 유지하기 위해 선호관계에 몇 가지 조건이 부과

---

12 여기서 확률적 지배(stochastic dominance)개념이 확률적 대안(prospect)에 대한 선택이라는 과제에서 파생되었다고 추정할 수 있다.

된다. 위험이 수반되지 않는 경우, 이 조건은 반사성reflexivity, 완전성completeness, 추이성 혹은 이행성transitivity, 대안들의 독립성independence of alternatives 등이다. 이 공준들을 통해 적분가능성의 문제를 피할 수 있어 효용함수를 얻는다(Hands, 2010b, pp.321-322). 그리고 위험이 수반되는 경우에는 이행성, 독립성, 연속성이 보다 부각된다(Fishburn, 1989, p.5).

폰노이만과 모르겐스턴이 1943년에 발간한 *Theory of Games and Economic Behavior*를 통해 처음으로 이런 조건들이 공준으로 전환되었다. 그리고 이 조건들은 드브뢰Gérard Debreu 등의 미시경제학에서 소비자행동의 필수요건이 되었다. 이런 공준들이 정교하게 다듬어지면서 기대효용이론이 일반균형이론과 게임이론을 관통하는 소비자행위의 틀로 정착되었다. 이는 대표적인 미시경제학 교과서인 배리언(Varian, 1978, 3장)에서 확인되는 바이다.

효용함수와 관련된 논의에서는 여러 재화들이나 선택대상들 중 두 개씩의 비교가 이들 사이의 관계relation나 선호관계를 이룬다(von Neumann & Morgenstern, 1943, p.26; Arrow, 1951, p.13). 이는 대체율 등 비교의 수량적인 측면을 강조하는 이후의 미시경제학이론과 외견상 약간의 차이를 보인다. 어떻든 여기서 재화들의 관계는 재화들이 한 개인의 선택대상이기 때문에 이 개인과 여러 재화나 선택대상들 사이에 성립하는 관계들에서 비롯된다.

위의 조건들은 기대효용이론의 내적인 정합성internal consistency을 보장한다(Sen, 1993a; Sugden, 1985). 내적인 정합성은 개인의 선택 자체와 선택에 대한 이론이라는 두 가지 차원에 적용된다. 우선 선택의 정합성은 동일한 상황에서 동일한 대안을 선택한다는 의미를 지닌다. 이론의 정합성은 논리전개의 모순이나 비약을 배제하며, 현실성과 함께 모든 종류의 이론이 충족해야 할 조건이다.

신고전학파는 실증경제학으로서 가치중립성을 표방해 선택을 위시한 인간의 결정과 행위에 대해 목적의 좋음이나 수단의 정당성을 논할 수 없다고 생각한다. 이 때문에 내적인 정합성이라는 조건에 더 큰 무게를 둔다. 그런데 이런 조건들이 자연법칙과 같이 보편성을 추구하기 때문에 경제주체의 일상적인 행위와 상당한 거리가 있다는 반박이 적지 않다. 그러므로 소비자선택의 기본공준들을 폭넓게, 그리고 비판적으로, 이해할 필요가 있다.

(1) 대안들의 독립성(independence of alternatives)

기대효용이론은 여러 종류의 선택상황에서 여러 종류의 독립성을 내세운다. 기대효용이론은 방법론적인 개체주의와 분석철학에 의존해 현상을 원자로 분해하고 동시에 일단 분해된 원자들을 합해 현상을 설명한다. 구체적으로 이 이론은 사회를 개인들로 분해하고, 개인들의 선택상황을 주체, 대상, 그리고 제약조건 등으로 분해한다. 개인들이 선택하는 대상들을 다시 분해하며, 이런 대상의 구성요소들(예, 확률 0.7의 상금 1백만 원과 0.3의 상금 2백만 원에서 0.7*1백만과 0.3*2백만)이나 속성들(자동차의 성능, 수명, 공간)을 다시 분해한다. 이렇게 분해되려면 이 모든 것들이 기본적으로 독립적이어야 한다.

이에 따라 개인들이 서로 독립적이며, 선택의 주체, 대상, 그리고 제약조건들이 서로 독립적이라고 본다. 개인들 사이에는 협력의 결여로 나타나는 독립성이 재화들 사이에는 보완성의 결여로 나타난다. 같은 이유로 독립성은 맥락이나 구조를 강조하는 사회사상들로부터 신고전학파를 구분 짓는다.

독립성은 선택대안들이 잘 정의되기 위한 요건으로 이들의 존재자체를 규정한다. 이 점에서 독립성은 이들 사이의 선호관계나 이런 관계들의 반사성이나 이행성보다 원초적이다. 보다 구체적인 차원에서 신고전학파는 인간이 개인으로 분해되는 것은 지당하지만, 선택상황이 분해되기 위해서는 조건들이 필요하다고 생각한다. 특히, 선택의 대상들, 특정 대상의 구성요소들, 그리고 대상의 속성들이 서로 독립적이라는 것을 중점적으로 논의한다.

이런 이유로 경제현상 등 전체적으로 나타나는 현상을 원자적인 단위들의 만남으로 설명한다. 그런데 원자들이 기본단위이기 때문에 전체는 단위들의 합을 넘어서지 않는다. 극단적으로 보면, 사회는 개인의 단순한 합이며, 선택대상은 선택대안들의 단순한 합이고, 각 대안은 그것의 구성요소나 속성들의 단순한 합이다.

전체가 개체의 단순한 합이므로 부분들이 결합된다기보다 합해지거나 합산된다.[13] 이는 아리스토텔레스의 구분으로 복합적인compound 사물과 단순한simple 사물 중에서 후자에 해당된다. 사람은 팔과 다리로 구성되어 있으나 팔과 다리의 단순한 합이 아니므로 복합적이다. 또한 빗자루는 비와 자루의 단순한 합이 아니라 복합체이다. 이에 비해 쇠고기 2kg는 쇠고기 1kg와 쇠고기 1kg으로 분해된다는 점에서 이들의 단순한 합이다.

이같이 독립성을 무관하다는 의미가 아니라 독립적으로 영향을 미친다는 의미로 이해하면, 이에는 합산가능성additivity과 선형성linearity이 따라다닌다. 물론 이런 의미의 독립성과 합산가능성은 통약을 전제로 한다. 이 때문에 합산가능성은 경제학의 가치이론에 필수적인 속성이다(Fulbrook, 2002, p.275).

가령, 동일변수의 다른 수량인 x와 y가 함수로 변형되어 각기 독립적으로 영향을 미친다면, 이들의 영향은 단순히 합해질 수 있다. 또한 이들의 관계를 나타내는 함수는 선형적일 수 있다. 즉, $f(x, y)=f(x)+f(y)$이거나 $f(\alpha x+\beta y)=\alpha f(x)+\beta f(y)$. 뒤집어 독립성에서 벗어나면, 단순한 합산이 불가능하거나non-additive, 합산의 결과가 넘치거나superadditive 모자라며subadditive, 함수의 비용함수와 같이 볼록하거나 오목하거나 비선형적일 수 있다.

일반적으로 인간이든 재화이든 개체들의 독립성이 보장되지 않는다는 것은 원래 생각했던 바와 달리 원자들이 상호관계를 맺거나 상호작용하고 있다는 것을 의미한다. 또한 이들이 개별자로서 지니는 가치나 의미와 다르거나 이를 넘어서는 가치나 의미를 지닌다는 것을 뜻한다. 그렇지만 상호관계나 상호작용이 구성요소들의 독립성과 반드시 배치되는 것은 아니다.

사실 재화들의 상호의존성은 재화들이 독립성이나 독자성을 유지하는 상황과 그렇지 않은 상황으로 나뉜다. 전자에서는 개체가 다른 개체와 영향을 주고받으면서도 개체들이 그 존재를 유지한다. 이에 비해 후자의 경우 특정 개체가 그 자체로서가 아니라 다른 개체들과 결합되어 비로소 가치나 의미

13 대안들 사이에 겹치는 부분이 없는 경우 혹은 부분집합들 사이에 교집합이 공집합인 경우에 성립되는 상호배타성은 이런 독립성의 전제조건이다. 상호배타성은 독립된 사상들의 확률뿐만 아니라 선호에도 적용된다. 사과와 자동차는 상호배타적이나 에어컨과 자동차는 완전히 배타적이지 않다. 따라서 에어컨과 자동차는 독립적이지 않다. 이런 의미에서 전체를 부분으로 나누는 분류와 범주화, 분해나 분할, 그리고 이들을 다시 맞추는 통합이나 합산이 중요해진다.

를 지닌다. 이보다 더 나가면 개체가 맥락이나 구조에 압도되거나 흡수되어 독자성을 잃는다. 기대효용이론뿐만 아니라 이에 대한 상당수의 비판들은 전자에 그친다.

전체적으로 보면, x와 y가 완전히 분리된 극단(자동차와 다보탑)과 x와 y가 결합되어 하나를 이루는 극단(바퀴와 운전대) 사이에 여러 가지 변형이 존재한다. 완전히 결합되지 않아 재화들이 독자성을 유지하는 상황은 x, y의 상호의존으로 인해 양자 모두의 의미와 가치가 변하는 경우와 이들 중 하나만 변하는 경우로 나눌 수 있다. 예를 들어, 탁자와 의자는 공존해서 서로의 가치, 기능, 의미를 높인다. 이에 비해 프린터는 컴퓨터와 함께 사용되어 가치가 높아지지만, 컴퓨터는 프린터의 존재로 그 가치가 크게 변동하지 않는다.

재화들이 독자성을 잃는 상황은 x와 y가 상대방에 의존해서만 가치를 지니는 경우와 x, y가 결합해 w로 변하는 경우로 나눌 수 있다. 타이어는 자동차의 부속으로 가치를 얻으며, 냉장고는 주택 속에 배치될 때 가치를 얻는다. 이에 비해 흰밥과 김치찌개는 상호의존성이 높아 한 끼의 식사라는 일체성을 지닌다. 또한 자동차와 휘발유, 경제성장과 자연파괴는 거의 함께 묶여 다니는 하나의 재화나 가치로 취급할 수 있다. 사람으로 옮아가면 을이 언제나 갑의 의견을 추종하거나 양자의 의견이 언제나 같다면, 갑과 을은 별개가 아니라 하나이다.

개인의 선택대상인 재화들이나 자원들이 개체로 분해되면서도 대체보완관계로 연관되어 있다는 점이 신고전학파의 문제를 복잡하게 만든다. 만약 사회가 개인들로 분해될 뿐만 아니라 재화들이나 자원들이 완전히 독립적인 개체로 쪼개질 수 있다면, 신고전학파가 해결할 상당수의 경제문제들은 사라지거나 적어도 단순해졌을 것이다.

구체적으로 여러 재화나 자원들의 상호 대체비율이나 보완비율이 모두 영이 되면, 함수가 곱셈 형에서 가감형으로 변하고, 아무런 변형 없이 그자체로 가합적이고 선형적이었을 것이다. 또한 제약하의 극대화나 극소화의 2차 조건을 만족시키기 위해 여러 재화이나 자원들 사이의 대체보완비율을 나타내는 헤시언 행렬을 구할 필요도 없었을 것이다.

물론 신고전학파는 대체보완을 인정하면서도 여전히 재화나 자원을 개별적으로 파악한다. 이런 이유로 n개의 재화나 자원으로부터 ${}_nC_2$=n(n-1)/2개의 대칭적인 대체보완관계나 대체보완비율을 얻게 된다. 여기에 대칭적인 이런 관계와 비율을 2배로 만들고, 자체 대체보완관계나 대체보완비율 n개가 합쳐져, $n \times n = n^2$의 요소로 구성된 행렬을 얻는 셈이다.

개별재화들은 상호의존적일 수 있지만, 위험이 없는 선택상황에서 재화나 화폐로 구성된 여러 선택의 대안들은 언제나 서로 독립적이다. 불확실한 선택상황에서 활용된 논리를 그대로 연장하면, 독립성은 다음과 같이 정의된다. 소비재묶음 (x, y)으로 대표되는 선택대상에 대해 $A \precsim B$이면서 동시에 $A \succsim B$이라면 $A \sim B$이다. 여기서 임의의 C에 대해 $\alpha A+(1-\alpha)C \sim \alpha B+(1-\alpha)C$, $0<\alpha<1$이면, A나 B는 C와 독립적이다. 익히 알려진 바와 같이 원점에 대해 볼록한 무차별곡선과 이들의 교차하는 않는 집합인 무차별지도를 보면, 이것은 일반적으로 성립되지 않는다. 그리고 무차별곡선의 이런 모양은 재화들이 독립적으로 효용을 주는 것이 아니라 상호의존적이거나 대체보완적이기 때문에 발생한다.

기대효용이론은 모든 것을 주관적이거나 심리적으로 파악하므로, 보완성도 주관적으로 파악한다. 이에 따라 여기서 대체보완성은 사회적으로 주어지지 않을 뿐만 아니라 사람마다 다르며, 같은 사람에게서도 재화의 결합비율에 따라 바뀐다. 가령, 세 재화 (x, y, z)에 대해 개인마다 다른 대체보완관계와 대체보완비율을 얻게 된다. 무엇보다 특정 개인의 선호에 비추어 가격이나 소득이 변하면서 독립성이나 상호의존성, 그리고 상호의존성 중에서 대체성과 보완성이 변한다는 것이 신고전학파의 특징이다.

또 다른 종류의 독립성으로 비관련 대안들로부터의 독립성independence of irrelevant alternatives도 언급할 필요가 있다. z가 x나 y와 무관한 경우 z가 대안으로 포함되는지 여부가 x나 y에 대한 평가나 선택에 영향을 미치지 않는다. 이는 특정 재화 x나 y에 대한 판단이나 선택이 관련이 없는 재화 z의 개입여부와 독립적으로 결정된다는 의미이다. 이 조건에 의하면 어떤 집합에서 선택된 대안은 이것을 포함하지만 이보다 적은 진부분집합에서는 반드시 선택된다. 즉, $x \in S_1$, $x \in S_2$, $S_1 \supset S_2$인데, 어떤 사람이 S_1에서 x를 선택했으면, S_2에서도 반드시 x를 선택한다.

센Amartya Kumar Sen은 이 공준을 체르노프 조건Chernoff condition 혹은 알파 속성 α property으로 부르면서, 개인의 선택과 사회의 선택이 내적인 일관성을 유지하기 위해 준수해야 할 기본요건으로 중시했다(Sugden, 1985; Sen, 1993a, p.500).[14] 이 조건에 의하면 대안으로 x, y가 있을 때, x ≥y이었으면, z가 추가되어도 x≥y이다. 사과와 배가 있을 때, 배보다 사과를 좋아했으면, 사과, 배, 감이 있을 때도 배보다 사과를 좋아해야 한다. 물론 감에 대한 선호는 사과≥배≥감, 사과 ≥감 ≥배, 감 ≥사과 ≥배 등 다양할 수 있다. 중요한 것은 어떤 경우에도 사과≥배라는 점이다.

혹은 어떤 영국 사람이 전 세계에서 가장 우수한 축구선수라면, 그는 영국에서는 당연히 가장 우수한 축구선수이다. 이것은 [사과, 배]를 놓고 어떤 때는 사과를 선택했다가 나중에는 배를 선택하는 변덕이나 비일관성과는 구분된다. 물론 이런 실험은 어떤 사람의 기호가 변할 수 없을 정도의 시간을 상정한다.

이같이 신고전학파는 (x, y, z)의 묶음을 회피할 뿐만 아니라 이런 독립성개념을 통해 (x, y)에 대한 평가에 z가 영향을 미치는 일도 배제한다. 이것은 경제학이 두 재화나 두 자원들 사이의 관계나 비율에 집중한다는 앞선 주장을 강화시킨다. .

애로우가 제시한 대안들로부터의 독립성도 이와 외견상 비슷하나, 개인의 선택 자체가 아니라 이런 선택들의 집계에 초점을 두고 있다는 차이가 있다(Arrow, 1951, pp.26-28; Ray, 1973: Sen, 1993a, p.500). 신고전학파에서는 사회적 선택도 개인의 선택들이 모인 결과이다. 그렇더라도 애로우는 여러 사회적 대안 중 별로 논란이 되지 않는 사회적 대안의 포함여부가 사회적 선택에 영향을 미칠 수 있다는 점을 고려했다. 여기서 그는 비관련 대안의 개입이 개인의 선

---

14 선택의 내적인 일관성을 위해 센은 α 속성뿐만 아니라 γ 속성도 내세웠다. 전자는 메뉴가 줄어들 때의 조건이며, 후자는 반대로 메뉴가 늘어날 때의 조건이다. 이는 부분집합들에서 언제나 선택되는 대안이 그것들의 합집합에서도 선택된다는 조건이다.

택자체에 영향을 미치는지 여부가 아니라 개인의 선택들이 합산되면서 변화가 생기는지 여부를 다루었다.[15]

이에 비해 기대효용이론에서는 집계가 아니라 개인의 선택과 관련된 독립성이 문제된다. 가령, 극단적인 좌파인 z가 개입해 중도좌파인 y를 온건하게 보이도록 만들면, 더 많은 개인들이 x보다 y를 선택한다. 그러나 z가 빠지면 y의 이념이 극단적으로 보여 x로 몰릴 수 있다. 여기서는 개인의 선택 자체가 영향을 받았으므로 기대효용이론이 상정하는 독립성에 위배된다.[16]

독립성은 불확실성이 개입된 기대효용이론에서도 중요하다. 이른바 독립성공준the independence axiom은 기대효용이론에 대한 알레M. Allais의 비판 이래 논쟁의 관건이 되었다(Samuelson, 1952, p.672; Wold et al., 1952; Malinvaud, 1952). 이 공준은 불확실성이 없는 상황에서 재화나 자원들 사이에 손쉽게 인정된 대체 보완관계가 불확실성이 개입된 상황에서는 인정하지 않는다.

구체적으로 기대효용이론에 부합되는 베르누이원리에 따라 불확실한 대상들 중에서 선택할 때도 기대치를 계산한다. 그런데 이 계산을 위해서는 개별 선택대상의 구성요소들을 합산할 수 있어야 한다. 이렇게 하려면 구성요소들이 상호 독립적이어야 한다. 독립적이지 않으면 두 구성요소가 서로 영향을 주고받아 합산이 불가능하기 때문이다. 또한 확률과 상금이 선형적으로 결합되어야 한다(Baumol, 1951).

이 때문에 도박의 결과들을 분리해서 합산할 수 있고additively separable

15 애로우가 제시한 예로 세 명의 유권자가 네 명의 후보자에 대해 (4, 3, 2, 1)의 점수를 매겨 최고득점자를 선발하는 선거를 생각해 보자. 세 사람 중에서 두 사람이 후보자들에 대해 x, y, z, w의 순서로, 한 사람이 z, w, x, y의 순서로 투표했다고 하자. 그러면 x(10), z(8), y(7), w(5)로 x가 선발된다. 이 경우 y는 모든 사람에게서 x보다 점수가 낮아 당선될 수 없으므로 비관련 대안이다. 그런데 y를 빼는 경우 x와 z는 동일한 점수를 얻게 되어 사회적 선택이 달라진다. y의 자리를 아래 후보가 차지한다고 보면, x(4×2), z(3×2), w(2×2)와 z(4), w(3), x(2)이고 x(10)가 z(10)와 동등하게 된다. 여기서 y의 개입여부가 합산과정에서 사회적 선택을 바꾸지만, 개인의 선택에 변화가 생긴 것은 아니다.

16 레이(Ray, 1973)는 비관련대안의 독립성이 여기 저기 적용되면서 그것의 의미가 모호해졌다는 점을 올바르게 지적했다. 그렇지만 그는 개인의 선택과 사회적 선택의 차이를 사회후생함수의 근거가 되는 선택대상들의 범위의 차이로 바꾸어 스스로 문제를 모호하게 만들었다. 이 역시 개인과 사회를 구분하지 않는 신고전학파의 흐름에서 파생된 결과라고 추정된다.

확률적으로 선형이라는 특징이 기대효용속성expected utility property으로 불리기도 한다(Varian, 1978, pp.173-175; Prelec & Loewenstein, 1991, p.772). 이는 도박이 여러 가능한 결과들과 여러 확률들로 구성된 덩어리가 아니라 오히려 이를 구성하는 결과들과 확률들로 분해될 수 있음을 의미한다. 그러므로 기대효용속성이나 이를 가능케 하는 제반 가정들은 논리적인 원자주의나 분석주의라는 신고전학파의 성격을 반영한다.

위험이 있는 상황에서 확률을 지닌 보수들의 묶음(x, p; y, 1-p)을 대상으로 삼는 선택을 상정하자. u를 효용함수로 보면, 가합적인 분리는 u(px)+u((1-p)y)를 의미하고, 여기에 선형적인 성격을 더하면 pu(x)+(1-p)u(y)이다. 물론 이는 보수의 기대치가 주는 효용과 다르다. 그리고 효용의 기대치와 기대치의 효용의 차이가 위험에 대한 태도를 나타낸다.

$$u(x,p;y,(1-p)) \rightarrow pu(x)+(1-p)u(y)$$
$$pu(x)+(1-p)u(y) \neq u(px+(1-p)y)$$

외형상 아파트 1채와 의자 4개라는 소비재묶음과 확률 0.2의 1백만 원 보수와 확률 0.8의 1만원 상금의 묶음prospect은 유사하다.[17] 그런데 확실한 선택에서는 일반적으로 보완이나 대체를 인정해 독립성을 인정하지 않는다. 이에 따라

$$u(x,y) \neq u(x)+u(y),\ u(\alpha x) \neq \alpha u(x),\ u((1-\alpha)y) \neq (1-\alpha)u(y)$$
$$u(\alpha x,\ (1-\alpha)y) \neq u(\alpha x)+u((1-\alpha)y) \neq \alpha u(x)+(1-\alpha)u(y)$$
$$0 \leq \alpha_i \leq 1,\ \Sigma_i \alpha_i = 1,\ 0 \leq p_i \leq 1,\ \Sigma_i p_i = 1,$$

이에 따라 α를 p로 바꾸면,

$$u(px,(1-p)y)=u(px)+u((1-p)y)=pu(x)+(1-p)u(y)$$

17 *prospect*는 마샥이 처음 사용한 용어로 알려져 있다(Marschak, 1950, p.114).

이같이 경제학은 확실한 선택상황에서는 재화나 자원들 사이에 독립성을 인정하지 않는데 비해, 불확실한 선택상황에서는 확률적인 상금들 사이에 독립성을 허용한다. 보다 정확하게 말하면, 양자 모두 의사결정단계에서는 여러 요소들로 구성된 대안들을 고려하지만, 실현단계에서는 차이가 생긴다.

구체적으로 소비재묶음에서는 선택의 결과가 자동차나 아파트 어느 하나로 몰린다기보다 대부분 두 가지의 적절한 조합에 이르게 된다. 이에 비해 도박에서는 언제나 상금 1백만 원과 상금 1만원이 서로 배타적이어서 이 중 어느 하나가 실현될 뿐이다. 이같이 자동차와 아파트의 관계와 달리 상금 1백만원과 상금 1만원은 언제나 서로 배타적이어서 연속적인 조합이 불가능하다. 그러므로 전자의 소비재결합비율(α)과 후자의 확률(p)은 동일하게 취급할 수 없다.

이 점이 새뮤엘슨이 독립성공준을 정당화한 근거이다(Samuelson, 1952, pp.672-674). 그에게서 독립성공준은 다음과 같다. 선택대상 x, y, z에 대해, $x \sim y$이면, $px+(1-p)z \sim py+(1-p)z$이고, 그 역도 성립한다. 일반적으로 $x \lesssim y$이면, $px+(1-p)z \lesssim py+(1-p)z$이고, 그 역도 성립한다. 또한 $x \gtrsim y$이면, $px+(1-p)z \gtrsim py+(1-p)z$이고, 그 역도 성립한다.

새뮤엘슨의 시사에 따라 말랭보Edmond Malinvaud는 이미 폰노이만과 모르겐스턴에 묵시적으로 독립성공준이 존재했음을 지적했다(von Neumann & Morgenstern, 1943, pp.26-27; Malinvaud, 1952). 새비지에서는 독립성공준이 확실한 상황의 원리the sure-thing principle에 해당된다(Savage, 1954, pp.21-26).

그런데 폰노이만 등과 알레는 모두 독립성이 보완성에 반대된다는 점을 명확히 해서 이 개념의 의미를 부각시켰다.

$$x \sim y \rightarrow u(x)=u(y) \quad (1)$$

$$px+(1-p)z \sim py+(1-p)z \rightarrow u(px+(1-p)z)=u(py+(1-p)z) \quad (2)$$

(1)과 (2)가 동일하게 되기 위해서는,

$$u(px+(1-p)z)=pu(x)+(1-p)u(z),\ u(py+(1-p)z)=pu(y)+(1-p)p(z) \quad (3)$$

무엇보다 이 공준이 재화와 화폐, 그리고 비확률적인 상황과 확률적인 상황 모두에 적용되는지 그렇지 않은지를 다시 검토할 필요가 있다. 먼저 새뮤엘슨은 비확률적인 선택대상 사이에는 보완성이나 의존성을 피할 수 없으나, 확률적인 선택대상에 대해서는 독립성을 상정할 수 있다고 생각했다. 이에 따라 두 재화로부터의 효용은 기계적인 합산이 가능하지 않으나, 확률적인 선택대상들의 구성요소들에 대해서는 단순한 합산이 가능하다고 주장했다(Samuelson, 1952, pp.673-674). 그는 이런 차이가 대상이 재화인지 화폐인지여부에 상관없이 적용된다고 주장하면서, 화폐액이 아니라 재화를 예로 들었다. 이같이 단순한 합산이 가능하다고 보아, 그는 확률적인 선택대상의 구성요소들을 분해, 분리, 고립, 제거, 결합하거나 구성할 수 있다고 생각했다.[18]

반대 입장에 있는 알레는 비확률적인 선택상황과 확률적인 선택상황을 가리지 않고 독립성을 부정했다. 나아가 새뮤엘슨과 같은 입장에 있으면서도 새비지와 프리드먼은 확률적인 상황과 비확률적인 상황을 구분하지 않는 것 같다(Friedman & Savage, 1952, pp.468-469). 끝으로 행동경제학자 트버스키도 이들과 견해를 같이 했다(Tversky, 1967, p.176). 비확률적인 상황과 확률적인 상황을 관통해 일관성을 유지한다는 점에서 새뮤엘슨보다 알레 등이 우월한 것 같다.

재화와 화폐의 구분도 고려해야 한다. 넓게 보면, 독립적이라도 질적으로 서로 달라 통약이 되지 않는 존재들은 합산이 가능하지 않으므로 독립성이 합산을 보장하지는 않는다. 돈과 자긍심이 통약되지 않는다면, 이들은 합산이 되지 않는다. 반면 합산이 가능하려면 반드시 독립적이어야 한다. 즉, 독립성은 합산가능성의 필요조건이지만 충분조건은 아니다. 달리 말해, 관련된 속성들이나 차원들이 모두 효용으로 통약된다고 전제해야 독립성과 합산가

18 이 용어들은 새뮤엘슨이 아니라 알레, 카네만, 트버스키 등에서 빌려 온 것이다(Allais, 1953, p.528; Tversky, 1967, pp.175-176; Kahneman & Tversky, 1979, p.271, 274).

능성은 동치가 된다.

이런 이유로 신고전학파는 뉴메레르로 취급해 실질적으로 화폐를 배제한다. 그렇지만 재화인가 화폐인가 혹은 효용인가 화폐인가에 대해 도처에서 비일관성이나 갈등을 겪고 있다. 이같이 화폐를 효용으로 전환하는데 어려움이 있다. 학문의 연구대상이 원료와 같이 주어지지 않고 이미 나름대로 해석되고 가공된 존재라는 일반론은 신고전학파에도 적용된다.[19]

기대효용이론과 이것이 근거하는 통계적인 추론에 대한 기게렌저Gerd Gigerenzer의 지적이 신고전학파의 이런 성격을 명확히 드러내고 있다(Gigerenzer, 2000). 이 지적은 신고전학파와 행동경제학에 대한 그의 입장과 분리시켜 고려할만하다.

> 일상적인 해결책(휴리스틱)은 결코 귀납적인 추론을 위한 표준적인 통계수단이라고 보기 힘들다. 그것은 이용가능한 모든 정보를 활용하지도 않고, 여러 요인들 사이의 상호 보상을 허용하지도 않으며 비선형적이다. 또한 그것의 변형들 중에는 이행성에 위배되는 것도 있다. 그래서 그것은 성격상 보상적인 비선형뇌신경망뿐만 아니라 다변량 회귀분석과 같은 표준적인 추론의 선형모형과도 다르다. 이런 방식으로 일상적인 해결책은 인간행위에 관한 고전적인 경제학의 견해(예를 들어, 베커, 1976)에 부합되지 않는다. 이 견해에서는 모든 측면들이 하나의 차원(예를 들어, 화폐)로 환원될 수 있다는 가정위에 상품들과 정보들 사이에 언제나 상충tradeoff이 존재한다. 즉, 일상적인 해결책은 이런 아르키메데스 공준에 위배된다(pp.173-174).[20]

---

19 이 중에서 확실한 화폐량은 확률이 문제되지 않고, 보수들의 다과가 정해져 각자의 주관적 가치와 무관하게 그 서열이 정해져 있으므로 이에 대한 선택이 무의미하다. 따라서 논의거리는 확실한 상황의 재화, 확률적인 상황의 재화, 확률적인 상황의 화폐 세 가지이다. 확실한 상황의 재화는 일반적으로 소비자선택에서 다루는 바이며, 불확실한 화폐나 상금은 이미 확률이론이나 도박에서 다루고 있다. 그러므로 추가되는 것은 불확실한 상황에서 재화의 선택이다.

20 The heuristic is hardly a standard statistical tool for inductive inference: It does not use all available information, it is non-compensatory and nonlinear and variants of it can violate transitivity. Thus it differs from standard linear tools for inference such as multiple regression, as well as from nonlinear neural networks that are compensatory in nature. In this way the heuristic does not conform to the classical economic view of human behavior (e.g., Becker, 1976), where, on the assumption that all aspects can be reduced to one dimension (e.g., money), there always exists a tradeoff between commodities or pieces of information. That is the heuristic violates the

요인들 사이의 상호보상은 모든 상품들이 비교되고 모든 것이 가격을 갖는다고 가정하면서 궁극적으로 고전적인 합리성의 주춧돌을 이룬다. 보상은 통약의 가능성을 가정한다. 보다 일반적으로 위계를 지닌 윤리적이고 도덕적인 가치들은 종종 서로 보상적이지 않다. 진정한 우정, 전투의 명예, 박사학위는 가격을 가지지 않아야 한다(pp.190-191).[21]

선형성은 17세기 중엽에 합리적인 선택이론이 등장한 이래 이 이론을 지배해온 수학적으로 편리한 도구이다. 이 가정은 어떤 대안을 구성하는 여러 요소들이 각기 독립적으로 합쳐져 그것의 전체적인 추정치 혹은 효용을 낳는다는 것을 뜻한다(p.193).[22]

여기서 기게렌저는 독립성, 보상성, 선형성, 회귀분석, 합리적인 선택, 경제학의 논리, 효용을 연결시켜 논의했다. 보상성은 경제학의 상충관계와 같다. 즉, 한 재화나 요인의 감소(증가)로 인해 효용이나 가치가 줄면(늘면), 다른 재화나 요인이 늘어나(줄어) 이를 상쇄할 수 있다는 것을 의미한다. 회귀분석에서 여러 요인들의 영향이 합해져 전체적인 결과를 낳는 것은 이들이 경계 없이 서로를 보상하기 때문이다. 그리고 이런 성격은 아르키메데스공준으로 압축된다.

환경파괴를 경제성장으로 메울 수 있으면, 이 공준이 충족된다. 반면 아무리 높은 경제성장으로도 환경파괴를 보상할 수 없다면, 이 공준은 충족되지 않는다. 또한 몇 개의 은메달로 하나의 금메달을 대신할 수 있다면 이 공준이 충족되나, 아무리 많은 은메달로도 금메달 하나를 대신할 수 없다면 이 공준은 충족되지 않는다. 그러므로 가치의 위계를 주장하고 이들의 통약에 제약을 가한 아리스토텔레스는 아르키메데스와 충돌한다. 아르키메데스 공준이

Archimedian axiom.

21 Compensation is, after all the cornerstone of classical rationality, assuming that all commodities can be compared and everything has its price. Compensation assumes commensurability. More generally, hierarchies of ethical and moral values are often noncompensatory. True friendship, military honors, and doctorates are supposed to be without a price.

22 Linearity is a mathematically convenient tool that has dominated the theory of rational choice since its inception in the mid-seventeenth century. The assumption is that the various components of an alternative add up independently to its overall estimate or utility.

충족되지 않는 상황에 주목하는 기게렌저는 기대효용이론과 달리 사전표기식 선호 등을 중시한다. 이와 달리 기대효용이론은 이 공준을 전제한다.

(2) 반사성(reflexivity)

일반적으로 선호관계는 "낫다"(<), "못하다"(⋦ ⋧) 혹은 "같다"(~)가 아니라 "낫거나 같다"(≳)나 "못하거나 같다"(≲)로 설정된다. 선호관계를 다른 대안들뿐만 아니라 자신과의 관계에도 적용할 수 있고, 특정 대안이 그 자체와 무차별하다고, 생각하기 때문이다. 즉, x ≳ x이고 x≲x이어서 x~x이다. 그러므로 반사성은 이 세 가지 선호관계들을 포괄한다.[23]

이같이 미시경제이론에서 반사성은 두 개의 선택대상들이 가지는 관계들로부터 추론된 파생적이고 가상적인 관계이다. 동시에 반사성이 자명하다고 보아 기술적인 문제로 처리한다. 그러나 반사성은 한 대상과 자신의 관계를 의미하므로 외견상 가장 근원적일 수 있다. 사실 신고전학파에 상당히 영향을 미친 분석철학의 비조 프레게 자신은 반사성과 관련이 있는 동일성identity이나 동등성equality에 대해 진지한 논의를 전개했다(Hugly & Sayward, 2000 참조). 이런 관점에서 먼저 x=x 혹은 사과 한 개=사과 한 개라는 외견상의 항등식에 어떤 전제가 있는지 살펴보자.

우선 서로 다른 사람이 사과 하나를 달리 평가할 수 있고, 같은 사람이라도 다른 시점에서 달리 평가할 수 있다. 또한 동일한 사람이 계급이나 계층, 그리고 사회에 따라 사회성을 갖는다면, 하나의 사과가 언제나 같거나 동등하지 않다. 이에 대해 신고전학파이론은 한 사람이 특정 시점에서 동일한 사과에 대해 동일한 선호를 보인다는 점을 강조한다. 또한 이론적인 차원은 아니더라도 이념적인 차원에서는 개인의 다양성과 시점간의 차이를 인정한다. 더불어 개인의 선호가 계급이나 계층 그리고 사회로부터 독립적이라고 전제한다.

---

23 "낫거나 같다"나 "못하거나 같다"가 아니라 "낫다", "못하다" 그리고 "같다"로 선호관계를 규정한 폰노이만 등에서는 이렇게 말할 수 없다.

그런데 개인주의를 상정하더라도 어떤 개인이 정신분열증에 시달리고 있거나 다중인격multiple self을 지니고 있다면, 반사성은 성립하지 않을 수 있다. 인간에게 반사성은 정체성identity과 관련된다. 그렇지 않더라도, 나중에 설명하는 바와 같이, 한 개인이 시장에서 구매할 때의 평가와 동일한 개인이 소유하고 있다가 판매할 때의 평가, 즉 지불할 의사와 수락할 의사willingness to accept가 유의미한 차이를 보인다는 연구가 누적되어 있다. 이렇게 되면 $x \nsim x$라고 주장할 수 있다.

여기서 나타난 가치의 차이는 경제학이 인정하는 여러 개인들의 다양성이 아니라 동일한 대상에 대한 동일한 개인의 평가가 변동해서 발생한 것이다. $U(x)$이 효용함수이면, 다른 사람들 사이에 $U_i(x) \nsim U_j(x)$이 문제가 아니라 동일한 사람에게 $U_i(x) \nsim \hat{U}_i(x)$이다. 또한 이는 소득효과와 무관하며, 이자가 발생하거나 선호가 변동할 정도로 장기간을 상정하지도 않는다. 나아가 이 차이는 시장의 균형가격과 지불할 의사나 수락할 의사 사이의 차이와도 구분된다. 뿐만 아니라 x(사과 한 개)=x(사과 한 개)이라면 $x/x=1$이다. 이는 개인이 재화의 가치를 동일한 재화를 통해 평가하고 표현할 수 있다고 전제한다. 이 전제도 의심스럽다.

인간관계로 바꿔 생각하면, 나와 너에게 적용되는 관계가 나와 나 자신의 관계에 반드시 적용된다는 보장이 없다. 다른 사람들을 사랑(증오)하는 사람은 자신도 사랑(증오)한다고 주장할 수 있지만, 자신을 극도로 사랑하고 남을 극도로 미워할 수도 있다. 혹은 전시에는 외부에 적이 생기면서 동시에 내부에 적이 생긴다고 주장할 수 있으나, 이 역시 반드시 유효하지 않다.

일반적으로 기대효용이론과 미시경제이론에서 선호관계와 교환관계는 비슷한 모습을 지닌다. 개인이 두 재화에 대해 선호를 따질 때 이미 양자 사이에 주관적으로 교환비율을 설정한다. 대체, 비율, 한계, 그리고 체감이 결합된 한계 대체율 체감의 법칙이 이를 말해준다. 이는 주관적 평가가 시장에서 두 재화의 교환과 구조상 큰 차이가 없다는 증거이다. 그러므로 반사성도 선호관계와 교환관계에 모두 적용된다.

그런데 $x=x$의 교환관계와 관련해서는 반사성에 더 큰 의문이 생긴다. 화폐의 개입과 무관하게 사과와 책의 교환은 의미가 있으나, 사과와 사과의 교환은 무의미하다. 분업체계 하에서 필요에 따라 각자 자신의 생산물을 주고 자신이 원하는 사용가치를 얻기 때문이다. 사과와 사과의 교환을 상정하기 위해서는 자가소비와 시장교환의 경계를 허물어야 한다. 시장경제가 가계에 진입했다는 의미에서 이는 신고전학파가 내세우는 시장주의에 부합된다.

교환의 내용이 아니라 교환의 형태와 관련된 점도 중요하다. 이미 지적한 바와 같이 X(사과 한 개)=X(사과 한 개)라면 x/x=1이다. 이것은 미시경제학에서 n개 재화의 가격을 (n-1)개의 상대가격으로 표준화한 공간을 설정하는데 전제가 된다. 즉, 절대수준은 의미가 없다고 보아 임의의 한 재화를 뉴메레르로 삼고, 뉴메레르의 가격을 '1'로 놓는다. 또한 이는 화폐의 단위가치가 '1'이라는 주장으로 이어지며, 화폐가 물가의 역수라는 주장과 구분된다.

이것은 시장에서 재화가 스스로의 가치를 자신을 통해 평가하고 표현할 수 있다고 전제하는데, 이 전제에 대해 의문을 제기할 수 있다. x를 평가하기 위해서는 x를 y와 비교해야 하며, x를 x에 비교하는 일은 가능하지 않다. 즉, 사과 하나의 가치는 사과자체가 아니라 책 몇 권과 교환되는지를 통해 비로소 확인하거나 측정할 수 있다. 여기서도 기대효용이론이 재화의 관계성이나 사회성을 완벽하게 배제한다는 것을 확인할 수 있다.[24]

(3) 완전성(completeness)

완전성은 모든 대안들에 대해 빠짐없이 선호관계가 성립한다는 의미이다. 이는 모종의 대안들에 대해 행위자가 판단할 수 없거나 망설이지 않는다는 것을 뜻한다. 반사성이 특정 대안과 그 대안자체의 관계가 지니는 성격이라면, 완전성은 서로 다른 두 대안들 사이에 성립한다. 임의의 두 대안 x, y에 대해, y보다 x를 좋아하거나($x \succsim y$), 반대로 z보다 y를 좋아하거나($x \precsim y$), 아니면

24 예상대로 이와 정반대의 논리는 마르크스의 교환이론에 등장한다. 그는 "나는 나이다"라는 피히테(Johann Gottlieb Fichte)의 명제를 비판하고, 인간이 타인을 통해 비로소 자신을 확인한다고 주장했다. 즉, 인간은 타인과의 관계와 대비 속에서 타인에게 미친 자신의 모습을 인식할 뿐이다. 가라따니 고진이 지적하듯이, 사실 인간은 거울을 통해서만 자신을 볼 수 있다.

x와 y를 비슷하게 좋아해(x~y), 셋 중 하나는 언제나 성립한다는 것이다.

반사성을 충족시키는 대안들이 이 세 가지 기본적인 선호관계들의 교집합이라면, 완전성을 충족시키는 대안들은 세 가지 선호관계들의 합집합이다. 이런 이유로 애로우는 어떤 방식으로든 양자가 연결되어connected 있다고 표현했으며, 이것이 비교가능성을 의미한다는 점도 명확히 했다(Arrow, 1951, p.13).

그런데 모든 대안들에 대해 개인이 이와 같이 비교할 수 있는지는 분명치 않다. 센은 성경에 나오는 당나귀Buridan's ass와 같이 대안들에 관해 호불호를 판단하지 못하는 경우가 있음을 지적했다(Sen, 2000, pp.940-941). 보다 일상적인 예로, 사과와 우유는 쉽게 비교할 수 있어도, 사과와 결혼은 쉽게 비교할 수 없다.

앞서 지적한 바와 같이 신고전학파에서 개인의 선호관계는 시장의 교환관계를 재현하고 있다. 그러므로 개인의 선택에 있어 *tradeoff*(상충)는 시장의 *trade*(교역)를 닮았다.[25] 시장에서 두 명의 경제주체가 교환하는 것과 비슷하게 개인이 선택할 때 한 재화의 '마지막' '한' 단위를 다른 재화의 마지막 몇 단위와 심리적으로 '교환'한다고 생각한다. 더 적극적으로 말하면, 이에는 개인의 선택을 시장의 교환과 비슷하게 취급하는 '시장물신주의'가 담겨 있다.

그렇다면 개인의 선호관계에 있어 완전성은 통일된 단일 시장에서 모든 재화들이 가격으로 통분 혹은 통약되어 비교 가능하다는 교환관계의 성격과 함께 가는 것 같다. 통약가능성은 하나의 표준이나 기준 혹은 단위metric로 환산하거나 환원이 가능한 것을 의미한다. 시장경제에서 가격은 통약의 지배적인 기준이다. 그런데 시장에서 통약이 발생할 뿐만 아니라 이에 상응해 각 개인이 재화나 서비스들에 대해 각자 나름대로 이런 환원을 통해 대상들 사이에 상충적인 교환이나 보상을 수행한다.

그러나 모든 대안들이 서로 간에 교환될 수 있는 것은 아니다(Anderson, 1993; Espeland & Stevens, 1998. pp.314-316; Podolny & Hill-Popper, 2004; 홍 훈, 2000, 87-98

---

25 상충관계라는 'tradeoff'의 번역어는 두 재화나 속성이 충돌하고 대립된다는 점만을 부각시켜, 이 개념에 담긴 교환의 의미를 놓치고 있다. 신고전학파는 이 안에 수량, 한계, 교환 등의 특징들을 포괄하고 있다. 이에 따라 상충적인 교환이 보다 적절한 이해가 될 것이다.

쪽). 아리스토텔레스에서부터 폴라니를 거쳐 롤즈나 센에 이르는 학자들은 이런 의미에서 완전성이 충족되기 힘든 요건임을 지적해 왔다.

우선 이들은 시장주의에 대한 경계 속에서 통약이 가능하지 않거나 비교가 되지 않는 정신적 가치나 신성한 가치 혹은 금기를 내세웠다. 자유, 자긍심, 교육, 환경, 신체, 장기, 아기, 마약 등을 통상적인 재화와 동일한 평면에서 비교하기 어렵다는 것이다. 또한 이들은 사회적으로 여러 가치들 사이에 질적인 우열이 있음을 강조한다. 가령, 임금과 여가, 성장과 분배, 토지와 자본, 개발과 환경, 정신과 육체, 이성과 감성, 자유와 형평, 형평과 효율 등이 그런 예들이다. 그렇다면 개인이 이런 것들에 대해 완전한 선호를 보이기도 어렵다.

이에 대해 신고전학파는 시장자체에서 거래되는 통상적인 재화들에 국한한다면 완전성이나 비교가능성에 문제가 없다고 반박할 수 있다. 즉, 시장에서 거래되는 재화들에 관한 한, 이들 사이에 언제나 화폐로 환산되는 관계가 성립하고 비율도 존재한다고 주장할 수 있다. 또한 이와 대칭적으로 개인별로 이런 재화들에 대해 선호관계와 선호비율이 존재한다고 주장할 수 있다.

그러나 설령 신고전학파가 좁은 범위의 통상적인 재화나 서비스에 자신의 논리를 국한시킨다고 하더라도, 완전성이 성립하지 않을 수 있다. 재화들의 여러 속성들이 하나의 평면으로 환원되지 않고 여러 속성이나 차원 등 질적인 차이를 유지하는 상황이 이에 해당된다. 또한 시장에서 상품화된 사물과 시장밖에 존재하는 사물들의 경계가 고정되어 있지 않으므로, 전자에 집착한다는 것은 역사를 고려하지 않는 정태적인 시각에 해당된다. 2장에서 지적한 바와 같이, 베커 등이 주도하는 신고전학파의 이론과 신자유주의 및 세계화의 현실은 경제나 시장의 원리를 통상적인 재화를 넘어 사회전반으로 확대시키고 있다.

적극적으로 보면, 신고전학파는 차원들을 공유하는 재화나 사물의 범위를 확대하려고 노력한다. 소극적으로 보면, 이런 부분집합에 들 수 있는 사물이나 재화들에 논의를 국한한다. 구체적으로 수량화할 수 있는 것, 화폐로 환산되고 있거나 환산할 수 있는 것, 시장에서 가격을 가진 것 등이 이런 범주에 속한다. 그러므로 이들이 모든 것이라고 주장하거나, 모든 것은 아니지만 경제학의 대상이 이에 국한한다고 주장한다.

신고전학파의 이런 양면성은 앞서 지적한 바로서 시장이 현실이면서 이상이라고 생각하는 양면성과 상통한다. 시장이 현실 경제와 사회의 모든 활동이나 존재를 포괄한다면, 적극적으로 모든 사물들이 하나의 차원에서 비교될 수 있다는 주장이 가능하다. 이에 비해 이것이 이상에 불과해 현실이 이로부터 벗어난다면, 하나의 차원으로 비교가 가능한 사물들만을 대상으로 삼는다는 소극적 태도를 보이게 될 것이다. 적극적 태도는 시카고학파가 대표하며, 소극적 태도는 여타 신고전학파가 대변한다고 볼 수 있다.

이렇게 보면 기대효용이론의 완전성개념은 시장에서 모든 물건들이 가격을 통해 완전하게 비교된다거나 실제로 이렇게 비교되는 것만이 논의의 대상이라는 입장을 개인의 선택에 반영한 결과라고 요약할 수 있다. 동시에 완전성의 양면성은 시장주의의 양면성에서 비롯된다고 이해할 수 있다.

완전성과 이어 논의되는 추이성은 한 사람이 일정 시간동안에 x와 y에 대해 자신이 표현했던 선호를 뒤바꾸지 않는다고 전제한다. 즉, y가 x가 아닌 한, $x \succsim y$이면 다시 $x \precsim y$일 수 없다는 것이다. 즉, 선호역전preference reversal을 배제한다. 그러나 이후 논의되는 바와 같이 행동경제학은 선호역전이 흔히 발생한다고 주장한다.

이와 비슷하게 신고전학파의 근원인 한계효용학파의 비조 멩거Carl Menger는 교환되는 물체들이 등가라는 고전학파의 입장을 비판하기 위해 교환의 역전 혹은 역교환이 발생하지 않는다고 주장했다. 가령, 2천만원에 자동차를 구입했을 때 양자가 동일한 가치라면, 반대방향으로 다시 자동차와 2천만원의 화폐가 교환되어야 한다. 그런데 현실에서는 이런 일이 일어나지 않는다는 것이다. 이유는 교환당사자들이 자동차와 2천만원에 부여하는 가치가 다르기 때문이다. 그러나 선호역전이 일어나면 역교환도 일어날 수 있다. 그리고 선호역전은 두 개인의 평가차이가 아니라 한 개인의 불규칙한 평가변동

때문에 발생하므로 역교환보다 더 근원적이다.[26]

(4) 추이성 혹은 이행성(transitivity)[27]

선호관계의 이행성은 x가 y보다 낫거나 같고, y가 z보다 낫거나 같으면, x는 z보다 낫거나 같다는 것을 의미한다. 즉, $x \gtrsim y$이고 $y \gtrsim z$이면, $x \gtrsim z$이다. 어떤 개인이 소비재묶음(혹은 복권) x보다 y를 좋아하고, y보다 z를 좋아하면, z보다 z를 좋아한다는 것이다. 이런 성격은 숫자의 대소관계에서 보다 명확히 드러난다. $x \gtreqless y$이고, $y \gtreqless z$이면, $x \gtreqless z$이다. 이 요건은 여러 대안들에 대한 선호들을 연결시켜 일관성을 확보하므로 선택이론에 핵심적이다.

반사성은 어떤 대안과 그 자신 사이의 관계에 대해 성립하므로 하나의 대안으로 족하고, 완전성은 두 대안들 사이에 성립한다. 이에 비해 이행성은 적어도 세 개의 대안을 필요로 한다. 또한 두 개를 하나의 쌍으로 비교하므로 이행성에는 두 개 이상의 선호관계가 개입되어 있다. 이같이 반사성 → 완전성 → 이행성으로 옮아가면서 보다 많은 대상들이 개입된다.

선호관계를 떠나 일반적으로 관계의 이행성을 설정할 수 있다. 관계를 R로 표시하면, 이행성은 xRy이고 yRz이면, xRz이다. 또한 교환관계를 그 자체로 파악하지 않고 교환비율이라는 수량으로 바꾸어 생각해도 이행성을 정의할 수 있다. 즉, $x/y=r_{xy}$, $y/z=r_{yz}$, $z/x=r_{xy}r_{yz}$. 가령, x와 y가 1:2로 교환되고, y와 z가 1:3으로 교환되는데, x와 z가 1:6으로 교환된다면, 이행성이 성립한다. 이렇게 보아도 이행성은 모종의 일관성이다. 신고전학파는 시장과 개인의 선택에 있어 통약이 광범위하게 가능하다고 생각해, 이행성을 당연시한다.

그런데 인간관계나 국제관계에서 이행성은 반드시 성립하지 않는다. 나의

26 마르크스도 교환되는 대상들의 등치를 주장했으나 고전학파와 달리 교환의 대상이 되는 상품과 화폐에 대해 비대칭성을 부여했다. 이런 비대칭성으로 인해 마르크스에서도 역교환은 쉽지 않으며, 가능하더라도 원래의 교환과 의미나 가치가 다르다. 이는 나중에 논의할 유사성에 대한 트버스키의 논의와 연결된다.

27 대부분의 경제학서적이나 논문이 제시하는 바와 달리, 폰노이만과 모르겐스턴 등 초기 이론가들은 이 속성을 완전성의 일부로 포함시켰다(von Neumann & Morgenstern, 1943, p.26; Marschak, 1950, p.116).

친구의 친구가 반드시 나의 친구는 아니다. 혹은 국제관계에서 적국의 적국은 반드시 적국이 아니다. 보다 일반적인 반박은 x와 y를 비교할 때와 y와 z를 비교할 때 개입되는 차원이 다를 수 있다. 만약 x와 y의 비교, y와 z의 비교, 그리고 x와 z의 비교에 개입된 차원들이 다르다면, x를 y보다 좋아하고, y를 z보다 좋아하면서, 동시에 z를 x보다 좋아할 수 있다.

재화에 적용하면 제품판매와 관련해 흔히 등장하는 가격과 품질이라는 두 가지 차원(컴퓨터의 가격과 용량)이나 제품의 다양한 측면들(자동차의 수명, 속도, 공간, 외양)이 그런 예이다. 비율로 따져 이것은 가령, x와 y가 1:2로 교환되고, y와 z가 1:3으로 교환되는데, x와 z가 1:6이 아니라 1:4로 교환되는 상황에 해당된다. 그러므로 완전성이나 추이성이 통일된 시장에 상응한다면, 이런 속성이 없는 상황은 분절된 시장segmented market에 상응한다.

이보다 더 심각한 경우로 비교가 가능하지만, x는 y보다 낫고, y는 z보다 나은데, z가 x보다 나을 수 있다. 이 경우 뱀들이 꼬리에 꼬리를 무는 양상으로 순환성cyclicity이 있다고 말한다. 그 예는 월드컵의 승부이다. 보다 일반적으로 비교의 차원이나 작동하는 측면이나 기능이 바뀌거나 완전히 통약이 가능하지 않은 상태에서 나타나는 현상이다. x, y, x가 모두 하나의 척도로 환원되지 않으면, $x \gtrsim y$이고 $y \gtrsim z$이면서도, $z \gtrsim x$ 일 수 있다(Espeland & Stevens, 1998. pp.326-327).

이미 언급한 바와 같이 이행성은 하나나 둘이 아니라 셋 이상의 재화를 전제로 한다. 셋 이상은 이미 n을 의미하므로, 이행성은 {1 2 · · · n}의 집합을 예상하고 있다. 이는 사회를 계층이나 계급이 아니라 개인들의 집합으로 분해하고 사회구조나 관계를 임의의 개인들 사이의 관계로 분해하는 것에 부합된다. 이렇게 보면 개인차원에서 규정되는 선호관계의 추이성은 시장차원의 교환관계의 추이성이나 연쇄와 유사하다. $x \gtrsim y$ & $y \lesssim z \rightarrow x \gtrsim z$는 단위를 표준화할 때, $x=y$ & $y=z \rightarrow x=z$라는 것과 유사하다. 보다 일반적으로 물물교환의 어려움을 설명할 때 흔히 등장하는 바와 같이, 교환관계R_{ij}는 여러 번의 물물교환들 [R_{i1} R_{12} R_{24} R_{49} R_{9j}]로 표현된다.

여기서 신고전학파의 시각에서 개인차원의 효용과 시장차원의 화폐가 비슷한 위치에 있음을 확인할 수 있다. 효용이 개인의 여러 선호관계에 개입되어 있다면, 화폐는 시장에서 여러 교환관계에 개입되어 있다. 이런 이유로 화폐뿐만 아니라 효용을 통화currency라고 부르기도 한다. 효용과 화폐 양편에서 평행을 이루면서 개인의 선택과 시장의 교환에 있어 추상화가 일어난다는 점이 보다 흥미롭다.

나아가 효용이 선호로 바뀌면서 효용으로 인해 선택이 발생한다고 보는 것이 아니라 거꾸로 관찰된 선택을 통해 효용에 준하는 그 무엇을 추정한다. 이에 따라 효용을 재화구입의 근원이나 그 자체 존재로 인정하지 않는다. 선형변환이 허용되므로 효용함수의 원점과 측정단위는 자의적이다. 원점을 근원이나 발생과 동일시한다면, 이는 효용의 발생이나 근원이 불분명하다는 의미도 된다. 나아가 이것은 의사결정의 인과관계나 과정을 경시하거나 이를 파악할 수 없다는 지적인 겸손 혹은 지적인 포기에 해당된다.

익히 알려진 바와 같이 신고전학파는 화폐를 본격적으로 도입하지 않고 이를 임의의 어떤 재화가 맡을 수 있는 역할, 즉, 뉴메레르로 생각한다. 또한 이윤이나 화폐에 대한 추구는 재화에 대한 추구로 전환되고, 재화는 다시 효용을 낳는다고 해석하므로, 화폐는 궁극적으로 효용으로 환원된다. 그리고 효용이 다시 선호로 해석되므로, 화폐는 선호로 환원된다. 이에 따라 신고전학파 경제학, 적어도 미시경제학에서 사회적인 기능을 가진 화폐는 완전히 사라진다. 결과적으로 신고전학파 경제학의 세계에서 효용과 화폐는 모두 실제로 존재하지 않는다.

3.3 효용함수와 세계화

신고전학파의 변화, 그 중에서도 외연적인 확대는 경제가 정치나 문화 등의 영역으로 파고드는 세계화의 현실적 과정과 이에 대한 이념인 신자유주의와 맞물려 있다. 즉, 경제학이 여타 학문으로 침투하는 것, 특정 사회 안에서 여타 부문으로 경제가 파고드는 것, 그리고 여타 지역으로 미국의 자본주의가 확산되는 것이 모두 평행선을 그리며 전개되고 있다. 또한 일상적이고 구체적인 수준에서 경영학이 확대된다면, 경제학은 보다 추상적인 수준에서 확대되고 있다. 더불어 사회의 모든 조직이 경영을 우선시하면서 기업조직을 좇아가고 있다. 보다 미시적으로는 신고전학파의 문제나 결론에 동의하지 않는 분석적 마르크스주의나 미국의 일부 좌파까지 개체주의를 채택하면서 개체주의가 가속적으로 전파되고 있다.

고전적인 자유주의에서는 경제적 자유가 정치적 자유와 조화를 이루었거나 정치적 자유에 의해 제약을 받았다. 특히, 법이나 정책을 통해 소득을 재분배하거나 거시경제의 대내적 안정과 대외적 안정을 위해 정부가 개입하는 것을 당연시했다. 고전적 자유주의와 달리 신자유주의는 경제적 자유에 확실한 우위를 부여한다. 신고전학파는 이 같은 흐름을 이론적으로 뒷받침하고 있다. 이에 따라 신자유주의는 정치뿐만 아니라 윤리 및 종교, 문화, 학문 등 사회의 거의 모든 부문에 경제논리를 침투시키고, 사회의 모든 조직에 경영원리의 도입을 촉진시키고 있다.

결과적으로 경제학과 경영학이 거의 모든 사회현상과 사회조직의 설명원리로 부상했으며, 거의 모든 사회문제에 경제학자가 끼어들고 있다. 경제학이 정치나 법 그리고 종교나 윤리 등으로부터 경제의 독립을 선언했던 상황이 고전적인 자유주의에 상응한다면, 경제가 정치·법과 종교·윤리 등으로 파고드는 현재의 상황은 신자유주의에 상응한다. 이런 상황에서 한국에서도 경제학자가 청계천 복원, 다보탑 보존, 고교평준화, 의료보험 등 다양한 사회의제에 얼굴을 내밀게 되고, 경영학자는 학교, 병원, 군대, 교회 등 거의 모든 조직에서 기업을 발견하고 있다.

이제 현실사회에서 사업가뿐만 아니라 정치가, 교육자, 군인, 의사, 그리고 성직자까지 경영과 영리를 운운하는 시점에 이르렀다. 물론 이런 상황에 대해 긍정적인 입장과 부정적인 입장이 엇갈린다. 이는 세계화에 대한 찬반이기도 하다. 1차 대전이전 개항기의 서세동점이 자유주의의 확산인가 제국주의인가의 논쟁보다 20세기말부터 진행되고 있는 세계화의 배경이 새로운 자유주의인가 아니면 새로운 제국주의인가의 논쟁이 더욱 심각하고 복잡하다.

과도한 단순화를 감수한다면, 제정일치를 벗어난 이후에 정치, 사회, 문화 등과 경제의 관계는 다음과 같은 다섯 단계를 거친 것 같다. 역사가 v)로 진행된다고 장담할 수 없으나, 현재까지의 흐름이 i) → ii) → iii) → iv)이었다는 것은 사실에 가깝다.

i) 정치사회가 경제를 자신의 부분으로 포함하는 단계
ii) 정치사회가 경제를 포함하지 않지만 경제를 지배하는 단계
iii) 정치사회가 경제와 서로 독자적으로 존재하는 단계
iv) 경제가 정치와 사회를 지배하는 단계
v) 경제가 정치와 사회를 자신의 부분으로 포함하는 단계

일반적으로 신자유주의와 세계화의 전형적인 증상은 시장의 확대로 인한 상품화이다. 이것은 보다 많은 사물들에 가격이 붙으면서 이들이 시장 안으로 포섭되는 현상을 나타낸다. 이는 보다 넓은 범위의 상품들을 시장이라는 공통의 장으로 끌어들이는 것을 의미하므로, 이질적인 여러 물체의 통약을 전제로 한다(Podolny & Hill-Popper, 2004).

그런데 세계화의 이론적인 기반인 신고전학파는 이것을 시장과 가격기구의 역할이 확대되는 것으로 취급할 뿐만 아니라 개인의 합리적인 선택의 대상이 늘어나는 것으로 간주한다. 후자는 개인의 이기적인 행위가 효율성을 증대한다고 보아 이를 근간으로 삼는다. 이런 이기적인 행위는 효용극대화와 이윤극대화나 비용최소화로 나뉜다.

이에 따라 한편으로 보다 넓은 범위의 사물들이 효용을 낳는 수단이라고 주장하며, 다른 한편으로 보다 넓은 범위의 사물들을 비용이나 자본으로 간주한다. 일단 효용, 비용, 자본이 평행을 이루면서 확대된다는데 주목하자. 그렇다면 시장에서 이런 저런 물체에 가격이 붙는 것과 개인이 이런 저런 물체를 즐거움의 대상으로 삼는 일이 궤를 같이 한다. 이에 따라 개인의 효용이나 시장의 가격이라는 하나의 잣대로 거의 모든 것을 통약하거나 용해시킨다. 또한 신고전학파는 광범위한 존재들을 쾌락과 고통의 대상으로 삼으며

동시에 상품화해서 가격을 부과하는 경향이 있다. 나아가 여러 사물들을 인간의 소유물로 만들고 이를 다시 개인의 사유재산으로 만드는 일이 진행된다. 즉, 시장경제의 확산, 상품화, 그리고 화폐유통의 범위확대는 서로 맞물려 있다.

사실 마르크스, 베블렌, 폴라니의 생각을 따라가 보면, 이것이 자본주의의 지속적인 흐름이었다. 처음에는 외래품이자 사치품에 부여되었던 시장의 가격이 의식주의 생필품에도 부여되었던 것과 자본(재)뿐만 아니라 노동과 토지에도 부여되어 이들이 모두 생산요소로 편입된 것이 상품화의 일차적인 과정이었다.

효용, 비용, 자본 중에서 어느 것이 더 시장주의나 세계화의 근본적인 성격을 나타내는지 분명치 않다. 이는 소비자와 기업 중 어느 쪽이 경제와 경제학의 중심인가라는 문제와 거의 동일하기 때문이다. 현실경제가 아니라 신고전학파 경제학에서는 효용극대화와 기대효용이론이 중심을 이룬다. 그러므로 신고전학파 경제이론에서 세계화는 각 개인이 보다 많은 범위의 사물들로부터 효용을 얻는 것이 된다.

효용개념에 포함되는 현상들의 범위는 일견 좁아 보인다. 그렇지만 효용은 주관적이며 개인의 주관은 모든 것을 대상으로 삼을 수 있기 때문에 신고전학파에게 이론적으로 상당한 수용능력을 허용한다. 이 때문에 임의의 존재 'x'에 대해 x 효용이라고 이름을 붙여 경제학으로 끌어들이는 일이 빈번하다. 그 결과 효용이라는 획일적인 가치를 낳는다는 이유로 거의 모든 물체들이 신고전학파의 효용함수에 빨려 들어가고 있다.

일차적으로 소비재, 이런 소비재를 생산하는 자본재나 이를 획득하게 해주는 화폐가 직간접적으로 효용을 낳는다. 그런데 이제는 선택의 대상이자 효용을 낳는 대상이 점차 확대되어 사람들이 통상 재화라고 보지 않는 것까지 포함하고 있다. 또한 종전에 효용과 다른 여러 근거나 원리로 정당화되거나 의미를 부여 받았던 사회의 다양한 존재나 현상들이 획일적으로 모두 즐거움이나 쾌락 혹은 개인의 계산된 감정으로부터 가치를 부여받고 있다. 이들을 열거하면 다음과 같다.

- 시민의 참여를 보장하는 정치장의 민주적 절차
- 기업과 조직의 민주적 의사결정과정과 지배구조
- 행위를 안정시키는 제도, 규칙, 습관, 관습
- 사회의 질서를 유지하고 범죄를 억제하는 법과 윤리 혹은 삼강오륜 등의 예의범절
- 인생에 행복과 의미를 부여하는 다양한 인간관계
- 인간의 지적인 호기심에서 비롯되는 과학과 기술
- 인간다움을 육성하고 시민의 자질을 함양하는 교육
- 즐거움을 넘어서는 가치들을 추구하는 지식, 개념, 이념, 종교
- 생명을 지켜주는 의료·보건·위생, 이를 해치는 마약과 이를 포기하는 자살
- 인류의 정신을 담고 있는 문화유적
- 경제와 사회와 상호작용하는 자연 및 생태계
- 역사 속에 흘러가는 시간
- 인간의 존재를 담보하는 몸과 장기, 출산과 아기

이것에는 재화가 아닌 물체, 물체가 아닌 인간이나 인간의 부분, 인간자체가 아니라 인간들을 지배하는 추상적인 존재나 현상까지 포함된다. 심지어 타인의 효용에 대한 고려나 타인의 극대화 자체가 효용함수에 들어간다. 생산성에 공헌한다는 근거로 외견상 경제외적인 요인(가령, 신뢰)의 역할이나 중요성을 강조하는 방식도 이와 비슷하다. 탐색비용, 거래비용, 인적자본, 사회적 자본, 절차적 효용, 연결망이론 등은 모두 이런 경제학의 노력을 반영하거나 이에 저항하는 개념들이다.

3.4 기대효용이론과 인간

이 절에서는 신고전학파의 인간형을 서술하고자 한다. 이를 위해서는 먼저 전통적인 소비자나 경제인을 설명한 후, 기대효용이론에 추가된 인간형을

정리해야 한다. 효용극대화로 나타나는 신고전학파의 인간은 타산적이고 이기적인 개인이다. 개인의 의사결정과 행위는 개인의 합리적인 선택으로 대표된다. 이는 다양한 선호를 가진 개인들이 주어진 가격과 서로 다른 소득제약하에서 이용가능한 모든 대안들을 아는 상태에서 최적의 대안을 채택하는 것이다.

구체적으로 신고전학파의 경제인인 개인들은 다양한 욕망을 가지고 있으며, 일반적으로 개인에게는 두 가지 이상의 여러 대안들이 주어진다. 또한 개인들은 소득이나 능력 등 여러 가지 제약조건들에 있어 차이를 보인다. 더불어 개인은 자신이 무엇을 원하고 자신에게 무엇이 이익이 되는지 알고 있다. 나아가 개인은 하나가 아닌 여러 대안들 중에서 자신에게 최상의 것을 선택할 능력을 가지고 있다.

주지하듯이 신고전학파는 경제주체들에게 완전한 정보와 완전한 정보처리능력을 부여한다. 소비자는 자신의 소득과 기호나 선호, 선택의 대상인 재화나 서비스의 가격과 품질을 완전히 알고 있다. 생산자는 자신의 신용수준과 활용할 수 있는 기술을 알고, 선택의 대상인 생산량이나 생산방식에 대해서는 그것들의 비용과 이윤을 알고 있다. 이들을 포괄하는 정보의 덩어리는 가격이다.

특히, 소비자는 자신이 하고 싶은 것과 할 수 있는 것을 완전히 알고 있다. 소비자의 선호와 소득 혹은 예산제약이 각기 하고 싶은 것과 할 수 있는 것을 나타낸다. 하고 싶은 것은 자신의 의지나 이익을 나타내므로, 이것을 안다는 것은 신고전학파뿐만 아니라 자유주의나 개인주의의 전제이다. 인간의 이성에 의존하는 서양의 근대는 계몽되어 합리적인 인간을 상정하고 이를 지향한다. 그런데 경제학은 계몽을 사익에 대한 계몽으로 생각한다(Hausman & McPherson, 1993).

이에 따라 경제학의 합리성은 계산능력을 강조하고 판단을 계산과 거의 동일시한다. 가정주부의 가계부 정리와 회계사의 장부정리가 이를 대표한다(Carruthers & Espeland, 1991). 원래 경제학은 '쾌락과 고통의 산술'이라는 공리주의에 근거를 두고 있어, 인간의 이성을 쾌락과 고통에 대한 계산능력으로 환원한다. 이는 사익을 강조할 뿐만 아니라 목적에 대한 사려를 배제한 채 효율적인 수단의 강구에 집중하는 도구적 합리성이다.

자신이 진정으로 원하는 바를 지니고 또한 이를 알기 위해서는 적절한 수준의 교육이 필요하다. 이 교육은 전문지식이 아니라 시민으로서의 소양이나 교양과 관련된다. 또한 최소한의 소비경험이 있어야 특정 재화나 가치를 음미할 능력을 갖추게 된다. 포도주, 고전음악, 민주주의를 생각하면 이를 이해할 수 있다.

가격이 모든 정보를 담고 있지는 않다. 이에 따라 신고전학파는 가격이외의 정보로서 재화의 품질에 대해서도 소비자들은 완전히 알고 있으며, 이에 의존해 합리적으로 판단한다고 생각한다. 그렇지만 이것이 선택의 대상에 관한 모든 지식은 아니다. 소비자의 정보가 아니라 전문가의 지식도 중요하기 때문이다. 미국이나 한국의 식품의약청이 각종 식품이나 의약에 관해 제공하는 지식이나 각종 기술이나 신안에 대한 특허청의 지식은 이에 해당된다. 학교나 연구소가 가지고 있는 전문지식도 이에 가깝다.

모든 지식을 소비자에게 요구할 수도 없고 반대로 아무런 지식 없이는 합리적인 선택이 가능하지 않다면, 소비자가 지녀야 할 정보와 전문지식의 경계는 어디인가? 이런 경계는 경제상황이나 재화나 상품의 중요도에 따라 변동한다.[28] 분명한 것은 소비자를 위시한 경제인의 합리성이 경제인의 지식정도에 의존한다는 점이다. 따라서 이들의 합리성에 의존하는 시장경제도 이들의 지식정도에 따라 그 기능이나 효율성이 결정된다고 보아야 한다. 동시에 이들이 부분적으로 의존하는 전문지식이 어느 정도 믿을만하며 어느 정도 공정하게 모두에게 제공되는가도 경제주체들의 합리성과 시장경제의 운용에

---

28 식품과 약품을 위시해 의식주에 대해 소비자들은 맛이나 효능을 알지만, 그것이 건강에 어떤 영향을 미치는지는 구체적으로 알지 못한다. 소비자는 천연자료로 만든 냉면보다 화학물질로 만든 냉면을 더 좋아할 수 있다. 파생상품 등 금융상품에 대해서도 소비자들이 판단할 수 있다고 생각해 왔으나, 1998년 미국의 비우량주택담보대출로 인한 불황이 이에 대한 심각한 회의를 가져왔다. 이에 따라 진보적인 경제학자들은 식품의약청에 상응하는 금융상품청을 만들어야 한다고 주장한다(Balakrishnan et al., 2009, p.16). 더 이상 소비자의 상식과 정보에만 의존할 수 없다는 결론이다.

중요하다. 결과적으로 시장경제의 합리적 인간은 선택능력과 함께 전문지식을 수용할 수 있는 능력을 지닌 존재이다.

이런 경제인과 비교해 기대효용이론이 추가하고 있는 인간의 특징을 설명해 보자 먼저, 기대효용이론은 공리주의나 전통적인 효용이론과 같이 쾌락이나 고통을 고려하는 것이 아니라 선호와 선택의 일관성만을 강조한다. 두 가지 모두 합리적인 계산을 중시하지만, 쾌락이나 고통에 의존하는 전자가 보다 감성적인 인간을 강조하는데 비해, 기대효용이론은 일방적으로 계산하는 인간을 강조한다. 한계효용학파가 신고전학파로 발전하면서 감정이나 감성에 대한 의존이 약화되고 계산이 부각되었기 때문이다. 이에 따라 소비자의 효용극대화가 기업가의 이윤극대화에 근접하고, 가계부가 대차대조표나 손익계산서에 가까워졌다.

또한 기대효용이론은 선택의 대상에 있어 확률이 개입된 대안, 재화뿐만 아니라 서비스나 타인의 행위, 그리고 세계화와 더불어 물체뿐만 아니라 절차, 감정, 관계, 장기, 아기 등을 선택의 대상으로 포함하고 있다. 이는 더 많은 지식과 계산능력을 필요로 한다. 특히, 게임이론에서는 서로가 서로를 완벽하게 알고 있다. 더불어 합리적 기대에서는 합리성이 주어진 제약조건 하에서 원하는 것을 제대로 선택한다는 의미를 넘어 미래를 확률적으로 예측할 수 있음을 의미한다. 결과적으로 과거의 경제인보다 기대효용이론이 상정하는 인간은 서술적으로 더 합리적이고 규범적으로 더 합리적이어야 한다.

경제학은 시양학문 중에서 사연과학의 특정 분야만큼이나 자신의 좁은 영역을 고집해 왔다. 같은 맥락에서 인간에 대해서도 경제인이라는 말이 생길 정도로 협소하게 파악해 왔다. 동시에 이들의 합리성도 포괄적인 의미의 이성이나 판단과 연결되지 않았다. 그렇지만 더 많은 대상에 대해 더 높은 수준의 합리성이 요구되면서 더 이상 경제와 사회, 그리고 경제인과 인간의 연결고리를 무시할 수 없는 상황이 되었다. 이제 경제인은 더 이상 상인이나 사업가가 아니라 인간 그 자체가 되었고, 이들의 계산능력은 보편적인 이상에 접근하고 있다. 이는 경제를 여타 사회부문으로부터 구분하지 않고 모든 사회현상을 대상으로 삼는 신고전학파의 흐름과 상통한다.

기대효용이론이 추구하는 인간은 바람직하든 그렇지 않든 전통적인 경제인에 비해 이런 포괄적인 측면을 지니고 있다. 그런데 이런 대상과 합리성의 포괄성으로 인해 기대효용이론에 부합되는 개인이 시장경제나 가격기구와 어떤 관계에 있는지가 불분명해졌다. 가령, 사과에 대한 개인의 선택은 사과의 가격과 명확하게 연결되지만, 아기에 대한 개인의 선택은 아기의 가격과 명확히 연결되지 않는다.

이에 따라 합리적인 개인과 가격기구에 의존하는 시장 사이의 관계도 다시 검토할 필요가 있다. 앞서 1장에서 시장의 가격기구와 개인의 합리적인 선택이 시장경제의 양축이라고 주장했다. 그런데 시장경제나 신고전학파에 대한 찬반을 떠나 두 가지 중 어느 것이 시장경제와 경제학에 더 중요한지가 합의되어 있지 않다.

구체적으로 일반균형이론은 개인의 합리성과 시장의 가격기구를 모두 중시한다. 이에 비해 게임이론은 개인의 합리성을 보다 중시한다. 반면 미시적 기초를 경시한 초기의 케인즈주의는 개인의 합리성보다는 가격기구의 신축성을 문제 삼았다. 거슬러 올라가 케인즈자신은 개인의 합리성을 의심하기보다 개인들의 합리적인 행위가 상호작용하거나 모여서 시장에서 나타나는 집계적인 현상이 비합리적이거나 불안정할 수 있다고 생각했다. 이는 개인의 합리성보다는 가격기구가 이론과 현실의 핵심이라고 전제한 것이다.

보다 중요하게 시장에 대한 관점에 있어서는 반대편에 있는 일부 시카고학파 경제학자들과 핵심적인 실험경제학자들도 개인의 합리성보다 시장의 가격기구가 시장경제의 중핵이라고 주장한다. 특히, 앨시언(1950)이나 초기의 베커(1962), 그리고 실험경제학자 버논 스미스Vernon Smith나 플롯Charles Plott은 시장이나 가격기구자체에 의존하고 있다(Alchian, 1950; Becker, 1962; Smith, 2003).

이들은 시장의 합리성이 개인의 합리성을 전제한다는 견해에 동의하지 않는다. 버논 스미스가 행동경제학에 상당히 비판적인 이유도 여기에 있다. 이들은 개인의 합리성이 완전치 않고 심지어 개인이 비합리적이더라도, 시장전체 수준에서는 합리성과 효율성이 확보된다고 주장한다. 이들에게 개인의 합리성은 동기, 기억, 학습을 포함하고 시장의 존재는 예산제약이나 양의 이윤이라는 최소한의 조건으로 나타난다.

이런 주장의 문제점은 자연선별과 적자생존에 의존하는 논리보다 실험경제학에서 드러난다(Gode & Sunder, 1993). 실험경제학의 연구에 따르면, 사람이 아니라 기계라도 예산제약만 부과하면 효율적인 결과가 나온다. 여기서는 시장의 합리성이 원하는 바와 같이 동기, 기억, 학습뿐만 아니라 개인의 선호나 인간의 행위를 규정하는 규칙이나 제도도 필요치 않다는 결론이 나온다.

그러나 이런 종류의 체제가 과연 이들이 상당부분 의존하는 아담 스미스나 하이에크에 부합되는지 재고해야 한다. 무엇보다 시장에서 선호나 의사결정이 불필요하고 예산제약만이 중요하다면, 시장에 어떤 정당성을 부여할 수 있는지 의심이 간다. 따라서 이들의 주장이 시장경제의 원리에 부합되는지도 재고해야 한다. 이 점에서 시장의 가격기구가 개인의 합리성을 완전히 대신할 수 있다는 생각은 일단 수용하기 어렵다.

이보다 일반적인 것은 가격기구뿐만 아니라 인간의 합리성에 융통성을 부여하는 것이다. 양자 모두 서술적인descriptive 측면과 규범적인normative 측면 혹은 현실과 이상을 지니고 있다고 생각하는 것이다(Farmer & Geanakoplos, 2008, p.18). 동시에 인간이 합리적이라는 전제가 그 반대의 경우보다 현상에 대한 설명, 혹은 적어도 예측에 있어서는 보다 타당하다고 주장한다. 이와 비슷하게 시장도 현존하는 경제체제나 제도 중에서는 최선이라고 생각한다.

먼저 합리성과 관련해 인간이 순간적이거나 단기적이며(예, 폭우 속의 교통수단 찾기), 일회적이거나(결혼), 몫이 크지 않은(점심식사) 선택상황에서는 합리성에서 벗어나 실수할 수도 있다. 이같이 판단할 시간이 모자라서 실수하거나, 경험이 없어 판단력이 부족하거나, 몫이 적어 방심할 수 있음을 경제학도 인정한다. 이것이 현실에서 발견되는 불완전한 합리성이며 서술적인 차원의 합리성이다.

그러나 동시에 인간이 장기적이며(직장구하기), 여러 차례 반복되고(장보기), 큰 몫이 많이 걸린 상황(입시)에서는 이런 실수를 스스로 교정한다고 경제학은 주장한다. 오랜 시간이 주어지면 실수하지 않으며, 경험이나 학습을 통해 판단력을 회복하고, 큰 몫이 걸리면 방심하지 않아 지속적이거나 체계적인 이탈이 억제된다고 본다. 이것이 이상으로 상정되는 규범적인 차원의 합리성이다.

경제학에서 인간이 그저 합리적이라고 말할 때와 달리 이와 같이 합리성을 구분할 때는 양자를 다시 연결시켜야 하는 과제를 안게 된다. 이렇게 되면 합리성의 차이 뿐만 아니라 합리성의 변화를 말해야 한다. 차이는 비교를 요구하고, 변화는 시간과 역사를 필요로 한다. 이에 따라 시간이 지나면서 인간이 스스로 보다 합리적으로 될 수 있는 능력을 갖추고 있다고 전제하는 셈이다. 이는 개체 발생적으로 한 개인이 경험이나 학습을 통해 보다 합리적으로 된다는 의미도 되고, 계통 발생적으로 인류가 역사 속에서 점점 합리적으로 변한다는 의미도 된다. 물론 신고전학파 경제학은 시간과 역사를 싫어하기 때문에 이런 해석은 신고전학파의 입장에서 벗어난다.

개인의 합리성을 확장시키는 방식도 있다. 신고전학파의 내포적인 발전과 외연적인 확장을 통해 창조적인 행위와 기회주의적인 행위 등 다양한 개인의 행위가 수용되고 있음을 확인했다. 신고전학파는 20세기 초 경제학내의 제도학파나 심리학의 공격에 부딪혀 1940년대까지 학문적 독립을 선언하면서 사회학 및 심리학과의 교류를 거부했다. 그러나 현재 신고전학파는 보다 공격적인 입장에서 사회학 및 심리학과의 교류를 필요로 하며, 사이먼, 베커, 아커로프 등을 통해 어느 정도 이것을 실현하고 있다(Lewin, 1996, pp.1313-1314). 이로 인해 선호 등 기본개념이 포함하는 내용이 넓어지고 과거와 달리 경제학의 연구대상이 훨씬 더 넓어졌다.

이런 흐름을 통해 20-30년 이후 쾌락주의에서 벗어나 선택이론에 만족하려던 추세와 반대로 인간의 판단과 행위의 내용을 채워 넣는 방향으로 나가고 있다. 이 과정에서 종전의 신고전학파가 생각하기 힘든 것으로, 물리학과의 차별을 두기 위해, 의미와 해석을 위주로 하는 베버의 이해를 긍정적으로 검토하자는 주장까지 나오고 있다(op.cit. pp.1312-1313).

이런 점들을 고려하더라도 분명히 경제학은 사회구조를 강조하는 사회학보다는 심리학으로 편향되어 사회과학으로서 균형을 잃고 있다(op.cit. p.1295,

1320). 또한 이런 확장에도 불구하고 근본적으로 집단의 존재나 집단 차원의 선택group selection과 미시적 단위의 점진주의에 배치되는 단절된 균형punctuated equilibrium 등은 고려하지 않는다(Bergh & Gowdy, 2003). 나아가 모든 경제현상을 집계나 대표행위자 등을 매개로 개체 수준으로 환원해 여러 단위의 공존과 이들 사이에 상향이나 하향의 다양한 인과관계를 설정하지 않는다. 이는 경제인의 행위에 이기심뿐만 아니라 규범이 작동하고 있음을 경시하는 것이다(Elster, 1989).

더불어 신고전학파는 경제의 주체이든 정치의 주체이든 단순히 인간을 의식적으로 사고하고 계산하는 존재로 설정한다. 신고전학파는 이론적인 절약이나 단순성 혹은 명목주의나 도구주의로 인해 경제인과 인간 일반에 대해 오로지 이기적인 계산에 의존해 행동한다고 상정해 왔다. 이는 경제현상을 가격으로 환원하는 것에 상응해 경제인이 오로지 합리적인 선택과 계산에 종사하는 것으로 단순화시킨 것이다. 더구나 개인에 편향되어 기능이나 직책 혹은 힘보다 선호나 정보를 일방적으로 강조한다.

그런데 최근의 연구들을 보면 인간은 다차원적이고 다층적인 존재이다(Twomey, 1998). 또한 신고전학파는 정보경제학을 자랑하면서도 마음mind의 적극성을 고려하지 않으며, 감각자료, 정보, 그리고 지식을 구분하지 않는다(Twomey, p.444). 이런 점들에 대해서는 이후에 보다 상세하게 논의할 예정이다.

4장

행동경제학에서의 선호와 선택

방법론적 개인주의에 의존해 개인이 합리적이고 이기적이라고 전제함으로써, 신고전학파는 개인의 행동준칙이나 원리에 대한 논란을 오랜 동안 경제학 내외에 불러일으켰다. 근대에 들어 이런 관심이 개인의 경제행위나 행위전반에 대한 관찰이나 이런 행위의 동인들에 대한 경험적인 연구로 이어졌다. 이렇게 되면서, 행동경제학, 실험경제학, 뇌신경경제학이 등장했다. 여기서 인간의 심리와 인지능력, 그리고 행동의 유인이나 동인과 관련해 새로운 점들이 드러나고 있다.

행동경제학은 심리학자로서 노벨경제학상을 수상한 카네만과 트버스키를 효시로 삼으며, 러셀 세이지 재단Russell Sage Foundation 등의 후원을 발판으로 발전했다. 실험경제학은 버논 스미스와 플롯이 중심이며, 뇌신경경제학은 경제학 자체가 아니라 뇌신경과학에서 파생되었다. 이들은 서로 연관되어 신고진학파에 내한 비판적인 입장을 제시하는 경향이 있다.

그런데 몇 가지 이유로 인해 신고전학파의 주변에서 등장한 여러 가지 변동 중에서 행동경제학의 출현을 가장 주목해야 한다.[1] 우선 행동경제학이 신고전학파에 일관되게 비판적이라면, 실험경제학과 뇌신경경제학은 반드시 그렇지는 않다. 또한 행동경제학이 이론과 직접 관련되는데 비해, 실험경제학과 뇌신경경제학은 이론이나 입장의 변화라기보다 방법의 변화에 더 가깝다.

---

1 행동경제학이라는 용어 자체는 미시간대학에 연구소를 가지고 있었던 심리경제학자 카토나(George Katona)가 만들어낸 것으로 알려져 있다(Berg & Gigerenzer, 2010, p.37).

뿐만 아니라 행동경제학의 영향력이 가장 크다. 행동경제학은 경제학과 심리학뿐만 아니라 재무와 판매를 위시한 경영학, 법학, 그리고 의학 등에 폭넓게 영향을 미치고 있다. 이런 영향력은 1970년대부터 2006년까지 가장 많이 인용된 경제학 논문 1백여 개 중에 카네만과 트버스키의 논문(Kahneman & Tversky, 1979)이 2위에 올라 있다는 사실로도 확인된다(Kim et al., 2006).

행동경제학에 대한 본격적인 검토에 앞서 지적할 사항이 있다. 먼저 행동경제학은 상당 부분 심리학적인 연구에 근거하고 있다. 심리학은 경제학과 달리 실험이나 현장조사 등 사례연구들에 주로 의존한다. 이 때문에 처음부터 하나의 체계 속에 묶여 있다기보다 여러 사례들의 사후적인 모음이라고 보아야 한다. 이 점에서 심리학은 일반균형체계나 게임이론과 같이 일관된 논리 속에서 제시되는 경제학과 차이를 보인다. 그러므로 동일한 대상을 놓고도 심리학이론과 경제학이론이 일대일로 비교될 수는 없다. 이런 이유로 이 책에서는 한편으로 심리학의 연구는 일반화하고, 다른 한편으로 경제학의 연구는 구체화해서 양자를 비교하려고 노력했다.

둘째, 행동경제학은 아직 성장하고 있어 완결되지 않았기 때문에, 1970년대 말에 등장한 이래 그 내용이 계속 변하고 있다. 완전히 정리되지 않은 상황이므로 당연히 행동경제학에 우호적인 학자들 사이에도 이견이 적지 않다. 이런 상황에서 이 책에서는 일단 행동경제학에서 등장한 이론들을 가리지 않고 설명한 후, 이로부터 일관성을 찾아내려고 노력했다. 이 중에서도 카네만과 트버스키의 이론을 주로 검토한 후, 세일러나 선스타인Cass Sunstein 등 여타 학자들을 추가시키는 형식을 취했다. 특히, 이들이 제시한 주요개념들 사이의 연관성을 밝히려고 노력했다.

4.1 기대효용이론에 대한 비판의 역사

1장에서 시장의 가격기구와 개인의 합리적인 선택이 신고전학파가 생각하는 시장경제의 양축이라고 주장했다. 행동경제학은 이 중에서 개인의 합리적인 선택이라는 축을 중심으로 신고전학파를 비판했다. 이 입장에서는 당연히 시장의 효율성이나 사회전체의 합리성이 개인의 합리성에 달려 있다고 전제한다.

행동경제학은 인간의 심리를 암실로 상정하고 자극과 반응에만 초점을 두는 스키너나 왓슨의 행태주의 심리학과 이에 근거한 새뮤엘슨의 현시선호이론 등에서 벗어나 인간의 마음을 적극적으로 분석한다(Camerer et al., 2005, p.53). 이를 위해 행동경제학은 인간의 정보처리능력이 부족하다는 사이먼의 제한된 합리성bounded rationality을 출발점으로 삼는다. 사실 마치James March는 사이먼이 일관되게 행동경제학자였음을 주장했다(Augier & March, 2002).

경제이론에 있어 카네만과 트버스키의 연구는 기대효용이론에 대한 알레Maurice Allais의 비판으로 거슬러 올라간다. 카네만에 의하면 그와 트버스키는 선택에 관해 연구하면서 알레의 비판에 대한 해명을 일차적인 연구목표로 삼았다(Kahneman, 2011, p.314). 이런 배경을 놓고 볼 때 알레의 비판을 통해 기대효용이론의 핵심적인 전제와 그것의 문제를 확인할 필요가 있다.

신고전학파 경제학에서는 효용이론, 확률이론, 그리고 게임이론이 혼연일체를 이루고 있다. 알레는 불어로 된 본문과 영어로 된 요약본이 달린 논문을 통해 주관적인 효용과 주관적인 확률을 결합시켜 기대효용이론을 비판했다(Allais, 1953). 알레는 베르누이, 폰노이만과 모르겐스턴, 마샥Jacob Marshak, 새비지, 프리드먼, 새뮤엘슨, 피네티Bruno de Finetti, 보멀William Baumol 등을 묶어 미국학파l'école americaine로 부르며, 이들을 비판의 대상으로 삼았다.[2] 내시 등과 함께 이들 경제학자들은 모두 1950년대에 속하므로 기대효용이론이 이미 이즈음에 정착되었다고 이해할 수 있다.

전체적으로 미국학파의 시작이 베르누이의 원리였으므로, 이것이 비판의 줄거리를 이루었다. 먼저 알레에 의하면 수학이 추론과 변형을 낳는 데 불

2 여기서 케인즈주의와 통화주의 혹은 새뮤엘슨과 프리드먼의 이론이나 방법론 상 차이는 관련이 없다. 알레의 입장에서 양자 모두 기대효용이론에 속하는 학자들에 불과하다. 또한 신고전학파나 기대효용이론이라는 규정이외에 "미국"이라는 규정이 단순히 프랑스 경제학자들이 미국의 경제학에 대해 지닌 반감을 넘어서 기대효용이론의 내용과 연결되어 있다.

과하므로 중요한 것은 전제와 결과이지 복잡한 수학에 의존하는 도출과정이 아니다. 그런데 미국학파는 이 점을 인식하지 못했다(Allais, 1953, pp.506, 517-518). 누구보다 경제학이나 물리학에서 수학이 불가결하다는 점을 인정하면서도, 그는 수학이 도구라는 점을 지적하면서, 현실과 유리된 수학적 조작의 위험을 반복해서 강조했다(Allais, 1954, p.68; 1989, p.12). 이런 관점에서 그는 경제학에서 수학의 중요성이 도출과정이 아니라 전제와 도출과정의 결과가 낳은 가설에 담겨 있다는 점을 역설했다.[3]

이런 입장에서 알레는 위험이 수반된 선택에서 고려해야 할 네 가지 요소를 제시했다(pp.507-510).

(I) 화폐의 가치가 심리적 가치로 변형된다는 점

(II) 객관적 확률이 주관적 확률로 변형된다는 점

(III) 심리적 가치의 기대치(일차 모멘트)

(IV) 심리적 가치의 분포, 특히 분산(이차 모멘트)

네 번째는 도박과 같이 두 가지 이상의 결과가 특정 확률을 가지고 묶여 있는 경우, 이 두 가지 결과의 차이, 그리고 이보다 더 근원적으로 심리적 가치의 차이를 의미한다. 또한 그는 I과 IV가 분리되지 않는다고 보았다. 이에 부합되게 알레는 역사적으로 위험에 대한 심리학이 발전해 온 과정을 네 단계로 나누었다.

첫 번째 단계에서는 화폐적인 가치에 대해 객관적인 확률에 기초해 기대치를 구했다. 두 번째 단계에서는 심리적 가치에 대해 객관적인 확률에 기초해

3 알레는 자원배분의 문제를 중심에 놓고, 경제학을 위시한 과학에서 수학의 역할을 중시하며, 경험적인 자료에 근거한 검증을 강조했다. 그렇지만 다른 한편으로 그는 잉여의 분배문제를 중시했고, 경제학이나 경제가 독자적으로 존재할 수 없다는 점과 수학이 도구라는 점을 강조했다. 나아가 그는 학문의 목표가 여러 현상들과 학문들의 종합과 총체성에 있다는 견해를 표명했다(Allais, 1954, 1989, pp.15-16). 심지어 그는 수학과 역사 중에 하나를 고르라면 경제학자는 역사를 고를 수밖에 없다고 주장했다. 물론 경제학자는 양자를 겸비해야 하며, 그런 의미에서 그에게 인류가 낳은 최고의 경제학자는 파레토였다. 알레 자신도 사이먼과 같이 경제학, 물리학, 역사, 여타 사회과학 등 다방면에 관심을 두었던 천재형 학자였다.

기대치를 구했다. 세 번째 단계에서는 심리적 가치에 대해 주관적 확률에 기초해 기대치를 구했다. 그리고 네 번째 단계에서는 심리적 가치를 주관적 확률로 파악하되 단순히 기대치가 아니라 분포전체를 고려했다(pp.512-513). 해석하면, 첫 번째 단계는 성 피터스버그 역설이 제기된 단계이고, 두 번째는 베르누이의 단계이다.

(I) $V = p_1g_1+p_2g_2+ \ldots +p_ng_n$

(II) $s(V) = p_1s(g_1)+p_2s(g_2)+\ldots +p_ns(g_n)$

(III) $s(V) = r_1s(g_1)+r_2s(g_2)+\ldots+r_ns(g_n)$

(IV) $s(V) = h[\psi(\gamma)]$

p_i : 객관적 확률　r_i : 주관적 확률　g_i : 구성요소의 화폐가치
$s(g_i)$: 구성요소의 주관적 가치　V : 선택대상의 화폐가치 혹은 객관적 가치
$s(V)$: 선택대상이나 상황의 주관적 가치　γ : $s(g_i)$

알레에 의하면 베르누이의 원리는 화폐의 심리적 가치를 부각시키면서 객관적인 확률에 의존하고 심리적 가치의 분산을 고려하지 않았다. 또한 미국학파 중에서 새비지와 같이 주관적 확률을 강조하는 경우에도 심리적 가치의 분산을 고려하지는 않았다. 이런 기존 논의에 비추어 네 번째가 가장 타당하다. 발전단계로 보면 베르누이나 미국학파는 각기 두 번째나 세 번째에 해당되며, 알레 자신은 네 번째 단계에 해당된다(pp.513-514).

보다 구체적으로 알레에 의하면 위의 베르누이의 원리에 담겨 있는 전제들로 폰노이만 등이 제시한 바는 세 가지였다. 우선 모든 사람이 정돈된 ordonné 선택의 장을 지닌다. 그리고 절대적인 만족satisfaction absolute 혹은 기수적 효용을 측정할 수 있어 현실의 인간을 다룰 수 있다. 끝으로 객관적 확률이 개입된다(pp.515-516).

그런데 미국학파에 이르러 두 번째 전제가 바뀌었다. 미국학파에서 기수적 효용은 서수적 효용으로 변했고, 현실의réel 인간은 합리적 인간으로 바뀌었다. 이에 따라 절대적인 만족이 절대적인 선호préférence absolute로 바뀌었

다. 반면 이미 지적한 바와 같이 새비지 등을 통해 주관적 확률이 부분적으로 등장했으나 완결되지 않았다. 적어도 합리적 인간에 대해서는 주관적 확률이 아니라 객관적인 확률이 그대로 유지되었다(p.516).

결과적으로 미국학파는 세 가지 중 첫째와 셋째를 유지하고 두 번째를 바꾸어, 베르누이 원리를 다음과 같이 변형했다. 모든 사람이 정돈된 선택의 장을 가지며, 절대적인 선호에 따라 합리적 인간이 등장하며, 객관적 확률이 개입된다.

알레는 이런 전제들을 지닌 베르누이 원리를 가지고는 합리적 인간도 설명할 수 없다고 비판했다. 그는 합리성을 추상적인 차원과 현실에서 관찰되는 차원으로 나누어 자신의 비판을 전개했다. 전자에서는 절대적 선호를 충족시키면서도 베르누이의 정리를 충족시키지 못하는 경우를 들어 베르누이의 정리가 제한적임을 지적했다. 일반인의 행위와 관련되는 후자에서는 소액이 걸린 선택에서 기대치와 무관하게 안전성에 집착하는 경우, 새비지의 독립성 공준이 깨지는 경우, 새뮤엘슨의 대체원리가 반박되는 경우, 특정 수준을 넘어서는 큰 손실이 가능한 경우 등을 비판의 논거로 제시했다(pp.524-534).

알레는 새비지의 독립성 공준과 새뮤엘슨의 대체 공준이 베르누이원리의 기본전제가 아니어서 부차적이라고 말한 바 있다(pp.519-521). 그렇지만 전체적으로는 이들이 현실에서 벗어난다며, 보다 본격적으로 반박했다(pp.525-530). 카네만과 트버스키도 새비지의 독립성 공준과 새뮤엘슨의 대체 공준을 중시했다.

알레는 두 가지 공준 모두에 대해 구성요소들, 특히, 확실한 요소와 불확실한 요소들이 서로 독립적이지 않고 보완적임을 들어 반박했다(pp.526-527). 알레에 있어 이 보완성은 재화들(예, 가구들) 사이의 보완성과 다르지 않다. 이미 논의한 바와 같이, 독립성 공준은 위험이 개입된 두 가지 선택대상들의 공통적인 구성요소를 다 같이 다른 요소로 바꾸어도 선택의 결과에 변화가 없다는 주장이다. 알레에 의하면 심리적 가치는 이런 변동에 따라 변하기 때문에 새비지의 공준은 타당하지 않다.

이와 비슷하게 새뮤엘슨의 대체공준은 무차별한 대안들에 동일한 대안을 동일한 확률로 추가하는 경우 원래의 무차별성이 유지된다는 주장이다. 예를 들어, 확률 p의 보수 x과 확률 q의 보수 y가 무차별하다. 여기에 보수 z가 r의 확률로 각기 x, y와 결합되는 경우를 생각해 보자. 이런 상황에서 p나 q의 확률이 실현되면 x나 y가 나오므로 원래 가정에 따라 무차별하다. r이 실현되면 동일하게 보수 z이 나오므로 여전히 무차별하다.

$$(p, x) \sim (q, y) \quad (p, x; r, z) \sim (p, y; r, z)$$

알레는 이 공준에 대해 사전과 사후에 대한 혼동을 지적했다. 알레에 의하면 심리적 가치와 화폐가치 사이의 선형관계는 예외적이므로, 선형관계를 설정하는 것은 심리적 가치를 진정으로 고려하지 않는 것이 된다(pp.534-535).[4] 즉, 앞서 등장한 네 번째 요건인 심리적 가치의 분포를 고려하면 선택대상을 구성하는 요소들의 심리적 가치가 서로 독립적이 아니므로 선형성을 부여할 수 없다. 이같이 알레에 의하면 선택하는 시점에서 사전적으로 독립성을 상정할 수 없다.

이는 알레 자신의 용어로 구성요소들 사이의 보완성을 의미한다. 베르누이는 구성요소들의 심리적 가치가 독립적이라고 보아, 이들에 확률을 곱한 기대치들의 합을 선택대상의 가치로 간주했다. 물론 네 번째 조건은 독자적으로 이 논리를 낳는 것이 아니라 화폐적 가치가 심리적 가치로 변형되는 첫 번째 조건과 결합해 이 논리를 낳는다.

여기서도 화폐의 가치와 이로부터 얻는 주관적인 가치나 심리적인 가치가 중요한 출발점이다. 이로써 주관적인 가치와 객관적인 가치에 대한 구분이 효용이론, 확률이론, 그리고 게임이론 모두에서 중요한 논의거리임을 확인할 수 있다. 다만, 확률론이 주로 도박과 관련되어 있고 베르누이와 같이 돈 자체에 대한 사람들의 심리적인 가치가 다르다는 점을 강조한다. 이에 비해 효

---

4 수시로 화폐와 효용 사이에 이런 선형관계를 설정했던 루스와 라이파도 동일한 비판을 받을 것으로 보인다(Luce & Raiffa, 1957).

용이론에서 화폐의 가치는 재화의 가치에서 파생되므로 존재이유가 없다.

이와 관련해 확률적인 선택대상의 구성요소들이 독립적이지 않고 상호의존적이라는 알레의 주장은 그 자체로 중요하다. 나아가 알레가 상호의존성을 보완성으로 간주해 재화들의 보완성과 유사하게 취급한 점을 더욱 주목해야 한다. 여기서 우리는 화폐, 효용, 재화 삼자의 관계를 규명하는 일이 신고전학파의 숙제임을 다시 확인할 수 있다.

신고전학파의 대체보완개념을 상기하면, 개별재화들도 독립적으로 존재하지만, 그들의 가치는 다른 재화와의 대체보완으로 추가적인 가치의 변동을 겪는다. 커피와 설탕은 각기 독자적인 기능과 가치를 지니면서, 동시에 커피의 가치가 설탕의 소비와 무관하지 않다. 그러므로 통상적인 재화들에 대해서는 새비지의 독립성공준이나 새뮤엘슨의 대체원리가 적용되는 범위가 제한되어 있다.

그러므로 이들과 알레를 비교평가하려면, 재화가 아니라 화폐가 대상이 되고 위험이 개입되는 선택에서 독립성공준이나 대체원리의 유효성이 바뀌는지 검토해야 한다. 이는 재화에 대한 주관적이거나 심리적인 차이와 같은 차원에서 불확실성이나 화폐에 대해 차이를 부여할 수 있는지와 관련된다. 혹은 확실성과 불확실성의 보완이나 결합, 그리고 화폐량의 보완이나 결합을 재화의 보완이나 결합과 동일하게 처리할 수 있는지 검토해야 한다.

독립성이나 의존성을 따지는 단위나 수준에 대해서도 생각할 필요가 있다. 이 경우 선택의 대상이나 대안은 복권이나 보험과 같이 몇 가지 판돈과 이에 상응하는 확률의 덩어리이다. 그리고 복권이나 보험을 구성하는 요소들 사이의 독립성이나 보완성이 논의의 대상이다. 예를 들어, [1천만 원 보험금×자동차사고의 확률]과 [보험료×무사고의 확률] 사이의 독립성 여부가 문제이다.

이는 특정인의 선택대상들, 가령, 사과와 책, 포드와 도요다, {[1천만 원 보상×자동차사고의 확률 + 10만원의 보험료×무사고의 확률], [3천만 원 보상×자동차사고의 확률 + 20만원의 보험료×무사고의 확률]} 사이의 독립성 여부와 구분된다. 비관련 대안들의 독립성으로 애로우나 트버스키 등에 등장하는 선택대상들의 독립성도 이와 구분된다. 또한 특정 의사결정자의 연속적인 선택행위들(오늘의 소비와 내일의 소비), 여러 의사결정자들의 선택행위들(군비경쟁에서의 미국과 소련)의 상호작용도 여기서 말하는 독립성이나 보완성과 다르다.

독립성을 상정하는 기대효용이론은 한 재화의 속성들, 여러 다른 재화들, 그리고 여러 확률을 가진 상금들을 모두 하나의 차원으로 동질화하는 논리이다. 새비지나 새뮤엘슨을 위시한 기대효용이론의 주창자들은 선택대안의 구성요소들이나 선택대상들 자체의 독립성이나 선형성을 강조한다. 여기서 선택의 대안은 $A = [x_1, p_1; x_2, p_2]$나 $B=[x_3, p_3; x_4, p_4]$이고, 대안의 구성요소들은 (x_1, p_1), (x_2, p_2), (x_3, p_3), (x_4, p_4)이다.

반대 입장에 있는 알레는 선택대상들의 구성요소들이나 선택대안들 사이의 보완성이나 의존성을 강조하면서, 이들에 대해 여러 제한을 부과하고 있다.

알레가 이해한 기대효용이론에 따르면 먼저 요소들 사이의 상충l'arbitrage, tradeoff도 비확률적인 선택과 확률적인 선택 모두에 적용된다. 가격이 비싸면서 성능이 높은 컴퓨터와 가격이 싸면서 성능이 떨어지는 컴퓨터 사이에 가격과 성능이 상충된다. 이와 유사하게 낮은 확률로 높은 상금을 얻는 대안과 높은 확률로 낮은 상금을 얻는 대안 사이에 상금과 확률이 상충된다.

이렇게 이해하면 재화의 여러 속성들을 효용으로 동질화하는 것과 불확실한 상금들에 대해 기대치를 구하는 것은 유사하다. 즉, 자동차의 여러 이질적인 요소들을 동질화해서 효용이라는 하나의 통약단위나 측정단위의 수량으로 표현하는 것은 상금(x)과 확률(p)을 동질화해 기대치(xp)라는 하나의 수량으로 표현하는 것에 해당된다. 기대치는 상금과 확률을 두 가지 이질적인 요소로 간주하지 않고 하나로 동질화한 결과이다.

이를 뒤집어 어떤 재화의 두 가지 요소나 사회의 두 가지 목표를 동질화할 수 없다면, 특정 복권의 상금이나 보험금과 이들이 발생할 확률도 동질화할 수 없다. 알레는 재화의 여러 요소들을 하나의 차원으로 동질화하지 않고 그 자체로 인정해 효용함수가 아니라 선형소비모형에 친화적인 논리를 제시했다. 기대치의 의미를 축소하려는 노력도 동질화를 제한한다는 의미에서 이 흐름에 부합된다.

확실성에 대한 알레의 특별한 처리도 같은 관점에서 이해할 수 있다. 예로서, p=0과 p=0.1의 차이는 p=0.1과 p=0.2의 차이와 다르다. 이 때문에 p=0.2 → p=0.1의 감소는 상금(x)의 증가로 보상될 수 있지만, p=0.1에서 p=0으로의 감소는 x의 증가로 보상될 수 없다.

알레의 논의에서 확률이 아니라 상금에 안전한 수준la sécurité, 즉, 목표를 달성하기 위한 한도가 존재한다는 것도 이와 비슷하다. 이 경우 아무리 낮은 p라도 x>x*의 중요성을 줄일 수 없다. 대학에 가기위해 일정액수의 돈이 필요한 사람에게는 이 상금의 확률이 대단히 낮고(500만원*0.5) 이보다 적은 액수의 확률이 상당히 높더라도(350만원*1.0) 전자를 선택할 것이다. 이 경우 기대치로 보면 전자를 포기하고 후자를 선택해야 한다. 그러나 전자는 낮은 확률에도 불구하고 높은 상금으로 대학진학을 가능케 해준다. 이에 비해 후자는 높은 확률에도 불구하고 상금이 등록금에 미치지 못하므로 획득하더라도 대학진학을 허용하지 않는다. 이는 p와 x이 서로 보상, 교환, 대체되는 데 한계가 있음을 의미한다.

$$1\times350\text{만원} > 0.5\times500\text{만원},\ 1\times350\text{만원} \lesssim 0.5\times500\text{만원},$$
$$u(1\times350\text{만원}) < u(0.5\times500\text{만원})$$

돌아가서 신고전학파의 핵심인 기대효용이론은 기대를 통해 확률이론을, 효용을 통해 효용이론을 결합시켰다. 이에 따라 기대효용이론은 한 재화의 속성들, 여러 다른 재화들, 그리고 여러 확률을 가진 상금들을 모두 하나의 차원으로 동질화한다. 나아가 새비지는 화폐가치를 효용가치로 바꾸었을 뿐만 아니라 확률을 주관적 확률로 바꾸었다.

우선 주관적 확률을 수용하면, 재화들 사이의 무차별성과 복권들 사이의 무차별성은 비슷해진다. 동일 효용을 낳는 재화들의 무차별곡선에서 상충관계에 있는 의복과 음식이 서로 대체되어 서로의 소비량 변동으로 인한 효용

변동을 보상한다. 이와 비슷하게 동일 수준의 효용이나 심리적 가치를 낳는 무차별곡선에서 상금과 확률이 상충관계를 이루며 서로 대체될 수 있다.

특정수량의 화폐액이 지니는 주관적인 가치도 확률과 무관하게 주어지므로 기대효용이론에서 상금과 확률은 서로를 보상해주면서도 상호작용이 없어 분해가 가능하다. 또한 이렇게 구한 효용의 덩어리들이 한 선택대안의 구성요소로서 다른 구성요소들로부터 독립적이어서 단순히 합해질 수 있다. 이는 특정의 구성요소가 그 자체로 의미나 가치를 지니며 다른 것과 독립적으로 평가될 수 있다는 뜻이 된다. 이런 이유로 기대치들을 구성요소로 삼는 선택의 대안이 분해될 수 있으며, 특정 요소가 다른 대안에도 동일하게 존재하면 양변에서 소거될 수 있다. 나아가 이런 구성요소들이 다른 구성요소들과 결합될 수도 있다.

가령, 2백만 원의 상금이 1백만 원으로 줄어들 때 확률이 0.2에서 0.4로 늘어나면, 정확히 보상이 된다. 이같이 상금의 변동으로 인한 가치의 변동이 확률의 변동으로 보상될 수 있고 그 역도 성립한다. 그러므로 기대효용이론에서 상금과 확률은 서로를 보상해주면서도 상호작용이 없어 분해가 가능하다 (Tversky, 1967, p.178).

이에 따라 기대효용이론에서는 p=0과 p=0.1의 차이가 p=0.1과 p=0.2의 차이와 언제나 동일하다. 이는 경제성장과 환경보존에 질적인 차이를 두지 않고 동일평면에서 다룰 수 있다고 보는 경제학의 믿음과 다르지 않다. 이 논의는 효용과 기대치의 유사성을 드러내며, 동시에 효용이론과 확률이론을 관통하는 논리를 보여준다.

이에 비해 알레의 사례에서는 단순히 기대치의 계산으로 선택의 대안들을 비교할 수 없다. 양자가 동일 평면 위에 놓이거나 부드럽게 동일한 무차별곡선에 포함되지 않으므로, 상금과 확률 사이에 곱하기와 나누기가 가능하지 않다. 이는 확률 p=0과 p=1이라는 극단적인 경우와 확률 0<p<1 사이의 극단적이지 않은 경우 사이에 질적인 차이를 인정하는 것이다. 동시에 이것은 경제성장과 환경보존을 동일평면 위에 놓고 가합적인 평가를 내릴 수 없다는 판단에 해당된다.

이같이 선택대상들의 여러 속성들이나 상금과 확률이 서로 대체되거나 교환되기 힘든 경우에는 의사결정에 시간과 노력이 필요하고 합리적 선택에서 벗어나게 된다. 이는 화폐의 가치를 심리적이고 주관적인 가치로 바꾸면서 동시에 확률이론을 주관적으로 해석하는 알레의 입장에 부합된다.[5] 기대효용이론에 대한 반박사례로 알레가 미국학파에게 던진 소위 알레 역설Allais paradox은 이런 내용을 담고 있다(Varian, 1978, pp.192-193; Kahneman, 2011, pp.312-314). 이는 다음의 예를 통해 구체적으로 예시할 수 있다.

다음 중 하나를 고르라고 하면, 대부분이 A를 선택한다.
도박 A: 1백만 원을 벌 확률이 1인 경우
도박 B: 5백만 원을 벌 확률이 0.1이고, 1백만 원을 벌 확률이 0.89이며, 아무 것도 벌지 못할 확률이 0.01인 경우

다음 중 하나를 고르라고 하면, 대부분이 D를 선택한다.
도박 C: 1백만 원을 벌 확률이 0.11이고, 아무 것도 벌지 못할 확률이 0.89인 경우
도박 D: 5백만 원을 벌 확률이 0.1이고, 아무 것도 벌지 못할 확률이 0.9인 경우

그런데 첫 번째 선택상황에서 A를 선택하고, 두 번째 선택상황에서 D를 선택한 것은 기대효용이론의 공준에 어긋난다. 그 이유는 다음과 같다. 첫 번째 상황에서 A≿B이면, 이는 $u(100) > 0.1u(500) + 0.89u(100) + 0.01u(0)$. 그런데 기대효용이론의 독립성공준에 따르면, 양변에서 동일한 구성요소인 $0.89u(100)$를 소거해도 이 부등식은 여전히 성립해야 한다. 즉, $0.11u(100) + 0.89u(0) > 0.1u(500) + 0.01u(0)$. 이는 C≿D를 의미한다. 그러나 이것은 위에서 관찰된 바와 충돌된다. 그러므로 이 역설은 기대효용이론의 공준과 이 이

5 효용이론과 대립되는 노동가치론에 확률이론이 적용될 수 있다고 하더라도 이 같은 대칭은 가능하지 않다.

론에 대한 반박사례이다.

이것은 기대효용이론에 대한 정당한 비판이라고 생각할 수 있다. 다만, 자동차의 디자인과 성능과 같은 재화의 여러 속성들 사이의 이질성과 복권의 상금과 확률이라는 속성들 사이의 이질성이 동일하게 취급하고 있다는 점을 지적해야 한다. 자동차의 성능과 디자인은 구체적인 물체의 속성인데 비해, 복권의 상금, 그리고 특히 확률은 추상적인 개념이다. 좁혀서 자동차의 디자인과 복권의 확률을 동등하게 취급할 수 있는지 숙고해야 한다. 또한 자동차의 성능과 디자인의 이질성보다 복권의 상금과 확률의 이질성은 근원적이다.

알레의 생각은 유사성similarity에 대한 트버스키의 생각과 연결된다(Tversky, 1972, 1977). 예를 들어, 컴퓨터를 용량과 가격으로, 자동차를 수명과 디자인 등으로 규정할 수 있다. 이와 비슷하게 위험이 개입된 선택에서 특정 선택대상이나 그 구성요소를 걸린 돈과 확률로 규정할 수 있다. 속성들에 근거한 유사성은 사과와 배의 시원한 맛이나 아파트들의 평수 등이다.

특성 속성에 있어 압도된 대안들의 제거elimination by aspects는 20평 이하의 아파트가 가격이나 다른 요소에 관계없이 고려대상에서 제외되는 것으로 예시된다. 연장하면, [500만원, 0.5의 확률]과 [300만원, 0.7의 확률]에서 상금이 유사성이 된다. 그리고 상금 4백만 원 이하의 복권은 확률과 무관하게 고려대상에서 제외하는 경우가 대안의 제거에 해당된다.

동시에 효용이론에서 두 차원의 대체나 보상이 이루어지고 이런 대체나 보상의 차원들이 기대효용이론에서는 상금과 확률이 된다는 점을 트버스키는 가장 명확하게 드러내고 있다(Tversky, 1969, pp.33-34). 선택에 대한 현실적인 이론으로 그가 제시한 '가합적 차이 모형'에서 이 점을 확인할 수 있다(p.41). 사전표기식 선택은 이런 모형의 특수한 경우이다.

$$A_1 \geq A_2, \text{ if and only if } \Sigma_{i=1}\phi_i[u_i(A_{1i}) - u_i(A_{2i})] \geq 0$$

A_1, A_2 : 대안들　u_i : 특정 차원에 대한 측정치　ϕ_i : 특정 차원에 대한 가중치

이 모형에서 개인은 두 대안에 대해 개별 속성이나 차원별로 비교해 차이를 구하고, 이들 여러 차이들에 대해 주관적인 가치나 가중치를 부여한 후, 이들을 합산해서 두 대안의 우열을 가린다. 이 이론에 의하면 부드러운 대체와 보상과 달리 한계효용이론에서 환영하지 않는 질적인 차이나 사전표기식의 우선순위가 등장한다. 이는 대통령 후보자나 재화뿐만 아니라 복권과 같은 불확실한 상금에도 적용될 수 있다.

구체적으로 환경주의자는 자연에 대한 훼손이 적고 이를 통해 얻는 경제성장률이 높더라도, 후자가 전자를 보상할 수 없다고 생각할 수 있다. 또한 1등이 언제나 중요한 사람에게는 아무리 많은 은메달이라도 금메달 하나를 대신해 줄 수 없다. 이는 복권에 있어 확실성에 가까운 확률이 적은 상금을 압도하거나, 반대로 목표가 되는 특정 수준의 상금이 대단히 낮은 확률을 압도해 기대치를 무시하게 만드는 경우에 해당된다.

이런 관점은 케인즈의 『확률론』(*A Treatise on Probability*, 1921)과도 통한다. 우선 그는 도수분포에 근거한 객관적 확률론을 비판하면서, 주관적 확률론을 내세웠고, 이를 인간의 지식 및 행위와 연결시켰다. 무엇보다 그는 확률에 언제나 수량적인 속성을 부여하려는 시도를 비판했다. 이에 따라 그는 상황을 확률적인 비교가 가능하지 않은 경우, 확률적인 비교가 가능하더라도 순서에 의한 비교만이 가능한 경우, 그리고 순서뿐만 아니라 수량적인 표현이 가능한 경우로 나누었다. 그는 확률의 이런 한계가 사물들 사이의 유사성을 밝히는 경우에도 비슷하게 나타난다고 생각했다.

확률에 대한 이런 종류의 느슨한 비교에는 불충분한 이유의 원리principle of nonsufficient reason 혹은, 케인즈의 표현으로, 무차별의 원리principle of indifference가 중요한 기준이 된다. 그의 표현에서 드러나듯이, 역할로 보면 확률에 있어 무차별의 원리는 소비자행동에 있어 무차별곡선과 차이가 없다. 양자 모두 동등한 가치를 찾아내 서수나 기수에 의존한 양적인 비교를 가능하게 해준다.

물론 확률의 크기와 효용의 크기라는 차이가 있지만, 케인즈, 알레, 새비지처럼 확률도 주관적으로 파악하면, 양자는 근접하게 된다. 오히려 양자에 개입된 주관성을 어떻게 구분하느냐가 중요하다. 이런 문제의식은 이후의 논의에서도 확인된다(Machina, 1992). 이 점에 비추어보면, 케인즈는 기대효용이론의 구성요소인 효용과 확률 모두에 대해 비판적일 가능성이 높다. 그는 공리주의에 회의적이면서 동시에 확률의 적용범위와 측정범위에 대해 유보적이었다.

4.2 행동경제학의 이론적인 근거

이제 알레 등의 비판을 카네만 및 트버스키와 연결시켜 보자. 다음의 기대치 계산으로부터 출발하자.

$$A_1=(x_1,\ p_1;\ y_1,\ q_1),\ A_2=(x_2,\ p_2;\ y_2,\ q_2),$$
$$p_1+q_1=p_2+q_2=1,\ \ 0<p_i<1,\ 0<q_i<1$$

A_1, A_2 : 두 개의 선택대안(복권)　　x_i, y_i : 상금　　p_i, q_i : 확률

베르누이원리와 기대효용이론(EU)은 기대치(E)와 달리 화폐의 가치가 물리적인 수량으로 주어지지 않고 심리적이거나 주관적인 가치를 지닌다고 주장한다. 여기서 화폐가치는 주관적이므로, 물가로 결정되고 물기변동에 따라 변하는 화폐의 객관적인 가치와 구분된다. 화폐가치의 결정근거는 명확치 않으나, 화폐가치가 물리적인 수량으로 주어지지 않는다는 점이 중요하다. 이를 u(.)로 표시하면 위의 식은 다음과 같이 된다.

$$E(A_1)=p_1x_1+q_1y_1,\ E(A_2)=p_2x_2+q_2y_2$$
$$EU(A_1)=p_1u(x_1)+q_1u(y_1),\ EU(A_1)=p_2u(x_2)+q_2u(y_2)$$

이미 지적한 바와 같이 기대효용이론는 두 개의 선택대안 A_1, A_2를 비교하

는 데 몇 가지를 전제하고 있다. 그런데 특정수량의 화폐액이 지니는 주관적인 가치가 확률과 무관하게 주어지므로, 상금과 확률은 서로를 보상해주면서도 상호작용이 없어 분해가 가능하다. 또한 이렇게 구한 효용의 덩어리들은 독립적이어서 가합적이다. 이런 이유로 기대치들을 구성요소로 삼는 선택의 대안이 분해될 수 있으며, 특정 요소가 다른 대안에도 동일하게 존재하면 소거하거나 동일한 요소를 여러 대안들에 결합할 수도 있다.

알레는 여기에 확률을 주관적으로 해석하고, 심리적 가치 혹은 효용의 평균치뿐만 아니라 분포나 분산까지 고려했다. 이런 이유로 효용의 덩어리들에 대한 분해와 합산이 언제나 가능하지 않다는 점을 그는 강조했다. 이를 고려해 보다 포괄적으로 주관적 기대효용(SEU)을 제시하면 아래와 같다.

$$SEU(A_1)=f(x_1, y_1, p_1, q_1),\ SEU(A_2)=f(x_2, y_2, p_2, q_2)$$

카네만과 트버스키는 이와 비슷하게 기대효용이론의 원리들을 기대, 자산통합, 오목성으로 규정했다(Kahneman & Tversky, 1979, pp.263-264). 이미 3장에서 설명한 기대효용원리는 구성요소들인 확률과 보수가 낳는 효용들의 곱을 합산한 기대치가 특정 도박의 효용이라고 보는 것이다. 여기서 확률은 보수에 대한 가중치가 되어, 확률과 보수의 부드러운 대체와 교환이 가능하다. 즉, $U(x_1, p_1; \ldots; x_n, p_n) = p_1u(x_1)+ \ldots +p_nu(x_n)$. 자산통합의 원리는 자산의 변동이나 차이와 무관하게 자산을 최종적인 전체액수로 파악해 이로부터 효용을 얻는다는 것이다. 끝으로 오목성의 원리는 위험회피의 경향으로 인해 효용함수가 오목하다는 것이다. 카네만과 트버스키는 이것이 베르누이 이래 화폐의 한계효용이 감소한다는 오랜 전통에 근거한다고 설명했다.

기대효용이론을 이와 같이 규정한 후, 이들은 먼저 확률이 그대로 가중치가 되지 않으며 보수의 크기와도 언제나 독립적이지 않다고 주장했다. 특히, 확률이 0이나 1에 가까워지면 이런 일이 빈번하다. 이를 통해 알레의 역설을 해명한다. 또한 자산의 최종적인 상태나 전체 크기 뿐만 아니라 이들의 차이나 변동이 효용을 낳는다고 주장한다. 끝으로, 확률적인 보험에 대한 회피에서 드러나듯이, 화폐에 대한 한계효용이 언제가 체감하지 않으며, 이익인가 손실인가 등에 따라 위험을 회피할 수도 있고 위험을 좋아할 수도 있다고 주장한다. 보다 구체적으로 이들의 주장을 살펴 보자.

먼저 기대치에 대한 계산과 달리, p_i, q_i와 x_i. y_i가 그대로 곱해지거나 p_i, q_i와 $u(x_i)$나 $u(y_i)$가 곱해질 수 없다. 확률을 의사결정의 가중치decision weight인 $\pi(.)$로 변형하고, 효용을 가치value $v(.)$로 변형한 후에만, 이것이 가능하다. 즉, $\pi(p_i)v(x_i)$나 $\pi(q_i)v(y_i)$로 변형한 후, 비로소 곱할 수 있다는 것이다.

결정가중치는 극단적인 확률이 과대평가되고 중간적인 확률이 과소평가되는 것을 의미한다. 구체적으로, 0%에서 5%로의 확률변동이 30%에서 35%로의 확률변동보다 훨씬 크게 인식된다. 또한 60%에서 65%로 늘어나는 확률보다 95%에서 100%로 늘어나는 확률이 훨씬 크게 인식된다. 카네만은 이들을 각기 가능성효과possibility effect와 확실성효과certainty effect로 불렀다(Kahneman, 2011, p.311).

0%에서 5%로 변해 비로소 가능성이 생긴 것이어서 그 확률이 과장된다. 또한 95%에서 100%로의 변동은 보수를 보장하기 때문에 과장된다. 이런 효과들은 기대효용이론이 의존하는 기대치나 이에 근거한 의사결정에서 벗어난다. 카네만이 확률과 의사결정가중치를 제시한 표는 다음과 같다(op.cit, p.315).

확률	0	1	2	5	10	20	50	80	90	95	98	99	100
가중	0	5.5	8.1	13.2	18.6	26.1	42.1	60.1	71.2	79.3	87.1	91.2	100

결정가중치(π)를 확률(p)의 함수로 표시하면, 위 표에서 보듯이, $\pi(0)=0$, $\pi(1)=1$. 또한 낮은 확률에서는 일반적으로 $\pi(p)>p$. 나아가 모든 사상들의 확률을 합하면 1이지만, 결정가중치의 합은 일반적으로 1보다 적다(Kahneman & Tversky, 1979, pp.281-282).[6] 즉, $\sum_i p_i=1$, $\sum_i \pi(p_i)<1$.

6 이들은 이 속성을 *subcertainty*라고 호명했다. 확률의 합이 1이라는 것이 어떤 사상이라도 확실하게 일어나는 것을 의미한다면, 결정가중치는 합해도 이를 장담할 수 없다는 의미를 지닌 것

그런데 카네만 등은 일단 이렇게 변형시킨 후에 기대효용이론이 변형하지 않은 상태에서 부과했던 공준들을 거의 그대로 적용했다. 특히, 기대효용이론이 $p_i x_i$나 $q_i y_i$에 적용하던 합산의 가능성을 $\pi(p_i)v(x_i)$나 $\pi(q_i)v(y_i)$에 적용해 독립성의 공준을 유지했다. 결과적으로 이들은 통상적인 효용함수가 독립성과 합산가능성이라는 조건들을 충족시키지 못한다고 생각해, 이 조건들을 충족시키는 가치함수value function를 만들어낸 셈이다. A_1, A_2 어느 하나의 선택대상에 대한 이들의 가치함수와 이를 도출한 부록을 보면 이 점이 확인된다(op.cit, p.276, 289).

$$V(x, p; y, q) = \pi(p)v(x)+\pi(q)v(y)$$
$$V(x, p; y, q) = v(y)+\pi(p)[v(x)-v(y)]$$

전체적으로 카네만과 트버스키는 알레의 비판에 대한 2차 세계대전 이후의 논의결과를 계승했다. 이 결과의 핵심은 기대치를 구성하는 화폐액에 대한 주관적 가치의 결정과 확률에 대한 결정이다. 한편으로 이들은 알레가 지적한 바를 보다 일반화했다. 알레가 지적한 특정 액수의 확보라는 문제를 화폐액의 심리적 가치와 관련해 이후에 등장하는 준거의존성reference dependence으로 변형시켰다고 이해할 수 있다. 물론 나중에 설명하는 바와 같이 준거의존성은 알레가 아니라 심리학에서 채택한 개념이다.

다른 한편으로 이들은 알레가 제시했던 기대효용이론에 대한 비판을 제한적으로 수용했다. 알레가 주관적 확률로 바꾸려던 것을 객관적 확률에 결정가중치를 부과하는 방식으로 수용했다. 이에 따라 확실성의 중요성을 결정가중치로 일반화했다. 반면 대안의 구성요소들 사이에 독립성이 존재한다고 보아 알레의 주장을 거부한 것으로 보인다.

으로 보인다. 여기서 *sub-*는 *subadditivity*나 *superadditivity*와 같은 흐름의 접두사이며, *certainty*와 *additivity*를 비슷하게 취급했다. 확률과 달리 결정가중치의 합이 1이 아니라는 문제를 해결하기 위해, 이들은 나중에 누적분포함수에 근거한 가중치의 함수를 도출했다(Tversky & Kahneman, 1992; Fellner, 1961; Quiggin, 1982).

일단 이들의 가치함수가 알레의 역설을 어떻게 해명하는지 앞선 예를 통해 확인해 보자. 여기서 일단 $v(0)=0$, $\pi(0)=0$, $\pi(1)=1$이다. 도박 A와 B 중에서 A를 선택한 것은 위의 세 식으로, C와 D 중에서 D를 선택한 것은 아래 두 식으로, 각기 나타난다.

$$\pi(1)v(100) > \pi(0.1)v(500) + \pi(0.89)v(100)+\pi(0.01)v(0)$$
$$v(100) > \pi(0.1)v(500) + \pi(0.89)v(100)$$
$$(1-\pi(0.89))v(100) > \pi(0.1)v(500) \qquad \cdots \quad (1)$$

$$\pi(0.11)v(100)+\pi(0.89)v(0) < \pi(0.1)v(500)+\pi(0.9)v(0)$$
$$\pi(0.11)v(100) < \pi(0.1)v(500) \qquad \cdots \quad (2)$$

위에서 $1-\pi(0.89)>\pi(0.11)$이면, (1)과 (2)는 공존할 수 있다. 카네만과 트버스키는 결정가중치를 도입하고 $\sum_i \pi(p_i) < 1$이라고 보기 때문에, 이 역설이 해명된다. 반면 기대효용이론에서처럼 결정가중치를 인정하지 않아, $\sum_i p_i=1$이거나 $\sum_i \pi(p_i)=1$이라고 보면, 알레의 역설은 해명되지 않아 모순으로 남는다.

이제 행동경제학을 본격적으로 설명해 보자. 카네만과 트버스키는 기대효용이론에 의존해 신고전학파가 내세우는 합리적 인간이 현실의 인간으로부터 일관되게 벗어난다고 주장한다. 이들에 의하면 기대효용이론은 규범적인 합리성을 이상으로 선언했을 뿐 현실의 서술적이거나 기술적인 합리성을 간과했다.[7] 이에 따라 이들은 의사결정의 효용decision utility과 실제로 경험하는 효용experienced utility을 구분했다. 이는 알레가 새뮤엘슨에게 사전과 사후의 구

7 이와 비슷한 구분을 신고전학파도 이미 의식하고 있었다. 마샥은 서술적인 것(the descriptive)과 추천할만한 것(the recommendatory)을 구분했고, 새비지는 현실의 의사결정에서 예측되는 경험적인 것(empirical)과 일관성을 나타내는 규범적인 것(normative)을 구분했다(Marschak, 1950, p.112; Savage, 1954, pp.19-20). 물론 이들은 이론의 목표를 양자 모두에 두어 절충적이었으며, 이 구분을 일관되게 존중하지도 않았다. 또한 최근에는 규범적이거나 서술적인 차원 이외에 처방적인(prescriptive) 차원의 합리성을 언급하는 학자도 생겼다.

분을 촉구한 것과 비슷한 맥락에 있다.

일상적인 예로, 여러 사람과 함께 하는 회식의 즐거움은 의사결정 당시의 효용에 해당된다. 이에 비해 흔히 회식에 수반되는 과식으로 얻는 고통은 실제로 경험하는 효용을 반감시킨다. 이같이 의사결정의 효용과 경험한 효용 사이에는 차이가 있다. 이들에 의하면, 신고전학파의 기대효용이론은 양자 사이에 아무런 차이를 두지 않는다.

규범적 합리성과 서술적 합리성 혹은 의사결정의 효용과 경험한 효용의 차이를 체계적으로 설명하기 위해 카네만은 트버스키 사후에 인간의 인지와 판단에 두 가지 체계dual system가 존재한다는 입장을 채택했다. 두 체계이론은 이미 상당수의 심리학자들이 주장한 바로서, 카네만은 이를 수정해서 자신의 입장을 발전시키는 근거로 삼았다. 그는 최근 저서에서도 이를 전체 논의의 기본골격으로 삼고 있다(Kahneman, 2011, Part I).[8]

이 이론에서 제1체계System I는 이성에 의존하는 추론이 지배하고, 제2체계System II는 직관과 통찰이 지배한다. 제1체계에서 추론은 사려에 근거해 느리게 움직이는데 비해, 제2체계에서 직관은 연상에 따라 자동적이거나 자생적으로 움직인다(Kahneman, 2003, p.1452). 이들의 입장에서 기대효용이론은 이런 구분이 없이 제2체계만을 고집하는 셈이 된다. 그러므로 두 가지 효용, 두 가지 합리성, 그리고 이들 모두를 포괄하는 두 가지 체계는 신고전학파에 부합되지 않는다.

기존 경제학자들도 자신들의 이론으로 설명할 수 없을 때 임시방편으로 편의에 따라 대상을 넓히든지, 상수로 상정했던 것을 변수로 삼든지, 단기와 장기를 구분하든지, 혹은 잔차를 허용한다. 구체적으로 통상적인 재화나 자원뿐만 아니라 화폐나 인간관계, 민주적 절차 등을 무차별하게 효용함수에 포함시키는 경우가 임시방편이다. 생산함수에 노동, 자본, 기술이외에 자원이나 제도 등을 수시로 추가시키는 것도 이와 비슷하다. 이들은 모두 진정한 설명력의 증가 없이 통계적인 결과의 개선을 가져올 뿐이다. 나아가 변하지

8 이 책은 전문서적이라고 보기 힘들지만 카네만이 많은 논문들을 통해 내세운 여러 주장들을 전체적으로 조망할 기회를 제공한다.

않는다고 가정했던 선호나 기술의 변동을 허용할 수도 있다. 이들보다 더 흔한 방법은 장기와 단기의 구분이다. 예를 들어, 단기에 나타나는 대체가능성의 제한이나 판단 및 선택의 미숙함이 장기에는 대체가능성의 증가나 정보의 증가 혹은 학습 및 경험을 통해 교정된다는 것이다.

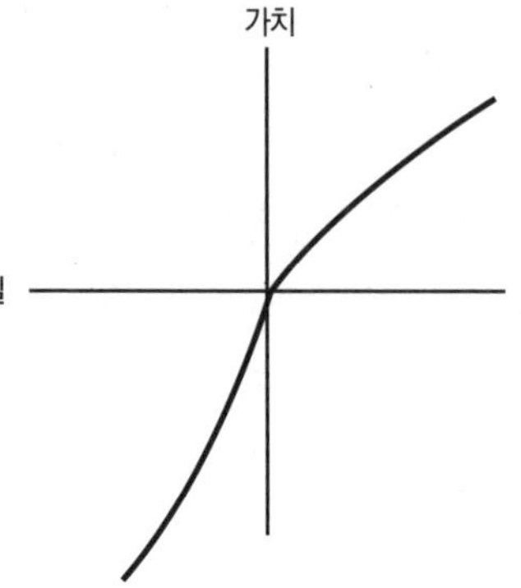

가치함수

두 가지 체계는 이런 교정을 인정하지 않는다. 카네만과 트버스키에 의하면, 불확실성하의 판단에서 복잡성을 극복하기 위해 동원되는 일상적인 해결기제heuristic가 경제학이 전제한 합리성에서 벗어나는 편견과 오류를 낳는다. 행동경제학과 기대효용이론의 이런 차이는 무엇보다 위의 그림에서와 같은 가치함수와 통상적인 효용함수의 차이로 설명할 수 있다.[9]

보다 구체적으로 표준적인 가치함수는 다음과 같이 표시된다(Tversky & Kahneman, 1992, pp.309-311; Benartzi & Thaler, 1995, p.79). 여기서 일반적으로 $\lambda = 2.25$, $\alpha = \beta = 0.88$로 계산되었다.

9 초기 경제학에서는 가치개념이 지배하다가 이것이 노동, 효용, 그리고 가격으로 대체되면서, 가치라는 존재가 희박해졌다. 이는 신고전학파에서뿐만 아니라 이에 대해 비판적인 후기케인즈학파의 로빈슨에게서도 확연하다. 이에 대한 불신은 이제 마르크스에게 우호적인 사람들에서도 피하기 힘든 현실인 것 같다. 이런 현상에는 가치가 형이상학적이거나 초월적이어서 실체가 없고 관찰가능하지 않다는 점이 가장 크게 작용했다. 행동경제학과 마케팅연구들은 이런 형이상학이나 초월성을 복원시키려는 의도 때문이 아니라 효용보다 적극적으로 개인의 인지와 소비자라는 존재를 인정하려는 의도에서 가치라는 용어를 동원했다. 이것이 가격에 대한 보다 적절한 설명인지에 관해서는 논의가 필요하다.

$$v(x) = x^{\alpha} \qquad \text{if } x \geq 0$$
$$-\lambda(-x)^{\beta} \qquad \text{if } x < 0$$

기대효용이론의 효용함수에서는 획득할 자산이나 소득의 절대적인 크기가 효용을 결정한다. 이에 비해 행동경제학의 가치함수에서는 자산의 변동이나 소득의 차이가 쾌락이나 고통을 낳는다. 여기서는 현재의 자산이나 소득 수준이 비교의 기준이 되고, 이 기준이 달라지면서 주어진 대안들에 대한 선택의 결과가 달라진다. 이로부터 행동경제학의 가장 기본적인 개념인 준거의존성reference dependence이 나온다.

카네만에 의하면 성 피터스버그의 역설을 해명하기 위해 화폐의 한계효용을 상정하고 이것이 체감한다고 주장한 것이 베르누이의 강점이다. 그는 베르누이의 이 주장이 현재까지 유효하다고 평가했다. 반면 준거의존성을 상정하지 않은 것이 베르누이의 약점이다(Kahneman, 2011, pp.274-276). 이 점에서 준거의존성은 행동경제학의 핵심 개념이다.

또한 가치함수에서 준거의존성으로 인해 자산의 증가가 가져오는 쾌락과 자산의 감소에 수반되는 고통이 비대칭적이다. 즉, 특정 수량의 자산이 증가했을 때 느끼는 즐거움보다 같은 수량의 자산이 감소했을 때 발생하는 고통이 훨씬 크다. 이로 인해 사람들은 이익추구보다 손실회피loss aversion의 경향을 보인다.

가령, 어떤 수준의 소득이 특정 개인에게 지니는 가치는 그 자체로 결정되지 않는다. 또한 소득이 200만원에서 250만원으로 늘어난 경우와 150만원으로 줄어든 경우, 늘어난 경우의 가치증가가 줄어든 경우의 가치감소보다 훨씬 적다. 위의 식에서 λ=2.25가 손실회피계수이다. 이는 특정 액수의 손실이 주는 고통이 동일 액수의 이익이 주는 쾌락의 2.25배라는 의미이다.

보다 일반적인 예로, 사람들이 점증하는 임금체계와 점감하는 임금체계 중에서 선택하는 상황을 상정하자. 가령, 3년 기간에 월 3백만 원, 4백만 원, 5백만 원으로 늘어나는 임금체계와 반대로 월 5백만 원, 4백만 원, 3백만 원으로 줄어드는 임금체계를 생각해 보자. 둘 중의 하나를 선택하라는 실험에서

보다 많은 사람들이 전자를 택했다.

우선 금전에 대한 감각이 둔하거나 할인에 대해 모르는 사람은 어느 쪽이든 합해서 1,200만 원이므로 차이가 없다고 생각할 수 있다. 이와 달리 기대효용이론에 근거한 합리적인 할인모형은 화폐의 가치가 미래로 갈수록 줄어들므로 사람들이 점감하는 체계를 택하리라고 예측한다. 미리 돈을 받으면 투자기회가 그만큼 늘어난다는 점은 추가적인 요인이다. 그런데 선택의 결과는 그 반대였다. 양자에 대해 무차별하지 않았을 뿐만 아니라 점감하는 임금이 아니라 점증하는 임금을 다수가 선택했다.

준거의존과 손실회피를 고려하면, 이를 설명할 수 있다. 소득자체가 아니라 소득의 차이로부터 쾌락과 고통을 얻는다. 이에 따라 점감하는 체계에서는 매년 손실로 인한 고통을 겪게 된다. 이에 비해 점증하는 체계에서는 이런 고통이 없고 오히려 이익이 생기는 즐거움이 있다. 할인을 부정하지 않는다면 이런 차이가 할인으로 인한 가치상실보다 크다는 것을 의미한다.

물론 가치함수에서도 이익이든 손실이든 각기 그 수량이 늘어나면서 이로 인한 쾌락이나 고통이 점점 줄어 그 민감성이 약화된다. 가령, 소득이 200만 원에서 250만 원으로 늘어나는 경우와 300백만 원으로 늘어나는 경우를 비교하자. 100만원의 소득증가로 인한 가치증가가 50만원의 소득증가로 인한 가치증가의 2배보다 적다. 또한 소득이 2백만 원에서 1백50만 원으로 줄어드는 경우와 1백만 원으로 줄어드는 경우를 비교하면, 1백만의 소득감소로 인한 가치감소가 50만원의 감소로 인한 가치감소의 2배보다 적다. 이 때문에 이득의 영역에서는 오목하고 손실의 영역에서는 볼록한 가치함수가 나온다. 위식에서 $\alpha=\beta=0.88$가 이를 나타낸다.

낮은 확률에서 결정가중치가 확률보다 크다는 점을 앞서 지적했다. 이익과 손실에 대한 논의와 이 점을 합하면, 프리드만, 새비지, 마코비치가 고민했던 복권과 보험의 공존을 설명할 수 있다(Kahneman & Tversky, 1979, p.281). 예를 들어, 일반적으로 사람들은 [5,000, 0.001]을 [5, 1]보다 낫다고 생각하며, [−5,000, 0.001]보다 [−5, 1]이 낫다고 판단한다. 0.001의 확률로 5,000$을 얻는 것이 복권인데, 이것이 확실하게 5$을 얻는 것보다 낫다는 것이다. 기대효용이론이 의존하는 기대치로 보면 동일하지만, 낮은 확률의 결정가중치가 크기 때문에 이렇게 판단한다. 즉, $\pi(0.001)v(5,000) > \pi(1)v(5) = v(5)$.

이것을 뒤집어 이익의 영역에서 손실의 영역으로 투사하면, 보험을 설명할 수 있다. 0.001의 확률로 5,000$의 손실을 보는 것보다 확실하게 5$의 보험료라는 손실을 부담하는 것이 낫다고 판단한다. 여기서도 기대치는 동일하나 낮은 확률의 결정가중치가 높아서, 낮은 확률이 낳는 손실이 보험료보다 절대치로 더 크고, 음의 부호까지 고려하면 적다고 생각한다. 즉, $\pi(0.001)v(-5,000) < \pi(1)v(-5) = v(-5)$.

카네만 등이 강조한 준거의 중요성은 유기체에 항상성이 있고, 변화에 대한 한계반응이 체감하며, 고통이 쾌락보다 급박하다는 전제로부터 발생한다. 일반적으로 고통이 쾌락보다 급박하기 때문에 위험이나 손실을 회피하는 경향이 나타난다(Stracca, 2004, p.391). 이익이나 손실의 영역 내에서 발생하는 이 같은 민감성의 약화는 한계효용이나 한계대체율의 체감과 크게 다르지 않은 것 같다. 그러나 준거의존성, 그리고 이익과 손실 사이의 비대칭성과 결합되어 있는 손실회피는 기대효용이론과 부합되는 한계효용체감이나 이에 근거한 위험회피와 구분된다.

아래의 효용함수에서 한계효용체감은 특정의 투입물 x에서 Δx만큼의 증가로 인한 U의 증가가 Δx만큼의 감소로 인한 U의 감소보다 적다는 것을 의미한다. 이에 따라 이익을 얻기보다 이에 수반되는 손실이나 위험을 회피하는 방향으로 선택하게 된다. 그렇지만 효용함수가 부드러운 곡선을 이루는 데 비해, 가치함수는 그 기울기가 단순히 더 커지는 것이 아니라 준거점에서 굴절된다(Kahneman et al., 1984, p.342). 보다 근본적으로 모든 x가 준거가 되므로 이런 변곡점이 거의 모든 x에서 형성되는 셈이다.

$$U=U(x),\quad U'>0,\ U''<0,\quad U(x+\Delta x)-U(x) < U(x)-U(x-\Delta x)$$

x : 재화나 화폐의 수량, U : 총효용

이같이 행동경제학의 준거의존성은 이익과 손실 사이에 비대칭성을 상정한다. 이미 언급한 바와 같이 여러 차례의 실험과 조사를 통해 행동경제학이 얻은 결과는 동일량의 변동에 따른 고통이 쾌락의 두 배 정도 된다는 사실이다. 이에 비해 기대효용이론의 효용함수는 자산의 크기 자체에 의존하며, 이런 준거를 인정하지 않고, 이런 것이 존재하면 비합리성으로 간주한다.

준거의존성은 심리학의 적응수준이론adaptation-level theor을 발전시킨 개념이다(Helson, 1964; Kahneman, 2011, p.282). 이 이론에 따르면, 예를 들어 차가운 물에 손을 담갔던 사람은 미지근한 물을 따뜻하게 느끼지만, 따뜻한 물에 손을 담갔던 사람은 미지근한 물을 차갑다고 느낀다. 이는 원래 주어진 물의 온도에 사람들이 적응하기 때문이다. 이로부터 사람들이 기존의 자산이나 소득에도 적응되어 이를 당연시할 가능성이 있다는 점을 착안할 수 있다.[10] 이 점에서 준거의존성은 유기체의 항상성과 관련되어 있다.

거슬러 올라가 아퀴나스Thomas Aquinas에 이런 논리가 등장한다. 아퀴나스에 의하면 오랫동안 열악한 처지에 있던 사람은 이에 적응이 되어 불행을 느끼지 못한다. 이와 비슷하게 오랫동안 좋은 상황에 있었던 사람도 그다지 행복을 느끼지 못한다. 그에 의하면 인간이 행복이나 불행을 느끼는 것은 자신의 처지가 바뀌는 짧은 기간뿐이다. 이보다 강한 논리는 베블렌과 듀이가 강조한 습관이나 타성의 중요성이다.[11]

물론 물의 온도와 인간의 효용, 소득, 행복 사이에는 엄연한 차이가 있다. 주관적으로 어떻게 느끼든 물의 온도는 객관적으로 주어지는 물리적인 속성인데 비해, 인간의 효용, 소득, 행복은 주관적이고 인간과 관련되며 심지어 사

---

10 허시만 등을 통해 이이제이(以夷制夷)가 시장경제의 원리를 압축한다고 알려져 있다. 적응수준이론은 이열치열(以熱治熱) 정도 될 것 같다. 더 높은 더위를 겪으면 이미 겪던 더위가 더위로 느껴지지 않는다.

11 한국의 도박판에서 모두의 손익을 합하면 영보다 적게 나타나는 오류도 이런 관점에서 해석이 가능하다. 일단 상식적인 설명은 돈을 딴 사람은 타인으로부터의 주목을 받는 가해자의 죄의식을 줄이기 위해 액수를 줄이는데 비해, 돈을 잃은 사람은 반대로 자신의 피해를 과장해 죄의식을 강화시키는 경향이 있다는 것이다. 행동경제학에 가까운 설명으로 도박이 계속되는 동안 반복된 이익과 손실로 인해 대부분이 상실감을 느끼기 때문에 이런 오류가 나왔다고 이해할 수 있다. 이는 가계부 정리나 기업회계의 보수주의와도 통한다.

회적일 수 있다.

행동경제학자들은 손실회피를 근시안적인 경향myopia과 결합시켜 금융경제학의 중요 의문인 주식의 과다수익 현상equity premium puzzle을 해명하는데 활용하기도 했다. 고위험고수익의 원리에 따라 주식이 채권보다 높은 수익은 얻는 것은 당연하다. 그런데 지난 90년 동안(1889-1978)의 수익차이는 6% 이상으로 주식의 위험으로 설명할 수 없을 정도로 높게 나타났다(Mehra & Prescott, 1985; Mehra, 2003). 전통적인 일반균형이론으로 이를 설명하기 위해서는 비현실적으로 높은 수준의 위험회피를 가정해야 한다.

행동경제학자들은 손실을 회피하는 경향과 주식의 수익변동을 자주 관찰하고 이에 대응하는 근시안적인 경향으로 주식의 과다수익 현상을 해명했다. 투자자들이 장기적인 안목을 가지고 주식과 채권을 비교하지 않아서, 상대적으로 자금이 주식보다 채권으로 몰리기 때문에, 이런 현상이 발생한다는 것이다(Benartzi & Thaler, 1995; Mehra, 2003).

구체적으로 보유주식에 대한 평가기간이 짧아 평가가 자주 일어날수록 주가의 등락을 예민하게 받아들이고 빈번하게 주식을 매매하는 경향을 보이게 된다. 이에 따라 주식에 대한 수요가 줄어들고 상대적으로 재무성채권에 대한 수요가 늘어난다는 것이다(Benartzi & Thaler, 1995, pp.80-81). 결과적으로 주식의 수익률은 증가하고 채권의 수익률은 감소한다. 여기서 주식과 채권에 적절히 자금이 배분될 수 있는 평가기간은 1년으로 추정되었다.

이같이 행동경제학의 기본개념들은 주로 인지와 관련되어 있다. 그런데 이것을 동기부여와 노력, 인내, 실적 등과 연결시키는 연구들도 있다(Kahneman & Tversky, 1979, p.286; Heath, Larrick & Wu, 1999; Kahneman, 2011, pp.302-303). 이 해석에 따르면, 사람들이 세우는 미래의 목표가 준거점이 되어 이 목표를 달성하면 이익으로, 달성하지 못하면 손실로, 취급한다. 그러므로 손실회피는 목표에 미달할 때의 고통이 목표를 달성했을 때의 즐거움보다 유의미하게 크다는데서 비롯된다. 끝으로 민감성의 체감은 목표를 초과하는 경우 그 정도가 커질수록 이로부터 얻은 즐거움이 줄어들고, 목표에 미달하는 정도가 커질수록 역시 그 고통이 줄어드는 것으로 이해할 수 있다.

예를 들어, 올림픽경기에 참가한 운동선수가 금메달을 목표로 삼았다가 은메달을 획득했을 때 고통을 느낄 수 있다. 반면 동메달을 목표로 했다가 은메달을 획득한 선수는 즐겁다. 객관적으로는 양자 모두 은메달을 획득했지만, 느끼는 감정은 다르다. 이를 행동경제학의 입장에서 해명하면, 목표가 준거이므로, 이를 기준으로 쾌락과 고통 혹은 행복과 불행이 갈린 것이다.

일반적으로 목표를 설정하지 않는 사람보다 목표를 설정하는 사람이 노력, 끈기, 그리고 실적에 있어서 더 낫다. 또한 높은 목표를 설정할수록 실적이 더 나아지는 경향이 있다. 그러나 목표설정에는 실패로 인한 고통이 따르고, 이 고통의 깊이가 성공했을 때 얻는 쾌락의 높이보다 더 크다. 따라서 목표를 높게 설정하는 사람이 목표를 설정하지 않거나 낮게 설정하는 사람보다 더 큰 고통을 느낄 가능성이 많다.[12]

행동경제학은 원래 주로 과거에 달성한 실적들이 누적된 결과에서 준거를 찾는다. 이에 비해 목표를 준거로 해석하려면 미래에 대한 예상에서 준거를 찾아야 한다. 그런데 준거를 이와 같이 설정하는 것은 행동경제학에 생경하지 않은 것 같다. 행동경제학과 밀접한 관계에 있는 사이먼이 중시한 기대수준aspiration level은 이런 목표와 비슷하다. 보다 중요한 점으로 사람들이 목표를 설정할 때, 과거 자신의 실적을 고려하므로, 목표설정이 과거의 실적과 무관하다고 볼 수 없다.

넓게 보면 준거의존성과 손실회피는 현재 자신이 보유하고 있는 것에 대한 집착이나 현재의 상황에 대한 편견을 나타낸다(Kahneman et al., 1991). 세일러와 선스타인은 이것이 모두 일종의 타성이라고 생각한다(Thaler & Sunstein, 2008, p.34). 이런 생각에 근거해 행동경제학은 부존자원효과endowment effect나 현상유지편견status quo bias을 내세운다(Samuelson & Zeckhauser, 1988). 이 개념들에 따르면, 사람들은 타인이 가지고 있거나 시장에 나돌고 있을 때보다

---

12 수출목표, 입시목표, 금메달목표 등 미시적으로나 거시적으로 한국인의 삶은 여러 목표들로 점철되어 있다. 그래서 한국사회는 높은 수출실적과 고도의 경제성장, 높은 교육수준, 메달과 우승을 거머쥐는 운동선수들을 자랑하면서도, 적지 않은 정신적인 공허와 불행을 겪고 있다. 행동경제학을 이런 방향으로 연장해 볼 수 있다.

자신이 가지고 있을 때, 재화나 자원을 더 소중하게 취급하고 높게 평가한다.

이로 인해 동일한 재화에 대한 지불할 의사와 수락할 의사가 다르게 나타난다(Rabin, 1998). 지불할 의사는 어떤 재화를 획득하는데 지불할 최고수준의 화폐액이고, 수락할 의사는 이미 소유하고 있는 어떤 재화를 포기하게 만들기 위한 최소한의 화폐액이다. 기대효용이론에서는 사람들이 합리적이므로 동일한 재화에 대해 지불의사와 수락의사가 지속적으로 차이날 수 없다.

원래 양자의 차이는 공공재에 대한 비용편익분석의 필요성과 정황적 평가방법contingent valuation method과 관련해 부각되었다. 그러나 현재는 행동경제학 등의 연구들을 통해 커피 머그잔에서부터 운전면허증, 낚시 허가권, 자연경관, 문화재 등에 이르기까지 다양한 대상들에 대해 이런 차이가 확인되고 있다(Bateman et al., 2005).

이를 해명하기 위해 카네만 자신은 사용하기 위한 재화와 교환하기 위한 재화를 구분하고 있다. 이 구분은 고전학파가 제시한 재화나 상품의 사용가치와 교환가치라는 구분을 연상시킨다(Kahneman, 2011, pp.294-295). 그러므로 행동경제학의 부존자원효과가 사용가치와 교환가치 개념과 결합될 때 보다 명확해질 것으로 보인다.

비판적으로 보면, 이는 자본주의사회가 사람들에게 만들어낸 물질에 대한 소유욕이 개인차원에서 드러난 결과일 수 있다. 긍정적으로 보면, 소비자들이 구입한 재화들에 대해 애착을 느끼며 의미를 부여하기 때문에, 이런 의미가 보다 많은 수량의 화폐로 나타났다고 해석할 수 있다. 혹은 화폐로 표현된 무정형의 자산에 대비해 각자 선택해 구비한 내구재 등 유형적인 재화로 자신의 존재를 확인하려는 노력일 수도 있다.

지불할 의사가 시장에서 유통될 때 재화의 가치라면, 수락의사는 시장밖에 있을 때 재화의 가치로 해석할 수도 있다. 이렇게 보면, 양자의 차이는 시장의 평가를 차단하려는 개인의 의지에서 비롯된다. 이는 마케팅문헌에서 지적하는 바로서, 기업의 광고공세 속에서도 자신이 진정 원하며 가치 있다고 생각하는 재화를 찾으려는 과격한 유형의 소비자주권에 부합된다.

그런데 재화가 아니라 서비스는 소유가 불가능하므로 수용의사를 설정하기 힘들다. 보다 중요하게, 소유로 인한 집착을 말한다면 화폐가 으뜸이다. 그렇다면 화폐에 대해 이와 유사한 논리가 가능한가? 화폐는 동질적이므로 지불(의사)과 수용(의사)의 구분이 어려울 수 있다. 혹은 화폐에 대해서는 지불의사조차 설정하기 힘들다. 구체적으로 내 손안의 $100과 시장에 있는 $100 사이에 차이가 있는지, 그리고 이들을 포기하게 만드는 재화나 서비스의 양은 어떻게 산정할지 등 만만치 않은 문제들이 도사리고 있다. 그러므로 지불의사와 수용의사의 구분은 금융이나 재무보다 소비재 마케팅에 타당할 것이다. 이와 관련해 효용가치이외에 소유가치가 등장하는데, 이 역시 사용가치와 교환가치의 구분과 결합될 가능성이 있음을 지적할 필요가 있다.

선택상황을 어떻게 받아들이느냐에 따라 준거점이 바뀌기 때문에 준거의존과 손실회피는 경제주체들이 선택상황을 특정 방향으로 인식한다고 전제한다. 이에 따라 행동경제학이 인식과 관련해 강조하는 정형화나 규격화 효과framing effects가 발생한다. 이 현상은 사람들이 사물의 모든 측면을 파악하는 것이 아니라 자신이 처해 있는 인식의 틀에 의존해 몇 가지 정형화된 측면만을 선별적으로 파악한다는 것을 의미한다.

일반적으로 경제주체들은 사물을 파악하는데 있어 하나가 아니라 여러 가지 제시방식representation에 접하게 된다(Shafir et al., 1997, pp.346-348). 그리고 특정의 서술이나 준거가 선택상황의 모습을 결정한다. 신고전학파의 기대효용이론이 선택상황이 언제나 객관적으로 주어진다고 전제한다면, 행동경제학은 이같이 생각하지 않는다. 행동경제학의 입장에서는 객관적으로 동일하게 보이는 선택상황이라도 어떤 방식으로 제시하거나 서술하느냐에 따라 다른 상황이 되어 사람들의 선택을 바꿀 수 있다.

최근에 카네만은 이 개념을 발전시켜 좁은narrow 규격화와 넓은broad 규격화를 구분했다(Kahneman, 2011, pp.335-336). 이에 근거해 선택을 넓은 시야에서 보지 않고 좁은 시야에서 여러 개의 선택들로 쪼개서 보는 경우 비일관성이 발생할 수 있다는 점을 지적했다. 이런 비일관성은 제1체계의 영향이지만, 이런 해석은 분석적인 시각보다 총체적인 시각에 부합된다.

예를 들어, 전염병에 대한 특정 방역대책의 효과에 대해 6백 명 중 '2백 명이 살아남는다.'고 서술하느냐 아니면 '4백 명이 죽는다.'고 서술하느냐에 따라 이에 대한 주민들의 찬반이 다르게 나타났다(Read & Loewenstein, 1995). 카너만의 예로, 12 13(*B*) 14의 집합과 *A B*(13) *C*의 집합이 지닌 차이도 이를 말해준다. 첫 번째 상황에서는 가운데 있는 것이 13으로 읽히나, 두 번째에서는 B로 읽힌다. 이는 인간의 인식에서 규격화가 중요할 뿐만 아니라 규격화에 맥락이 개입된다는 것을 보여준다.

세일러가 강조한 정신적 회계(mental accounting)도 지출에 대한 규격화와 관련이 있다(Heath et al., 1996; Thaler, 1999; Shafir & Thaler, 2006). 우선 정신적 회계란 기업과 유사하게 소비자들이 항목별로 계정을 설정하고 한도를 정한 후 이에 따라 특정 지출에 대해 판단하고 이해한다는 것이다(Kahneman, 2011, p.342). 이는 소득이 여러 재화나 용도별로 배분되어 이런 항목들 사이에 전용이 어렵다는 것을 뜻한다.

예를 들어, 포도주 가격이 하락해도 자녀의 교육에 할당한 예산을 포도주 구입에 전용하지 않는다. 공무원의 정부예산지출, 회사원의 기업예산지출, 학자의 연구비지출에 있어 항목들 사이의 전용에 대해 부과되는 제한이나 금지 등 객관적인 회계의 규정이 정신적 회계의 원형이다. 물론 차이는 있다. 가계부에 기록된 사적인 소득의 전용이 주로 윤리나 규범에 의해 억제된다면, 공적인 예산의 지출에 대한 제한은 법이나 규정에 의해 강제된다.[13]

이 개념에 따르면 자기절제를 위해 정해놓은 한도를 넘어서 물건을 구입할 때 소비자는 커다란 고통을 느끼게 된다. 동시에 이런 한도를 넘어서는 물건을 선물로 받을 때, 마치 사치품을 얻은 것처럼 큰 가치를 부여한다(Thaler, 1999, p.195). 따라서 선물로 받은 고급 포도주나 경품으로 받은 유럽 여행권

---

13 양자 모두에 있어 항목간의 이동을 완전히 금지하는 경우보다 항목들의 우열이나 비대칭을 설정해 이동을 제한하는 경우가 더 많다. 상위항목들 사이의 이동은 금지하되, 하위항목들 사이의 이동은 허용한다든지, 어떤 항목으로부터의 이동을 허용하되, 그 항목으로의 이동은 금지하는 경우도 있다. 정부기관이나 기업에서 인건비를 자료비로 활용할 수 있으나 그 반대는 금지한다든지, 가계에서 유흥비를 줄여 교육비를 늘리기는 해도 그 반대는 드물다는 것이 후자의 예이다.

등은 등가의 현금보다 더 큰 가치를 가질 수 있다. 이것은 부존자원효과나 현상고수성향 등으로 인해 발생하는 선물에 대한 지불 의사와 수락의사의 차이와 구분되는 별도의 논리이다. 이 역시 기대효용이론에 수용되지 않는다.

비슷한 흐름 속에서 사회학자 젤리저Vivian Zeliser는 용돈, "쌈짓돈", "비상금", 여행비 등 여러 이질적인 화폐들이 공존한다고 주장했다. 이같이 동질적인 화폐가 아니라 여러 종류의 화폐들을 생각하면, 기대효용이론이 아니라 화폐에 대한 신고전학파의 견해에 의문이 제기될 수 있다.[14]

돈 뿐만 아니라 재화, 자원, 시간의 전용도 제한되어 있다. 이는 신고전학파의 주장과 달리 대체보다 보완이 지배한다는 의미도 된다. 지출이나 소비 항목에 인간의 욕망이나 필요가 대응된다면, 욕망이나 필요에 순서나 우열이 있다고 해석할 수도 있다. 이 역시 모든 욕망이나 필요를 동등하게 취급하는 신고전학파에서 벗어난다. 나아가 전용에 대한 자발적이거나 강제적인 제한은 신고전학파의 기회비용 혹은 명목비용개념을 의심하게 만든다. 끝으로 이것은 개인의 선택과 재화들 사이의 대체에 제한을 가하므로 경제전체 수준에서 자원의 배분이나 이동성에도 제한을 가할 것으로 예상할 수 있다.

맥락, 욕망의 순서, 서술방식의 중요성 등은 모두 기대효용이론에 부합되지 않는다. 행동경제학에 의하면 이런 기대효용이론의 특징이 서술이나 절차에 대한 불변성procedural invariance이다(Slovic, 1995, p.364). 경제학이 아니라 심리학에서 주로 사용되는 이 용어에서 절차는 여러 사람이 토론 등을 통해 참여하는 정치사회적 과정이 아니라 실험이나 설문조사의 대상에게 선택상황을 전달하고 서술하는 과정을 뜻한다. 불변성은 선택대안들을 위시해 선택상황에 대해 말이나 글로 어떻게 표현하고 서술해서 전달하든, 개인들의 선택이

---

14 화폐의 전용가능성이나 동질성은 신고전학파의 화폐뿐만 아니라 마르크스주의적인 화폐의 전제이기도 하다. 마르크스에서도 화폐는 자본주의사회의 모든 것을 동등하게 만드는 존재이다. 물론 양자의 근거와 내용은 정반대이다. 전자가 소비자선택과 교환에 의존한다면, 후자는 상품과 자본주의 생산에 근거한다(Fine & Lapavitsas, 2000). 외견상 유사하지만 내용상 정반대인 이들 양극단의 중간에 정신적 회계와 이질적인 화폐에 대한 생각이 놓여 있는 것으로 보인다.

이로부터 영향을 받지 않고 일관성을 유지한다는 의미이다.

이와 관련해 기대효용이론의 공준에 대한 트버스키와 카네만의 생각을 상세하게 검토할 필요가 있다(Tversky & Kahneman, 1986, pp.S252-S254). 먼저 이들은 독립성공준을 대체성의 공준이나 소거의 가능성으로 규정했다. 또한 비교가능성comparability을 추가시켰으나 기술적이라고 생각해 중시하지 않았다. 비교가능성을 연속성과 마찬가지로 취급한 셈이다. 이들이 중시해 새로 추가한 공준은 불변성과 지배성dominance이다.

불변성은 이미 설명한 바와 같다. 한 상황에서 선호되고 다른 상황에서 적어도 다른 대안들보다 못하지 않은 대안은 지배성을 지니며 그것도 확률적인 지배성stochastic dominance을 지닌다. 기대효용이론은 이 공준들을 당연시해 명시하지 않고 있으나 가장 포괄적이고 근원적이라고 카네만 등은 주장한다. 나중의 논의를 보면 지배성이 별도의 존재의의를 지니지 않아 불변성으로 흡수된 것으로 보인다. 결과적으로 기대효용이론에서 이런 속성들이 독립성 → 이행성 → 불변성의 순서로 중요하다고 이들은 이해했다.

이행성과 관련해 유사성에 대한 트버스키의 연구를 참조할 필요가 있다(Tversky, 1977). 트버스키에 의하면 범주화나 분류가 인식이나 인지에 필수적이며, 이 과정에는 유사성을 찾는 일이 수반된다. 이와 관련된 그의 독창적인 주장은 A를 B에 비교하는 경우와 B를 A에 비교하는 경우가 다르며, 이에 따라 A와 B의 유사성이 달라진다. 이는 유사성이라는 관계가 비교의 방향에 따라 비대칭적임을 의미한다.

일반적으로 두 사물 A와 B 사이에는 같은 점도 있으면서 다른 점도 있다. 그런데 서로에게 다른 점이 각기 다르다. A를 B에 비교하는 A → B에서는 A가 비교주체subject이자 기준이고 B가 비교대상referent of comparison이다. 이에 비해 B를 A에 비교하는 B → A에서는 비교의 대상과 기준이 뒤바뀐다.[15]

---

15 영어로 *subject*는 주제나 대상이라는 의미와 주체나 주어라는 의미를 함께 지니고 있다. 트버스키에서도 *subject*는 파악하려는 대상이면서 비교의 기준을 설정하는 주체이기도 하다. 비교의 기준이 내생적으로 결정된다는 점에서 트버스키가 생각하는 비교는 한국의 입시에서와 같이 비교나 평가의 기준이 대상의 외부에 미리부터 주어져 있는 경우와 구분된다.

이 순서가 중요한 이유는 비교할 때 비교의 준거를 중심으로 비교의 측면이나 차원 혹은 기준을 설정하기 때문이다. 이에 따라 A를 대상으로 삼고 B를 기준으로 삼아 비교하느냐 아니면 거꾸로 B를 대상으로 삼고 A를 기준을 삼아 비교하느냐에 따라 유사성의 종류와 정도가 달라진다. 그러므로 양자의 유사성을 정확하게 따지려면, (A∩B)뿐만 아니라 (A-B)인지 (B-A)인지도 고려해야 한다.

구체적으로 A와 B를 속성들이나 측면들로 표시하면, A = [$\alpha\ \beta\ \gamma\ \delta\ \varepsilon$], B = [$\delta\ \varepsilon\ \zeta$]. A∩B = [$\delta\ \varepsilon$], (A-B) = [$\alpha\ \beta\ \gamma$], (B-A) = [$\zeta$]. A → B에서나 B → A에서나 A∩B = [$\delta\ \varepsilon$]이다. 그렇지만 A → B에서는 A 위주로 비교하기 때문에 B가 A로부터 얼마나 벗어나는지를 따진다. 따라서 A∩B = [$\delta\ \varepsilon$]와 함께 (B-A)=[ζ]를 보고, 상당히 유사하다고 판단한다. 반대로 B → A에서는 B가 중심이기 때문에 A가 B로부터 얼마나 벗어나는지를 따지게 된다. 이에 따라 A∩B=[$\delta\ \varepsilon$]와 함께 (A−B)=[$\alpha\ \beta\ \gamma$]를 보고, 상당히 차이난다고 판단한다. 결과적으로 A → B의 경우에 B → A의 경우보다 A와 B가 유사하다고 판단하게 된다.

이같이 트버스키에 따르면 유사성이라는 관계는 비교의 방향에 따라 비대칭적이다.[16] 일단 이것은 효용함수가 아니라 랭커스터Kelvin Lancaster의 선형소비모형linear consumption model에 부합된다. 무엇보다 트버스키의 이런 생각은 효용으로 모든 차원들을 통약하지 않아, 선호의 이행성이나 일관성에 위배되는 선택을 낳을 수 있다.

이제 카네만과 트버스키가 중시하는 불변성을 구체적으로 설명해보자. 기대효용이론에 따르면, 가령, 의료보험료를 연간 240만원을 납부해야 한다고 표현하든, 월 20만원이라고 표현하든, 하루에 단돈 7천원 밖에 안 된다고 표현하든, 선택의 결과에 변화가 없어야 한다. 혹은 물건을 사는데 현금으로 내면 깎아 준다고 서술하든, 신용카드로 지불하면 더 내야 한다고 서술하든, 소비자들이 현금과 신용카드로 지불하는 정도에 차이가 없어야 한다.

---

16 유사성과 비교에 관한 트버스키의 논의와 동등성 및 교환에 관한 마르크스의 논의는 비고츠키(Lev Vygotsky)를 통해 비슷해진다. 이에 대해서는 5장에서 상세하게 논의했다.

이런 기대효용이론의 전제에 대해 행동경제학은 상당수의 선택상황에서 절차나 서술의 변동이 선택의 결과에 영향을 미친다고 반박했다. 최소한 물체의 무게를 다는 일과 달리 사람들의 선호를 측정하는 일에서는 불변성이 유지되기 힘들다(Slovic, 1995, p.368). 또한 돈이 평가단위가 되는 경우 절차상의 불변성이 쉽게 붕괴되는 것으로 나타났다.

행동경제학에 의하면 선택에 대한 서술과 무관하게 사물들이나 선택의 대안들 사이에 상호의존성이나 연관성도 문제를 낳을 수 있다. 이런 의미에서 대안들에 대한 서술과 별도로 대안들의 집합이 특정의 맥락을 형성할 수 있다. 고전 등 철학적 인식이나 복잡한 해석의 대상이 아니라 일상적인 선택의 대상들이 맥락을 형성한다는 점을 강조할 필요가 있다. 사람들의 선택이 맥락으로부터 영향을 받으면, 기대효용이론의 합리성에서 벗어날 수 있다. 다음의 예를 보자.

사례 1

소비자선택에서 현재 어떤 묶음을 소비하고 있느냐 혹은 선택의 출발점이 어디냐가 맥락을 형성하고 손실회피경향에 따라 선택에 영향을 미친다. 여기서 동일한 무차별곡선상의 두 소비점 A와 B가 출발점이 어느 것인가에 따라 더 이상 무차별하지 않을 수 있다(Knetsch, 1989; Kahneman, 2011, pp.289-291).

기대효용이론이 의존하는 무차별곡선 상의 두 점에 대한 비교는 방향이 없고 언제나 가역적이다. 한 점에서 보았을 때 자신과 무차별한 점이 있으면, 이 점에서 보았을 때 원래 점도 무차별하다. 혹은 한 점에서 다른 점으로 이동할 수 있다면, 반대로 다른 점에서 원래 점으로의 이동도 가능하다. 즉, A～B이면 B～A이고, A≳B이면 B≲A이다. 그러나 행동경제학이 강조하는 손실회피, 현상유지편의, 부존자원효과에 의하면 소유하고 있는 재화에 대한 집착으로 인해 이런 양방향의 무차별성이 보장되지 않는다. 이는 준거점에 따라 개인의 기호가 변하는 것이므로 기대효용이론의 공준에 위배된다(Kahneman, 2011, p.292).

사례 2

대리점에서 대안들을 제시하거나 진열하는 방식에 따라 선택이 바뀐다. 가격이 비싸면서 성능이 좋은 컴퓨터 A, 가격이 조금 싸면서 성능이 조금 떨어지는 B, 그리고 B보다 가격이 조금 더 싸면서 성능은 크게 떨어지는 C가 있다고 하자. 그리고 소비자들은 A와 B를 놓고 고민할 뿐 C에 대해서는 관심이 없다고 하자. 그렇지만 선택의 대안들을 [A, B]로 국한했을 때보다 [A, B, C]로 넓혔을 때 B에 대한 선택이 크게 늘어났다(Simonson & Tversky, 1992; Tversky & Simonson, 1993).

두 번째 예에서 무차별지도에 놓여 있는 여러 재화들이나 몇 가지 속성을 지닌 제품들을 상정해 보자. 트버스키를 포함한 마케팅 연구자들에 의하면 선택대안들이 독립적으로 존재하지 않고 상호의존적인 관계를 이루면서 맥락을 형성한다(Simonson & Tversky, 1992, p.281; Tversky & Simonson, 1993, p.1181).

소비자가 특정 용량과 가격의 컴퓨터 A(k_1 p_1)와 이보다 용량이 떨어지면서 가격도 싼 또 다른 컴퓨터 B(k_2 p_2) 중에서 하나를 선택하는 상황을 상정하자. 이 경우 가격과 용량이라는 두 가지 차원이 제품을 규정하면서, 이들 사이의 상충이나 비교가 불가피하다. 초점은 선택대상으로 A, B만 있을 때와 C(k_3, p_3)가 선택의 대상으로 추가되었을 때 A, B에 대한 선택의 비율이 변동한다는 것이다.

가령, 원래 [0.5 0.5]로 나뉘었던 소비비율이나 판매비율이 [0.3 0.7 0.0]로 쪼개질 수 있다. 그 이유는 단위 가격 당 용량차이를 보면, A와 B의 차이보다 B와 C의 차이가 크기 때문에, B가 C보다 훌륭하다고 판단하게 되기 때문이다. 즉, $(k_1-k_2)/(p_1-p_2)<(k_2-k_3)/(p_2-p_3)$. C가 B를 부각시켜 준다는 의미에서 이것을 대비효과contrast effects라고 부른다.

비록 관심의 대상이 아니지만 특정 대안이 끼어들면서 선택의 맥락이 바뀌었고 극단적인 대안의 회피extremeness aversion로 인해 이런 결과가 나왔다. 이 상황에서 컴퓨터 C는 그 자체가 선택의 대상이라기보다 B를 선택하도록 유도하는 미끼일 수 있다. 무엇보다 이 예에서 재화나 제품의 가치가 그 자체로 결정되지 않고 주변의 재화들이나 제품들로부터 영향을 받는다는 점이 중요하다. 또한 이것은 맥락이 낳는 상호의존성으로 대체보완의 상호의존성과는 구분된다.

통상 경영학의 판매 전략에서는 규칙성regularity이나 비례성proportionality이 합리성을 대변한다. 이는 서양사상에서 오래된 비례성 개념을 개인의 재화선택에 적용한 것이다.[17] 예를 들어, 세 번째 제품이 등장하면, 첫 번째와 두 번째 제품에 대한 선택이 같은 정도로 영향을 받는다는 것이다. 위의 경우 [0.5 0.5 0]이나 [0.4 0.4 0.2]이면 이를 충족시킨다. 대비효과나 극단적 대안의 회피는 이로부터 벗어난다. 이로 인한 선호의 반전이 손실회피, 현상유지편의, 부존자원효과를 뒷받침한다. 이 관점에서 보면 주어진 부존자원과 가격하에서도 맥락에 따라 선택이 변한다.

비례성이나 규칙성은 이미 언급한 비관련대안의 독립성 혹은 체르노프조건과 비슷하다. 일차적으로 비례성이나 규칙성은 [사과, 배]에서 [사과, 배, 감]으로 선택대상이 늘어나는 상황에서 등장한다면, 체르노프조건은 반대로 [사과, 배, 감]에서 [사과, 배]로 줄어드는 상황에서 등장한다. 그런데 비례성 등은 메뉴 혹은 식단의 대안이 늘어나는 경우뿐만 아니라 줄어드는 경우에도 대칭적으로 적용할 수 있다. 센도 체르노프조건을 대안이 줄어드는 경우뿐만 아니라 늘어나는 경우에도 적용하고 있다. 나아가 사과와 배 중에서 어느 쪽으로 소비자들이 몰리느냐의 문제나 이들 중 어느 것을 한 개인이 선택하느냐의 문제를 동일시 할 수 있다. 따라서 비관련대안의 독립성을 비례성이나 규칙성과 비슷하게 취급할 수 있다.

---

17 서양사회에서 비례성은 덕성, 정의, 미 등 모든 부문에서 달성해야 할 이상이었다. 비주류경제학에는 공황과 관련해 생산재와 소비재생산의 비례성과 이로부터 벗어나는 불비례가 등장한다. 또한 신고전학파는 개인들의 합리적인 선택과 시장의 가격기구를 통해 여러 자원의 산업간 배분에서 비례성을 달성하고자 노력한다. 생물학에서는 다윈이 괴물을 비례성의 결여로 정의했다. 원래 희랍사상에서는 이 개념이 도덕, 사회정의, 건축, 음악, 기하 등에서 폭넓게 균제. 조화, 균형(balance)을 나타냈다. 비례성에 대한 강조는 두 벡터가 스칼라 곱하기(scalar multiplication)의 관계에 있다고 할 때 그것이 지니는 의미를 보여준다. 즉, $y=\alpha x$, x, y: $n\times 1$, $\alpha>0$. 쉽게 말하면, 구조나 균제를 유지하면서 규모의 축소($0<\alpha<1$) 및 증대($1<\alpha$)가 가능하다는 의미이다. 경제학의 모형, 건축설계도, 일반적으로 축소형(microcosm), 원자와 분자의 모형도, 닮은꼴 등은 모두 이에 준한다. 동양에도 이와 유사한 생각이 있는 것 같다. 비록 축소의 방향으로 기울어져 있지만 일본인들이 좋아하는 분재(盆栽)가 그 예이다.

사례 3

살인사건에 대해 의도적이었는가 등에 따라 형벌이 보다 무거워지는 순서로 A, B, C의 형량이 있다고 하자. 주어진 상황에서 누구라도 C는 선택의 대상이 아니며 배심원들은 A아니면 B를 생각하고 있다. 이 상황에서 형량 C를 대안으로 포함하는지 여부에 따라 A와 B에 대한 배심원들의 선택이 바뀐다(Mark & Tversky, 1996).

이런 생각은 경제경영뿐만 아니라 법원의 판결에서도 중요하다. 흔히 가장 무거운 형량이 선택의 대안으로 끼어들면서 중간의 형량이 가혹하지 않다는 인상을 주기 때문에 이 형량으로 선택이 몰린다. 이는 대안이 되는 개별 형량들을 독립적으로 고려하지 않고 여러 형량들 사이에 형성된 관계를 고려한다는 것을 의미한다. 네 번째 사례에서도 소위 관련 없는 대안의 독립성이나 비례성, 나아가 규칙성의 가정이 충족되지 않는다.

일상생활 속에서 대안들의 독립성이 충족되지 않는 경우는 사회성이 높은 상황에서 더 쉽게 발견할 수 있다. 선거도 모종의 선택인데, 각 후보가 개별적으로 평가되지 않고 다른 후보들 속에서 평가되는 경향이 특히, 한국의 선거에서 흔하다. 진보적인 후보와 보수적인 후보가 경합을 벌이고 있는 상황에 중도적인 후보가 등장하면, 진보적인 후보나 보수적인 후보가 모두 극단적으로 보이지 않아서 선거결과에 영향을 미칠 수 있다.

이 경우 어차피 당선가능성이 없는 특정 후보의 등장이 다른 후보들의 당락에 영향을 미치게 된다. 즉, C후보가 등장하지 않았을 때와 등장했을 때 A후보와 B후보의 당선가능성이 달라진다. 이를 우리는 흔히 선거판의 상황이나 형세가 바뀐다고 말한다. 기대효용이론은 독립성을 내세워 이런 상황을 부정한다.

사례 4

극단적인 이념이나 이력을 지닌 두 명의 대통령후보가 경합하는 가운데, 중간적인 이념이나 이력을 가졌지만 어차피 가능성이 없는 세 번째 후보가 끼어들었다고 하자. 이들의 합종연횡이 배제되더라도, 세 번째 후보가 두 후보를 차별적으로 돋

보이게 해 이들에 대한 선택에 변화를 가져올 수 있다.

아래의 경우에도 비례성이나 규칙성이 깨질 수 있다. 무엇보다 대안들이 서로 독립적이지 않다는 점이 명확하다.

사례 5

용모는 우수하지만 지적으로 떨어지는 친구와 지적이지만 용모는 떨어지는 친구를 평가하는 상황을 생각하자. 여기에 지적인 면에서는 후자와 비슷하면서 용모가 더 크게 떨어지는 친구가 등장하면, 두 번째 친구를 사람들이 더 좋아할 수 있다.

재화의 대체나 보완은 원래 인간의 경쟁이나 협동에서 나왔지만, 반대로 재화관계의 관점에서도 인간관계를 읽을 수 있다. 특정 재화의 한계효용이 다른 재화의 증감으로 인해 변동하는 경우는 하나의 인간관계가 제삼자의 등장으로 변동하는 경우에 가깝다. 즉, 영희와 철수의 연인관계가 철수의 친구 광수의 등장으로 달라질 수 있고, 미국, 중국, 일본의 등장이 이들의 영향력과 무관하게 남한과 북한의 관계를 바꿀 수 있다.

이같이 맥락이 중요해지면 비례성이나 규칙성, 그리고 기대효용이론의 공준이 깨질 수 있다. 특히, 선택이론의 전통적인 공준인 이행성, 반사성, 완전성, 특히 비관련대안으로부터의 독립성이 유지되지 않는다(Hogarth & Reder, 1986, p.8). 독립성이나 선형성에 대한 위반을 재화가 아니라 사물이나 현상 전체에 확대적용하면, 분석철학이나 신고전학파가 구사하는 방법, 즉 분석주의나 원자주의, 그리고 방법론적인 개체주의가 의심을 받게 된다.

기대효용이론은 보완보다 대체를 강조하고 관계 자체보다 비율에 초점을 맞춘다. 이에 비해 행동경제학은 상대적으로 대체보완의 질적인 관계를 강조한다. 사실 행동경제학의 예에서는 선택대안들이 서로 대체관계에 있을 뿐만 아니라 함께 사용될 수 없어 경쟁적인 제품들이나 대상들이 등장한다. 일단 구입의 대상이 되는 두 가지 컴퓨터나 징역 10년과 20년의 형량은 대체관계에 있다. 그런데 여기에 개입된 대체관계는 기대효용이론이 중시하는 대체관계와 동일하지 않다. 후자에서는 대체비율을 구할 수 있는데 비해, 전자에서는 질적인 대체이자 완전한 대체가 등장해 대체비율을 상정할 수 없거나 대체비율이 극단적인 값을 가진다.

기대효용이론도 재화들 사이의 상호의존성자체를 배제하지 않지만, 행동경제학에서 맥락과 관련해 등장하는 관계와 신고전학파가 상정하는 관계는 동일하지 않다. 무엇보다 대체보완에도 불구하고 기대효용이론에서 개인에게 효용을 주는 것은 여전히 개별재화들이다. 이 때문에 어떤 재화의 효용이 다른 재화들과의 연관 속에서 결정된다고 생각하지 않는다. 단지, 개별재화의 효용이 연관된 재화들로 인해 수정될 뿐이다. 이에 비해 행동경제학에서는 재화들이 맥락을 구성해 개별재화의 가치자체가 다른 재화들과의 관계 속에서 결정된다.

카네만과 트버스키는 인간의 의사결정이 이같이 준거, 현상, 맥락, 규격화에 의존하므로 인간의 인지능력에 한계가 있다고 주장했다(Tversky & Kahneman, 1986; Kahneman et al., 1991; Kahneman, 2003; Samuelson, 2005, p.93, 99). 행동경제학이 강조하는 인지능력의 또 다른 한계로 처음 제시된 가치에 따라 상황이 바뀌는 속박효과anchoring를 들 수 있다(Tversky & Kahneman, 1974).

속박효과는 처음 제시하는 수치나 사물에 사람들이 속박되는 것을 의미한다. 유엔에 가입한 국가의 숫자를 맞추는 퀴즈에서 가입국가가 x보다 많은가 적은가라는 질문으로 답변을 유도할 수 있다. 이때 x를 50으로 하느냐 100으로 하느냐에 따라 답변 결과가 날라졌다. 또한 공공재에 대한 평가에서도 질문순서에 따라 선택의 결과가 달라졌다(Diamond & Hausmen, 1994, pp.49-50). 가령, 청계천을 복원한다는 정책을 첫 번째 대안으로 설정하는가 아니면 두세 번째에 놓는가에 따라 선택의 결과가 달라진다.

또 다른 예로 대통령이나 국회의원 선거에서 누가 기호 일번인가가 선거결과에 변화를 가져올 수 있다. 순서나 서열을 중시하는 한국사회에서는 특히나 이런 현상이 두드러지게 나타난다. 나아가 '첫눈에 반하는 현상'coup de foudre에서 극단적으로 나타나는 바와 같이, 처음 만난 남자나 여자가 상대방 여자나 남자의 이성관에 발휘하는 결정력도 이에 속한다. 한 사람이 만나는 여러 사람들의 유사성이 처음 만난 사람과의 유사성이라면, 이 논리는 보다 확고하게 타당해진다.

'꿈에 본 내 고향'에서와 같이 태어난 고향이나 자라난 지역에 대한 향수도 이와 비슷하다. 처음 먹어 본 음식이나 음악, 처음 접한 문화 등도 모두 나중에 접하게 된 것들보다 사람들을 더 강하게 지배하는 경향이 있다. 흔히 인간이 각자의 문화에 대해 갖는 애정이 이런 우연으로 시작되었다고 볼 수도 있다. 이렇게 보면 기대효용이론뿐만 아니라 행동경제학과 자유온정주의도 유목주의nomadism나 포스트모더니즘에는 부합되지 않는다.

보다 경제와 관련된 예로, 의료보험료를 많이 내고 보상의 범위도 넓은 A라는 의료보험과 보험료가 낮고 보상의 범위도 적은 B 중에서 고르는 선택을 생각해 보자. 같은 선택인데 첫 번째 상황설정에서는 A를 기본으로 삼아 특별히 B를 원한다고 말하지 않는 한, A를 선택한 것으로 취급한다. 두 번째 설정에서는 반대로 B를 먼저 놓고 특별히 A를 원한다고 기재하지 않는 한, B를 선택한 것으로 취급한다. 기대효용이론에 따르면, 이런 상황 설정과 무관하게 동일한 결과가 나와야 한다. 그런데 이런 예상과 달리 첫 번째 설정에서 사람들이 A를 더 많이 선택했고, 두 번째 설정에는 B를 더 많이 선택했다.

또 다른 예로, 피자 구입과 관련해 12가지의 모든 토핑(웃기)들을 다 올려놓고 원치 않는 것들을 빼도록 하는 상황과, 반대로 아무런 토핑도 올려놓지 않고 원하는 토핑을 올리게 하는 상황을 비교해 보자. 이 경우 후자보다 전자에서 유의미하게 많은 숫자의 토핑을 사람들이 선택했다. 여기서도 양자 사이에 아무런 차이가 없다는 기대효용이론의 예상은 빗나갔다.

이 예들에서 처음 제시되는 대안이 선택과 의사결정에 중요한 영향을 미치는 이유는 초기대안이 모종의 기준이나 준거가 되기 때문이다. 이런 예들은 준거의존과 현상유지의 편견이 인식과 인지의 문제로 이어진다는 것을 보다 분명하게 보여준다. 선택상황자체가 아니라 이에 대한 서술, 해석, 이해가 선택의 과정과 결과에 영향을 미치기 때문이다. 이에 비해 기대효용이론은 과정에 대한 불변성을 내세우므로, 선택상황에 대한 서술이나 이로 인한 맥락의 영향을 허용치 않는다.

결과적으로 행동경제학은 인간의 선택이 언제나 준거 의존적이면서, 동시에 구체적인 맥락에 좌우된다고 주장한다. 이 때문에 준거와 맥락 두 개념이 행동경제학에게 기대효용이론에 대한 중요한 비판의 근거를 제공한다. 구분하자면, 준거는 주로 감성과 관련되고, 맥락은 주로 인지와 관련된 것으로 보인다. 그런데 양자가 서로 아무런 관련이 없는지 아니면 어떤 관계에 있는지를 행동경제학은 명확히 하지 않고 있다.

인지나 감성과 관련해 행동경제학이 동원하는 개념들은 이들에 그치지 않는다. 우선 세 가지 대표적인 휴리스틱으로서 속박효과 이외에 표본의 크기와 평균으로의 회귀를 간과하게 만드는 도식화된 대표성representativeness, 근접성이나 친숙함availability이 있다. 더불어 근시안myopia과 자기위주나 자기중심주의self-serving를 놓칠 수 없다. 또한 후광효과halo effects, 회고의 편의hindsight bias, 소수의 법칙law of small numbers도 중요하다(Kahneman, 2011). 뿐만 아니라 생생하고 구체적인 사례의 중요성, 기본비율의 오류base rate fallacy, 분모에 대한 경시, 전체에 대한 평균의 우위 등도 등장한다(op.cit, pp.166-174, 328-330, 336, 383).

근접성에 대한 집착은 일반론이나 통계적인 자료보다 구체적인 주변의 사건이나 경험을 중시하는 것을 의미한다. 일반론을 개별사례에 적용하기보다 개별사례들 속에서 일반론을 발견하는 것이다. 이에 의하면 사람들은 일반론이나 통계자료보다 구체적인 사례로부터 더 큰 영향을 받는다. 자신이나 자신의 친지가 지진을 경험한 사람은 지진의 위험을 객관적인 통계수치가 알려주는 것보다 더 크게 생각한다.

근시안은 도박장효과house money effect로 예시할 수 있다. 사람들은 도박장에서 장기간에 걸친 기대치나 수익을 생각하지 않고 하루별로 토막 내어 판단한다는 것이다. 예를 들어, 도박장이나 경마장에서 어느 날 오전에 돈을 많이 잃었으면, 이것을 그날 모두 회복하기 위해, 오후에 높은 위험을 안고 있는 판에 많은 돈을 거는 경향이 있다. 현실의 인간들은 이같이 근시안적이기 때문에 기대효용이론에서 내세우는 완벽한 합리성에서 벗어난다(Thaler & Johnson, 1990).

자기위주의 판단은 자신의 행동이나 주장이 객관적으로 합당한 수준 이상으로 더 중요했다고 생각하는 것을 의미한다. 가사에 있어 부부가 각자 자기가 부담했다고 말하는 비율을 합하면 언제나 100%를 넘어서는 상황이나, 토론에서 남의 관심을 끌면서 각자가 말했다는 시간을 합하면 100%를 넘어서는 상황이 이에 해당된다. 운동경기에서 서로가 상대방이 반칙을 많이 범했다고 생각하거나 어떤 작업을 수행하는데 있어 다른 사람보다 자신이 더 많이 공헌해 시간 당 임금을 더 받아야 한다고 생각하는 것도 이에 속한다 (Loewenstein et al., 1993, pp.140-141).

후광효과는 어떤 사람이나 대상에 대해 한 차원을 보고 다른 모든 차원도 이에 부합되도록 판단하는 성급한 일관성을 의미한다. 어떤 사람의 학교성적을 보고, 그 사람이 직장생활 등 다른 것도 모두 잘 할 것이라고 판단하는 경우가 이에 해당된다.

회고의 편의는 원래 잘 모르거나 의견이 달랐으면서도 사건의 결과가 나오면 원래부터 이것을 예상하고 있었던 것처럼 착각하는 것을 의미한다. '내가 그럴 줄 알았어!'가 이에 대한 정확한 표현이다. 1997년 한국에 외환위기가 터지자, 그럴 줄 알았다고 말한 경제학자들이 예상외로 많았다.

통계학의 기본법칙 중 하나인 대수의 법칙에서 벗어나는 오류가 소수의 법칙이다. 소수의 법칙은 여러 번 겪은 후에 판단해야 할 확률을 소수에 대해서도 적용하는 것을 의미한다. 몇 십번이 아니라 서너 번 동전의 앞면이 나오면 그 다음에는 반드시 뒷면이 나올 것으로 장담하는 경우가 이에 해당된다.

기본비율의 오류는 모집단에 대해 사전적으로 알려진 확률이나 비율을 무시하고 주어진 표본이나 사례에 집착하는 것을 의미한다(Koehler, 1996). 이는 사람들이 사전적인 확률을 경시하고 사후확률에만 집착해 베이지언적인 추론을 제대로 수행하지 않는 것을 의미한다. 표본의 크기와 관계없이 모집단의 대표성을 당연시하거나 비율이나 분모를 무시하고 분자로 나타난 도수나 숫자에 집착하는 것도 이와 비슷하다(Kahneman & Tversky, 1972). 통계학적인 추론이 합리적인 사고의 전제이므로 이 역시 합리성의 부족으로 이해된다.

사례 1

심리학자들이 합해서 100명의 변호사와 공학도에 대해 서술하고, 나중에 이 중 하나를 뽑아 그것이 변호사와 공학도 중 어느 쪽을 서술했는지 맞추라는 실험을 수행했다. 그런데 첫 번째 상황에서는 서술한 변호사와 공학도를 각기 70명 대 30명으로, 두 번째 상황에서는 거꾸로 30명 대 70명으로 했다. 실험결과 변호사인가 공학도인가에 대한 심리학자들의 답변비율이 두 상황 사이에 유의미한 차이를 보이지 않았다. 이는 심리학자와 같이 통계학을 아는 사람들조차 7 대 3인가 혹은 3 대 7인가의 기본비율을 고려하지 않는다는 해석을 낳았다. 이것이 잘 알려진 카네만과 트버스키의 변호사/공학도 문제이다(Kahneman & Tversky, 1973; Tversky & Kahneman, 1974).

사례 2

흑백이 9:91로 구성된 표본과 1:9로 구성된 표본을 놓고 평가하게 만들면, 전자에서 흑이 나올 가능성이 높다고 생각하는 사람들이 많았다(Peters et al., 2006, p.410).

신고전학파와 행동경제학의 논쟁주제가 개인의 합리성이고, 개인의 합리성이 주로 미시적인 경제문제와 관련되므로, 양자는 주로 미시경제학에 초점을 두고 있다. 그렇지만 거시경제학도 미시적인 기초를 강조하므로 거시경제현상도 이들의 논쟁과 무관하지 않다.

우선 신고전학파는 거시현상도 기대효용이론의 연장으로 개인의 합리성에 의존해 설명하며, 이에 부합되지 않으면 현상자체를 부인하는 경향을 보인다. 이에 반해 행동경제학은 개인의 불완전한 합리성에 근거해 소비행위뿐만 아니라 거시경제현상도 설명한다. 그런데 거시경제학에서 개인의 합리성은 흔히 실질변수의 변동과 명목변수의 변동을 구분해내는 것으로 규정된다. 이런 이유로 거시경제학의 중요 논란거리인 화폐환상이 통화주의와 케인즈주의, 그리고 이들과 구분되는 행동경제학의 입장을 보여준다.

케인즈와 케인즈주의자는 화폐부문의 중요성을 인정해 대체로 화폐환상을 인정하는 입장을 취한다. 이에 반해 통화주의자는 고전적인 이분법과 화폐의 중립성에 따라 화폐부문이 실물부문의 반영이라고 보면서 화폐환상을 부정한다. 행동경제학은 통화주의와 달리 화폐환상의 존재를 인정할 뿐만 아니라 케인즈주의와 다른 설명을 제시한다. 즉, 경제주체들은 일상적으로 현실의 경제현상과 관련해 실질변수로 제시되는 준거와 명목변수로 제시되는 준거에 동시에 접하게 되며, 이 상황에서 단지 전자가 아니라 양자 모두를 고려한다. 결과적으로 경제주체들이 명목변수를 준거로 삼아 손실회피를 시도하는 경우가 적지 않다.

구체적으로 봉급, 부동산, 자본재, 주식 등에서 실질변수의 감소가 명목변수의 증가로 상쇄될 수 있다. 물가상승률이 4%이면서 봉급이 2% 인상된 경우를 물가상승률이 0%이면서 봉급이 2% 삭감된 경우보다 선호하는 것으로 나타났다. 또한 물가가 상승하지 않고 일정 비율로 화폐임금이 삭감되는 경우와 화폐임금은 그대로 있고 같은 비율로 물가가 상승한 경우 중에서 선택하는 상황에서 사람들의 선택이 후자로 몰렸다. 양자 모두 실질임금이 같은 비율로 줄어들었으므로, 화폐환상이 없다면, 사람들의 선택이 반반으로 나뉘어야 한다. 이것은 화폐임금이 그자체로 사람들의 선택에 영향을 미쳤다는 증거이다.

물론 이와 관련해 실질과 명목뿐만 아니라 절대와 상대, 차이와 변화, 국부와 전체, 장기와 단기의 구분을 함께 고려할 필요가 있다(Shafir et al., 1997, p.353). 나아가 실물과 화폐의 구분을 연장시켜, 실질real과 명목nominal, 내용과 이름이나 포장, 실체와 형태에 있어, 명목, 이름, 외양이나 형태의 중요성도 지적할 필요가 있다.

가령, 새들의 세계에서 암컷은 생식 등의 이유로 꼬리가 긴 수컷을 좋아한다. 그런데 수컷에게 인조꼬리를 달아 놓아도 암컷은 이 수컷을 좋아해 진짜 꼬리와 가짜 꼬리를 구분하지 못한다. 사람도 직접 미인을 보는 경우뿐만 아니라 잡지나 사진 속의 미인을 보는 경우에도 성적욕구를 느낄 수 있다. 이 역시 진짜와 가짜를 구분하지 못하는 사례에 해당된다.

홉스Thomas Hobbes가 『리바이어던』에서 주장했듯이, 이름부여는 분류와 범주를 나타내므로 인식과 추상화의 시작이다. 그렇다면 행동경제학이 선택상황에 대한 서술과 이에 대한 인식에 중점을 두는 것과 화폐환상을 강조하는 것이 무관하지 않다.[18] 물론 이런 이유로 행동경제학은 통화주의보다 케인즈와 친화력을 갖는다.

이와 관련해 아커로프George Akerlof를 주목할 필요가 있다. 그는 미시적 기초를 강조하면서도 통화주의나 새고전학파와 달리 합리성을 제한하면서 행동경제학에 의존한다(Akerlof, 2002). 또한 그는 실러Robert Shiller 등 케인즈주의와 가까우면서도 새케인즈주의와 달리 심리학. 사회학이나 인류학으로부터 폭넓게 미시적인 요인들을 수용했다. 특히, 그는 정보의 비대칭성 이외에도 사기(士氣)나 공정성, 내부자/외부자 모형, 호혜성reciprocity과 선물주기, 집단규범, 정체성identity 등을 강조했다(Akerlof 2002, pp.414-415).

예를 들어, 아커로프는 임금경직성이 경영자와 노동자 사이에 존재하는 부분적인 선물주기의 결과라고 보아 호혜성을 강조한다(Akerlof, 1982). 부언하면 호혜성, 신뢰, 명성 등은 정치학과 경제학이 맞붙는 지점에서도 부각되는 개념들이다(Ostrom, 1998). 또한 자기통제self control의 부족으로 인해 먼 훗날을 위한 저축에 비해 가까운 미래를 위한 소비연기에 더욱 머뭇거린다는 procrastination 논리로 은퇴용 저축의 부족을 설명한다(Akerlof, 1982, p.423). 이는 나중에 설명하는 쌍곡형 할인으로 이어진다. 또 다른 현상으로 지속적인 하층민의 존재는 사회구성원으로서의 정체성 문제를 낳는다(pp.426-427).

아커로프에 의하면 행동거시경제학은 새고전학파가 설명할 수 없는 거시현상들을 설명할 수 있다. 그는 이런 현상들로 비자발적 실업의 존재, 통화정책의 영향, 가속적인 물가하락이 수반되지 않는 높은 실업률, 연금저축의 부족, 기초여건에 비해 과도한 주가변동성, 자기 파괴적인 하층민의 지속성 등을 들고 있다(Akerlof, 2002, p.412).

주식시장에서 기대효용이론이 여러 가지 어려움을 지니기 때문에 보다 많은 개입이 필요하다고 주장하는 학자도 있다(LeRoy, 1989). 이론적으로 주식시

---

18 실질(實質)과 명목(名目)이라는 번역어의 한문을 파헤치면 복잡해진다. 실질이라는 두 글자 모두에 화폐를 나타내는 패(貝)가 들어가 있다. 화폐가 실물의 일부라는 의미가 되어 화폐의 중요성을 웅변하므로 마르크스나 케인즈를 옹호한다고 해석할 수 있다. 또한 명목이 이름과 밀접하게 연관되어 있다는 것도 드러난다. 혹은 재화(財貨)와 화폐(貨幣)는 공통의 글자를 가지고 있으므로 재화와 화폐가 분화되지 않은 상태를 나타낸다고 볼 수도 있다.

장의 이례적인 현상들은 게임이론을 포함해 신고전학파의 핵심인 기대효용이론에 도전거리가 되고 있다. 구체적으로 기대효용이론의 핵심적인 가정인 이행성, 연속성, 독립성, 단조성 등을 반증한다(Starmer, 2000, pp.334-339). 이 중에서도 독립성에 대한 의구심이 가장 심각하다.

이에 대한 소극적인 방어책으로 이런 가정들을 완화해 신고전학파를 옹호하려는 노력이 생겨나고 있다. 동시에 세일러와 실러 등 보다 적극적으로 신고전학파를 비판하는 흐름도 생겼다. 특히, 세일러는 경제학과 심리학의 접합을 촉구하고 있다. 표준적인 금융이론에 대해 행동금융이론으로 분류되는 이들의 논의는 시장의 효율성가설에서 벗어나는 이례적인 상황들을 일반화하고 있다. 이들은 금융이나 재무의 범위를 넘어서 기대효용이론에 근거한 표준금융이론에 대한 대안을 제시하고 있다. 그리고 다른 부문에서보다 금융과 재무부문에서 행동경제학이 신고전학파보다 강세를 보인다고 추정할 수 있다.

이들의 입장에서 신고전학파가 설명하기 어려운 현상들은 다음과 같다. 문제해결을 위한 축약형 의사결정decision heuristic, 감정과 본능적 욕구의 작용, 선택항들의 제시 범위에 따라 달라지는 선택의 결과choice bracketing, 확률적이고 맥락에 의존적인 선호, 준거의존성 등이다(Stracca, 2004, pp.379-380). 이들은 개인 투자자가 시장보다 앞서간다고 주장하기보다 시장에서 형성된 자산의 가격이 반드시 합리적으로 결정되지 않는다고 주장한다(Statman, 1999).[19]

축약형 의사결정에는 적은 표본에서 과도하게 유추하는 확률이론에 대한 오인, 대표성의 편견과 현상고수의 경향, 집중력의 고갈로 인한 돌출적인 측면에 대한 편집증, 정보의 제공방식에 따라 속아 넘어갈 가능성, 모호성에 대한 회피 등이 포함되어 있다. 투자행위에 날씨나 숙면 여부가 영향을 주는 이유는 자긍심이나 자신감의 유지 혹은 정서적 안정 등을 위해 감정이나 본능

---

19 경영학자들은 마케팅의 초기 연구에 의존해 소비재나 주식에 대해 공리주의적 속성과 가치표현적인 기준을 구분하고 있다. 아마도 '공리주의'는 경제학의 합리성에, '가치표현'은 비합리성에 각기 상응하는 것 같다(Munson et al., 1981). 후자에 사회적 계급이나 지위가 포함되고 있음을 주목할 필요가 있다.

이 동원되기 때문이다. 제시된 선택범위에 대한 민감성은 국부와 전체나 단기와 장기의 차이에서 나타난다. 이는 화폐환상에서와 같이 물가가 크게 상승하지 않으면 단기적으로 명목변수에 의존해 계산하는 데서 드러난다.

이런 이유로 합리적 기대가설이나 시장효율성가설 등 합리성에 근거한 이론들은 주식시장에서 나타나는 격심한 변동성을 설명할 수 없다(Shiller, 2003, pp.86-87). 기초여건과 무관하게 가격변동에 대한 기대가 누적적으로 주가상승이나 하락을 가져오는 경우나 합리적인 투자가 비합리적인 투자를 전체적으로 압도하지 못하는 경우가 합리성의 가설에 위배된다. 구체적으로는 17세기 중엽 암스테르담에서 발생한 튤립 투기, 대공황 전후의 폰지 게임이나 피라미드식 판매 등이 이런 예이다.

지금까지의 논의를 통해 행동경제학에서 준거, 맥락, 초기대안이 중요하다는 점을 확인했다. 이로 인한 준거의존성, 맥락특정성context-specificity, 초기대안에 대한 민감성이 기대효용이론에 근거한 신고전학파 경제학으로부터 행동경제학을 구분 짓는 주요 특징이다. 이들이 여러 영역에서 개인의 의사결정에 중대한 영향을 미친다는 증거는 이미 여러 연구를 통해 광범위하게 제시되었다(Kahneman & Tversky, 1979; Tversky & Simonson, 1993; Kahneman, 2003; Thaler & Sunstein 2003).

물론 이미 설명한 바와 같이 이외에도 여러 다른 개념들이 등장한다. 그렇지만 적어도 경제학에서 강조하는 선택과 관련해서는 준거, 맥락, 초기대안이 가장 중심적인 개념들이라고 생각된다. 또한 수변의 개념들이 이런 세 가지 중심개념들과 직간접적으로 연결되어 있다.

이제 행동경제학의 특징인 준거의존성, 맥락특정성, 초기대안에 대한 민감성에 관해 구체적으로 논의해보자. 먼저 이 세 가지 개념들은 서로 연관되어 있지만 동일하지는 않다. 또한 맥락의 특정성이 다른 두 개념보다 포괄적이지만, 다른 개념들을 완전히 포함하지는 못한다. 단순화시켜 비교하면, 준거의존성은 가치함수의 근거로서 의사결정자의 현재 위치를 대변한다. 맥락의 특정성은 선택상황의 전체적인 모습이나 성격을 표현한다. 끝으로 초기대안은 보다 특정적으로 처음에 주어지거나 전통적으로 선택되었던 대안자체와 관련되어 있다.

무엇보다 행동경제학은 세 가지 개념들을 하나의 일관된 관점이 아니라 적어도 세 가지 차원에서 개념화한 것으로 보인다. 이 세 가지는 각기 개인적인 차원, 서술적인 차원, 그리고 사회적인 차원으로 부를 수 있다.

개인적인 차원은 개인의 선택대상인 재화나 자원의 집합에 중점을 둔다. 서술적인 차원은 선택상황에 대한 언어적인 서술이나 수학적인 표현에 따른 선택의 변동에 초점을 맞춘다. 세 번째로 행동경제학 부근의 일부 학자들은 사회정치적인 차원에서 이 개념들을 설명하기도 한다. 이는 사회의 존재나 인간들 사이의 사회관계들을 전제로 한다.

이 중에서 앞의 두 가지가 중심을 이루며, 세 번째는 부차적이다. 특히, 행동경제학도 방법론적인 개인주의에 경도되어, 준거, 맥락, 초기대안이 여러 개인들의 관계가 아니라 한 개인이 선택하는 선택대안들 사이의 관계나 비율에서 비롯된다고 생각한다. 이 점에서 행동경제학은 기대효용이론이나 이에 의존하는 신고전학파와 실질적인 차이를 보이지 않는 것 같다. 결과적으로 개인주의적인 차원과 사회적인 차원의 갈등이 행동경제학에 내재되어 있다.

행동경제학이 준거, 맥락, 초기대안의 세 가지 개념을 세 가지 방식으로 제시했다는 점과 그 중에서 개체주의에 편중되어 있다는 점이 이 책의 기본관점이다. 이 관점에 대한 증거를 제시하기 위해 행동경제학이 세 가지 개념들을 세 가지 방식으로 설명한 내용을 구체적으로 검토해 보자.

4.3 준거의존성

첫째, 이미 설명한 바와 같이 행동경제학의 준거는 현시점에 개인에게 주어진 자산이나 부존자원으로 규정되며 다른 부존자원이나 소득에 대한 비교의 기준이 된다. 준거를 집단이 아니라 개인이 보유한 자산이나 부존자원으로 규정한다는 점에서 행동경제학도 개인주의적인 관점을 채택하는 셈이다. 또한 이런 준거는 상황에 대한 서술과 무관하게 보유자산이나 부존자원에 의해 객관적으로 주어진다.

둘째, 행동경제학에서 준거는 주어진 부존자원뿐만 아니라 부존자원을 포함하는 선택대안들과 선택상황에 대한 제시, 서술 그리고 이해의 방식에 따라 변한다(Kahneman & Tversky, 1984, p.343). 서술적인 차원의 준거는 객관적으로 주어진다기보다는 언어나 숫자로 표현되는 방식과 이에 따른 규격화효과나 해석에 의존한다.

준거가 변하면서 이익이 손실이 되거나 거꾸로 손실이 이익이 되기도 한다. 이같이 선택상항에 대한 서술과 이해가 손실회피가 발생하는 영역을 바꾸므로 객관적으로 동일한 선택상황에서 동일한 의사결정자가 동일한 대안을 선택하지 않는다. 물론 기대효용이론은 절차상의 불변성을 전제하므로 이런 변동을 인정할 수 없다.

결과적으로 첫 번째 유형의 준거가 주어지더라도 두 번째 유형이 달라질 수 있다. 준거에 대한 이 두 가지 개념은 각기 실질부존자원과 이에 대한 서술에 의존하므로 실질과 명목으로 구분될 수 있다. 혹은 준거와 관련된 실질과 명목에 대한 구분은 두 가지 의미를 지닌다.

이 구분은 철학의 실재론과 유명론이나 명목론의 구분과 연결된다. 철학에서 실재론은 보편적인 사물이 실제로 존재한다고 보는데 비해, 유명론은 사물이 개별적으로만 존재할 뿐 보편적인 것은 이름뿐이라고 주장한다. 명목론은 영국의 경험주의로 이어진다. 이 구분에 비추어 보면 선택상황이 객관적으로 주어지는가 아니면 이해나 해석에 따라 재구성되는가가 문제이다. 신고전학파 경제학의 기대효용이론은 선택상황이 선호, 대안, 소득, 가격 등에 의해 객관적으로 주어진다고 전제한다. 이에 비해 행동경제학은 선택상황이 기술과 해석에 따라 바뀔 수 있다고 주장하는 셈이다.

그렇다고 행동경제학이 서술과 해석에 따라 선택상황이 완전히 재구성된다는 극단적인 입장을 취하고 있는지는 분명치 않다. 실재론과 명목론이 결합되기 어렵다면, 선택상황에 대한 행동경제학의 이 같은 입장은 모종의 타협이나 절충이라고 생각된다. 그러므로 행동경제학은 아직도 선택상황에 대한 자신의 이해방식을 명확히 하지 않은 것 같다. 그렇더라도 일단 행동경제학이 기대효용이론과 달리 서술이나 이해의 역할을 인정한다는 점이 중요하다.

선택상황의 구성요소 중에서도 선호에 관해 가장 논란이 많다. 기대효용이론은 소비자를 위시한 의사결정자가 일관되고 안정된 선호를 지니고 있다고 주장한다. 이에 반해 행동경제학은 선호의 완벽한 안정성이나 일관성을 부인한다. 나아가 행동경제학은 소비자나 의사결정자가 과연 내적인 선호를 지니는지에 대해 근본적인 회의를 품고 있다.

확률적이나 맥락의존적인 선호는 신고전학파가 상정한 선호의 안정성, 독립성, 외생성에 대한 반증이다(Stracca, 2004, pp.379-380). 먼저 선호가 확률적이라는 것은 미래의 선호에 대해 본인이 확신할 수 없음을 의미한다. 또한 이행성에 위배되는 선택 등으로 선호역전이 생길 수도 있다는 것을 의미한다.[20] 선호역전은 사물들의 여러 차원이나 속성들이 하나의 척도로 환원되지 않고 공존하는 경우, 선택의 상황에 따라 사물들이 지닌 여러 차원들 중 특정 차원이 부각되면서prominent 선택되는 대안들이 바뀌는 것을 의미한다(Lichtenstein & Slovic, 1971; Slovic, 1995).

신고전학파에서는 개인의 선호와 선택이 모여 시장의 교환을 이루며, 소비나 수요가 공급이나 생산보다 우선하므로, 선호가 중요하다. 이에 더해 선호역전은 신고전학파의 근접거리에서 제기되었고, 선호의 측정을 넘어서는 문제이므로, 신고전학파에 근원적이고 치명적이다. 또한 행동경제학자들은 이 현상이 기대효용이론의 독립성이나 이행성 등 공준 어느 하나를 완화하더라도 해소되지 않는다고 주장한다.

특히, 이 현상을 '척도의 부합성'scale compatibility 혹은 차원의 동일성과 관련지어, 서술적인 불변성이나 과정상 불변성에서 비롯된다고 해석하고 있다(Tversky, Slovic & Kahneman, 1990; Slovic, 1995). 카네만은 호가가 수반되는 입찰과

---

20 로빈슨, 가레그나니, 새뮤엘슨, 솔로우 등이 참여한 70년대 자본논쟁에서 신고전학파의 생산함수와 자본이론에 대한 반증근거로 제시된 현상이 자본 재교체(capital reswitching)와 자본역전(capital reversing)이었다. 자본역전은 이자율과 자본집약도 사이에 정의 관계가 나타나는 것을 의미한다. 선호역전이 자본역전보다 신고전학파에 더 근원적이다.

그렇지 않은 선택을 대안들에 대한 개별적인 평가와 종합적인 평가로 이해했다. 이에 따라 개별적인 평가에서는 제1체계가 작동하고, 종합적인 평가에서는 제2체계가 작동해 보다 일관성이 있다고 주장했다. 보다 넓혀 선택의 맥락, 비교의 기준, 범주, 규범이 바뀌면서 이와 같은 현상이 나타나기도 한다(Kahneman, 2011, pp.353-362). 다음의 예를 통해 이를 살펴보자.

A: 160$를 얻을 확률이 11/36이고, 15$를 얻을 확률이 25/36이다.
B: 40$를 얻을 확률이 35/36이고, 10$를 얻을 확률이 1/36이다.

위의 예에서 두 개의 불확실한 대안에 대해 보다 나은 하나를 선택하라고 요구하는 선택상황과 두 개의 대안에 대해 돈으로 환산해 가격을 매기라고 요구하는 입찰상황을 상정하자. 그냥 선택하라고 하면, B로 몰리는데, 돈으로 평가하라고 하면, A가 B보다 높게 나온다. 더 낫다고 선택한 대안이 돈으로 환산해도 높게 나와야 하는데, 결과는 그렇지 않은 것이다. 이에 대한 해명은 다음과 같다.

선택상황에서는 확률에 집착해 보다 확실한 B로 몰린다. 이에 비해 입찰상황에서 돈으로 평가하라고 하면, 돈과 같은 차원을 지닌 상금액이 부각되고 이에 집착해 A의 가치가 B의 가치보다 높게 나온다. 이 해명은 확률이 쉽게 돈과 같은 차원으로 환원되지 않는다고 전제한다. 이런 생각은 이미 알레에서 등장했다는 점을 기억할 필요가 있다. 반면 기대효용이론은 사람들이 상금과 확률을 모두 같은 차원에서 고려해 기대치를 계산하므로 언제나 A를 선택할 것으로 예상한다. 이같이 선호역전의 현상은 기대효용이론이 전제로 삼는 선호의 안정성이나 일관성에서 벗어난다.

도박은 그것의 여러 측면들이 개인의 의사결정행위에 차등적인 영향을 미치는 다차원적인 자극이다. 선택과 매력에 대한 평가는 주로 도박의 확률에 의해 결정되는데 비해 입찰은 주로 따거나 잃을 돈의 액수로부터 영향을 받는다(Lichtenstein &

Slovic, 1971, p.46).[21]

이 점에서 소위 구성적인 선호이론constructive preference theory은 행동경제학과 친화력을 지니고 있다(Payne, 1982; Payne et al, 1992; Simonson, 2008a, 2008b). 마케팅 분야에서 부상한 이 이론에 의하면, 선호는 소비자에 내재하는 것이 아니라 소비자가 구체적인 선택상황에 처해할 때마다 그때그때 형성된다. 기업이 광고를 통해 소비자의 마음에 선호를 그려 넣는 것은 아니지만, 소비자의 기호가 기업의 광고나 거래를 통해 자극받고 정리된다고 주장한다. 이 이론은 소비자의 주권이나 의사결정자의 자율성을 유지하면서도, 미리부터 선호가 존재한다는 기대효용이론의 입장을 거부한다.

둘째, 선택상황에 대한 이런 구분은 경제학에서 말하는 실질변수와 명목변수의 구분과 연결된다. 준거의존성은 준거가 반드시 화폐로 등장할 때에 국한되지 않는다. 또한 케인즈주의 등에서 화폐의 독자적인 역할은 준거와 무관하게 존재한다. 그러나 준거점이 재화나 자원으로 표현되었을 때보다 화폐로 표현되거나 준거의존성이 화폐환상이나 임금차등, 그리고 임금체계 등과 결합되었을 때 상황이 복잡해진다.

구체적으로 재화나 자원에 대한 비교에는 물가가 끼어들지 않으므로 이익인지 손실인지가 명확하다. 이에 비해 준거점이 화폐로 표현된 경우, 소득이나 금융자산의 크기가 변동하면서 동시에 물가가 변동할 수 있으므로, 이익인가 손실인가가 불분명할 수 있다. 그런데 이렇게 되는 원인이 통화주의와의 논쟁에서 케인즈주의가 주장한 바와는 다르다. 행동경제학의 연구에 의하면 물가변동을 완전히 파악하더라도 화폐환상은 존재한다.

이와 비슷한 생각을 지닌 행동경제학자들에 의하면 재화의 일차적인 가치는 초기설정에 구속되어anchoring 자의적으로 결정되며, 일단 가치가 형성되

---

21 a gamble is a multidimensional stimulus whose various attributes have differential effects on individual decision-making behavior.… choices and attractiveness ratings are determined primarily by a gamble's probabilities, while bids are most influenced by the amount to be won or lost.

고 나면 이에 근거해 소비자들이 일관되게 가격을 부여한다(Ariely et al., 2006). 가령, 특정 년도 특정 지역의 포도주 한 병의 가치가 얼마인지에 대해서는 소비자가 확신하지 못한다. 그러나 일단 이 가격이 x로 정해지면, 동일한 포도주 두병의 가치는 반드시 2x라고 생각한다. 이런 '자의적인 일관성'도 가치의 형성의 근거가 박약해 소비자의 선호를 기업 등이 형성하거나 조작할 여지를 허용한다.

준거에 대한 첫 번째 설명은 준거의존성이 적응수준이론에서 나왔다는 점에 부합된다. 이에 비해 두 번째 설명은 카네만보다 유사성에 대한 트버스키의 논의와 관련이 깊다(Tversky, 1977, p.328). 앞서 논의한 바와 같이 비교의 방향에 따라 유사성이 비대칭적이다. 이 경우 준거는 비교의 대상이 아니라 비교의 주체에 해당된다.

준거에 대한 세 번째 사회적인 설명은 타인과의 관계나 사회, 그리고 문화와 연결된다. 이 설명은 행동경제학에 명시적이거나 전면적으로 등장한다기보다 묵시적이거나 부분적으로 등장한다. 카네만과 세일러가 함께 수행한 공정성에 대한 실험과 논의에서 소비자와 상인, 종업원과 사주 사이에 공정성을 유지하는 기준이 거래, 가격, 임금, 이윤 등에서 준거를 이룬다(Kahneman, Knetsch & Thaler, 1986a, 1986b). 나아가 지역사회의 수준에서 준거가 설정된 경우도 있다(op.cit., 1986b, S297).

그럼에도 불구하고 사회나 시장에 대한 관념이 확고하지 않은 카네만과 드버스키에게서 재화나 자원과 교환관계나 사회관계 모두에 적용되던 준거는 점차 개인의 선택과 이런 선택의 대상이 되는 재화나 자원에 국한되는 방향으로 축소된 것으로 보인다(op.cit., S297-299).

> 이와 유사하게 공정성에 대한 판단은 준거가 되는 거래의 선별을 결정하는 요인들을 고려하지 않고서는 이해할 수 없다. 준거가 되는 거래는 종종 특정 재화와 연계된다. 또한 준거가 되는 거래는 기업과 어떤 개인의 관계에 대한 역사를 반영할 수도 있다(Kahneman, Knetsch & Thaler, 1986b, S297).[22]

22 Similarly, judgments of fairness cannot be understood without considering the factors that

이 기본 모형을 풍부하게 만드는 방법은 두 가지이다. 논란이 없는 조치는 환경과 거래주체들의 상호작용에 대해 보다 복잡한 관점을 채택하는 것이다. 보다 논란이 많은 조치는 행동주체의 모형을 복잡하게 만드는 것이다. 이것은 싸게 사서 비싸게 파는 것 이외의 추가적인 동인들이, 혹은 합리적인 기대들rational expectations이라는 표준적인 가정을 버리는 것이, 시장의 움직임market behavior에 영향을 미치도록 허용하는 것이다. 이런 주의사항들에도 불구하고, 때때로 표준적인 이론에서 무시되고 있는 행동요인을 명시적으로 도입함으로써 경제주체의 모형을 풍요롭게 하는 것은 유용하다(op.cit., S298-S299).[23]

이들보다 준거를 사회적으로 해석하는 행동경제학자들도 있다. 이 점은 세일러나 법학자인 선스타인, 그리고 경제학자이지만 행동경제학의 중심이 아니라 부근에 있는 프랭크Robert Frank 등에서 두드러진다(Sunstein, 2001b, p.268). 나아가 이것은 행동경제학에 국한되지 않는 사회적 선호social preference나 사회적 효용social utility이라는 보다 폭넓은 논의로 이어진다.

그러나 사람들이 만나는 맥락에서는 다른 사람의 결과들이 대안적인 (혹은 추가적인) 준거로 두드러질 잠재력을 지니고 있다(Loewenstein et al., 1989, p.427).[24]

많은 사람들은 평균임금이 9만 불인 회사에서 이보다 낮은 7만 불을 받는 직장보다 평균임금이 5만 불인 회사에서 6만 불을 받는 직장이 더 낫다고 생각한다(Sunstein, 2001b, p.268).

---

determine the selection of a reference transaction. Reference transactions are often tied to a particular good. The reference transaction may also reflect the history of relations between the firm and a particular individual.

23 There are two ways of enriching this basic model. An uncontroversial move is to adopt a more complex view of the environment and of the interactions among transacting agents. A more controversial move is to complicate the model of the agent. This can be done by allowing market behavior to be affected by added motives besides buying cheap and selling dear or by abandoning the standard assumption of rational expectations. In spite of these cautions it is sometimes useful to enrich the model of economic agents by explicitly introducing a behavioral factor that is ignored in the standard theory.

24 However, in an interpersonal context the outcomes of another person may emerge as an alternative (or additional), potentially salient reference point. 그렇지만 로엔스타인도 협상의 상황을 행동경제학의 기본논리와 연결시켜 계속 발전시키지는 않은 것 같다.

세 번째 의미의 준거는 모종의 사회성을 지니므로 특정인의 준거가 자신의 현재 보유자산이나 과거 보유자산이 아니라 특정 시점에서 다른 사람들의 보유자산과의 비교를 통해 형성될 수 있다. 이에 대한 설명으로 상대소득, 준거임금, 지위재화positional good나 사회적 비교social comparison 등이 대표적이다(Sunstein, 2001b, pp.267-268; Duesenberry, 1949; Akerlof, 1982; Frank, 1997). 사회적 비교는 사회심리학자 페스팅거Leon Festinger가 제시한 이론으로 프랭크가 사회구성원 사이의 상대적 지위로 해석해 경제학에 도입했다. 이 생각은 이미 베블렌의 과시적 소비나 듀젠베리의 상대소득가설에 내포되어 있다.[25]

준거에 대한 첫 번째 설명이 개인과 재화의 관계에서 발생하고, 두 번째가 선택상황에 대한 서술에 의존한다면, 세 번째는 인간들 사이의 관계에서 발생한다. 그런데 첫 번째, 그리고 두 번째까지도 개인적으로 결정되는데 비해, 세 번째는 어떤 방식으로든 사회적으로 결정된다는 점을 강조할 필요가 있다. 사회적인 준거에 의하면 재화나 서비스에 대한 개인의 평가가 개인 차원에서 결정되지 않고, 사회적으로 형성되고 변화한다. 두 번째의 준거도 언어에 의존하므로 부분적으로 문화적이지만, 세 번째 준거는 본격적으로 문화적이면서 정치적일 수 있다.

사회적 비교뿐만 아니라 두 명 이상의 당사자가 개입된 협상의 상황에서 준거가 형성되기도 한다. 물론 협상의 상황에서 맥락이나 서술, 초기대안도 중요해진다. 이 경우 준거는 특정인의 소득이나 부존자원이 아니라 협상에서 나눌 몫이녀, 준거는 서술이나 규격화에 따라 바뀌고, 준거가 되는 몫보다 적거나 많으면 이익이나 손실이 생기고 손실회피도 발생한다(Neale & Bazerman, 1985).

구체적인 예로, 노조는 시간당 임금 12$ 이하를 패배나 손실로 간주하고, 경영진은 10$ 이상을 손실로 생각한다면, 양자의 임금협상은 타결되지 않고

25 케인즈도 『일반이론』에서 화폐임금에 대한 노동자들의 집착을 설명하면서, 노동자들이 다른 노동자들과 비교한 상대임금에 집착한다는 점을 지적했다. 케인즈도 준거를 상정했고, 이를 화폐의 역할이나 화폐환상과 연결시켰으며, 심지어 사회적 비교라는 관점에서 파악했다고 이해할 수 있다.

강제조정으로 갈 가능성이 높다. 여기서 준거가 달라서 각자의 손실회피가 만나지 못하는 지점에서 이루어지고 있다. 이런 이유로 임금협상에 임하는 경영진이 손실극소화를 목표로 삼는 경우보다 이익극대화를 목표로 삼는 경우 타결의 가능성이 높게 나타났다. 또한 타인과의 차이가 발생한 원인이 자연환경이나 우연 때문인지, 아니면 사회적인 요인이거나 인간의 의도 때문인지, 혹은 이것을 어떤 것으로 서술하거나 포장하는지에 따라 준거나 이를 수용하는 정도가 달라진다(Blount, 1995). 이것은 흔히 원인규명의 논리attribution로 불린다.

여기서 준거는 하나가 아니라 두 개 이상이다. 협상자 개인들이 각기 준거를 들고 나와 이들이 충돌하는 상황이다. 그런데 이와 유사한 것이 신고전학파의 교환을 설명하는 에지워스-보울리 상자에서도 이미 등장했다. 따라서 여기서 등장하는 준거의 사회성이 그다지 적극적이라고 판단할 수 없다.

카네만과 트버스키도 준거의 사회적 성격을 의식하고 있으나, 선스타인과 같이 명시적이지 않다(Kahneman & Tversky, 1979, p.286; Kahneman & Tversky, 1984, p.349; Tversky & Kahneman, 1991, pp.1046-1047, 1056). 특히, 준거의 정치적인 성격에 대해 카네만과 트버스키는 간략하게 언급하는데 그쳐, 그다지 중요성을 부여하지 않았다(Kahneman & Tversky, 1984, p.346).

지금까지의 논의를 통해 행동경제학이 준거의 실질적인 차원과 명목적이거나 서술적인 차원을 모두 고려했다는 점과 일부 학자들이 준거의 사회적 측면을 언급했다는 점을 확인했다. 그렇지만 행동경제학은 개인주의적인 준거, 서술적인 준거, 그리고 사회적인 준거를 명확히 구분하지 않았고, 이들을 일체성 있게 통합하지도 않았다.

무엇보다 이 세 가지 중에서 개인주의적인 관점이 행동경제학을 지배하고 있어, 준거를 사회적으로 해석하려는 노력이 취약하다. 이는 행동경제학이 준거를 주로 다른 사람들로부터 고립된 개인의 차원에서 파악했다는 것을 의미한다. 이 점에서 행동경제학은 자신이 비판한 기대효용이론과 별 차이가 없다.

이런 이유로 기대효용이론뿐만 아니라 행동경제학도 사람들로 구성된 사회보다 재화들이나 선택대상들로 구성된 '사회'에 더 집착한다. 또한 행동경제학은 인간이 사회에 포함되거나 이로부터 배제되었는지 여부에 관심을 두기보다 개인의 선택을 위한 대안들의 포함이나 배제에 관심을 둔다. 심지어 행동경제학도 신고전학파만큼 사회속의 자유보다 개인이 누리는 선택의 자유에 집착한다고 진단할 수 있다.

뒤집어서 기대효용이론도 초기에는 행동경제학에 준하는 사회적 규정의 맹아를 지니고 있었다. 우선 프리드먼과 새비지는 자신들의 고전적인 논문에서 위험에 대한 선호를 소득수준이나 소득계층과 연결시켰다(Friedman & Savage, 1948, pp.298-299). 기존 계층에 머무는 경우 위험 회피적이지만, 계층의 이동이 가능한 지점에서는 반대로 위험을 감수한다고 이들은 주장했다. 이에 따라 효용함수가 부의 수준에 따라 두 개의 변곡점을 지닌다. 이를 연장하면, 사회적으로 계층이 고정되어 있거나 안정적이면 준거가 과거에 의존해 결정되나, 이동이 자유롭거나 불안정하면, 준거가 미래지향적으로 결정된다고 해석할 수 있다.

그런데 의외로 상당한 사회적 함의를 지닌 이 생각이 이들의 이후 논문에서는 더 이상 취급되지 않았다(Friedman & Savage, 1952). 이런 맥락에서 이들에 대한 마코위츠Harry Markowitz의 우호적인 비판을 주목할 필요가 있다(Markowitz, 1952). 마코위츠는 부의 차이나 사회계층의 중요성을 약화시키면서, 동시에 행동경제학과 비슷한 논리를 전개했다.

구체적으로 마코위츠는 위험에 대한 태도가 부의 수준이나 계층의 차이 때문이 아니라 현재의 부존재산을 기준으로한 이익과 손실 사이의 비대칭 때문에 누구에게나 생길 수 있다고 주장했다. 이같이 동일한 수량의 이익이 가져다주는 즐거움보다 동일한 수량의 손실이 가져다주는 고통이 크기 때문에, 통상적인 재산수준을 나타내는 원점에서 효용함수가 굴절한다.

또한 이익으로 인한 즐거움이 처음에는 적다가 나중에 커지면서 변곡점을 이룬다. 반대로 손실로 인한 고통은 초기에 크다가 나중에 점점 줄어 변곡점을 이룬다. 그리고 이 변곡점들은 부유할수록 원점에서 멀리 떨어져 나타나며, 가난할수록 원점에서 가까이 나타난다. 여기서 빈부의 차이는 원점으로부터의 거리라는 양적인 차이로 규정된다. 프리드만·새비지와 마코비츠를 대비시키면 아래와 같다.

그림3의 효용함수에 대해 가능한 해석은 이 두 볼록한 두 구간들이 질적으로 서로 다른 사회경제수준에 해당되고, 오목한 부분은 이 두 수준사이의 과도적인 수준에 해당된다고 보는 것이다(Friedman & Savage, p.298).[26]

프리드먼과 새비지는 이것들이 서로 다른 사회계급을 대표한다는 주장까지 내세웠다. 변곡점들 사이의 거리는 부의 감소하지 않는 함수이다. 이 글의 가설은 가난하든 부자이든 행위가 본질적으로 같다는 것을 시사한다(Markowitz, p.152, 155).[27]

마코위츠의 통상적인 소득이 준거에 해당되는데, 이것과 현재소득의 차이가 우연에 맡겨지므로 준거로서의 성격이 취약하다. 또한 선택의 맥락이나 해석이라는 측면이 전혀 없다는 점에서 마코위츠는 행동경제학과 다르다. 그러나 재산이나 소득자체가 아니라 소득의 변화, 즉, 이익과 손실을 효용의 결정요인으로 도입했다는 점이나 이들 사이의 비대칭성을 설정했다는 점은 유사하다.

프리드먼과 새비지가 선불리 계층의 변화나 이동으로 규정했던 것들을 마코위츠가 개인의 영역으로 변형시켰다는 점이 보다 중요하다. 우선 통상적인 소득이나 평균소득이 개인에 따라 다르므로, 예를 들어, 어떤 개인도 월 소득 1백만 원과 월 소득 1천만 원 사이를 왕복할 수는 없다. 그러나 대부분의 개

---

26 A possible interpretation of the utility function of Figure 3 is to regard the two convex segments as corresponding to qualitatively different socioeconomic levels, and the concave segment to the transition between the two levels. 사소한 점이지만 여기서 'convex'와 'concave'는 'convex from above'와 'concave from above'로, 요사이의 통상적인 표현으로는 반대로 'concave'와 'convex'에 해당된다. 따라서 여기서 'convex'는 화폐의 효용이 체감해 위험을 회피해주는 보험을 구입하는 구간이고, 'concave'는 효용이 체증해 복권을 구입하는 구간이다. 이와 반대로 해석하면 의미가 통하지 않는다.

27 Friedman and Savage go so far as to suggest that these may represent different social classes. The distance between the inflections points is a nondecreasing function of wealth. The hypothesis implies that his behavior will be essentially the same whether he is poor or rich.

인들에게 통상적인 소득의 위아래로 5% 정도를 왕복하는 일은 흔하다. 이에 따라 마코위츠는 프리드먼과 새비지의 효용함수를 변형시켜, 중산층을 원점으로 삼고, 빈곤층을 손실로 삼으며, 부유층을 이익으로 삼았다. 다만, 빈곤층의 효용함수가 손실부분이 되면서 이 부분의 볼록성과 오목성이 뒤바뀌게 된다.

이에 따라 사회의 여러 계층이 한 개인의 여러 상황으로 변형되었다. 재산이나 소득의 절대적인 크기가 재산이나 소득의 증감으로 바뀌면서, 사람들이 재산의 수준과 이에 근거한 계급이나 계층에 따라 나뉘는 대신, 이익과 손실의 주체라는 동등한 개인으로 등장하게 되었다. 일시적으로 상식에 이끌려 시카고학파의 입장에서 벗어난 선배들의 일탈을 마코위츠가 신속하게 교정한 셈이다.

동시에 이런 교정이 준거의존성과 비슷한 개념을 통해 성취되어 행동경제학과 친화력을 지니고 있다. 이로부터 인지심리에 집착해 사회심리와 거리를 두고 있는 행동경제학도 사회성을 축소시키기 위해 준거의존성을 끌어들이지 않았는지 검토할 필요가 생긴다. 보다 포괄적으로 이로부터 행동경제학이 사회계층의 차이를 둔화시켰을 가능성이나 인간의 사회성을 개인주의의 입장에서 변형했을 가능성을 지적할 수 있다.

뒤집어서 위험을 신분이나 계급과 연결시킨 부분은 기대효용이론과 마찬가지로 방법론적인 개체주의에 집착하는 행동경제학에 대해서도 함의를 지닌다. 가령, 준기가 계층이나 계급별로 달리 형성된다는 논리나 자신의 계급이나 계층을 지키려는 사람들과 변화를 지향하는 사람들에게 소득이나 자산으로 본 준거가 달리 형성된다는 논리 등은 신고전학파뿐만 아니라 행동경제학에서도 찾기 힘들다.

이와 관련해 준거의존성에 대한 서전의 후회이론도 검토할 필요가 있다 (Sugden, 1985, 2003; Munro & Sugden, 2003; Loomes & Sugden, 1982; Loomes et al., 2009). 이 이론은 기대효용이론의 독립성 공준을 비판할 뿐만 아니라 행동경제학의 준거의존성을 나름대로 해석한다. 예를 들어, A주식에 투자했는데, 나중 상황은 B주식에 투자했더라면 더 많은 수익을 얻을 수 있었던 것으로 드러난 경우를 생각할 수 있다. 이것은 소득세가 일률적으로 인상되어 가처분소득이 감소하는 경우와 구분된다. 이에 따르면 선택되지 않은 대안이 선택된 대안을 평가하는 준거로 작용하므로 준거가 내생적으로 형성된다. 이는 기존의 행동경제학이 준거를 외생적으로 제시한 것과 대비된다. 결과적으로 후회이론은 행동경제학과 결합해 기대효용이론에 대한 대안을 제시했다. 그리고 이런 비판을 카네만 자신이 인정했다(Kahneman, 2011, pp.287-288).

4.4 초기대안의 설정

준거에 대한 세 가지 설명방식은 초기대안의 중요성에도 적용된다. 초기대안의 중요성은 구속효과와 관련되며, 재화, 문제풀기, 의료이나 연금보험, 권리나 규정 등 다양한 사물들을 대상으로 등장한다(Ayres & Gertner, 1989, p.91).[28] 특히, 초기대안이 중요하다는 것은 대안들이 제시되는 순서와 선택의 결과가 무관하지 않다는 점에서 기대효용이론이 의존하는 절차의 불변성에 위배된다. 미리 지적할 것은 초기대안의 설정이 가장 직접적으로 행동경제학의 사회철학인 자유온정주의와 연결된다는 점이다. 자유온정주의는 우선적인 고려대상 혹은 초기대안default을 설정해 경제주체들이 보다 합리적으로 선택할 수 있도록 유도하는 최저수준의 개입이다.

대안이 제시되는 순서는 두 가지로 나눌 수 있다. 우선 제시되는 순서나 선택되는 순서가 선택의 범위나 숫자에 객관적으로 변화를 가져오는 경우이다. 이와 달리 인식에 있어서나 주관적으로 처음 제시되는 대안이 하나의 대안 이상으로 선택의 주체에게 지배력을 가지는 경우도 있다. 행동경제학은 후자에 주안점을 두는데, 전자부터 논의해 보자.

행동경제학에 의하면 동일한 집합의 대안들이라도 이들이 동시에simultaneous 제시되는가 아니면 순차적sequential으로 제시되는가에 따라 선택의 방식과

28 에이레즈 등은 초기규정이 계약의 명시적인 용어들과 불변의 규정들 사이에 놓여 있어 여러 해석을 가능케 한다고 생각한다.

결과가 달라질 수 있다. 반면 기대효용이론은 이 구분에 둔감하고, 주로 동시에 제시되는 상황에 집중한다. 사지선다형의 문제를 풀거나 슈퍼마켓에서 장을 볼 때는 가능한 답들이나 대안인 식품들이 한꺼번에 주어진다. 그렇지만 결혼이나 동물의 짝짓기, 집구하기 등에서는 대안이 동시에 주어지지 않고 하나씩 순차적으로 주어진다.

순차적으로 주어지는 경우 탐색에 시간과 비용이 들며, 시간이 흐르면서 대안들이 사라진다. 집을 구할 때 다른 집을 보고나서 원래 보았던 집이 더 낫다고 생각해 되돌아왔을 때, 그 집이 이미 팔렸을 가능성이 있다. 짝 찾기에서는 이런 상황이 더욱 심각하다. 장보기에서도 물건이 부족하거나 한정판매가 실시되는 경우에는 이와 비슷한 상황이 연출될 수 있다.

동시적인 제시와 순차적인 제시가 모두 가능한 경우라도, 동시에 제시하느냐 순차적으로 제시하느냐에 따라 선택이 달라진다. 사람들에게 한 달 동안의 점심식사를 미리 고르라고 할 때와 매일 그 날의 식사를 고르라고 할 때를 비교하면, 후자보다 전자에서 사람들이 더욱 다양성을 추구한다. 사람들이 실제 추구하는 것보다 더 높은 수준의 다양성을 표방하는 이런 현상을 다양성의 편의diversification bias라고 부른다.

동시적인 선택상황에서는 기대효용이론이 주장하는 바와 같이, 극대화나 적정화가 타당하다. 반면 순차적인 선택상황에서는 사이먼이 주장했던 바와 같은 만족화satisficing가 더 타당하다.[29] 만족화는 자신이 만족할 만한 수준을 미리 정해놓거나 이것이 이미 정해져 있어, 이 수준을 충족시키는 대안이 있으면 더 이상 탐색하지 않고 그것에 만족하는 원리이다.

만족화의 원리는 어느 수준에 이르면 그 이후로는 여러 측면들 사이의 대체나 상충을 허용하지 않으므로 신고전학파의 원리에서 벗어난다. 이 점에서 탐색비용을 고려해 탐색의 정도를 결정한다는 생각과 차이가 있다. 같은 이유로 만족화는 트버스키가 강조했던 대안의 여러 측면들을 하나씩 고려해 제거함으로써 원하는 대안에 이르는 선택방식에 부합된다. 이 방식에 따르면

29 원래 영어에 존재하지 않는 'satisfice'라는 단어를 사이먼이 만들어냈다.

가령, 자동차를 구입하는데, 배기량은 얼마이상, 좌석은 몇 개 이상, 가격은 얼마이하 등으로 정해놓고, 이에 따라 선택의 범위를 좁혀나간다.

이와 비슷하지만 다른 상황으로, 여러 대안들을 놓고 비교하면서 선택하는지, 아니면 이들을 하나씩 보면서 지불의사나 점수를 부여하는지에 따라 선택결과가 달라질 수 있다(Hsee, et al., 1999). 이렇게 되는 이유는 대안들이 지닌 여러 속성들 중에서 평가방법이나 맥락에 따라 이에 부합되는 특정 속성이 부각되기 때문이다. 또한 비교해야만 평가가 가능한 속성이 있고 분리해서 보아도 평가가 가능한 속성이 있는데, 전자는 비교선택에서, 후자는 분리평가에서, 각기 비중이 커지기 때문이다. 기대효용이론은 개인의 합리성을 전제하므로 이런 선호역전을 인정할 수 없다.

가령, 종업원 채용에 있어 경력과 대학 학점 두 가지 속성이 기준이라고 하자. 경력은 직접적인 비교를 통해서만 우열을 가릴 수 있는데 비해, 학점은 모든 대졸자에게 표준화되어 있으므로 분리해서 평가할 수 있다. 이 경우 지원자들을 비교하면 경력의 가중치가 더 커진다. 반면 각각에 대해 개별적으로 보수를 책정하라고 지불의사를 요구하면, 학점이 더 부각된다. 그 결과 선호가 역전될 수 있다(op.cit. p.577).

특정 주식의 하락은 이 주식의 모든 보유자들에게 동일한 손실을 낳는다. 그렇지만 원래부터 이 주식을 보유한 사람보다 다른 주식을 팔고 이 주식을 구입한 사람들이 더 비난을 받는다. 동일한 손실이지만 가만히 있었던 omission 경우보다 저지른commission 경우 더 비난을 받는 셈이다. 행동경제학은 이것도 초기대안에 대한 존중으로 이해한다(Kahneman, 2011, p.348).

행동경제학은 초기대안의 설정도 개인적, 서술적, 사회적 차원에서 이해하지만, 역시 개인차원에 치중한다. 구체적으로 대안들은 주로 개인이 소유한 자산이나 재화들이며, 특정의 대안을 우선적인 선택대상으로 설정하는 목적은 개인에게 개별적으로 영향을 주는데 있다. 무엇보다 초기대안을 논의하는데 있어 개별주체들이 사회적인 관계나 사회구조에 묶여 있을 가능성을 행동경제학은 별로 고려하지 않는다. 이같이 초기대안을 주로 개인차원의 문제로 다루는 것은 준거개념을 다루는 방식과 비슷하다.

이런 생각은 몇 가지로 이해할 수 있다. 첫째, 초기대안과 관련해서도 행동경제학이 방법론적인 개인주의에 의존한다. 둘째, 행동경제학이 초기대안을 언어적인 표현과 무관하게 재화나 물체의 관점에서 개념화한다. 언어적인 표현을 고려하더라도 이를 서술적인 명제로 간주해 대인간의 의사소통이나 일상적인 적응과 무관하게 취급한다. 이 두 가지 측면은 서로 연결되어 있다.

이미 지적한 바와 같이 개인주의 편향 때문에 행동경제학도 개인자체, 재화들 사이의 관계, 혹은 개인과 재화들 사이의 관계에 집착한다. 따라서 행동경제학은 초기대안을 설정하는데 있어서도, 집단 및 계급의 존재나 인간들 사이의 경제적, 정치적, 사회적 관계를 고려하지 않는다. 이 점에서 행동경제학은 기대효용이론과 다르지 않다.

행동경제학이 초기대안을 권리나 의무로 이해하지 않는 경향도 이런 흐름에 부합된다. 부존권리entitlement를 권리나 의무로 된 부존자원endowment으로 간주하면 재화나 자원으로 구성된 부존자원과 달라 보이지 않는다. 그러나 효용의 대상인 재화나 자원은 다른 사람들의 의지와 이익으로부터 독립적으로 존재하는데 비해, 권리와 의무는 본질적으로 인간들 사이의 정치적이거나 사회적인 관계에서 비롯된다.

이런 생각은 고대희랍사상에서 비롯되었고, 근대에는 칸트Immnuel Kant에서 다시 등장한다. 칸트는 법과 권리를 시민들 사이의 양자관계나 다자관계에 근거해 설정했다(Kant, 1790, pp.14-19, 24-29, 44). 권리가 타인이 개입된 사회관계에서 비롯되므로, 대부분의 권리부여에는 항상 제삼자에 대한 효력이나 영향이 문제된다.

이에 비해 재화나 자원의 배분에 중점을 두는 신고전학파 경제학은 원래 이런 것을 별로 인정하지 않는다. 그나마 신고전학파가 개체주의의 입장에서 권리나 의무를 수용하기 위해 활용할 수 있는 개념이 외부효과이다(Sen, 1993b, p.51). 그렇지만 경제학은 내부효과를 당연시해 이를 명시적으로 언급하지 않으므로, 제삼자에 대한 영향에 가까운 외부효과가 예외적이라고 생각한다(Sunstein, 2001b, p.215, 223, 227). 또한 외부효과나 공공재 등의 개념은 인간의 사회관계를 개인에게 미치는 효과나 비용으로 전환한다.

이는 벤담, 기대효용이론, 그리고 행동경제학이 모두 칸트 등 여타 사회사상과 대조적으로 인간의 사회성을 경시한다는 것을 의미한다. 더구나 이 점은 이들 모두가 개인과 개인이 느끼는 쾌락과 고통이라는 산술의 대상에 일차적인 중요성을 부여한다는 점과 무관하지 않다. 이와 관련해 카네만이 신고전학파를 비판하면서도 벤담으로 돌아가자고 주장했음을 기억할 필요가 있다(Kahneman et al., 1997). 이같이 행동경제학은 신고전학파에는 비판적이면서도 공리주의의 복원을 주창한다.

기대효용이론은 원래의 공리주의에서 많이 벗어나 있고, 현재 상태의 신고전학파가 공리주의에 근거한다고 단언할 수 없다. 그렇지만 신고전학파의 뿌리인 한계효용학파가 공리주의에서 출발했고, 현재의 후생경제학은 공리주의와의 연관성을 부인할 수 없다. 롤즈나 센이 공리주의를 신고전학파의 사회철학적인 기반으로 당연시하는 것은 이 때문이다.

긍정적으로 보면, 카네만의 주장을 기대효용이론이 몇 가지 공준을 충족시키는 선호관계에 의존해 진정으로 인간의 감정을 고려하지 못한다는 비판으로 이해할 수 있다. 넓게 보면, 이는 기대효용이론뿐만 아니라 이 이론을 비판하는 다수의 행동경제학자들 자신이 쾌락주의나 공리주의에서 벗어나지 못했음을 의미한다. 카네만은 알레의 역설을 해명하기 위해 자신과 트버스키가 인간의 완전한 합리성은 포기했지만, 효용이론은 그대로 유지했다고 주장했다(Kahneman, 2011, p.314). 그렇다면 행동경제학과 신고전학파는 서로 다른 모습을 지니면서도 여전히 효용이론을 공유한다고 볼 수 있다.

이 점에서는 세일러도 마찬가지이다. 그가 내세운 정신적 회계는 소비자가 화폐지출의 고통을 최소화하려고 노력한다는 점에 착안하고 있다. 이것은 재화에 대한 소비나 노동을 넘어 화폐지출 자체를 쾌락과 고통의 대상으로 삼기 때문에 공리주의에 대한 보다 적극적인 활용으로 간주할 수 있다.

이에 비해 선스타인은 행동경제학의 대표주자이면서도 초기대안에 대해 개인주의적인 관념으로부터 상당히 벗어나 있어 긍정적이다. 이는 선스타인이 경제학자가 아니라 법학자라는 점과 무관하지 않다. 법학에서 초기대안은 재화나 자산이 아니라 법이나 규정이다. 구체적으로 법에 있어 초기대안은 당사자들이 별도로 합의하지 않는 한unless otherwise agreed, 모두가 지켜야 할 규칙이나 벌칙이다(Ayres & Gertner, 1989, p.120). 나아가 그는 초기대안이 모든 언어에 불가결하다고 주장했다(Sunstein, 2001a, pp.1685-1686).

> 언어는 여러 종류의 초기대안들이 없으면 의미가 없다. 그리고 모든 사람이 이런 대안들을 활용한다. 이들은 해당 언어에 대한 이해가 의미하는 바의 한 부분이다(Sunstein, 2001a, pp.1685–1686).

행동경제학에서 선택대상으로서의 초기대안과 선스타인의 행동법학에서 법이나 규정에 대한 초기해석이 지니는 사회철학적인 함의는 서로 다를 수 있다. 적어도 규칙은 물체나 재화와 달리 말로 표현되므로 여러 가지 해석을 낳는다. 이렇게 이해했을 때 초기대안은 준거의 실제적인 측면과 이에 따른 부존자원효과보다는 준거의 서술적인 측면이나 이에 따른 규격화 효과 등과 더 관련이 있다. 협상에서 초기제안이 최종적인 결과에 중요한 영향을 미친다는 사실도 초기대안의 사회적 성격이나 맥락의 중요성을 보여준다(Blount, 2000).

이같이 선스타인에게 있어 초기대안의 중요성은 우선적인 대안의 설정이라는 차원을 넘어선다. 행동법학의 관점에서 보면, 대부분의 계약들은 모호성에 싸여 있어 계약당사자들에게 다양한 해석의 여지를 남긴다. 이런 상황에서 전통적으로 주어져 있는 해석이 우선적으로 고려된다(Sunstein, 2001b, pp.213-222, 232-236).[30] 이렇게 보면 초기대안에 대한 선스타인의 생각은 계약의 이행이나 불완전계약의 문제로도 이어진다.[31]

---

30 선스타인은 모호성을 형식논리뿐만 아니라 침묵과도 대비시켰다. 준거와 초기대안, 그리고 맥락은 모두 모호성에 휩싸여 있지만, 동시에 침묵에 묻혀있다. 형식논리는 프레게나 러셀과 신고전학파 경제학이 내세우는 바이지만, 침묵의 언어는 마르크스, 프로이트(Sigmund Freud), 알뛰세르(Louis Althusser)의 주제이다.

31 법에서 해석이 중요하고 전통적인 해석이 우위에 있다는 것은 일반적으로 인정된다. 하이에크에서는 이것이 보수주의를 낳는다. 또한 그는 인간의 무지에 따른 전통의 중요성을 강조하면서 자유방임주의를 내세웠다. 나아가 그는 국가와 성문법의 역할을 경시하는 입장에서 법이 입법부에서 제정되는 것이 아니라 사법부에서 해석을 통해 구성되고 재생산된다고 주장했다

적절한 사례는 고용주와 피고용인들의 관계가 개입되어 있는 근로계약이다. 이 관계에서는 특정 수준의 임금인상안이 초기대안으로 제시되어 협상과 최종타결에 중요한 영향을 미친다. 그런데 이 경우 초기대안은 한 개인의 차원에서 주관적으로 결정되지 않고 협상을 통해 정치적으로 결정된다. 이런 초기대안은 소비재에 대한 선택에서 등장하는 초기대안과 구분된다.

이에 따라 재화에 대한 선택에서는 그 대상들이 '합당한'reasonable, '수용가능한'acceptable, '중대한'significant, '최저한도'de mininis 등의 법적인 규정이 아니라 가격과 수량 등을 통해 보다 명확하게 제시된다고 반박할 수 있다. 그러나 가격이나 수량으로 명시하더라도 모호성에서 완전히 자유로울 수 없고 해석의 여지도 남는다.

예를 들어, 피자가게에서는 이윤을 극대화하기 위해 고객들에게 아무 것도 얹지 않은 피자(A)보다 모든 토핑을 다 얹은 피자(B)를 우선적인 대안으로 제시할 가능성이 높다. 이 경우 언어의 모호성이 개입되어 있지 않은 구체적인 재화를 사람들은 선택한다. 이 점에서 특정 피자를 초기대안으로 정하는 것은 '별도로 명시하지 않는 한' 모든 것을 다 포함하는 보험증서를 택하도록 하는 초기대안의 설정과 대비된다. 피자의 선택은 개인이 여러 재화나 물건들 중에서 선택하는 상황에 해당되는데 비해, 보험의 선택은 규정에 대한 양자의 합의에 가까울 수 있다. 그렇지만 피자의 선택상황에서도 사람들이 소비하는 토핑의 숫자가 달라지고 소비자의 후생이나 건강을 극대화하느냐 아니면 기업의 이윤을 극대화하느냐의 서로 다른 결과들이 걸려 있다. 그러므로 이 경우에도 모호성과 해석의 여지는 남아 있다.

나아가 선스타인은 사회적인 틀 속에서 초기대안을 생각하기 때문에 이익집단들이 인지상의 문제를 이용해 사람들의 선택들을 자신들에게 유리하게 조작한다는 점을 폭넓게 인정했다(Sunstein, 2001a, p.1662). 카네만과 트버스키도 협상의 초기조건이나 이에 대한 조작이나 착취을 언급했으나, 이를 본격

(Hayek, 1979; 홍 훈, 2009a, 270-278쪽). 이런 이유로 국회의원이 아니라 변호사가 법을 만든다. 그렇지만 법에 대한 기존 해석이 반드시 보수주의를 의미하지는 않는다. 선스타인은 하이에크와 달리 자유온정주의를 주장했다.

적으로 부각시키지는 않았다(Kahneman & Tversky, 1984, p.346; Tversky & Simonson, 1993, p.1187; Kahneman, 2011, pp.304-305, 330).

위의 논의를 통해 행동경제학이 초기대안도 준거와 비슷하게 세 가지 정도로 개념화했다는 점을 확인했다. 또한 초기대안을 주로 재화나 자산으로 표현했고, 부분적으로 초기대안에 대한 해석의 다양성이나 이에 포함된 사회성을 인정했다. 그러나 초기대안을 설명하는데 있어서도 선스타인을 제외한 대부분의 학자들이 방법론적인 개인주의에 의존해 그것의 사회성을 본격적으로 부각시키지 않았다. 결과적으로 행동경제학이 초기대안개념도 종합적으로 제시했다고 보기 힘들다.

4.5 맥락의 특정성

일반적으로 모든 사물이 객관적으로 주어지는 것이 아니라 이에 대한 인식에 따라 사물이 바뀐다는 입장에서 맥락을 중시하는 사상가는 적지 않다. 행동경제학은 보다 좁혀 신고전학파가 강조하는 개인의 선택이 선택상황의 맥락이나 이에 대한 개인의 인식에 따라 변할 수 있다는 점을 본격적으로 내세웠다.

이들에 따르면 특정의 선택상황은 객관적으로 주어지지 않고 상황을 설정하거나 제시elicit하는 방식과 이를 받아들이거나 편집edit하는 방식에 따라 변동한다. 주관적인 인식과 관련된 이런 변동을 포괄적으로 선택의 맥락이라고 규정할 수 있다. 특히, 트버스키가 특정한 맥락에 따른 민감성을 강조했고, 세일러는 맥락자체를 중시했다. 이 입장에서는 베버가 강조한 이해의 방법이 중요해진다(Lewin, 1996, pp.1296-1299).

신고전학파는 분석철학이나 논리적인 원자주의에 근거하기 때문에 맥락을 중시하지 않는다.[32] 분석철학은 형식논리를 주도하는 수학이라는 추상적

32 게임이론가들 중 현실생활 속의 맥락과 이해를 강조하는 경우도 있으나, 이것이 서로 간의 믿음체계 등으로 단순화되어 있고, 이런 주장을 하는 사람들이 다수도 아니다(Aumann & Drèze,

인 인공언어가 자연언어를 대신할 수 있으며 또한 그렇게 해야 한다고 생각한다. 그런데 수학은 문맥이나 맥락을 모호성으로 규정해 이를 인정하지 않는다. 또한 수학이 이런 모호성을 없애므로 자연언어를 대신해 보편적으로 적용될 수 있다고 본다.

논의를 넓히기 위해 우리가 만나는 여러 텍스트text들을 배치하면 다음과 같다. 미술 → 시 → 소설 → 음악 → 역사 → 인류학 → 사회학 → 정치학 → 심리학 → 경제학 → 생물학 → 물리학 → 수학과 통계학. 자연언어 중에서는 영어 등 현대어보다 희랍어, 라틴어, 한문 등 고대어가 보다 더 맥락에 의존해 더 많은 해석을 요구한다. 또한 서양언어보다 동양의 언어, 특히 한문이 보다 더 맥락에 따른 해석을 요구한다.

행동경제학은 가장 분석적이고 과학적이라고 자부하는 심리학과 경제학, 그리고 통계학이나 확률의 법칙 등에서 모호성과 맥락의 중요성을 찾아내고 있다. 그런데 행동경제학에서 준거나 초기대안뿐만 아니라 맥락의 의미도 하나가 아니다. 심하게 말하면, 이들이 생각하는 '맥락'은 행동경제학이라는 텍스트가 지닌 '맥락'에 따라 바뀐다.

좁혀 보더라도, 맥락에 대한 설명에 있어서도 개인적 차원, 서술적 차원, 그리고 사회적 차원이 공존하고 있다. 또한 이 중에서 개인주의적인 맥락과 서술적인 맥락이 지배적이며, 사회적인 맥락은 취약하다(Strauss, 2008, pp.143-144). 더불어 전반적으로 맥락에 대한 행동경제학의 개념들은 공리주의에 지배되고 있다.

우선 개인이 선택하는 재화나 자산 등 대안들이 모여 상호의존적인 관계를 이루면서 맥락이 형성된다. 이미 설명한 바와 같이 이런 맥락은 대비효과 등을 통해 특정 대안으로 선택이 몰리거나 반대로 특정 대안을 회피하게 만든다. 물론 선택의 대상은 재화나 제품, 의료보험이나 연금, 법원의 형량 등 다양하다. 이것이 개인적인 차원의 맥락이다.

그런데 카네만은 서술적인 차원에서도 맥락이 존재한다는 점을 지적했다.

2008, pp.72-73).

이미 활용한 예에서, 일견 *13*이라는 숫자와 *B*라는 문자는 비슷하게 보인다. 그런데 *12 13(B) 14* 등의 숫자 속에서는 B라는 문자의 모습이 후퇴해 13이라는 숫자로 읽힌다. 반면 *A B(13) C* 등 문자 속에서는 숫자의 모습이 후퇴해 B라는 문자로 읽힌다. 이에 따르면 특정 대안이나 부분이 그 자체로서가 아니라 여타 대안이나 다른 부분들과의 비교나 관계 속에서 가치나 의미를 획득한다.

많은 사람들이 점감하는 임금체계보다 점증하는 임금체계를 선택한다는 예에서도 맥락이 중요하다고 판단할 수 있다. 아담 스미스가 『도덕 감정론』과 『국부론』을 통해 주장한 바와 같이, 일반적으로 사람들은 자신의 처지가 점점 나아지기를 바란다. 이런 개선의지가 할인으로 인한 가치상실을 능가한다고 말할 수 있다. 그런데 개선의지와 할인모형은 예상하는 결과의 차이뿐만 아니라, 대상을 구성요소로 분해해서 보느냐 전체로 보느냐의 시각 차이를 안고 있다.

구체적으로 할인모형은 임금체계의 구성요소들을 3백만 원, 4백만 원, 5백만 원으로 하나하나 분해해, 그 가치를 환산한 후 합산해서, 두 가지 임금체계를 비교한다. 이에 비해 개선의지의 논리는 해당년도의 임금을 개별적으로 평가하지 않고 임금체계 전체의 흐름에 관해 판단한다. 이런 이유로 후자에서는 맥락이 중요하다. 가치함수에 근거한 설명도 월급액수가 그 자체로 가치나 의미를 갖지 않는다는 점에서 개선의지의 논리와 비슷하다.

행동경제학이 생각하는 맥락은 철저하게 개인의 선택범위 안에 있는 재화들이나 대안들로부터 형성된다. 특히, 트버스키의 경우 맥락이 고려되는 대상들이나 대안들의 숫자로 규정되거나(Tversky, 1972, p.282; 1977, pp.340-342), 완전히 제약의 집합들로 규정된다(Khalil, 2003, p.118). 이런 종류의 맥락은 집단이나 사회관계와 무관하게 개인의 감정이나 판단에 지배된다. 또한 이런 맥락은 선택상황에 대한 서술방식이나 제시방식과도 무관할 수 있다.

재화들의 관계나 이들의 집합이 이루는 맥락도 외형상으로는 사회 속에서 개인들이 맺는 관계나 이들로 구성된 집단이 형성하는 맥락과 비슷하다. 그러나 방법론적인 개체주의와 총체주의 등 고전적인 사회과학의 논쟁에서 확인되듯이, 양자는 내용에 있어 중요한 차이를 지니고 있다. 그러므로 트버스키와 카네만이 강조하는 맥락의 개념은 개인주의로 경도되어 있다고 판단할 수 있다. 맥락을 강조한다는 점에서 이들은 기대효용이론과 다르다. 그렇지만 개인주의에 의존하고 개인의 선택을 중시한다는 점에서는 이들과 기대효용이론 사이에 별 차이가 없는 것 같다.

행동경제학의 맥락은 사회성뿐만 아니라 전체성도 가지고 있지 않다. 즉, 개별대안이 문자나 숫자들의 관계나 모음에 의존할 뿐 관계나 모임 및 전체 자체가 가치나 의미를 지니지는 않는다. 컴퓨터의 예에서 [k_2 p_2]의 가치는 독자적으로 존재하지 않고, [k_1 p_1], 그리고 적어도 [k_3 p_3]의 존재로부터 영향을 받는다. 또한 *13(B)*은 {12 14} 혹은 {A C}의 영향을 받는다. 그러나 [k_2 p_2]와 *13(B)* 등 특정 개체의 가치나 의미가 문제될 뿐, {[k_1 p_1] [k_2 p_2] [k_3 p_3]}이나 {12 *13(B)* 14} 혹은 {A *13(B)* C}가 하나의 집합이나 덩어리로서 별도의 가치나 의미를 가지지는 않는다.

또한 개별요소의 가치나 의미에 주변의 요소들이 아니라 전체가 영향을 미치는지도 분명치 않다. 앞의 임금체계에 대한 예에서도, 보다 정확히 말하면, 행동경제학은 임금체계 전체를 조망하기보다 근접한 두 임금을 비교하는 경향이 강하다. 행동경제학은 사회를 그 자체로 파악하기보다 두 구성원이나 집단사이의 비교로 간주하는 페스팅거의 사회적 비교와 이를 응용한 프랭크의 논리에 가깝다.

이런 해석을 보다 분명히 하기 위해 전체가 가치나 의미를 지니는 경우를 예시해 보자. 서로 보완적인 재화들의 묶음이나 어떤 행사에 필요한 재화들의 모음은 개별적이 아니라 전체적으로 가치를 지닌다. 가령, 금요일 저녁의 모임을 위한 식사, 술, 커피, 배경음악 등은 결합되어 하나의 가치를 가진다. 패키지여행상품에 들어있는 비행기 표, 열차표, 호텔숙박권, 박물관 관람권, 음악회 입장권 등도 하나의 묶음을 구성하는 요소들로서 의미를 지닌다.

이에 비추어 보면 행동경제학은 특정 재화이나 선택대상의 가치가 주변의 다른 재화나 선택대상으로부터 영향을 받아 결정된다고 주장하는데 불과하다. 물론 이런 영향을 대체보완에 국한시키지 않고, 대비효과 등을 고려한다는 점에서 행동경제학은 기대효용이론보다 포괄적이다. 또한 기대효용이론은 대체재와 보완재의 소비량 변동이 해당 재화의 효용에 미치는 영향을 고려하므로, 가치 자체가 아니라 가치의 차이나 변동에 초점을 두는데 비해, 행동경제학은 가치 자체의 성격에 관심을 두고 있다. 이런 차이들에도 불구하고 행동경제학이 재화들이나 선택대상의 집합전체에 의미를 부여하는 것은 아니다.

이와 대조적으로 문헌 이해를 위주로 하는 인문학에서 강조하듯이, 문자나 숫자들의 모임이 아니라 단어들이 구조를 이루는 문장과 문단은 전체로서 의미를 지니기 때문에 구성단어들로 분해할 수 없다. 가령, "인간은 나무와 같다."라는 문장이 뿌리를 지닌 나무와 같이 인간에게 역사가 중요하다는 의미를 지닌다고 하자. 이 문장은 "인간", "나무", "같다"로 나누면 그 의미를 잃게 되므로, 이런 단어들의 단순한 합이 아니다. 나아가 각 개별단어는 전체문장 속에서 그 가치나 의미를 부여받는다.

사실 맥락이나 문맥의 중요성은 경제학의 선택보다 자연언어로 구성된 텍스트에서 더 두드러진다. 이는 어린이의 언어습득이나 성인의 외국어문장 해석에서 더욱 두드러진다. 특히, 초보자가 외국어 문장을 해석하기 위해 여러 구성단어들을 찾는 일이 무위로 끝나는 경우가 적지 않다. 반대로 모든 사람들의 모국어 습득이나 이미 숙달된 외국어 구사에 있어서는 한두 개 정도의 단어를 몰라도 문장이나 문단을 이해하거나, 심지어 문장에 대한 이해에 근거해 모르는 단어들의 의미를 추정할 수도 있다(Vygotsky, 1997, chapitre 6).

카네만의 최근 책에서도 이를 확인할 수 있다(Kahneman, 2011, pp.228-229). 그는 인간의 직관적인 예상이 오류를 낳을 수 있다면서, 전문가의 판단이 규격화된 공식보다 못한 경우가 많다고 주장했다. 그 예로서, 포도주를 좋아하는 경제학자 아쉔펠터Orley Ashenfelter가 포도성장기인 여름의 평균기온, 수확기의 강수량, 전년도 겨울의 강수량이 포도주의 가격을 결정한다는 공식을 제시했다. 이에 대해 프랑스의 포도주 감정사들이 보인 반응은 다음과 같다. 여기서 'oenophile'이라는 단어의 의미는 문맥을 통해 짐작할 수 있다.

> 뉴욕타임즈에 의하면, 이에 대한 프랑스 포도주가의 반응은 "격렬하거나 신경질적이거나 이들 양자의 중간"에 놓여있다. 아쉔펠터가 전한 바에 의하면, 한 oenophile은 그의 발견이 "우스꽝스럽고 불합리하다"고 주장했다. 또 다른 이는 "영화를 보지도 않고 영화에 대해 판단하는 것과 같다"고 비웃었다.

이런 관점에서 기대효용이론뿐만 아니라 행동경제학에도 비판적인 심리학자 기게렌저Gerd Gigerenzer를 참조할 필요가 있다. 그의 분류에 따르면, 행동경제학이 생각하는 맥락은 구문론적syntactic인데 비해, 본격적인 맥락이나 문맥은 의미론적semantic이다(Gigerenzer & Hug, 1992). 재화들이 형성하는 맥락을 강조한다는 점에서는 행동경제학이 기대효용이론과 다르나, 개인의 선택범위에 초점이 한정되어 있다는 점에서는 차이가 없다.

결과적으로 행동경제학은 개인의 무차별곡선 상의 재화들이 쉽게 분해될 수 없다고 주장하면서도, 사회는 여러 개인들로 쉽게 분해될 수 있다고 본다. 이는 재화들이 모이면 모종의 복합적인 성격이나 "사회적인" 성격을 지니게 되는데 비해, 개인들은 사회라는 존재를 만들어낼 수 없다고 보는 것과 같다. 이렇게 보면 행동경제학은 맥락의 중요성과 행위의 비합리성을 강조하면서도, 기대효용이론과 방법론적인 개인주의를 최소한 상당부분 공유하는 셈이다.

둘째, 카네만과 트버스키는 선택상황을 서술하거나 제시하는 방식, 그리고 이를 이해하는 방식이 맥락을 구성한다고 주장한다. 개인의 선택범위 내에 있는 대안들이 만들어내는 것이 첫 번째 유형의 맥락이라면, 두 번째 유형의 맥락은 선택상황 자체가 아니라 이에 대한 언어적인 표현과 이런 표현에 대한 선별적인 이해와 인식에서 비롯된다(Kahneman & Tversky, 1979).

예를 들어, 동일한 전염병 예방책이라도 서술방식에 따라 찬반이 다르게 나타났다. 주민 중 얼마나 많은 사람들을 살리는지로 표현하면, 얼마나 많은 사람들이 생명을 잃게 되는지로 표현할 때보다, 이에 대한 찬성비율이 높게 나타났다. 또 다른 예로 사람에 대한 기술이 선택상황에 대한 이해를 바꾸어 교집합의 오류를 낳을 수 있다(Kahneman, 2003, pp.1462-1463).

> 린다는 바른 소리를 잘 하며 매우 명석한 31세의 미혼여성이다. 그녀는 철학을 전공했다. 학창시절에 그녀는 차별과 사회정의 등의 문제에 관심이 깊었고, 반핵시위에도 참여했었다.

위에 서술된 린다가 은행원일 확률과 여성주의자 은행원일 확률을 물어보았더니, 전자보다 후자가 더 높게 나왔다. 그런데 이는 교집합의 확률이 그것을 포함하는 원래 집합의 확률보다 클 수 없다는 공리에 위반된다. 이것은 선택대상에 대한 제시방식에 따라 선택의 맥락이 바뀌어 결과가 달라진다는 사실을 보여준다.

카네만과 트버스키는 서술과 인식에 따른 맥락의 변동과 차이를 연구가 진행되면서 더욱 강조하게 되었다. 그리고 이것이 기대효용이론이 상정하는 과정상의 불변성에 대한 반박의 기반을 이루었다. 규격화효과나 선택상황에 대한 편집이 서술이나 인식과 관련되므로, 이런 의미의 맥락은 인문학이 강조하는 해석이나 문맥에 보다 가깝다.

이에 비해 기대효용이론이나 무차별곡선에는 서술이나 맥락이 끼어들 여지가 없다. 가령, 사과와 빵의 묶음들이 모여 이루어진 집합으로서 무차별곡선은 서술이나 이해의 다양성으로 인한 두 번째 유형의 맥락을 허용하지 않는다. 오로지 사기나 강박을 통해서만 선택의 대상이 그것에 대한 서술과 차이를 보일 수 있다. 이런 이유로 상당수 신고전학파 경제학자들은 자신들의 이론에 과정상의 불변성이 전제되어 있다는 사실조차 인식하지 못하고 있다. 카네만과 트버스키는 경제학자들에게 그들의 전제가 무엇인지 알려주고 있는 셈이다.

맥락에 대한 첫 번째 개념과 두 번째 개념이 모두 개체들이 상호의존적이어서 이들의 합이 별개의 의미나 가치를 지니거나 전체가 부분의 합이 아니라는 생각을 인정한다. 나아가 이런 출현적인 성격은 개체나 부분들의 상호관계, 이들이 전체 속에서 차지하는 위치, 그리고 전체의 구조 등에서 비롯된다.[33] 또한 앞서 언급한 준거의존성과 손실회피도 이미 맥락에 대한 인식이나 판단과 무관하지 않다. 특정 소득이나 자산을 기존 소득이나 자산과의 차이로 인식하고, 이익과 손실에 대한 평가가 비대칭적이기 때문이다. 전반적으로 보면 선택상황이 객관적으로 주어지지 않는다는 결과를 낳는다.

그렇지만 첫 번째 의미의 맥락에서는 선택상황이 재화 자체들의 위치로 규정되어 선택상황에 대한 서술이나 해석이 미치는 영향이 명확치 않다. 첫 번째 개념은 숫자와 수량으로 표현되어, 두 번째 개념보다 언어의 의미를 담아낼 가능성이 적다. 즉, "책 한 권을 더 얻기 위해 사과 하나를 잃는다."고 표현하든지, "사과 하나를 잃은 대가로 책 한 권을 얻는다."고 표현하든지 차이가 없다. 이에 비해 두 번째 개념은 재화 자체가 아니라 이에 대한 언어적인 표현에 중점을 둔다. 첫 번째 개념에서 상황의 부분들은 그 자체로 객관적인 현실인데 비해, 두 번째에서는 주관적인 해석과 독립적으로 이런 부분들이 존재한다고 보기 힘들다.

서술을 중시하는 맥락의 개념은 행동경제학과 친화적인 사이먼에도 등장한다. 사이먼의 예는 'I saw the man on the hill with the telescope.'이다. 이 문장에 대해 다음의 세 가지 해석이 가능하다. '나는 망원경을 가지고 산위에 있는 그 사람을 보았다.', 혹은 '나는 산위에서 망원경을 지닌 그 사람을 보았다.', 혹은 '나는 망원경을 갖춘 산위에서 그 사람을 보았다.' 이들 중 어느 것이 맞는지는 맥락에 따라 다르다고 사이먼은 설명했다(Simon, 1981, p.78).

여기서 맥락의 중요성은 경제이론의 목적이 예측이 아니라 이해라는 일부 신고전학파 이론가들의 주장이나 경제주체의 주관적인 인식에 대한 새로운 강조와 궤도를 같이 한다(Samuelson, 2005, pp.74, 92-95). 맥락의 중요성이 인식으로부터 독립적인 대상을 인정하지 않는 수준에 이르면, 인간이 진짜와 가짜를 제대로 구분하지 못한다는 실험결과가 의미를 지니게 된다. 이는 인간이 국부와 전체, 단기와 장기, 실질과 명목을 혼동한다는 결과보다 더 심각하다.

예를 들어, 일반적으로 암컷 새는 꼬리가 긴 수컷을 좋아한다. 그런데 진짜

---

33 이는 하이에크의 자생적 질서와 감각질서에 합치되며, 자본에 대한 그의 이해에도 부합된다. 더구나 이는 복잡성에 대한 사이먼의 개념과 닮았다(Weaver 1948, p.539; Simon, 1981, p.195).

꼬리가 긴 수컷과 인간이 부착시킨 인공 꼬리가 달린 수컷을 구분하지 못하고 다 좋아한다. 인간도 모래시계형의 실물 미인뿐만 아니라 잡지에 나오는 사진 속의 미인으로부터 성적인 자극을 받는다.[34]

이런 인지상의 한계가 일시적인 실수나 오류가 아니라 일상적인 인식과정의 대부분을 구성한다면, 신고전학파는 현실경제의 움직임을 설명하기 위해 현실의 인간을 고려하는 것이 아니라 가상적이거나 이상적인 인간을 고집한다는 판정이 나오게 된다. 그나마 경제행위에 있어 경로의존성과 습관이나 타성을 인정하는 흐름은 현실을 어느 정도 반영한다.

셋째, 카네만은 두 체계dual system를 논의하면서, 의사소통의 차원에서 언어로부터 발생하는 맥락을 언급했다(Kahneman, 2003). 맥락에 대한 두 번째 개념도 자연언어와 관련되어 있지만, 두 번째는 단순히 물체와 상황에 대한 서술에 불과하다. 이에 비해 세 번째는 사람들 사이의 의사소통과 관련된다는 차이가 있다. 그리고 나중에는 선택의 맥락이 소비자에 대한 판매 전략의 일부로 활용되는 상황까지 제시했다(Kahneman, 2011, p.361).

또한 세 번째 개념은 두 번째보다 동적이다. 그 이유는 두 번째에서는 부분이나 하부체계들이 상호 연결되어 있거나 상호의존적인데 비해, 세 번째에서는 이들이 상호의존적일 뿐만 아니라 상호작용하고 있다. 상호작용이 없다는 점에서는 두 번째 개념과 첫 번째 개념 사이에 차이가 없다.

그러나 카네만과 트버스키는 맥락을 설명하는데 있어 전반적으로 개인차원에서 형식논리에 의존해 의사소통이나 사회관계를 고려하는데 인색하다. 인문학과 사회과학의 상당수 학자들이 일찍부터 의사소통과 연결 지어 맥락을 생각해 왔다는 점에 비추어 보면, 이것은 이례적이다. 카네만과 트버스키보다는 세일러와 선스타인이 맥락을 폭넓게 설명했다(Thaler, 1985, p.205, 1999;

34 여기서는 실질임금과 명목임금의 연속적인 구분보다 유명무실(有名無實)이나 명실상부(名實相符)에 등장하는 불연속적이거나 질적인 구분이 더 의미 있다. 그렇지만 이 경우에도 연속성과 불연속성의 구분은 선명하지 않다. 다른 예로 성형수술이 확산되면서, 한국에서 수술을 통해 얻은 인공적인 미와 그렇지 않은 자연적인 미의 차이가 수술여부의 질적이고 불연속적인 구분이 아니라 수술의 정도라는 양적인 차이로 변하고 있다.

Thaler & Sunstein, 2007).

세일러가 맥락의 중요성을 제시한 예는 다음과 같다. 훌륭한 호텔이 들어서 있고 잘 정돈된 해변과 허름한 여관이 있고 제대로 관리되지 않은 해변에서 동일한 맥주에 대해 지불의사를 물어보면 유의미한 차이가 나타났다. 여기서 맥락은 선택대상의 외부에 있는 환경으로 사회적 요인를 포함한다. 세일러가 상정하는 맥락도 담론과 관련된 맥락과는 상당한 거리를 두고 있으나, 카네만이 생각하는 맥락보다는 이에 가까운 것 같다.

이런 결과는 소비자선택이 가격, 소득, 그리고 선호로 완전히 쪼개지거나 명시되지 않는다는 해석을 낳는다. 넓게 보면, 선택상황은 가격과 선택대인들뿐만 아니라 소비자 등 선택주체와 관련된 사항들, 선택상황에 대한 서술이나 제시방식, 선택주체와 대상들이 모여 이루는 선택의 배경이나 분위기(雰圍氣) 등으로 규정된다.

먼저 재화를 포함한 선택대안과 관련해서는 어떤 대안들이 얼마나 많이 포함되어 있는가, 그리고 이들 대안들 사이의 우열이나 관계는 어떤가로 규정된다. 대안의 숫자와 종류는 선택의 범위가 선택의 자유와 선택으로부터 얻는 후생을 결정한다는 기대효용이론에도 부합된다. 반면 대안들의 관계는 기대효용이론에 부합되지 않으나, 위에서 논의한 첫 번째 종류의 맥락에 부합되고 대안들이 지닌 차원들이나 속성들로부터 영향을 받는다.

선택이나 의사결정의 주체와 관련해 신고전학파는 개인의 선호나 소득만을 강조한다. 그러나 세일러와 선스타인의 입장에서 소비는 언제나 개인적으로만 이루어지지 않는다. 파티나 회식, 그리고 경쟁적이거나 과시적인 소비가 묵시적으로 사회성을 지닌다. 이런 이유로 소비자의 숫자나 이들 사이의 관계가 중요하다. 이는 재화 등 선택대상의 숫자와 이들 사이의 관계가 중요한 것과 외견상 유사하나, 맥락에 대한 첫 번째 개념이 수용할 수 없는 부분이다.

소비나 의사결정의 주체가 상호관계를 맺고 있거나 집단을 이룬다는 생각은 앞서 언급한 카네만과 트버스키의 생각과 차이가 있다. 기대효용이론이 오로지 재화를 위시한 대안들과 개인의 관계에 중점을 둔다면, 카네만과 트버스키는 맥락을 설명하기 위해 대안들 사이의 관계를 부각시켰다. 그렇지만 세일러나 선스타인에 있어서는 (1) 이 대상이나 재화와 개인의 관계나 (2) 재화들의 관계뿐만 아니라 (3) 개인들 사이의 관계가 개입된다. 윤리학자 앤더슨Elisabeth Anderson도 이와 비슷하다. 그녀는 카네만과 트버스키를 인용하면서도 자신의 입장에서 규격화와 맥락을 사회적으로 해석했다(Anderson, 1993, p.14 pp.22-26). 여기서 세 가지 관계들은 일종의 체계를 이룬다.

구체적으로 특정 소비자는 일관되게 자신의 효용을 추구하는 것이 아니라 소비재들이 진열되어 있는 모습이나 제시되는 방식, 그리고 혼자 소비하는지 아니면 누구와 함께 소비하는지 여부에 따라 영향을 받는다. 이런 것들은 일차적으로 소비나 의사결정과 관련되지만, 생산이나 교환 혹은 분배나 협상과도 연관 지을 수 있다.

특히, 선스타인에 있어 분배를 위한 노사협상에서 보다 본격적으로 맥락이 중요해진다. 노사협상에서 당사자들이 상황이나 조문에 대한 해석을 달리하는 일이 다반사이므로, 맥락이 정치사회적인 성격을 띠게 된다. 또한 선스타인은 법적인 해석에 있어 관습이나 묵시적으로 존재하는 기본적인 해석을 강조해 사회성이나 전체성을 의식하고 있다.

그렇지만 세일러와 선스타인조차 앞서 언급한 바와 같은 사회성이나 전체성을 명시하지는 않았다. 선택에 대한 제시와 인식은 선택의 대상뿐만 아니라 선택의 주체 등 선택상황 전반과 관련되어 있다. 물론 대안들이 어떻게 제시되고 무엇이 일차적인 대안인지에 따라서도 선택상황은 변동한다. 그러므로 여기서는 앞서 설명한 규격화의 효과가 중요하다. 이 효과를 가격자체나 가격변동으로 예시하면 다음과 같다.

가령, 할인판매가격이 진정한 할인가격인지 아니면 위장된 정규가격인지에 대한 해석이 준거점에 변화를 가져와 소비자의 구매에 영향을 미친다. 신용카드구매와 비교해 현금구매에 할인혜택을 주는 경우에도 이를 어떻게 서술하고 이해하느냐에 따라 소비자의 선택이 달라진다. 이를 현금할인이라고 규정하고 그렇게 이해하느냐 아니면 신용카드사용에 대한 할증이라고 규정하고 그렇게 이해하느냐에 따라 선택결과에 차이가 생긴다.

논의를 종합하면, 맥락에 대해서도 행동경제학에 대체로 세 가지의 설명이 결합되지 않은 채 공존하고 있다. 첫 번째와 두 번째 개념이 개인차원에 부합되는데 비해, 세 번째는 사회적인 틀에 합치된다. 세 번째는 맥락을 강조할 뿐만 아니라 사회적이므로, 기대효용이론과 보다 강하게 대립된다.

특정 대안이나 대상이 대상들의 전체 배열 속에서 차지하는 위치는 맥락에 대한 세 가지 개념 모두에 있어 중요하다. 그러나 첫 번째에서는 어떤 소비자나 소유자의 영역 안에서 특정 재화나 제품과 부근의 재화나 제품들 사이의 위치나 관계가 특정 재화나 제품의 의미와 가치에 영향을 미친다. 이 개념은 기대효용이론에 근거한 재화들의 보완성과 근원적으로 다르다고 보기 힘들다(Samuelson, 1974). 행동경제학은 개인주의적인 편향으로 인해 의사소통이 개입되고 언어가 중요한 맥락보다 보유 재화와 자산에 의존해서 형성되는 맥락을 중시한다. 이와 대조적으로 세 번째에서는 근접해 있는 재화들이 아니라 근접해 있거나 떨어져 있는 개인들 사이의 관계가 중요하다.

앞서 설명한 바와 같이 기대효용이론은 인간관계와 교환관계, 인간의 욕망과 재화의 유용성 사이의 관계, 재화들의 대체나 보완관계들을 강조한다. 그리고 이들 모두를 관계라기보다 비율과 수량으로 파악한다. 나아가 이들의 평균비율이 아니라 한계비율에 중점을 둔다. 그런데 기대효용이론뿐만 아니라 세일러나 선스타인 이외의 행동경제학자들도 개인의 선택에 초점을 두면서, 재화들 사이의 관계·비율이나 개인과 재화 사이의 관계·비율에 집중한다.

먼저 행동경제학도 고전적인 의사결정이론에서 출발해, 기대효용이론과 마찬가지로 개인과 재화의 관계를 중심에 놓는다. 나아가 행동경제학도 신고전학파와 마찬가지로 개인주의와 공리주의에 근거하고 있다. 또한 현상을 관계들로 파악하기보다 여전히 비율로 파악한다는 점에서 기대효용이론의 효용함수와 행동경제학의 가치함수 사이에 큰 차이가 없는 것 같다.

특히, 카네만과 트버스키에서 이런 경향이 두드러진다. 이들이 수리심리나 계량심리에 속하는 갤런터(Galanter & Plinter, 1974)의 논문을 인용한 것이 이를 뒷받침해 준다. 더구나 카네만 스스로 자신과 트버스키가 의사결정이론에 관심을 기울이면서, 페히너Gustav Fechner가 창시한 심리물리학에 의탁했다는 점을 분명히 했다(Kahneman, 2011, p.270).

지금까지 논의한 바에 따르면, 행동경제학은 준거의존성이나 초기대안의 중요성과 마찬가지로 맥락도 주로 재화와 자산의 관점에서 개념화하면서 서술에 따른 여러 가지 해석들과 이에 의존한 의사결정들을 허용하고 있다. 이같이 행동경제학은 준거나 초기대안뿐만 아니라 맥락에 대한 설명에서도 방법론적인 개인주의에 의존하고 있다. 맥락을 강조한다는 점에서 행동경제학은 기대효용이론과 다르지만, 맥락을 개인주의적으로 파악하고 서술적인 차원을 강조하며, 공리주의를 깔고 있다는 점에서 기대효용이론과 크게 차이나지 않는다.

이런 관점에서 보면 행동경제학도 신고전학파 경제학과 마찬가지로 인간들의 사회보다는 재화나 대상들의 사회에 중점을 둔다. 이에 대한 단적인 예는 낙인에 대한 행동경제학적인 연구이다(Schulze & Wansink, 2012). 이 연구는 우선, 통상적으로 나타나는 선택의 연속적인 변동이나 반응이 불연족적인 변동이나 반응으로 변하는 것이 낙인이라고 이해했다. 즉, 광우병이 발생하면 쇠고기의 소비를 줄이는 것이 아니라 아예 쇠고기 소비를 끊는 반응이다.

이런 반응을 화폐로 환산된 지불할 의사나 수용의사로 측정했다. 여기서 쇠고기는 소비자들의 "과잉반응"으로 인해 낙인이 찍힌 셈이다. 신고전학파는 연속적인 반응에 초점을 맞추므로 행동경제학이 높은 설명력을 지닌다고 호평할 수 있다. 이 점은 수량이나 합계에 대한 무감각으로 카네만도 지적한 바 있다(Kahneman, 2011, p.93).

그런데 이 연구에서 낙인이나 두려움의 대상은 순전히 재화나 제품이다. 광우병의 위험이 있는 쇠고기, 미세한 양의 오염물질이 섞인 물, 개먹이가 섞인 음식, 불량비율이 높아진 특정 회사의 자동차 등이 대상이다. 우리의 과거 예로는, 이상한 기름으로 만든 라면, 농약이 많이 들어간 농산물, 유해물질이 섞인 사탕 등을 들 수 있다.

이 연구에서 두려움의 대상은 물체이지 사람이 아니다. 그러므로 흔히 우리가 예상할 수 있는 사람에 대한 낙인이나 왕따는 일차적인 논의거리가 아니다. 이런 입장에서는 인종, 성별, 종교, 민족, 학벌이나 성적, 지역 등에 근거한 인간에 대한 낙인도 중요한 관심사가 아닐 수 있다. 이런 연구는 행동경제학과 신고전학파의 차이점과 함께 유사성을 확인시켜 준다.

행동경제학의 여러 관점들은 비트겐스타인을 통해서도 이해할 수 있다. 우선 『철학적 탐구』(*Philosophical Investigations*, 1953)의 초고인 『청갈색 책』(*The Blue and Brown Books*, 1958)에서 준거와 맥락에 대한 행동경제학의 첫 번째 개념에 상응하는 사례가 등장한다. 동시에 이 예는 경제현상에 가까워 새뮤엘슨(Samuelson, 1974)이 보완성에 대한 논의의 근거로 삼은 부분이라고 추정된다. 그래서 기대효용이론과 행동경제학을 비교하는 데 도움이 된다. 동시에 후기의 비트겐스타인이 전반적으로 총체적인 수준의 문화나 맥락을 강조하므로, 앞으로 전개될 행동경제학에 대한 비판의 근거가 될 수도 있다. 다음이 가장 의미 있는 그의 주장이다.

> 이제 여러분은 우리가 하나의 경험이 여러 요소들·경험들로 이루어져 있다거나 혹은 그것이 복합적인 경험이라고 말하게 되는 여러 경우들의 차이에 주목해야 한다. 우리는 의사에게 "나는 하나의 고통이 아니라 치통과 두통이라는 두 가지 고통을 겪고 있습니다."라고 말할 수 있다. 그리고 이것을 "내 고통에 대한 경험이 단순하지 않고 복합적입니다."라고 표현할 수 있다. 이 경우를 "나는 위에 두 가지 고통이 있고 전반적인 병세를 느끼고 있습니다."라고 말하는 경우와 비교해 보아야 한다. 여기서 나는 고통의 두 가지 부위를 지적해 구성요소인 경험들을 분리하지 않았다. 혹은 다음과 같은 진술을 고려해보자. "내가 달콤한 차를 마실 때 맛에 대한 나의 경험은 설탕에 대한 맛과 차에 대한 맛의 복합이다." 또 혹은 "내가 C장조를 들을 때, 내 경험은 C. E. 그리고 G에 대한 청취로 구성되어 있다. 그리고 다른 한편으로는 "나는 피아노 연주를 들으면서 거리의 소음을 함께 들을 수 있다." 다음의 예는 가르치는 바가 많다. 사람들이 노래할 때 가사를 음조에 따라 부른다. 음조 C에 따라 부르는 모음 a를 듣는 경험이 어떤 의미에서 복합적인가? 이들 각 경우에 복합적인 경험 속에서 이를 구성하는 경험들을 분리한다는 것이 어떤 것일까? (Wittgenstein, 1958, p.168)[35]

---

35 You should now notice the difference between the various cases in which we say that an

이 인용구에서 비트겐스타인이 던진 과제를 따라가되, 달콤한 차의 복합성에서 출발하자. 아리스토텔레스에서부터 비트겐스타인에 이르기까지 복합체는 그 구성요소들의 합을 넘어서는 존재이다. 이런 복합성을 경제학에 가장 가깝게 해석하면, 재화들의 모음이 개별재화들의 합을 넘어서는 경우에 해당된다.

예로서, 효용으로 따져 u(설탕+차)>u(설탕)+u(차)를 의미한다. 새뮤엘슨에 따라 이를 재화들의 대체보완관계로 생각하면, 설탕과 차가 보완적이어서 설탕과 차 각각의 효용보다 설탕을 넣은 차의 효용이 크다. 보다 일반적으로 두 재화가 결합되어 낳는 효용이 재화들이 개별적으로 주는 효용의 합을 넘어선다.

먼저 보완관계와 달리 대체관계는 이 같은 생각에서 벗어난다. 대체관계에 있는 커피와 차의 효용은 u(커피+차)<u(커피)+u(차)가 된다. 두 재화의 모음으로부터 얻는 효용이 개별재화들의 효용의 합과 다르지만, 이를 넘어서는 것이 아니라 반대로 이에 미치지 못한다. 이같이 대체관계는 비트겐스타인에 부합되지 않는다. 나아가 초기작 『논리철학논고』(*Tractatus Logico-Philosophicus*, 1921)에서 자신이 보여준 원자주의를 스스로 비판한 비트겐스타인의 입장에서 보면, 보완관계로도 충분치 않다. 그의 생각은 개별자들이 결합해 새로운 존재를 만들어낸다는 주장에 가깝다. 단어가 모여 문장을 만들고, 음이 모여 곡을 만들며, 병들이 모여 병세를 만든다.

---

experience consists of several elements·experiences or that it is a compound experience. We might say to the doctor, "I don't have one pain; I have two: toothache and headache." And one might express this by saying, "My experience of pain is not simple, but compound, I toothache and headache." Compare with this case that in which I say, "I have got both pains in my stomach and a general feeling of sickness." Here I don't separate the constituent experiences by pointing to two localities of pain. Or consider this statement: "When I drink sweet tea, my taste experience is a compound of the taste of sugar and the taste of tea." Or again: "If I hear the C major chord my experience is composed of hearing C, E, and G." And, on the other hand, "I hear a piano playing and some noise in the street." A most instructive example is this: in a song words are sung to certain notes. In what sense is the experience of hearing the vowel a sung to the note C a composite one? Ask yourself in each of these cases: What is it like to single out the constituent experiences in the compound experience?

이에 비해 경제학에서는 보완관계조차 두 재화의 관계에 집중하며, 이런 관계조차 두 재화가 독립성을 유지하면서 나타나는 상호의존에 불과하다. 더구나 경제학은 보완보다 경쟁이나 경합과 연결되는 대체를 강조하는데 이것은 복합성에 더더욱 부합되지 않는다. 아마도 이 때문에 새뮤엘슨이 비트겐스타인에 동정적이면서도 그를 직접 인용할 수 없었다고 추정된다.

무엇보다 비트겐스타인에서는 복합체만이 존재하고 이것의 구성요소들은 더 이상 독자성이나 독립성을 지니지 않는데 비해, 경제학에서는 재화들이 독자성을 유지한다. 이 논의에 따라 경제학과 비트겐스타인을 모두 포괄하는 u(설탕 + 차) > u(설탕) + u(차)를 각각에게 맞게 수정해 보자. 비트겐스타인에 맞게 고치면, u(설탕+차) = u(달콤한 차) > u(설탕) + u(차)가 된다. 반대로 경제학에 맞게 고치면, u(설탕 + 차) = u(설탕) + u(차) + u(설탕×차) > u(설탕) + u(차).

달콤한 차보다 『철학적 탐구』에 등장하는 빗자루broomstick가 더 명확하게 비트겐스타인의 생각을 보여준다. 빗자루는 비broom와 자루stick가 합해져 생긴 새로운 물건이다. u를 효용이 아니라 가치로 넓게 해석하자. 그러면 빗자루≠비+자루이며 u(빗자루)>u(비)+u(자루)이다. 그리고 u(빗자루)≠u(비)+u(자루)+u(비×자루)이다. 복합체가 아니라면, u(빗자루)≠u(비)+u(자루)이지만, u(빗자루)=u(비)+u(자루)+u(비×자루)이다.

비트겐스타인의 경우 비와 자루를 따로 선택할 수 없고, 오로지 빗자루를 선택하든지 아니면 진공청소기를 선택해야 한다. 또한 결합되는 비와 자루의 비율을 조정하는 일도 가능하지 않다. 여기서 비트겐스타인의 복합성이 경제학의 대체성뿐만 아니라 보완성을 넘어선다는 것을 확인할 수 있다.

준거와 맥락에 대한 행동경제학의 두 번째와 세 번째 개념은 『철학적 탐구』에서 발견된다. 비트겐스타인은 이 책에서 언어게임을 강조하면서 신고전학파의 대체보완관계뿐만 아니라 행동경제학을 넘어서는 복합성과 맥락을 내세웠다. 위의 예를 연장하면, 그가 생각하는 복합성과 맥락은 단순히 '달콤한 차'가 아니라 '비인의 어느 한적한 찻집에서 무르익는 가을의 정취를 느끼면서 정다운 친구들과 즐거운 대화를 나누며 마시는 달콤한 차'에 가깝다. 이것의 대안은 '뉴욕도심의 분주한 식당에서 한여름의 무더위를 견디며 누군가와 만나 거래를 성사시키기 위해 마시는 쓴 커피'이다.

이런 상황에서 복합성과 이에 근거한 맥락은 두 재화든 여러 재화든 재화의 보완관계를 넘어서며, 보완관계든 다른 관계든 재화들의 관계를 넘어선다. 특히, 언어게임은 사회나 사회관계를 전제로 한다. 나아가 여러 재화의 관계와 사회관계가 개입되는 이런 종류의 복합적이고 총체적인 존재를 흔히 우리는 문화라고 부른다. 문화는 분해되지 않는 총체적인 맥락을 지닌다. 문화는 여러 부분들에 있어 대체를 허용하지만, 전체적으로 쪼개지지 않는 총체적인 보완성 혹은 복합성을 지닌다.

이같이 복합성은 선택의 대상과 관련되지만, 기술, 역사, 문화로 규정된다. 비트겐스타인은 이 책을 통해 전반적으로 언어의 모호성과 언어가 지니는 맥락의 중요성을 강조했다. 이는 주로 단어로 구성되는 문장이 단어로 분해되지 않는 의미나 구조를 지닌다는 주장에 가깝다. 일상적인 다음의 두 가지 예에서도 그는 비슷한 주장을 반복했다.

첫 번째는 한 소년이 '다섯 개의 붉은 사과'라는 쪽지를 들고 사과를 사기 위해 과일가게에 간 경우이다. 그는 이런 단순한 구절조차 상당한 계산과 탐색을 필요로 한다는 점을 강조했다(Wittgenstein, 1953, pp.2-3). 구체적으로 이 소년은 '다섯'이라는 숫자, '붉다'는 색깔, 그리고 '사과'라는 과일을, '넷'이라는 숫자, '푸르다'는 색깔, 그리고 '복숭아'라는 과일로부터, 구분해야 한다.

두 번째 예에서는 건설현장에서 장인이 자신의 도제에게 "판자!"라고 외친다. 첫 번째 예와 달리 이 예에서는 의사소통이 필요하므로 언어게임은 더욱 중요해진다. 첫 번째에서는 개인과 재화의 관계 혹은 이 관계에 대한 서술이 중요한데 비해, 두 번째에서는 사회관계나 인간들 사이의 상호작용이 중요하다. 이 두 가지 예는 준거나 맥락에 대한 행동경제학의 여러 견해 중에서 두 번째와 세 번째의 관점을 보여주는 것 같다.

행동경제학은 신고전학파가 강조하는 두세 재화들의 대체보완관계를 넘어서 맥락을 강조했다. 그렇지만 행동경제학은 인지심리학이나 개체주의의 입장에서 재화들의 관계가 형성하는 맥락에 집착해, 인간관계나 사회성을 경시한다는 점에서 비트겐스타인과 거리를 보인다.

4.6 시간과 이자

기대효용이론과 이에 대한 행동경제학의 비판은 할인율과 이자율에 대한 설명에도 적용된다. 기대효용이론의 연장선상에 있는 시간과 이자에 대한 신고전학파의 설명을 비판적으로 요약한 후, 행동경제학의 입장을 대비시켜 보자.

이미 논의한 바와 같이 신고전학파는 전반적으로 시간을 사상하고 불확실성도 개인이 통제할 수 있는 확률적인 위험으로 분해해 경제를 정태적으로 파악한다. 재화나 자원과 마찬가지로 시간도 독립적인 개별단위들로 분해해 각 개인의 경제활동을 위한 수단으로 간주한다. 이는 두 재화(사과와 책)를 하나의 잣대로 환산할 수 있듯이, 오늘의 한 재화(사과)와 내일의 동일한 재화(사과)도 하나의 잣대로 환산할 수 있다고 전제한다. 이에 대해 한 시점에서의 재화들의 차이와 동일한 재화의 시점 상 차이가 동일한지 의문이 생긴다.

첫째, 과거, 현재, 미래라는 연속적인 시간의 흐름이나 이들 사이의 상호의존성에 비추어 보면, 이 경우에는 확실히 대체보다 보완이 더 부각된다. 혹은 단위시간들 사이의 대체는 여러 재화나 자원들 사이의 대체보다 어려울 수 있다. 많은 사람들이 점감하는 임금체계보다 점증하는 임금체계를 선택했다는 앞선 예에서도 시간을 부분으로 쪼개는 것이 적절치 않다. 인간의 개선의지는 매년의 임금을 개별적으로 평가하지 않고 임금 전체의 흐름을 판단하기 때문이다.

재화나 자원을 총체적인 역사나 맥락과 연결할 필요도 있다. 긴 시간을 놓고 보면 물적으로 동일한 재화라도 역사적, 문화적, 사회적인 의미와 가치는 다르다. 예를 들어, 한국에서 1960년대의 쌀 한 가마와 현재의 쌀 한 가마는 선호나 기술의 변동으로 그 의미나 기능이 사회적으로 다르다. 그렇다면 과

거의 쌀이나 미래의 쌀을 현재의 쌀로 환산하기는 쉽지 않다.[36] 각 개인이 역사를 설명하는 여러 요인들을 고려할 수 있거나 역사를 개인의 이력으로 분해할 수 있어야 이런 환산이 적절하다. 이렇게 보면 외견상 동질적이지만 화폐에 대한 할인도 자명하지 않다.

둘째, 시간 속에 개인이나 사회의 역사와 변화가 포함되어 있고, 이런 의미의 시간이 재화나 자원과 불가분하게 결합되어 있다. 사과와 책, 그리고 노동과 자본은 서로 독립적으로 존재한다고 말할 수 있다. 그러나 이들 모두와 시간이 독립적이라는 생각에는 의구심이 생긴다. 시간은 이런 재생산의 환경이고 배경이기 때문이다. 시간을 분리할 수 없으므로 일반균형에서처럼 시간을 사상할 수도 없다.

그러므로 시간은 다른 재화나 생산요소와 독립적으로 경제에 연관될 수 없다. 즉, 시간은 노동, 생산, 판매, 소비, 분배, 여가 등과 결합되어 효용이나 비효용을 낳는 것이지, 이들과 무관하게 독립적으로 존재할 수 없다. 시간은 이들 모두에 스며들어 있어 언제나 이들 어느 것과 결합되어 나타난다. 시간을 가지고 기술발전이나 경험축적을 대신하게 하는 것은 적극적인 설명이 아니다.

셋째, 시간을 노동, 토지, 자본과 분리해 이들과 같은 수준에서 취급하는데 어려움이 있다. 비용이나 효용으로 환원된 여타 사물들이나 자원들이 공간과 관련되기 때문에 이들과 같이 시간을 수단으로 취급하는 것이 문제이다. 시간을 자원이나 제품과 동일한 차원에 놓을 수 없다면, 특정 제품의 생산에 있어 시간의 절약을 자원의 절약과 동일하게 생산성의 증가로 취급하는 것에 대해서도 의구심이 든다.

로빈슨이 생산함수에 대한 비판에서 지적했듯이, 투입물과 산출물이 x축과 y축이라면, 시간은 z축이다(Robinson, 1980). 시간을 자원이나 재화와 같은 수준에서 취급할 수 없다는 의미이다. 이에 따라 그녀는 가역적인 시간에 근거한 신고전학파의 균형개념을 비판했다. 기술발전이나 제도의 진화를 보면

---

36 이는 재화보다 사람에게 더 잘 적용된다. "나는 더 이상 예전의 내가 아니다."라는 흔한 표현은 과정이 아니라 존재로서의 인간이 동일성을 유지하지 못한다는 점을 나타낸다.

시간은 비가역적이어서, 인간이 시간의 부분들을 선택하는 데는 언제나 한계가 있다.

가역성과 독립성의 결여로 인해 시간을 재화나 자본, 노동, 토지와 동일한 차원에서 취급하는데 의문이 제기된다. 이런 이유로 재화들이나 자원들 사이의 대체와 달리 특정 재화나 자원과 시간 사이의 대체는 쉽지 않다. 이렇게 보면 베커와 같이 시간을 재화 혹은 노동이나 자본과 같은 차원에 놓는 데는 상당한 문제가 내포되어 있다고 추정할 수 있다.

넷째, 신고전학파나 자유주의의 입장에서 보면, 시간을 재화나 자원과 같이 개인의 소유물로 쪼개는데 한계가 있다. 시간을 누군가 소유한다고 말하기 힘들며, 물화될 수 없고, 양도할 수 없으며, 포괄적인 거래의 대상도 아니다. 흔히 어떤 사람의 시간을 빼앗는다고 말한다. 그러나 시간이 그것의 소유자와 불가분의 관계에 있다는 점에서 시간의 박탈은 재화나 자원의 박탈과 그 성격이 다르다. 또한 시간에 대해서는 다른 재화나 자원과 같은 의미의 시장도 존재하지 않는다.

사유재산이나 소득과 달리 시간은 모두에게 공평하게 주어진다. 그러므로 시간은 계급이나 계층과 무관하게 각자에게 동등한 기반이 될 수 있다. 그렇지만 전반적으로는 시간의 공평한 분배가 사유재산이나 소득의 불평등을 재현할 수 있다. 가령, 경제학은 노동과 여가를 각기 비효용과 효용으로 처리하는데, 재산의 불평등이 노동의 불평등을 가져온다면, 사회적으로는 시간이 공평하게 주어지지 않는 셈이다. 결국 노동, 생산, 착취 등과 결합되어, 시간의 소유가 의미를 찾게 된다. 그러나 신고전학파는 이런 것을 중시하지 않는다.

더불어 토지나 노동 혹은 기술 등 공간 속에 존재하는 사물을 수단화해 시장에 편입하는 것과 시간을 수단화해 시장에 편입하는 것의 성격이 다르다. 단적으로 재화나 자원은 많으면 많을수록 좋다. 이에 비해 시간은 반드시 길다고 좋고 짧다고 나쁘지 않으니, 좋고 나쁨으로 구분할 수 없다. 시간은 재화가 같은 차원에서 '좋음'일 수 없는 것이다. 또한 토지나 노동 그리고 재화는 재생산되거나 유지될 수 있지만 시간은 생산되거나 재생산되지 않는다.

더불어 노동이나 자본의 투입에는 특별한 제한이 없으나, 시간의 투입은 하루로 따지면 최저 0에서 최고 24시간이라는 제한을 가지고 있다.

마르크스의 입장에서는 소비시간이나 여가까지 포함하는 시간은 소비자나 노동자의 생활 전체에 해당된다. 그리고 마르크스 자신이 생활 전체와 시간 전체의 수단화가 자본주의의 자연스런 귀결이라고 생각했다. 그는 노동과 소비 등 여타 경제생활이나 정치 등 여타 사회생활이 구분될 수 없다고 생각했기 때문이다. 따라서 노동시간뿐만 아니라 시간 전체를 수단화하고 대상화하는 것은 경제주체들의 생활 전체가 경제나 시장에 포섭되었음을 의미한다. 한 때 번영했던 프랑스의 조절학파는 이런 시각을 반영했다.

이와 다르지만 아리스토텔레스의 정의에 따라 활동자체가 목표이거나 활동 내부에 목표가 있는 활동과 활동 자체가 아니라 활동의 결과가 목표이거나 활동의 외부에 목표가 있는 활동을 구분할 필요가 있다. 금전적인 보상이나 점수 등을 목표로 하지 않는 독서나 대통령을 뽑는 정치적 참여, 환자의 건강회복을 위한 진료는 전자에 가깝다. 이에 반해 임금을 목표로 삼는 공장의 노동이나 돈벌이를 목표로 삼는 의사의 진료는 후자에 해당된다.

이에 따라 전자에 투입된 시간과 후자에 투입된 시간은 상호 통약이 가능하지 않다. 극단적으로 경제학에서처럼 시간이 재화나 자원의 존재를 표현하는 방식이 아니라 거꾸로 재화나 자원을 수단으로 삼아 이루어내는 목표라고 생각할 수 있다. 예를 들어, 오늘과 내일의 식사를 각 시점에 소비할 재화들로 취급하지 않고 이 식사들을 하면서 친지와 지낼 오늘과 내일의 시간으로 생각할 수 있다. 수단화되지 않은 시간은 행위 혹은 활동과 불가분의 관계에 있다. 반면 시간을 재화나 화폐로 통약해 수단화하는 것은 행위가 아니라 행위의 결과나 상태에 대한 강조와 통한다. 이는 마르크스나 케인즈가 강조했던 역사의 흐름이나 불확실성과 배치된다.

이런 맥락에서 동질적인 화폐 대신에 여러 용도에 할당한 여러 가지 화폐들이 존재하듯이, 동질적인 시간 대신에 용도에 따라 여러 종류의 시간이 존재한다고 볼 수 있다. 시간이 돈으로 전환될 수 있느냐와 별개의 문제로 주어진 시간이 여러 용도에 전용되는데 한계가 있다. 이는 신고전학파에서 주장하는 바와 같이 재화나 자원들, 그리고 시간에 대체성이 지배하기보다 보완성이 지배한다는 의미가 된다. 이를 지출항목들이나 이에 상응하는 인간의 욕망들이나 필요들에 순서나 우열이 있다고 해석할 수도 있다. 끝으로 이것은 개인의 선택과 재화들 사이의 대체, 그리고 기회비용개념에 제한을 가해 경제 전체 수준에서 자원의 배분이나 이동성에도 제한을 가할 것으로 예상할 수 있다. 돈에 대한 세일러의 정신적 회계를 시간에 적용하면 이와 비슷해질 수 있다.

이자를 논의하려면 시간을 효용과 연결시켜야 한다. 신고전학파에서 효용은 특정 개인이 여러 재화들에 대해 느끼는 효용, 특정 개인이 여러 시점에 존재하는 재화들에 대해 느끼는 효용, 그리고 사회의 여러 개인들이 느끼는 효용으로 나뉜다. 이 중에서 이자와 할인은 여러 시점에 존재하거나 존재할 것으로 예상되는 재화나 자원에 대한 개인의 효용, 선호, 그리고 선택에 적용된다. 즉, 오늘의 사과 하나와 책 한권이 아니라 오늘 사과 하나와 내일의 사과 하나를 비교하고, 이 중에서 선택한다. 재화뿐만 아니라 화폐로부터 얻은 효용도 이와 같이 상정하고, 현재와 미래를 비교, 선택, 합산한다.

우선 신고전학파에서 오늘의 사과 하나와 내일의 사과 하나는 동일하지 않다. 방법론적인 개체주의에 따라 사물에 개별성을 부여하고 가치의 주관성을 강조하기 때문이다. 신고전학파에서 재화는 그 자체로서가 아니라 경제주체들이 주관적으로 부여하는 가치로 규정된다. 이에 따라 동일한 재화라도 사람마다 다른 크기로 평가할 수 있으며, 동일한 사람이 동일한 재화를 소비하더라도 몇 번째 사과인가에 따라 그 가치의 크기가 다르다. 즉, 나에게 사과 하나가 가지는 가치가 너에게 사과 하나가 가지는 가치와 다르며, 나에게도 두 번째 먹는 사과는 첫 번째 먹는 사과와 그 가치가 다르다.

이를 연장해 동일한 재화에 대해 동일한 사람이 평가하더라도 시점에 따라 그 가치가 달라진다. 즉, 어떤 개인에게 오늘의 사과 하나는 내일의 사과 하나와 그 중요도가 다르다. 그런데 특정 시점의 재화들을 평가할 때 이들을 질적으로 동일시하면서 수량적으로 평가하듯이, 여러 시점의 재화들에 대해서도 같은 평면으로 끌어들여 수량적으로 평가한다. 현재의 재화와 미래의 재화가 동일하지 않지만 재화는 동일한 평면에서 통약되어 양적으로 비교된다. 물론 물리적으로 동일한 재화가 과거, 현재, 미래의 시점에 따라 가치의 크기를 달리한다.

쉽게 말해, 이 관점에서는 한 시점의 서로 다른 재화뿐만 아니라 한 시점에 존재하는 동일 재화의 여러 단위, 그리고 여러 시점에 존재하는 동일 재화를 비교할 수 있고, 이들은 모두 가치의 크기가 다른 재화들이 된다. 예를 들어, 오늘의 사과와 오늘의 책이 가치의 크기에 있어 다르고, 오늘의 첫 번째 사과와 두 번째 사과가 다르며, 오늘의 사과 하나와 내일의 사과 하나가 다르다. 그리고 오늘의 사과와 내일의 책이 비교된다. 이런 생각은 재화를 기능으로 파악해 사용가치를 강조한 고전학파나 상식과는 다른 이해방식이다.

이 관점에서 시간선호, 이자(율), 그리고 할인(율)을 이해할 수 있으며, 시점간 대체율, 이자율, 할인율을 계산할 수 있다. 이 논리에 의하면 한 시점에 존재하는 두 재화 x, y의 차이가 두 시점에 존재하는 동일한 재화 x_1, x_2의 차이나 y_1, y_2의 차이와 개념적으로 다르지 않다. 이런 의미에서 신고전학파는 시간을 공간화한다고 해석할 수 있다. 이는 과거, 현재, 미래를 질적인 차이로 보지 않고 이들을 모두 현재로 환원한 것이다. 가령, 할인을 통한 현재가치의 계산은 미래와 미래의 가치를 현재와 현재의 가치로 환산할 수 있다고 전제한다. 소비와 저축에 대한 선택에서 소비는 현재의 소비이고 저축은 미래의 소비이다.

경제학의 역사를 통해 재화나 화폐에 대한 시간선호와 이자율에 대해 주관적으로 해석하는 전통이 래, 시니어, 제본스, 뵘바베르크, 피셔로 이어졌다. 이들은 다양한 심리적 요인들과 사회적 요인들을 들어 미래보다 현재가 중시되고 현재재화의 가치가 동일한 종류의 미래재화의 가치보다 더 높은 이유를 설명했다(홍 훈, 2000, 240-265쪽).

경제의 목표를 소비에 두므로 화폐는 소비를 위한 수단으로 간주한다. 화폐에 대한 수요가 소비재에 대한 수요에서 파생되듯이, 화폐에 대한 이자율은 재화에 대한 할인율에서 파생된다. 다시 말해, 사람들이 현재의 재화를 미래의 재화보다 좋아하기 때문에 현재의 화폐를 미래의 화폐보다 중시해 이자를 지불한다. 당연히 축재가 경제의 목표라는 생각은 배제된다. 이같이 이자율이나 할인율은 현재재화나 현재화폐가 미래재화나 미래화폐와 주관적으로 교환되는 비율이기도 하다.

신고전학파는 개인이나 개인의 선택뿐만 아니라 현재나 현재의 선택을 중시한다. 남이나 공동체보다 나 개인이 중요하고, 과거나 미래보다 현재가 중요하다. 이에 따라 현재재화보다 미래재화를 낮게 평가한다. 또한 저축을 미래의 소비로 생각하지만, 거꾸로 현재의 소비를 음의 저축으로 생각하지는 않는다. 당연히 과거의 나나 미래의 나보다 현재의 내가 중요하고, 나의 조상이나 나의 자손보다 내가 중요하다. 그러므로 재화나 서비스도 현재 내가 소비하는 부분이 중요하다.

그런데 새뮤엘슨(1937)은 할인효용모형discounted utility model을 통해 뵘바베르크 등이 주장한 다양한 요인들을 할인율이라는 하나의 요인으로 환원했다. 단순성과 조작의 용이성 때문에 할인효용모형이 신고전학파의 지배적인 논리가 되었다. 이 모형에 의하면, 사람들은 각기 시간에 대해 다른 할인율을 가지고 있지만, 어떤 사람이 지니고 있는 할인율은 시점 등에 관계없이 일관되게 유지된다.

예를 들어, 현재 시점에서 3년 후와 4년 후 사이에 적용된 1년의 할인율은 3년 후가 현시점에 되고 4년 후가 1년 후가 된 시점에서도 유지된다. 다른 예로 현재 시점인 올해 10월에 내년 1월부터 금연하기로 결심했는데, 이는 몇 개월 후의 흡연으로부터 얻을 효용과 이것이 더 장기적으로 낳을 건강의 손실을 합리적으로 계산한 결과이다. 그리고 이 사람은 내년 1월이 다가와서 현재가 되어도 자신의 결심과 선택을 유지한다고 새뮤엘슨의 할인효용모형은 주장한다.

이런 일관성은 정상성stationarity의 가정으로 불린다(Koopmans, 1960, pp.293-295; Loewenstein & Prelec, 1992, p.574; Green & Myerson, 2004, p.770, 777). 이 가정은 두 시점에 동일한 시간을 더하거나 빼도 선호에 변동이 없다는 것을 의미하므로 기대효용이론의 독립성공준과 유사하다. 이같이 신고전학파는 시점간의 비교와 선택에 있어서도 일관성을 중시한다.

시점간의 선택에서 이런 일관성은 할인율의 일관된 적용으로 나타난다. 즉, 특정인의 할인율이 γ라면, 현재로부터 멀어지면서 임의의 미래시점에 대한 할인율은 γ^t이어야 한다. 이를 일반적으로 지수형 할인exponential discounting이라고 부른다. 이는 동일한 시간에 동일한 할인율을 일관되게 적용한다는 점에서 일관성 있는 선호이고 개인의 합리성을 표현한다.

새뮤엘슨의 할인효용모형은 전반적으로 기대효용이론에 부합된다(Prelec & Loewenstein, 1991). 기대효용이론은 재화나 화폐와 확률이라는 두 가지 차원의 대체와 상충과 합산에 근거한다. 할인효용도 동일한 대체나 상충과 합산을 상정한다. 다만, 그 차원이 화폐와 시간으로 바뀌었을 뿐이다. 전자에서 선택의 대상을 구성하는 보수들은 분리되어 합산이 가능하고, 확률과 선형적으로 결합된다. 이와 유사하게 후자에서 화폐소득으로부터 발생하는 효용은 분리되어 합산이 가능하고, 시간의 흐름에 따라 일정 비율로 할인된다.

그런데 행동경제학이나 실험경제학이 인간의 심리적 기반을 검토하는 과정에서 시간선호 및 이자율과 관련된 기존이론에 대해서도 의문이 제기되었다. 우선 인간이 경제적 동물이라는 전제하에 진행된 많은 현장조사나 실험은 사람들이 새뮤엘슨이 생각한 것과 같이 할인율이라는 한 가지 요인에 의탁하지 않는다는 점을 보여준다(Frederick et al., 2002). 미래의 새로운 소비계획과 현재의 소비계획의 자연스런 통합, 효용이나 소비의 시점간 독립성, 시점간 효용함수의 불변성, 시점간 할인율의 불변성 등이 할인효용모형의 문제들로 지적되었다(Frederick et al., 2002, pp.356-359). 특히, 기대효용에서 독립성 공준이 의심을 받은 것과 비슷하게 정상성의 가정이 의심을 받았다(Prelec & Loewenstein, 1991, pp.772-773).

앞서 언급한 예로, 연초부터 시행하리라고 계획했던 금연이 막상 연초가 되면 흡연유혹으로 인해 좌절되기 쉽다. 이것은 일반적으로 사람들이 장기적인 의도와 단기적인 유혹 사이에서 갈등한다는 것을 의미한다(Berns et al., 2007, p.485). 미국의 산모들이 산통이 시작되기 이전에는 마취제 사용을 거부하다가, 일단 산통이 시작되면 자신의 선택을 뒤집어 마취제 사용을 요청하게 되는 것도 비슷한 예이다(Prelec & Loewenstein, 1991, p.774, fn 2).

이에 따라 할인과 이자율은 인내, 유혹temptation, 그리고 자기통제self-control의 문제로 이어진다. 이것은 지수형 할인 모형이 신뢰하는 인간의 동태적인 일관성dynamic consistency에 위배된다(Thaler, 1981). 일반적으로 할인율이 보수의 크기나 시간의 길이로부터 독립적이지 않은 것으로 드러났다. 대체로 금액이 커지면 할인율이 줄고, 시간이 길어져도 할인율이 줄어드는 것으로 나타났다.

이미 언급했던 예로서, 동일한 총액이면서 점증하는 임금체계와 점감하는 임금체계의 두 대안에 대한 선택을 보자. 전통적인 신고전학파의 입장을 대변하는 할인효용모형에 의하면, 할인율이 양이므로 미리 많은 돈을 받는 두 번째 대안을 선택하는 것이 합리적이다. 그러나 다수의 사람들이 첫 번째 대안을 선택했다. 이에 대해 초기에 높은 임금을 받다가 나중에 낮은 임금을 받게 되면 고통이 크기 때문이라는 해석이 가능하다(Berns et al., 2007, p.486).

더불어 이 경우 지수형 할인 모형이 가정하는 시점간 분리성temporally separable이 충족되지 않는다(Loewenstein & Prelec, 1992, p.578). 이 가정에 의하면 효용함수를 구성하는 여러 시점의 소비나 소득이 서로 독립적으로 효용에 영향을 미친다. 그런데 임금의 예에서는 여러 시점들 사이의 임금이 상호의존적이다. 보다 흔한 신고전학파의 개념으로 매몰비용은 시간의 여러 부분들 사이에 상호의존성을 부정한다. 이에 비해 도박장에서는 오전의 이득이나 손실이 오후에 위험에 대한 태도와 도박에 영향을 미친다(Thaler et Johnson, 1990, p.643).

이에 따라 새뮤엘슨 이전의 전통으로 복귀해야 한다는 반론이 나오면서, 할인율의 불변성을 부인하는 쌍곡형 할인hyperbolic discounting이 제시되었다. 예를 들어, 현재 시점에서 3년 후의 100만원과 4년 후의 120만원을 비교하고, 3년이 지나서 3년 후가 현재가 된 시점에서 100만원과 1년 후의 120만원을 비교하는 경우를 생각하자. 할인효용모형에 의하면 양자 사이에 할인율에 변동이 없다. 따라서 앞서 4년 후의 120만원을 선택했으면, 3년이 지난 후에도 1년 후의 120만원을 선택한다고 본다. 이와 달리 쌍곡형 할인 모형에 의하면, 후자에서 전자보다 할인율이 커져 앞서 4년 후의 120만 원을 택했다가 3년이 지나면 현재의 1백만 원을 택할 수 있다. 이는 사람들의 할인율이 일관되지 않고 시점이 다가오면서 더 커진다는 것을 뜻한다.

쌍곡형 할인모형에 의하면 먼 미래에 대해서는 낮은 할인율이 적용되다가 그 시점이 다가오면 할인율이 높아지므로, 할인율의 변동과 선택의 변동이 발생한다. 따라서 쌍곡형 할인은 선호역전의 중요사례이다(Green & Myerson, 2004, p.777, 788). 지수형 할인에서는 시간의 흐름과 독립적으로 할인율이 일정하게 유지되므로 시간에 따른 일관성나 동태적인 일관성이 유지되는데 비해, 쌍곡형 할인에서는 할인율이 변동하므로 이런 일관성이 유지되지 않는다(O'Donoghue & Rabin, 2003, p.218).

기대효용이론과 지수형 할인 모형은 모두 상금, 확률, 할인율이 서로 독립적이라고 생각한다. 이에 비해 행동경제학과 쌍곡형 할인모형은 이들이 상호의존적이라고 생각한다. 구체적으로 미래에 주어지는 보수들에 대해서는 큰 액수보다 작은 액수에 대한 할인율이 높게 나타났다(Loewenstein & Prelec, 1992, p.575). 또한 확률적으로 주어지는 상금은 거꾸로 작은 상금의 할인율보다 큰 상금의 할인율이 높게 나타났다(Myerson et al., 2003). 이런 흐름 속에서 시간선호를 포함한 선호에 대해 문화나 자연선택 등 생물학적인 기반에 의존해 설명하려는 노력도 부상했다(Rogers, 1994; Robson, 2001).[37]

신고전학파의 기대효용이론이 지시하는 바와 같이 지수형 할인 모형은 관련 요소들을 부분으로 쪼개고 수단으로 만들어 다른 자원들과 마찬가지로 취급한다고 이해할 수 있다. 구체적으로 지수형 모형도 소비재선택에서와 마찬가지로 불확실하거나 지연되는 보상이라는 선택대상을 보수의 크기, 획득시점, 확률이라는 구성요소들로 분해했다가 합해서 시간선호와 이자율을 설명한다(Green & Myerson, 2004, p.789).[38] 이런 전제하에서는 흔히 경제학의 소비자선택에서 보는 바와 같이, 보수, 시점, 확률이 상충되고 부드럽게 대체된다.

37 흔히 혼동되기도 했지만 무관했던 영국의 통계학자 겸 다윈주의 생물학자 피셔(Ronald Fisher)와 미국의 경제학자 피셔(Irving Fisher)가 이 과정에서 동일한 논의에 등장하게 되었다.

38 The broad implication of these anomalies is that with respect to human decision making, one cannot assume that the whole would turn out to be what would be expected on the basis of the sum of its parts. For example, although people generally prefer larger to smaller, sooner to later, and certain to probabilistic rewards, these basic facts are not sufficient to predict choice when these attributes are combined (Green & Myerson, 2004, p.789).

이에 비해 현실에 나타나는 이례적인 현상들을 설명하는 쌍곡형 할인 모형은 불확실하거나 확률적인 보상이 구성요소들로 완전히 분해되지 않고 유연한 대체도 언제나 가능하다고 보지 않는다.

신고전학파는 시간을 분할해서 수단화할 뿐만 아니라 시간을 자료와 같이 있는 그대로 받아들인다. 이는 인간의 인지나 해석을 경시하고 사람들이 있는 그대로의 사물을 받아들인다는 실증주의에 부합된다. 이에 비해 카네만은 구체적인 실험을 통해 회상되는 시간과 이 시간의 쾌락이나 고통이 재해석된다고 주장했다. 더구나 이런 해석이 현재와 미래의 의사결정과 선택에 영향을 미친다고 주장했다.

대표적으로 '결장경 검사'나 '차거운 물에 손 담그기'의 실험에서 사람들은 고통이 지속되는 시간을 기억하지 못하며, 최고 수준의 고통과 종료시점의 상황만을 기억한다(Redelmeier et al., 2003; Kahneman & Krueger, 2006, p.5). 이를 카네만은 회상효용remembered utility이라고 불렀다. 고통이 아니라 즐거움에 대해서는 아마도 '추억은 아름답다.'는 속설이 이에 부합될 것이다.

따라서 카네만은 효용에 대해 의사결정효용, 경험효용, 그리고 회상효용 등 과거, 현재, 미래로 구분한 셈이다. 이런 회상이 앞으로의 선택뿐만 아니라 삶에 대한 전반적인 평가와 행복의 정도를 결정한다. 이는 인식에 있어서 모종의 경로의존성이라고 이해할 수도 있다. 당연히 이것은 기대효용이론과 할인효용모형이 주장하는 바와 같은 완벽한 합리성이나 일관된 선호에서 벗어난다.

4.7 이타심과 자유온정주의

주류경제학이 상정하는 경제인이 이기적인지에 대해서는 논란이 있다. 일반적으로 아담 스미스가 이기적인 경제인을 상정한 것으로 알려진 이래, 초기 경제학이 전반적으로 이타적인 인간보다 이기적인 인간에 치중했다. 그런데 브렌타노(Lujo Brentano, 1923) 등 독일의 역사학파가 아담 스미스 내에 이타적인 인간이 공존한다는 것을 지적해 '아담 스미스 문제'das Adam Smith Problem를 불러 일으켰다.

신고전학파에 대해서도 이기적 개인을 상정한다는 해석이 지배적이다. 물론 이에 대해서도 선택이론이 로빈스나 폰 노이만이래 형식논리로 변하면서 일관성을 요구할 뿐, 이기심을 전제하지 않는다고 반박하는 학자들도 있다(Binmore, 2010a). 그렇지만 신고전학파의 기대효용이론은 효용극대화나 이윤극대화라는 공준을 회피할 수 없다. 또한 시장의 균형을 존중하고 균형이 정의와 일치된다는 보장이 없기 때문에 공정성이나 사회정의를 중시하지도 않는다. 대표적으로 하이에크에게 중요한 것은 시장에의 동등한 참여이므로 시장에서 나타난 결과에 대한 재분배 등 소위 사회정의는 불필요할 뿐만 아니라 해악이다. 나아가 자본주의경제에서 대다수의 개인들이 자신의 이익을 추구하고 있다는 인상은 피할 수 없다.

적어도 상당수 행동경제학자나 실험경제학자는 신고전학파와 기대효용이론이 이기심을 전제하고, 현실의 시장경제도 이기심에 의존한다고 생각한다. 그리고 자신들의 연구결과에 따라 인간이 이기적이지 않으므로 경제학과 경제가 바뀌어야 한다는 함의를 제시하고 있다. 공정성과 관련된 사회적 선호나 사회적 효용이라는 주제가 이를 포괄한다.

일단 이기적인 행위와 이타적인 행위의 범위를 명확히 할 필요가 있다. 이기적인 행위에는 자신을 위한 행위뿐만 아니라 가족이나 친족을 위한 행위가 포함된다. 생물학과 연계된 최근 경제학의 이론에 의하면 인간이 유전자를 지키려는 경향을 지니고 있어 가족이나 친족을 위하는 행위를 보이게 된다. 여기서 자식이나 친족을 위한 희생은 혈연관계의 친소나 거리에 의해 결정된다(Hirshleifer, 1978a, 1978b).

인류학과 공유하는 주제로서 선물주기와 같이 호혜성의 원칙에 따라 장기적으로 타인이 자신에게 이익을 줄 것으로 기대하고 현재 타인에게 이익을 주는 것도 이기주의에서 벗어나지 않는다. 결과적으로 친족이외의 타인에 대해 호혜주의를 전제하지 않는 희생에 국한해 이타주의로 규정할 수 있다.

이에 따라 친족이 아니라 국외자와의 호혜적인 이타주의가 핵심적인 논의 대상이다(Trivers, 1971, pp.37-38). 동물과 인간에서 이런 의미의 이타주의는 수명, 주거이동지역의 분산정도, 상호의존도, 부모에 대한 돌봄, 위계적인 지배정도, 전쟁에서의 협동 등에 따라 결정된다. 동물의 경우 물고기들의 청소를 위한 공생이나 새들의 경고울음 등에서 이것이 나타난다. 이타주의의 근거로 스미스John Maynard Smith로 대표되는 집단선별group selection을 주목할 필요가 있다(Jeroen et al., 2003, pp.297-300).

보다 구체적으로 특정인은 자신의 소득으로부터 효용을 얻을 뿐만 아니라 자신의 소득과 타인의 소득의 차이나 분배비율이 정당하다고 생각하면, 이로부터 즐거움을 느끼고, 그렇지 않으면 질투나 부담 등 고통을 느낀다. 이런 함의는 호혜성에 근거한 인류학적인 접근이나 사회적 교환이나 선물교환으로 이어진다(Akerlof, 1982, 2002; Ostrom, 1998).[39]

대표적으로 설문조사를 통해 제품의 가격인상에 대해 인상의 근거에 따라 사람들이 정당하지 않다고 생각한다는 증거가 나와 있다(Kahneman, Knetsch & Thaler, 1986a). 공장의 출하가격이 올라서 대리점에서 제설기의 가격을 인상한 경우에는 정당하다고 사람들이 판단했다. 이에 비해 그 전날 폭설이 내려 제설기에 대한 수요가 갑자기 늘어난 상황에서 가격을 인상한 경우에는 대부분 부당하다고 생각했다. 시장경제의 논리에 부합되지 않는 이런 판단이 현실경제에서는 지배적이라는 것이다.

또 다른 예로 갑자기 인기가 좋아진 축구경기의 표를 배분하는 방식으로 경매, 추첨, 줄서기 중 어느 것이 제일 나은지 캐나다 뱅쿠버의 도심권 주민들에게 물어 보았다. 그 결과 줄서기가 가장 높은 찬성을 얻었다(Kahneman, Knetsch & Thaler, 1986b, S286-S288). 미시경제학에 나와 있는 대로, 경매는 시장에, 추첨은 운에, 각기 맡기며, 줄서기는 선착순으로 배포하는 것이다. 경제적 효

39 이에 비해 캐머러(Camerer, 1988)는 선물을 신호로 간주하면서 호혜성과 무관한 존재로 제시했다. 그는 선물이 비효율적이라는 기대효용이론의 귀결을 해명하기 위해 선물이 선물만을 노리는 자들을 가려내고, 상대방에 대한 관심이나 지식, 관습 등을 담고 있는 다차원의 신호로 해석했다. 50불 상당의 현금, 헬스클럽 사용권, 생선초밥, 포도주, 내복, 시집, 대중잡지 등은 각기 다른 의도나 의미를 담고 있다. 그렇지만 이런 해석은 인류학적인 설명이나 행동경제학의 설명보다 신고전학파에 가깝다.

율성에 있어 경매 > 추첨 > 줄서기의 순서이고, 공평성에 있어서는 줄서기 > 추첨 > 경매이다. 그러므로 조사결과가 효율성보다 공정성으로 기울어진 셈이다.

카네만 등이 흔히 활용한 다른 예도 있다. 복사점에서 노동자가 현재 시간당 9$을 받으면서 일하고 있다. 그런데 불경기로 여러 복사점들이 문을 닫아 노동의 초과공급이 생기면서 시장에서 임금이 7$로 떨어졌다. 이 경우 해당 복사점에서도 7$로 임금을 내리려고 한다면, 이는 정당한가에 대해 대부분 약간 부당하거나(34%) 아주 부당하다고(49%) 주장했다(op.cit., S296). 이에 비해 기존 노동자가 아니라 신규로 노동자를 고용하는 경우에는 7$을 주는 것이 부당하지 않다고 생각했다.

이 모든 경우 법으로는 허용되지만 공정하지 않다고 판단한 거래, 가격, 임금 등을 거래당사자가 거부했다. 물론 이에 대해 신고전학파는 이들이 경제나 경제학을 몰라서 이와 같이 판단한다고 주장할 수 있다. 그러나 행동경제학자들은 교육이나 소득수준과 무관하게 이런 결과가 나타났다고 반박했다.

나아가 최후통첩 게임ultimatum game을 여러 차례 실험한 결과, 사람들이 형평성의 기준에서 과도하게 벗어난 분배를 수용하지 않으며 심지어 이를 징벌한다는 점이 드러났다. 최후통첩게임에서는 제안자가 주어진 액수의 돈 중 얼마를 응답자에게 줄지를 결정해서 제안한다. 그리고 응답자가 이에 응하면 제안한 대로 나누고, 거부하면 누구도 아무런 보수를 얻지 못한다. 이 상황에서 응답자는 전체 액수의 10%, 심지어 1%라도 받아들이지 않을 이유가 없다. 그러나 20%이하의 제안은 거의 받아들여지지 않았고, 대부분의 제안이 40%-50% 정도였다(Thaler, 1988; Camerer & Thaler, 1995; Fehr & Schmidt, 1999, p.826).

문화권에 따라 차이가 존재하지만, 협상이나 흥정이 이루어지는 상황에서는 공정성이 어디서나 끼어들었다(Roth et al., 1991). 이 역시 부당한 분배에 대해서는 손실을 보더라도 징벌한다는 결론을 낳았다. 상대방이 제안한 것을 무조건 받아들여야 하는 독재자 게임dictator game에서도 영에 가까운 제안은 거의 없었다.

페어Ernst Fehr 등은 보다 현실적으로 사람들이 호혜성에 근거해 공공재공급을 위한 기금납부 등과 관련해, 이기심을 억제할 수도 있고 모두 이기적으로 행동할 수도 있는 열린 상황에서, 사람들의 선택이 일정 조건하에서는 전자로 귀착될 수 있음을 보였다(Fehr & Schmidt, 1999). 또한 근로계약과 같이 노동자의 노력수준이 계약 후에 결정될 수 있는 상황에서 근로시간 등을 명시하는 경우와 호혜성에 근거하는 경우를 비교하면, 후자가 전체 잉여를 늘려 더 좋은 결과를 얻었다(Fehr & Gächter, 2000, 2002). 여기서 호혜성이나 선물교환은 명시적인 계약이 아니라 묵시적인 계약을 낳았다.

이에 따라 상당수의 경제학자들은 고립적인 경제인이 아니라 상호 협조하는 인간homo reciprocans을 내세우게 되었다(Bowles & Gintis, 2002). 이같이 공정성에 관심을 두게 되는 이유는 사회적 비교로 인해 각자의 효용이 자신의 소득뿐만 아니라 타인의 소득과의 차이나 비율에 의존하거나 타인이 어떤 의도로 특정 액수를 제안했는지에 의존하기 때문이다(Camerer, 1997, pp.168-172). 이미 아커로프는 행동경제학에 우호적이면서도 준거집단 등을 인정해 이들보다 준거를 넓게 해석했다(Akerlof, 1982). 자신의 임금이 준거집단의 평균 수준보다 높지도 낮지도 않을 때 사람들은 공정하다고 간주해, 자신의 생산성을 유지한다.

나아가 타인과의 차이가 발생한 원인이 자연환경이나 우연에 있는지 아니면 어떤 사람의 의도나 사회에 있는지에 따라 이를 수용하는 정도가 달랐다(Blount, 1995). 동시에 실제로는 어떻든 이것을 전자와 후자 중 어느 것으로 서술하거나 포장하느냐에 따라 준거나 이를 수용하는 정도가 달라졌다. 자연적 요인이 아니라 인위적이거나 사회적 요인에 의한 경우, 그 차이를 더 참을 수 없고 고통도 더 크게 나타났다. 또한 타인의 이타적인 의도보다 이기적인 동기에서 비롯된 경우에 더욱 비효용이 컸다.

소송과 관련해서도 이런 생각이 등장했다. 신고전학파에 근거한 포스너 등의 법경제학에서는 기대이익이나 기대효용의 극대화 원칙에 따라 소송 이전의 협상과 소송에 대한 선택 등이 소송비용을 제외한 예상 배상금에 따라 결정된다. 이에 대해 행동경제학자들은 사람들이 절대액보다는 상대적인 크기, 즉 기대수익보다 쌍방 간의 공정한 이익과 손실의 분배에 더 중점을 둔다고 반박했다(Loewenstein et al., 1993, p.139).

사회적 선호와 관련해 행동경제학은 개인차원에 머물지 않는다. 2인 이상이 개입된 게임이나 협상을 고려하고, 준거, 맥락, 초기대안도 이에 부합되도록 재해석한다. 그러나 따져 보면 사회적 선호에 대한 행동경제학의 논의에서도 개인과 개인의 효용이 중심이다. 각자가 타인과의 비교를 통해 쾌락이나 고통을 얻을 뿐 이에 대해 사회 전체에 대한 판단이나 이를 위한 운동에 나서지는 않는다. 신고전학파와 마찬가지로 사회적 선호에서도 개인은 소비자이지 시민은 아니다.

또한 행동경제학의 이런 논의에서 개인들의 서로 다른 한계효용뿐만 아니라 개인들의 서로 다른 준거들이 만난다. 더불어 공정성을 따지는 기준이 타인과의 비교이므로 각 개인은 절대적인 수량과 상대적인 수량 사이에 상충관계나 교환관계를 설정한 것으로 볼 수 있다. 그런데 이는 부분적으로 기대효용이론의 연장선상에 있다. 두 명 이상의 당사자가 등장하나 이는 신고전학파에서 교환이나 협상이 전개되는 방식과 비슷하다.

무엇보다 사회구조는 물론이고 타인과의 관계도 등장하지 않는다. 설령 등장하더라도 사회관계나 사회구조가 그 자체로서가 아니라 개인에게 효용이나 비효용을 낳는 수단으로 등장한다. 이 점에서 사회적 선호는 사회적 비교와 비슷한 차원에 있다. 이 때문에 공정성을 사회적 규범이 아니라 사회적 선호로 간주하는 것에 대한 비판이 나름대로 의미 있다(Binmore, 2010a, 2010b).[40] 끝으로 행동경제학은 여기서도 준거나 맥락에 대한 서술이나 포장을 사회심리나 사회적인 차원에서의 해석이나 구성으로 이해하는데 인색

40 게임이론에 근거해 사회철학을 내세우는 빈모어(Ken Binmore, 2006)는 사회적 선호를 내세우는 입장을 비판하면서, 인류의 발전과정에서 여러 내시균형들 중 공정성에 부합되는 균형이 자연스럽게 선별되었다고 주장했다. 이에 따라 문화의 차이에도 불구하고 모든 인류에 보편적으로 공정성의 원리가 내면화되어 사람들이 모르면서도 이를 준수하게 된다. 그는 자신의 자연스런 정의(natural justice)가 루소나 칸트가 아니라 흄을 따르며, 롤즈와 하사니의 결합이라고 주장했다. 그렇다면 빈모어는 아담 스미스와도 통하고, 폴라니나 하이에크와 친화력을 지니며, 버논 스미스와도 연결된다.

하다.

이같이 행동경제학은 공정성이나 사회정의를 그 자체로서 수용한다기보다 개인에게 효용을 주는 한도 내에서 추가로 고려한다. 이런 점에서 사회적 선호는 보다 넓은 의미에서 신고전학파나 기대효용이론의 흐름에서 벗어나지 않는 것 같다. 사회구성원이 고립된 소비자가 아니라 사회속의 시민이라면 자신이 얻을 재화나 자원 혹은 지위뿐만 아니라 이들에 대한 타인과의 분배나 이들에 대한 사회전체의 분배가 공정한지에 대해 관심을 가질 수 있다. 그런데 행동경제학에서는 이런 시민으로서의 관심을 소비자로서의 효용으로 전환시켜 각 개인이 이로부터 효용을 얻는다고 주장하는 셈이다. 개념적으로 소득분배의 공정성이라는 가치는 타인이나 사회가 개입된다는 점에서 절차상의 효용과 비슷하고 통상적인 효용과 구분된다. 그런데 소득분배도 결과나 상태로 간주해 이로부터 효용이 발생한다고 생각하는 것은 통상적인 공리주의나 효용함수에 부합된다.

이미 지적한 바와 같이 일부 학자들은 아담 스미스와 다른 이유로 신고전학파가 반드시 이타적인 인간에 배치되는 것이 아니라고 주장한다. 신고전학파의 기대효용이론이 공리주의나 전통적인 효용이론에서 벗어나 선호의 안정성이나 선택의 일관성만을 내세우기 때문에 이타적인 인간도 수용이 가능하다는 것이다. 타인의 처지나 이익이 자신의 효용함수에 들어와 있어 이들의 처지가 개선되고 효용이 증대되는데서 자신의 효용을 얻는 사람이 있다는 것이다. 또한 세계화로 인해 절차, 제도, 인간관계 등이 모두 효용함수에 담길 수 있다면, 타인에 대한 배려도 효용함수에 넣을 수 있다. 이렇게 보면 사회적 선호를 통해 행동경제학과 신고전학파의 거리는 더욱 좁혀진다.

행동경제학이든 신고전학파든 이타심을 사과나 자동차와 마찬가지로 개인의 선호에 포함시켜 자의적이거나 상대적인 것으로 만든다는 점이 문제이다. 또한 사회성을 효용의 결정요인으로 상정한다는데 보다 큰 문제가 있다. 나아가 이기심이나 이타심이 경제사회체제를 규정하는 것이 아니라 반대로 경제사회체제에서 파생될 수 있다는 점은 고려하지 않는다. 그리고 이런 문제들은 기대효용이론뿐만 아니라 이타심에 대한 행동경제학의 논의에도 적용된다. 역시 이들은 모두 넓은 의미의 공리주의에 포함된다.

더구나 사회적 선호나 사회적 효용이 행동경제학의 고유영역인지는 확실치 않다. 가령, 실험경제학도 이를 진지하게 논의한다. 대표적인 실험경제학자 버논 스미스는 경쟁이 요구되는 시장의 익명적인 교환으로부터 협동이 요구되는 인격적인 교환을 구분해 이를 중시했다. 이 점에서 그는 프리드먼은 물론이고 하이에크와도 다르다.

나아가 이런 교환의 근거인 호혜성이 효용으로 환원될 수 없는 자연스런 인간의 사회성natural human sociality이라고까지 그는 주장했다(Smith, 2003, p.465, 486). 이는 행동경제학이 사회성을 사회적 선호 등 오로지 선호의 관점에서 파악하는 것이 잘못이라는 그의 비판에 부합된다(Zarri, 2009). 물론 그는 이런 주장들을 독재자 게임 등 여러 실험의 결과로 뒷받침하고 있다.

이런 관점에서 버논 스미스는 고전적인 '아담 스미스 문제'를 다시 거론하고 사회적 교환을 강조하면서, 『국부론』뿐만 아니라 『도덕감정론』을 부각시켰다(Smith, 1998, 2010). 나아가 사회적 맥락을 중시하면서 그는 문화의 차이까지 인정했다(Smith, 2003, pp.486-491, 495; Henrich, 2000). 이에 따라 그는 공리주의와 거리를 두면서 결과뿐만 아니라 동기나 과정도 강조했다(Smith, 2003, p.495).

행동경제학의 주변에는 이기심이나 이타심의 이분법에서 벗어나 행위를 인간의 존재 자체와 연결시키는 흐름도 있다. 이 경우 공리주의와의 연관이 약화된다. 우선 각자 스스로 결정하고 스스로 행위한다는 의미에서 경제활동을 포함한 각자의 선택이 가치와 무관하게 자율성, 자기통제, 자결, 정체성과 관련된다(Akerlof & Kranton, 2000).

또한 정체성은 자기실현과 부합되어 외적인 동기가 아니라 내적인 동기와 연결된다(Frey, 1994; Iyengar & Lepper, 1999; Frey & Stutzer, 2005). 경제학은 경제적인 유인 등 외적인 유인을 강조하는데, 행동경제학의 주변에서 내적인 동기가 근원적으로 생산성, 창조성, 행복을 촉진시킨다는 주장이 대두되고 있다.

나아가 외적인 동기는 내적인 동기와 분리되어 각기 독립적으로 행위에 영향을 미치는 것이 아니라 서로 연결되어 있다. 때로는 외적인 유인이 내적인 유인을 구축하고crowing out, 때로는 외적인 유인이 내적인 유인을 촉진한다

crowding in. 이같이 상황에 따라 내적 유인과 외적 유인이 서로 대체적일 수도 있고 보완적일 수 있다(Bowles & Polania-Reyes, 2012). 여기서 인간의 행위는 이기적이든 이타적이든 결과를 극대화하거나 재화를 획득하는 데 있지 않고 자신의 존재를 확인하고 구성하는 기능을 지닌다.

이 상황에서는 물질이나 돈에 대한 윤리의 저항이나 양자 사이의 변환이나 통약이 진행된다. 스스로 잘 하던 자선행위에 대가를 지불하면 자선행위가 오히려 줄어들고, 탁아소에 지각하는 부모에게 벌금을 부과하면 지각이 더 늘어난다(Gneezy & Rustichini, 2000). 반면 소액의 상징적인 벌금이나 요금은 비용이라기보다 행위에 수반된 사회성을 일깨워 내적인 유인을 증진시킬 수 있다.

정체성이나 내적인 유인에 대한 지적은 신고전학파에 대한 중요한 비판이자 보완이다. 그렇지만 이런 주장이 행동경제학의 범주 내에 있는지는 명확치 않다. 특히, 내적인 유인을 진작하기 위한 정책적인 노력은 일반적으로 행동경제학의 사회철학인 자유온정주의보다 더 적극적이다. 그렇지만 사회적 선호나 이타심을 행동경제학이 효용으로 파악한다는 점을 고려하면, 이들을 결과나 효용의 관점에서 파악하는 경우 신고전학파뿐만 아니라 행동경제학과도 친화력을 지닌다고 생각된다. 절차상의 효용이나 즐거움이나 괴로운 시간과 같이 주관적인 감정으로 파악한 행복은 이런 흐름에 부합된다(Frey & Stutzer, 2005; Kahneman & Krueger, 2006).

이미 지적한 바와 같이 행복에 대한 연구에서 카네만 등은 과거를 회상해 기억에 남아 있는 효용을 실제 경험한 효용과 구분했다. 회고한 효용은 향후의 선택과 인생에 대한 만족도에 영향을 미치기 때문에 중요하다. 결장경이나 내시경검사를 받기 전에 고려하는 고통은 의사결정의 효용이고, 검사를 받으면서 겪는 고통은 경험효용이며, 검사 받은 후에 기억에 남은 고통은 회고한 효용이다. 카네만에 의하면 회고시에는 즐거움과 고통이 지속되는 시간은 기억하지 못하며, 최고수준과 마지막의 즐거움이나 고통만을 기억한다.

이것은 카네만이 효용개념을 여러 방식으로 수정했다는 증거이자 이에 대해 일관된 입장을 수립하지 못했다는 증거가 될 수 있다. 사실 그는 자신이 제시한 경험효용이 과정으로부터의 효용을 의미한다고 재해석해, 혼란을 가중시키고 있는 것 같다(Kahneman & Krueger, 2006, p.4, fn. 1). 무엇보다 그가 효용이론이나 공리주의에 집착하고 있다는 점은 확실하다.

사회철학이나 정책에 있어 행동경제학자들이 이타심을 강화시키는 방향으로 나가지 않았다는 것도 이타주의가 이들의 뇌관이 아니라는 증거이다. 행동경제학자들은 자유온정주의libertarian paternalism 혹은 비대칭적인 온정주의asymmetric paternalism를 정책적인 입장 혹은 사회철학적인 입장으로 내세웠다(Thaler & Sunstein, 2003, pp.1188-1190; Camerer et al., 2003, pp.1224-1250). 기대효용이론에 근거한 신고전학파는 개인의 합리성을 신뢰하므로 자유방임주의나 이에 거시정책을 가미한 케인즈적인 자유주의를 내세운다. 이에 비해 행동경제학은 개인의 합리성이 불완전하다고 보기 때문에 자유온정주의를 주장한다(이규상·홍 훈, 2009).

자유온정주의는 부족한 합리성을 지닌 개인을 도와 주기 위해 특정 대안을 권유하거나 이 대안으로 유도하고 다른 대안들에 대한 선택을 어렵게 만든다는 점에서 온정주의이다. 동시에 이런 유도에도 불구하고 당사자가 굳이 원하지 않는다면 이를 선택하지 않아도 되므로 개인의 선택권이 궁극적으로 보장된다는 의미에서 자유주의이다.

비대칭적인 온정주의는 인간의 불완전한 합리성을 시장에 멍청한 다수와 똘똘한 소수가 공존하는 상황으로 해석한다. 이에 따라 정책이 이런 다수와 소수에 미치는 영향이 비대칭적이라는 점을 강조한다. 그렇지만 내용에 있어서는 자유온정주의와 큰 차이가 없는 것 같다(Frerichs, 2011, p.307).

인간이 부분적으로 비합리적이라는 주장이 현실적으로 어떤 정책적이거나 정치적인 변화를 가져오는지 대답하기 위해 행동경제학이 자유온정주의를 마련했다고 이해할 수 있다.[41] 자유온정주의를 주로 내세운 학자는 노벨

---

41 미국이 주도하는 경제학을 위시한 사회과학에서 새로운 이론에 대해 흔히 제기하는 의문은 "그래서 어쨌다는 건데?"이다. 이는 현상에 대한 설명능력이 아니라 정치, 정책, 예측 등 현실에 대한 변화나 실용적 가치를 문제 삼는 것이다.

경제학상을 수상한 심리학자 카네만이라기보다 시카고대학 경영대학원에서 가르치는 경제학자 세일러와 시카고대학에 있다가 하버드대학으로 옮긴 법학자 선스타인이다. 여기에 경제학자 캐머러Colin Camerer 등이 가세하고 있다.

앞서 설명한 바와 같이, 행동경제학은 기대효용이론의 주장과 달리 사람들의 선택이 준거나 맥락으로부터 자유롭지 못하다고 주장한다. 그런데 맥락은 다양한 요인들에 의존하므로, 자유온정주의는 보다 나은 선택상황을 구축하기 위해 세부적으로 다양한 권유나 유도 장치들nudge을 제시한다.

구체적으로 세일러와 선스타인은 주로 사회적 수준의 유도장치로 다른 사람들의 행동에 대한 정보전달(평균 납세율), 주변인들에 대한 모방이나 이들의 압력(에너지 절약), 제1체계에 대한 자극주기(선거와 관련된 설문조사) 등을 주창했다(Thaler & Sunstein, 2008, pp.52-82). 나아가 판단을 돕기 위한 알기 쉬운 정보의 제공과 투명성 제고(신용카드의 비용을 이자, 수수료, 과태료로 분리공개), 일상적인 건망증에 대비한 장치(엔진 정지 후 자동차의 자동소등), 사전경고나 신호(사진 찍은 후 카메라의 찰칵 소리), 선택과 후생의 연계(신용카드의 수수료명세공개), 선택대상들이 많은 경우의 대책(웹사이트를 통한 합동여과), 경제구성원들의 유인충돌에 대한 고려(의사와 보험회사가 골라주는 치료법) 등을 이들은 제시했다(op.cit, pp.83-102, 131-133, 243).

그런데 행동경제학의 이론과 직접적으로 연관되는 논리는 선택의 맥락이 어떤 대안을 앞세우느냐에 따라 달라진다는 점이다. 이에 따라 자유온정주의는 무엇보다 특정 대안을 초기대안이나 원안으로 내세워 사람들이 우선적으로 고려하게 만들어서 이들의 후생을 증대시킬 수 있다고 주장한다. 초기대안이란 고려할 여러 대안들 중 하나이지만 특별한 이유가 없는 한 선택할 만한 가치를 지닌 대안을 의미한다.[42]

초기대안을 통한 권유나 유도에 집중하며 개입의 주체도 반드시 정부가 아니라는 점에서 자유온정주의는 최소한의 개입주의이다(Ayres & Gertner, 1989,

---

42 웹스터 사전에 의하면, default는 다른 유효한 대안이 없는 경우 통상 자동적으로, 혹은 별도의 고려 없이, 선택되는 대안을 의미한다. 혹은 컴퓨터 프로그램에서 사용자가 특별히 달리 선택하지 않으면 통상 사용되는 대안을 의미한다.

p.107; Thaler & Sunstein, 2008).[43] 이에 대한 예들은 다음과 같다.

- 퇴직연금이 근로자에게 바람직하다고 판단하는 경우, 각 개인이 명시적으로 거부의사를 표현하지 않는 한, 연금에 가입하는 것으로 간주하는 선택상황을 만든다.
- 비만을 억제하기 위해 피자가게에서는 토핑이 전혀 없는 피자를 우선적인 고려대상으로 삼게 한다(Levin et al., 2002).
- 건강유지를 위해 뷔페식당에서는 당분이나 지방이 많은 음식을 별도로 안쪽 깊숙이 배치해 사람들이 이런 음식들을 멀리하도록 유도한다.
- 환경을 보호하기 위해 자동차 대리점에서는 선택에 따라 부가되는 장치가 전혀 없는 자동차를 우선적인 고려대상으로 만든다.

첫 번째의 경우, 명시적으로 거부하지 않는 한, 연금에 자동으로 가입되게 할 뿐만 아니라 자동적으로 저축비율이 인상되도록 할 수 있다(Thaler & Sunstein, 2008, pp.109-117). 이렇게 하면 연금가입자의 숫자뿐만 아니라 연금저축액도 크게 늘어났다. 자동적인 저축비율의 인상*Save More Tomorrow*은 저축 후 매월의 실제 수령액이 절대적으로는 줄지 않게 고안된다. 이것은 저축에 대한 미국 근로자들의 주저, 자기통제의 부족, 손실회피, 화폐환상, 타성 등 행동경제학의 주장들에 근거하고 있다(op.cit, pp.114-115).

자유온정주의, 특히 비대칭적인 온정주의는 초기대안뿐만 아니라 냉각기간cooling period을 통한 권유도 내세운다. 이는 외견상 특정 대안을 권유하지는 않지만 자신의 선택이 진정으로 합리적이었고 적절했는지 생각하는 기간을 강제한다. 냉각기간 이후에도 자신의 선택이 옳았다고 판단하면, 원래의 선택이 그대로 존중된다. 이 경우에는 선택이전의 원래 상태가 원안이 된다. 따라서 냉각기간은 원안에서 벗어나기 어렵게 만드는 보수성을 담고 있다.

초기대안설정과 달리 냉각기간은 현실사회에서 이미 상당부분 시행되고

---

43 세일러와 선스타인의 논리전개를 보면, *incentive*와 *nudge*는 무관하지 않다. 이를 고려할 때 *incentive*가 유인(誘因)이므로 *nudge*를 권유(勸誘)나 유도(誘導)로 번역하는 것이 적절해 보인다.

있다. 예를 들어, 이혼에 합의한 후 일정기간 동안 이 선택이 일시적인 감정 때문에 저지른 일이 아니었는지 생각할 시간을 갖게 만든다. 백화점이나 전자상거래를 통한 상품구매에 있어 일정기간 내 반품하는 경우 환불이 가능하게 만들어 놓은 규정도 냉각기간을 설정한 것이다.

자유온정주의는 선택을 두 단계로 나누는 셈이다. 첫 번째 단계에서는 외적인 근거에 의존해 선택의 범위를 줄인다. 두 번째 단계에서 비로소 각자 좁혀진 범위 내에서 혹은 좁히도록 권유받은 상황에서 각자가 원하는 대안을 선택한다. 이에 비추어 보면 자유온정주의는 이원적인 선택과정을 내세운다. 이것을 행동경제학이 내세운 두 체계이론과 연결시키면, 첫 번째 단계는 제1체계가 안고 있는 위험을 억제하거나 축소시키려는 의도를 지닌다고 해석할 수 있다.

문제는 첫 번째 단계에서 선택의 범위를 줄이거나 우선순위를 설정하기 위해 모종의 사회적 합의나 규범적인 판단이 전제된다는 점이다. 가령, 의료보험에 가입하는 방향으로 유도하기 위해서는 의료보험이 좋은 것이라는 합의나 판단이 선행되어야 한다.[44] 즉, 초기대안에 대해 확고한 근거가 있어야 한다. 그렇지 않으면 자유온정주의는 개인의 다양성과 배치될 수 있다.

초기대안의 설정과 관련해 자유온정주의를 조망하기 위해 가능한 선택상황들을 열거해 보자. 한쪽 극단은 여러 대안들 중 어느 하나를 당사자가 아닌 독재자나 중앙집권적인 권력이 정해 주는 경우이다. 독재자의 선택이 계몽군주(프리드리히 1세)에서와 같이 당사자에게 이로울 수도 있고, 폭군(네로)에서와 같이 해로울 수도 있다. 반대 극단은 신고전학파에서 내세우는 바와 같이 아무런 간섭 없이 당사자가 스스로 선택하는 경우이다.

양자의 중간에는 선택대상들을 줄이는 여러 방법이 있다. 이에는 다수의 대안들을 배제하고 소수만을 허용해 온정주의나 독재에 가까운 방식과 소수를 배제하고 다수를 허용하는 방식이 있다. 전자의 예는 수학책과 영어책을

44 교과서에서 명시하지 않고 있으나 가격상한제나 하한제와 같은 가격통제도 특정 재화의 가격을 완전히 시장에 맡겨 결정할 수 없다는 사회적 합의에 근거한다. 물론 가격통제는 초기대안의 설정이라는 권유의 수준을 넘어선다.

제외하고 소설 등 어떤 책도 읽지 못하게 하는 입시경쟁을 위한 교사의 지침이다. 후자는 술과 담배를 제외하고 다른 기호품들은 모두 허용하는 부모의 교훈으로 예시할 수 있다. 이 역시 당사자에게 이로운 배제가 있고 해로운 배제가 있다.

그런데 다수뿐만 아니라 소수를 배제하는 방식도 자유주의뿐만 아니라 자유온정주의에서 벗어난다. 자유온정주의는 선택의 대안들 중 어느 것도 강제로 부과하거나 배제하지 않으며, 단지 특정 대안을 권유할 뿐이다. 그리고 어떤 것들을 선택하지 않도록 권유하는 방식이 아니라 선택하도록 권유하는 방식을 취한다.

어떤 대안이 있는지 몰라서 제대로 선택하지 못하는 상황이 신고전학파와 행동경제학을 구분하는 근본적인 차이는 아니다. 양자는 정보가 충분히 공개되어야 한다는 생각을 공유하고 있기 때문이다. 그런데 완전한 정보 하에서 스스로 선택하는 경우에도 모두 동등하게 한 표를 갖는 투표장의 선택과 소득에 따라 발언권이나 청구권이 차이나는 시장의 선택을 구분해야 한다. 후자에서 독재자는 없지만 돈에 의한 독재나 지배를 배제할 수 없으며, 최소한 소득이나 재산에 따라 구성원들의 선택범위가 달라진다. 선택범위의 차이는 힘의 차이이다. 신고전학파는 소비재구입을 강조하면서 이런 힘의 차이를 경시한다. 행동경제학도 합리적인 선택을 주장할 뿐 소득이나 재산의 차이에 대해서는 무관심한 것 같다.

그렇지만 자유온정주의와 신고전학파의 사회철학 사이에 차이는 있다. 일단 신고전학파가 자유방임주의를 지향하지만 이것을 모든 경우에 고수하지는 않는다. 경제학과 확연히 부합되지 않는 공영화나 국유화나 계획경제를 제외하자. 그런 연후에도 시장의 가격기구이외에 민간의 협상, 윤리와 도덕, 법, 정부의 조세 및 보조금, 정부의 수량규제, 정부의 행정명령과 인허가, 정부의 가격통제 등이 경제학의 주변에서 맴돈다. 신고전학파와 행동경제학이 공유하는 것이 미시적인 단위로서 개인이므로, 양자가 비교될 수 있는 부분은 미시경제정책이다.

이렇게 보면 자유온정주의도 약한 정도로 정부나 제삼자가 개입하는 미시경제정책에 가깝지만, 이보다 더 근본적이다. 구체적으로 미시경제정책은 조세 등을 통해 가격이나 소득 등의 유인을 바꾸어 간접적으로 개인의 선택이 변경되도록 유도한다. 그런데 미시경제정책은 특정 대안을 염두에 두고 있지 않다. 이에 비해 자유온정주의는 특정 대안을 선택하도록 유도하거나 특정 대안을 배제하는 방향으로 움직인다. 신고전학파의 미시정책이 선호를 존중하면서 가격과 소득제약을 통해 작용한다면, 자유온정주의는 개인의 선호나 선택자체에 직접 영향을 미친다. 이같이 자유온정주의가 직접 영향을 미치려는 단위는 경제전체나 산업이 아니라 소비자 등의 개별경제주체이다(Ariely et al., 2006, p.10).

자유온정주의는 개인이 보다 합리적으로 선택하면 그것으로 만족하므로, 개인들의 행동이 바뀌어 전체적으로 어떤 결과가 나오는지에 대해서는 별로 관심이 없다. 이에 비해 산업정책이나 조세정책이 목표로 삼는 단위는 개인이나 기업이라기보다 산업이나 경제전체이다. 미시경제정책도 개인들의 행위를 변경시켜 산업이나 경제의 차원에서 원하는 효과를 얻는다. 그렇지만 어떤 개인의 선택에 생기는 변화가 아니라 특정 산업이나 경제전체에 생기는 변화에 일차적인 관심을 가진다.

이런 의미에서 미시경제학과 달리 자유온정주의는 교육이나 계몽으로 뒷받침되는 윤리나 도덕과 같은 차원에 놓여 있다. 이는 신고전학파가 개인의 합리성을 고집하는 반면 행동경제학은 그렇지 않기 때문에 생기는 차이이다.

그런데 자유온정주의는 우선적인 대안을 추천하는데 집중함으로써 준거나 맥락 등 행동경제학의 핵심개념들이 지닌 함의를 충분히 반영하지 못한 것 같다(이규상·홍 훈, 2009). 선택의 맥락이 낳는 재화들이나 선택대안들 사이의 상호의존성은 준거의존성이 낳는 시점들이나 구성원들 사이의 상호의존성과 결합되어 경제현상을 개체나 원자로 분해하는 신고전학파의 입장을 무력하게 만들 수도 있다. 그러나 자유온정주의 역시 개체주의나 개인주의를 벗어나 있지 않다.

또한 선택의 맥락을 인정하면 기업의 판매 전략을 보다 적극적으로 규제할 필요가 생긴다. 신고전학파는 소비자가 재화로부터 얻는 효용을 극대화하는 행위와 기업이 화폐로 환산한 이윤을 극대화하는 행위가 모두 이기적이고 합리적인 선택으로 조화롭게 공존한다고 생각한다. 그러나 주관적인 효용과 객관적인 이윤 그리고 이를 환산하는 화폐의 거리는 쉽게 메워지지 않는다. 현실 속에서 현명한 소비자의 물건 고르기와 이윤을 극대화하기 위한 기업의 전면적인 공세는 결코 교과서가 말하는 것처럼 정적이거나 조화롭지 않기 때문이다.

특히, 소비자는 합리성과 현명함에도 불구하고 기업의 선전광고에 수시로 굴복해 이용당할 수 있다. 또한 허약한 소비자의 선택이 자본주의전체를 올바르게 인도하는지 확실치 않다. 여기에 주식시장의 불확실성과 휘발성이 추가된다면, 장터에서 현명한 소비자가 경제를 이끈다는 생각은 실로 낭만적이다.

현실적으로 소비자와 기업 사이의 갈등은 한편으로 전통적인 노동자와 자본가의 대립과 구분된다. 다른 한편으로 최근에 중요한 이해당사자stakeholder로 등장한 경영자와 주주나 채권자 사이의 갈등과도 구분된다. 특히, 노사갈등과 대비하면 갈등과 모순의 진원지가 공장이나 기업인가 아니면 시장인가로 구분된다. 세계화로 인해 갈등과 모순의 진원지가 공장에서, 아마도 후퇴해, 시장으로 옮겨졌다고 보면, 소비자와 기업의 갈등이 부각될 가능성이 높다. 동시에 세계화로 인해 소비와 생산의 공간적이거나 시간적인 거리가 더욱 벌어지면서, 아동노동이나 착취 및 환경과 관련해 생산과정에 대한 소비자의 관리나 감독이 더욱 중요해지고 있다. 더불어 소비와 생산이 동시에 진행되는 서비스산업의 비중증가와 이에 따른 소비, 생산, 교환의 중층적인 결합이 노동자, 자본가, 소비자가 직접 마주치는 새로운 현상을 만들고 있다.

신고전학파 미시경제학에는 소비자와 기업 혹은 자본 사이에 생길 수 있는 이 같은 모순, 대립, 갈등이 숨겨져 있거나 완전히 묻혀있다. 반면 마케팅 문헌 등에서는 응용학문이 지니는 구체성과 현실성으로 인해 이런 갈등이 드러난다. 신고전학파에서 더 이상 발견할 수 없는 '가치'라는 용어가 자주 등장하는 것은 이에 대한 증거이다. 구체적으로 소비자가 효용이 아니라 가치를 극대화한다든가 기업이 이윤이 아니라 가치경영이나 가치연계value chain를 추구하는 것 등은 소비자주권과 소비자에 대한 기업의 봉사를 부르짖고 있는 것 같다.

예를 들어, 피자가게에서는 이윤을 극대화하기 위해 고객들에게 아무 것도 얹지 않은 피자(A)보다 모든 토핑을 다 얹은 피자(B)를 우선적인 대안으로 제시할 가능성이 높다. 이 경우 자유온정주의는 초기대안으로 A와 B 중 선택해야 한다. 그런데 이는 소비자의 후생이나 건강을 극대화하느냐 아니면 기업의 이윤을 극대화하느냐의 선택이다. 이것은 초기대안이나 선택의 방식이나 상황에 대한 선택이지만, 이념이나 체제에 대한 선택이기도 하다. 왜냐하면 소비자의 건강인가 기업의 이윤인가, 환경인가 성장인가, 혹은 절제된 시장경제인가 자유방임적인 시장경제인가 등의 대립이 여기에 개입되어 있기 때문이다. 그러나 이 상황에서 자유온정주의는 개인주의 편향으로 인해 방향을 제시하기 힘들다.

행동경제학 내에서는 심리학자인 트버스키나 카네만보다 사회과학자인 세일러나 선스타인이 경제 구성원들의 이익이 서로 충돌할 가능성을 더 넓게 인정한다. 구체적으로 생산자나 기업이 광고 등 판매 전략을 통해 선택의 맥락이나 초기대안을 조정함으로써 소비자를 약취할 수 있다. 연금에서 우리사주의 비율을 얼마로 정할지를 놓고 고용주와 근로자나 종업원 사이에 이익이 충돌할 수도 있다(Thaler & Sunstein, 2008, pp.81-82, pp.127-130).

그런데 세일러와 선스타인은 이런 충돌을 유인문제로 이해해 약화시키고 있다. 또한 고용주와 근로자의 이익충돌을 생산과정이나 노동과정 혹은 지배구조가 아니라 연금과 우리사주문제로 축소하고 있다. 끝으로 이들도 상당수 경영학자와 마찬가지로 소비자와 기업, 고용주와 근로자 사이에서 입장을 정리하지 못하고 있는 것 같다.

소비자와 기업의 이익이 충돌할 수 있다는 점을 적극적으로 부각시키는 경우에도 결과적으로는 구매에 대한 지불방식이나 사원들에 대한 자사제품 강요 같은 부차적인 문제에 집중한다(Loewenstein & O'Donoghue, 2006, pp.187-188, 196-200). 같은 이유로 자유온정주의는 이익의 충돌이 격심하지 않은 문제들에 집착하는 경향이 있다. 사주와 종업원이 손쉽게 협력할 수 있는 고용보험, 의료보험, 연금보험 등이 그런 예이고, 정부가 제공하는 공공재나 보조금, 정부가 부과하는 조세 등이 또 다른 예들이다.

끝으로 자유온정주의는 또 다른 의미에서 맥락의 중요성을 구현하지 못한 것 같다. 일반적으로 맥락은 선택의 맥락을 넘어서 인문학과 역사학, 사회과학에 포괄적으로 적용되는 개념이다. 이에 따르면 준거의존성은 습관이나 관습, 그리고 역사와 문화의 중요성으로 확대될 수 있다(Kahan & Slovic, 2006). 이는 사회구성원들의 상호의존성이나 공동체적인 성격이나 기호의 사회적 성격과 소비를 포함한 경제활동에 있어 현재와 과거나 미래의 상호의존성을 의미한다. 동시에 맥락의 중요성은 인식에 있어 베버의 이해와 해석의 방법을 요구한다. 이렇게 보면 행동경제학은 방법에 있어서도 개체주의나 원자주의, 그리고 포퍼의 반증주의에 의존하는 신고전학파에서 벗어나는 부분이 있다. 그런데 자유온정주의는 이 점을 발전적으로 수용하지 않고 있다.

5장

경제학의 인간형

5.1 신고전학파와 행동경제학에 대한 종합적인 대비

신고전학파가 주로 수학이나 계량경제학에 의존하는데 비해, 행동경제학은 수학이나 통계학을 수시로 활용하면서도 설문조사나 현장조사 그리고 실험에 의존하는 경향이 크다. 이런 차이로 인해 양자는 이론의 의미에 대한 입장에 있어서도 묵시적으로 차이를 보인다. 전통적으로 경제학, 특히 신고전학파 경제학은 보편적인 이론체계나 논리체계를 추구하고 이를 전제로 삼는다. 일반균형이론이 대표적이며, 이보다 덜하지만, 게임이론과 계량경제학도 이런 부류에 속한다. 이 점에서 경제학은 역사보다 이론을 강조해 왔고, 생물학보다는 물리학을 차용해 왔다. 이에 비해 행동경제학은 심리학과 친화적이므로 보편적인 체계를 상정하기보다 개별사례들에 독자적인 의미를 부여한다.

이런 차이로 인해 신고전학파에 대한 행동경제학의 비판은 보편적인 이론에 대해 또 하나의 다른 체계를 제시한다기보다 여러 구체적인 반박사례들을 제시하는 흐름을 보인다. 사실 행동경제학은 기대효용이론에서 벗어나는 여러 사례들을 제시하는데 중점을 두었다(Tversky & Kahneman, 1983; Kahneman et al., 1990, 1991; Camerer, 1997, 2004; Shafir, 1997; Carmen & Ariely, 2000; Shiller, 2003; Stracca, 2004; Bateman et al., 2005).

이 때문에 신고전학파를 방어하는 입장에서는 흔히 행동경제학의 비판들이 신고전학파에 대한 부분적인 반박사례일 뿐 신고전학파의 이론체계 전체에 대한 비판은 아니라고 방어한다. 이에 따라 행동경제학에 대한 평가는 아직도 이중적이다. 행동경제학 내부에 신고전학파과 친한 부분과 그렇지 않은 부분이 공존한다는 사실도 이와 연결되어 있다.

먼저 신고전학파에 우호적인 입장에서는 카네만, 트버스키, 세일러로 시작된 행동경제학이 합리성 공준에 대해 제기한 공헌을 인정하면서도, 적어도 현재로서는 이들의 이론이 표준적인 합리성 이론을 대체할 정도는 아니라고 평가한다. 따라서 표준적인 이론이 이들의 생각을 수용해 합리성의 불완전함을 인정하는데 그칠 것으로 예상한다(Laibson et al., 1998, p.32; Rubinstein, 2003; McFadden, 2006; Etzoni, 2010).[1] 심한 경우 행동경제학이 경제학을 제대로 이해하지 못했다는 반론까지 있다(Gul & Pesendorfer, 2009).

반면 신고전학파에 비판적인 입장에서는 심리학에 의존하는 행동경제학이 표준적인 이론의 대안적인 의미를 갖는다. 모두는 아니지만 상당수의 행동경제학자들은 학습이나 경험이 늘어나거나, 게임이 반복되거나, 걸린 몫이 커지더라도, 여전히 사람들이 합리성에서 벗어난다고 반박해 왔다(Sunstein & Thaler, 2003, p.1170; Camerer, 2009).

기대효용이론에 우호적인 경제학자들이 신고전학파 경제학과 행동경제학의 설명력과 예측력을 평가하는 기준으로 제시한 것들을 열거하고, 이에 근거해 각각 강점과 약점을 보다 중립적으로 논의해 보자(Laibson et al., 1998, pp.27-29). 이를 통해 행동경제학을 신고전학파로부터 보다 명확하게 차별화할 수 있다.

(1) 걸린 몫이 얼마나 큰가?

기대효용이론에 우호적인 입장에서는 걸린 몫이 클 경우에는 사람들이 더 주의하고 집중하기 때문에 이 이론이 유효하다고 주장한다. 가령, 점심식사에 대한 선택보다 주택에 대한 선택에서 기대효용이론이 설명력을 지닌다.

---

1 이는 가격의 비신축성과 시장의 불완전함을 부분적으로 허용하는 방식으로 케인즈를 받아들인 케인즈주의나 새케인즈주의의 흐름과 비슷하다.

이는 행동경제학이 걸린 액수가 적은 경우에만 타당하므로 그다지 중요하지 않다는 반박이다. 그렇지만 행동경제학은 거의 모든 실험에서 걸린 몫의 크기가 결과에 영향을 미치는지 검토하고 있어 이런 해석을 인정하지 않는다.

(2) 반복되는 선택인가?

인간이 살아가면서 수행하는 선택 중에는 반복되는 것도 있고 그렇지 않은 것도 있다. 가령, 장보기는 반복되지만, 출산, 입학, 결혼, 직장이나 직업선택, 은퇴자금 마련 등은 별로 반복되지 않는다. 반복되는 경우 학습이 가능하고 지식이 획득되어 합리성을 제고하므로, 기대효용이론의 설명력이 높다고 주장하는 사람들이 있다.

상당수 행동경제학자들은 이를 거부한다. 학습이 영향을 미치는지에 대해서도, 실험을 반복하고 실험대상이 전문가인지 대학생인지를 점검하며 교육이나 지식의 정도를 변화시켜 이를 고려한다. 또한 일부는 기대효용이론이 선택이 반복되는 경우들을 과장한다고 반박한다. 사실 중요한 선택이나 의사결정일수록 대부분 반복되지도 않고, 되돌릴 수도 없어 비가역적이다. 가장 극단적으로 인생자체는 반복되지도 않고 손쉬운 선택의 대상도 아니다.[2] 이 경우 학습이 가능하지 않으므로 기대효용이론보다 행동경제학이 적용될 가능성이 더 높다.

이런 논리를 발전시키면, 선택이 반복된다는 주장에 깔려 있는 전제로서 여러 선택들의 독립성에도 의구심이 생긴다. 비가역적인 시간의 흐름 속에서 여러 선택들은 경로 의존적이고, 상호의존적이며, 위계적이다. 대학진학이라는 선택이 직장이나 배우자선택의 조건이나 대안들을 규정할 수 있다. 또한 대학선택은 과목, 주거, 교통수단, 놀이 등에 대한 선택들을 파생시킨다. 당연히 이런 선택들이 나무를 형성하는데 이에는 사회구조가 개입된다. 이런 생각은 신고전학파보다 행동경제학에 부합되는 것 같다.

자본주의의 유형이나 다양한 자본주의varieties of capitalism 등 사회경제체제

2 그래서 "인생은 생방송이다."라는 한국가요가 의미 있다.

의 차이에 따라 선택의 몫이나 횟수가 달라진다는 점도 지적할 필요가 있다. 영미식 자본주의에서는 독일식 자본주의에 비해 인간관계가 단기적이고 이동성이 높다. 이에 따라 영미식 자본주의에서는 전학, 전직, 이사, 이혼이 더 잦으며, 이에 대한 선택의 빈도수가 높고 선택들이 반복된다. 이런 이유로 영미식에서는 상대적으로 선택의 몫이 적고 선택들이 여러 차례 반복되는데 비해, 독일식에서는 몫이 큰 선택들이 가끔 발생한다. 선택의 학습이나 경험을 위한 기회가 많으므로 영미식 자본주의를 설명하는데 있어서는 기대효용이론이 더 타당한 반면, 독일, 일본, 한국 등에서는 행동경제학이 보다 타당하다는 해석도 가능하다.

(3) 타인을 모방하거나 충고를 받을 수 있는가?

모방이나 충고가 가능하면 기대효용이론의 유효성이 상대적으로 높아진다. 가령, 냉장고 구입에서는 타인을 모방하거나 타인의 충고를 쉽게 얻을 수 있으나, 반려자를 구하는 데는 이것이 쉽지 않다. 이런 해석은 주위사람들이 서로 각기 부족한 합리성을 보완해 줄 수 있다고 전제한다. 그렇게 되면 행동경제학보다 기대효용이론이 더 우월하다는 것이다.

그런데 모방이나 충고는 개인의 합리성이 부족한 경우에 등장한다고 해석할 수도 있기 때문에 이들에 대한 의존이 기대효용이론을 강화시키는지 분명치 않다. 시장은 개인주의와 부합되고 개인주의는 상당부분 친지와의 끈끈한 관계가 해체된다는 것을 의미한다. 또한 가정의 축소와 교우의 감소는 모방하거나 충고를 받을 주위사람들의 감소를 의미한다. 따라서 기대효용이론은 시장주의에 부합되고 모방이나 충고의 역할에는 부합되지 않는 것 같다. 이런 이유로 모방이나 충고의 역할은 오히려 기대효용이론에 대한 반박으로 작용할 수 있다.

(4) 차익거래가 가능한가?

시장에 보다 적극적으로 노출된 상황에서는 차익거래가 용이하므로 시장이 두터울수록 기대효용이론이 더 타당하다. 투자용 주택은 차익거래가 쉬운 경우이고, 주거용 주택은 그렇지 않은 경우에 해당된다. 기대효용이론이 행동경제학보다 시장원리에 부합된다고 보면, 이는 직관에서 벗어나지 않는다. 시장의 확산을 통한 차익거래의 증대가 시장주의나 신자유주의의 지향점이므로 이에 근거해 행동경제학의 적용범위가 점차 줄어든다는 주장도 가능하다. 이에 따라 고전학파의 용어로 교환가치가 중시되면 기대효용이론이 유리하고, 사용가치가 지배하면 행동경제학이 우세하다고 해석할 수도 있다. 행동경제학이 아담 스미스 등 고전경제학에 의존하는 경우가 적지 않았으므로 이 역시 기존의 관념에서 벗어나지 않는다.

그런데 차익거래가 주로 시장이나 가격기구와 관련되는데 비해, 기대효용이론에 대한 논쟁은 합리적인 개인과 주로 관련되어 있다. 시장의 가격기구와 합리적인 개인의 연계에 대해 신고전학파는 동의할 것이나 행동경제학은 반드시 그렇지 않다. 그러므로 이런 경우 차익거래와 합리성으로 이어지는 고리를 제시해야 기대효용이론의 설명력이 높아진다. 나아가 차익거래가 효용보다 소득이나 이윤과 관련되므로, 신고전학파가 기대효용이론을 지키기 위해서는 효용극대화보다 이윤극대화에 의지해야 한다는 부담도 있다.

(5) 불확실성이나 무지가 지배하는가?

불확실성과 무지가 지배하면 행동경제학이 상대적으로 유리하다. 예를 들어, 중년부부의 노후설계보다는 신혼부부의 미래설계에서 행동경제학의 설명력이 높다. 문제는 불확실성이나 무지가 어느 정도 보편적인지이다. 신고전학파는 일시적이거나 부분적인 현상이라고 보는데 비해, 행동경제학은 불확실성이나 무지가 보편적이라고 생각할 것이다.

무지에 대해서는 행동경제학이 이런 생각을 가지고 있다는 것이 명확하다. 이는 행동경제학이 사이먼을 출발점으로 삼는다는 점에서도 확인된다. 이에 비해 불확실성에 대해서는 행동경제학이 명시적이지 않다. 오히려 마르크스, 케인즈, 슘페터, 그리고 하이에크를 위시한 오스트리아학파가 신고전학파뿐만 아니라 행동경제학보다 불확실성에 대해 더 명시적이다. 이들은 모두 기대효용이론과 일반균형체계가 현실의 불확실성을 제거하거나 이를 확실성에 준하는 것으로 바꾸었다고 비판한다.

(6) 비시장적인 재화가 거래의 대상인가?

통상적인 재화나 서비스가 아닌 경우 시장외적인 가치들이 개입되어 완전히 통약이 이루어지지 않으므로, 상세하게 비교하고 계산할 수 없다. 이 때문에 외견상 기대효용이론에서 벗어난다는 판단이 나올 수 있다. 그렇지만 대부분의 통상적인 재화에 대해서는 기대효용이론이 우월한 설명력을 가진다는 것이다.

행동경제학은 이런 구분 없이 통상적인 재화와 서비스에 대해서도 차원이나 속성 혹은 질의 차이로 인해 자신의 논리가 확인된다는 입장을 취하고 있다. 그러나 행동경제학이 공공재, 환경, 여가, 자유, 명예, 사랑, 아기, 배우자 등등에 대해 어떤 입장을 취하고 있는지는 분명치 않다. 시장이나 상품화의 경계에 대해서는 행동경제학자들이 일치된 의견을 표명하지 않기 때문이다. 이와 반대로 2장에서 논의한 바와 같이, 신고전학파도 최근의 영역확대로 인해 이런 구분을 인정한다고 보기 힘들다. 특히, 시카고학파는 비시장적인 거래에도 기대효용이론이 적용된다고 주장하므로 이런 제한에 대해 동의하지 않는다. 그러므로 이 질문은 양자를 가르는 기준으로 적절치 않은 것 같다.

(7) 가격보다 수량과 관련되는가?

시장에서 신속하게 차익거래가 이루어지고 가격이 신축적으로 변동하더라도 일부 비합리적인 경제주체나 투자가가 적정한 수량의 재화나 자산을 보유하지 못할 가능성을 기대효용이론의 입장에서도 용인한다. 이 점에서 보면 가격보다 수량을 설명하는데 이 이론이 취약할 수 있다. 이런 상황은 가격기구가 신축적이고 대부분의 경제주체들이 합리적이지만 일부의 경제주체들이 정보나 정보처리능력에서 부족한 경우에 발생한다. 물론 이 상황을 기대효용이론이 광범위하게 인정하지는 않는다. 행동경제학은 가격기구보다 개인의 인지와 선택에 관심을 둔다. 또한 다수의 개인들이 비합리적일 수 있다고 본다는 점에서 기대효용이론과 차이가 있다.

(8) 선택에 여러 차원들이 개입되어 있는가?

재화를 선택하는데 있어. 품질, 사용의 용이성, 수명, 보증서 부착여부 등 여러 가지가 고려되는 경우 기대효용이론보다 행동경제학이 우월할 수 있다. 이는 트버스키가 유사성에 대한 논의 등에서 지적한 바이며, 마케팅에서 제품들을 비교할 때 흔히 등장한다. 여러 차원이 개입되어 있는 경우에도 (6)과 비슷하게 통약이 쉽지 않기 때문이다. 차이가 있다면, (6)에서는 환경이나 성장과 같은 가치들이 문제되는데 비해, 여기서는 자동차와 같은 상품의 여러 속성들이나 차원들, 즉, 속도, 연비, 수명, 디자인 등이 문제된다.

그런데 소비자들이 제품에 대해 일상적으로 여러 차원들을 고려하므로 효용이라는 동질적인 차원이나 메트릭에 의존하는 기대효용이론보다 행동경제학이 더 유효할 수 있다. 그렇지만 전반적으로 보면 이에 대한 행동경제학의 입장은 명확치 않다. 특히, 행동경제학이 공리주의를 옹호한다는 점을 간과할 수 없다.

(9) 가격 순응적이 아니어서 협상과 흥정이 필요한 경우인가?

익명적인 시장은 기대효용이론에 부합하고, 서로 대면하는 인간들의 관계 속에서 진행되는 협상 등의 의사결정은 여기서 벗어날 가능성이 있다. 전자의 극단적인 모습은 완전경쟁적인 재화시장에서, 후자는 노사 간의 임금협상에서, 각기 드러난다. 이에 따라 농산물거래보다 임금협상에서는 행동경제학이 유효할 수 있다. 이런 생각에는 시장과 개인에 대한 신뢰와 시장거래가 아닌 거래에 대한 불신이 깔려 있다.

그런데 완전경쟁시장이나 익명적인 시장에서 벗어나는 시장이나 거래가 현실에 적지 않다. 반면 보다 근원적으로는 행동경제학조차 방법론적인 개인주의에 의존하므로 특별히 협상이나 흥정 등 인간관계가 개입되는 경우 우위를 유지할 수 있는지 확실치 않다.

(10) 집계나 집단의 역할이 중요한가?

개별노동자의 임금계약이 아니라 노조의 협상이 문제되는 경우 기대효용이론의 설명력이 떨어질 수 있다. 여기서도 개인이나 시장이외의 존재, 특히 집단이나 계급에 대한 불신이 깔려 있다. 개인은 합리적이나 집단을 비합리적이라는 논리이다. 그렇지만 행동경제학도 개인의 합리성에 의문을 던질 뿐이다. 집단이 개인보다 합리적인지는 행동경제학의 일차적인 관심이 아니다. 그러므로 집단의 개입여부는 양자를 구분하는 유효한 기준이 아닌 것 같다.

이렇게 보면 보다 적극적인 행동경제학의 모습은 트버스키가 죽은 후 노벨상을 수상하면서 *American Economic Review*에 실은 논문에서 카네만이 제시한 두 체계이론dual system에 담겨 있다고 생각된다. 그리고 이런 흐름은 최근에 그가 내놓은 책에서도 확인되는 바이다(Kahneman, 2010).

카네만은 인간이 지닌 합리성의 불완전함에 근거해 인간이 한 가지 체계가 아니라 두 가지 체계 혹은 두 가지 과정dual process에 의해 움직인다는 입장을 채택했다(Hilton, 1995; Stanovich & West, 2000, p.659; Kahneman, 2003). 제1체계는 감정, 본능, 습관 등에 의존해, 반자동적으로 움직이며, 묵시적이고, 의사소통의 맥락에 예민하다.[3] 이에 비해 제2체계는 계산적이고, 명시적이며, 분석적이고, 맥락에 따라 바뀐다기보다 보편적이다. 이는 신고전학파의 기대효용이론이 일방적으로 집착하는 부분이다.

두 체계의 공존으로 소비자와 같은 경제주체들이 의사를 결정하는 시점에 예상하는 효용과 실제로 소비를 통해 경험하는 효용 사이에 괴리가 생긴다(Kahneman, 1994; Kahneman & Thaler, 2006). 제2체계만을 고집하는 기대효용이론은 의사결정효용과 경험효용의 괴리를 인정하지 않는다. 이 때문에 기대효용

---

3 여기서 듀이가 강조한 습관은 아리스토텔레스의 헥시스(hexis)나 부르디외 등의 아비투스(habitus)와 통한다는 점을 기록해 둘 필요가 있다.

이론은 현실의 선택을 서술하는 이론이 아니라 그것의 이상적인 모습을 제시하는 규범적 이론이라는 해석이 학계를 지배하게 되었다.

그러므로 앞서 설명한 준거의존성, 초기대안에 대한 예민함, 그리고 맥락 특정성은 행동경제학이 가치함수와 효용함수를 구분하고 의사결정효용이나 가치를 경험효용으로부터 구분하는 개념들로 이해할 수 있다.[4] 또한 행동경제학의 가치는 효용과 달리 개인의 비합리성으로 인해 기대효용으로부터 벗어나는 부분을 포괄한다.

이런 기대로부터의 이탈은 흔히 경제학에서 인정하는 기대의 좌절과는 구분된다. 맛없는 식사와 같이 제품의 품질이 예상과 달라서 겪는 실망은 정보 부족이나 탐색비용으로 신고전학파에서도 수용할 수 있다. 예상하지 않았던 물가상승과 같이 조정실패로 인한 기대의 위반은 케인즈주의가 인정해 왔다. 이에 비해 행동경제학이 내세우는 의사결정효용과 경험효용의 차이는 인간의 인지나 판단과 관련되므로 이들보다 지속적이며 근원적이다.

이는 뇌신경경제학의 결과와도 부합된다. 뇌신경과학neuroscience은 의학에서부터 음악에 이르기까지 광범위하게 적용된다. 이 중에서 뇌신경경제학은 뇌의 활동을 촬영해 인간의 인지나 감성들을 인간의 경제행위들과 연결시켜 설명한다. 이런 노력의 잠정적인 결과는 (1) 인간이 인지적이거나 이성적일 뿐만 아니라 감성적이며, (2) 이성과 감성 양자에 각기 스스로 통제할 수 있는 과정과 통제할 수 없는 자동적인 과정이 공존한다는 것이다(Camerer et al., 2005).

예를 들어, 바퀴벌레 모양의 초콜릿에 손을 대지 않는 것은 치밀한 계산에서 나온 선택이 아니라 자동적이거나 반사적으로 이루어진 것이다. 신고전학파는 네 가지로 구성되는 이 같은 인간행위의 동인 중 감성을 무시하고 이성에 의존하며, 다시 그 중에서도 통제가 가능한 부분에 치우쳐 있다고 이들은 주장한다. 나아가 이런 식의 구분은 이미 진화이론이나 기업이론, 제도이론

4 행동경제학자들은 가치와 효용이라는 용어의 사용에 있어 일관되지 못하다. 이는 경험가치(experience value)와 의사결정가치(decision value)를 경험효용과 의사결정효용으로 바꾼 데서도 드러난다(Kahneman & Tversky, 1984, p.349; Kahneman & Thaler, 2006, p.221).

등에서 예견되었다.

뇌신경 부위들 사이의 분업이나 협업과 경쟁은 뇌신경과 경제 사이의 유비를 담고 있다. 그렇지만 뇌신경이 비용편익분석이 아니라 유형에 따라 파악한다는 것pattern-matching은 신고전학파의 논리와 차이를 보인다. 더구나 자기기만self-deception이나 자기조작self-manipulation 혹은 자기신호self-signalling 등은 자아의 이중성을 허용해, 합리성 여부라는 기준을 넘어서 개인이나 자아가 일면적으로 주어져 있다고 보는 신고전학파와 근원적인 차이를 보인다 (Camerer et al., 2005, pp.24-25, 38-39; Mijovic-Prelec & Prelec, 2010).

행동경제학과 친화력을 지닌 다른 연구들도 인간이 다차원적이고 다층적인 존재라는 점을 주장하고 있다. '미세경제학'picoeconomics에서 이 점이 두드러진다(Ainslie, 2009). 이 이론에 의하면 쌍곡형 할인율은 단기적인 이익과 장기적인 이익을 놓고 자신에게 전략적으로 행동하고 내부에서 감정이라는 자원을 배분하는 다중적인 자아에서 비롯된다. 이 점에서 프로이트를 변형한 미세경제학은 자아의 경제학이라고 불릴 만하다. 나아가 이는 인간의 행동동기와 관련해 경험주의에 기반을 두고 있는 공리주의와 경제학이 내세우는 쾌락과 고통의 이분법을 넘어서려는 시도일 수도 있다.

무엇보다 인간은 의식적인 사려나 계산뿐만 아니라 원초적인 본능과 학습에 의한 습관에 의존한다. 더구나 인간의 사려나 계산과 본능이나 습관이 상호 결합되어 있고 합리성과 감정이 연결되어 있다(Twomey, 1998, p.442). 이런 이유로 행동경제학의 생각을 보다 확실한 인지의 문제로 바꾸어 생각할 필요가 있다. 이 점에서 행동경제학보다 더 과격한 연구결과를 미시간대학의 심리학자 니스벳Robert Nisbett 등이 제시했다(Nisbett & Wilson, 1977).

이들은 사람들이 자신이 아는 것보다 더 많이 말한다는 가설을 내세웠다. 예를 들어, 포도주 애호가에게 어떤 포도주를 선택한 이유를 물으면, 그는 자신의 의견이나 느낌이 아니라 책이나 언론매체에서 전문가들이 제시한 평가들을 반복한다. 만약 이것이 사실이라면, 경제학의 기대효용이론이 신봉하는 소비자의 선호나 선택을 위시해 인간의 합리적인 의사결정은 전면적으로 재고될 수밖에 없다.

이런 관점에 서면 "그들이 무슨 말을 하는지, 무슨 짓을 하는지 모른다."는 신약성서 누가복음의 구절이 훨씬 더 넓은 범위에서 적용된다. 이 구절은 원래 하느님만이 인간이 하는 말과 행위의 최종 결과를 알 수 있다는 의미를 가지고 있었다. 스미스나 하이에크에 의하면 이것은 인간이 의도하지 않았고 모르지만 개인들이 모여 경쟁하면서 시장에서 생겨나는 이로운 결과일 수 있다. 나아가 시카고학파의 주장에 의하면, 소비자 등 개인이 비합리적이거나 무지하더라도 시장에서는 이를 걸러내서 오로지 합리적이고 유식한 자만이 살아남는다. 일찍부터 이론차원에서 존재하던 이 주장이 최근에는 실험결과에 의존해 강화되고 있다(Alchian, 1950; Becker, 1962; Gode & Sunder, 1993).

이에 비해 니스벳은 신의 전지함과 무관하게 인간이 근원적으로 잘 모른다는 점을 지적한 것이다. 이보다 약하지만 행동경제학도 경제나 사회차원이 아니라 개인차원에서 자신이나 다른 사람들이 모르거나 통제할 수 없는 행위를 벌인다고 주장한 셈이다. 그리고 이들 입장에서는 시장이나 토론장을 통해 이런 비합리성이나 무지가 여과된다는 보장이 없다. 따라서 행동경제학은 인간의 불완전함을 보완하는 윤리나 제도이외에 자유온정주의에 따라 권유나 유도를 내세웠다.

5.2 신고전학파와 행동경제학의 비사회적인 인간

지금까지의 논의를 요약하면, 신고전학파 경제학은 인간이 완벽하게 합리적이라고 보는데 비해, 행동경제학은 인간이 습관, 본능, 충동 등에 따라 움직이기 때문에 그다지 합리적이지 않다고 생각한다. 다시 말해, 제1체계의 존재가 행동경제학을 신고전학파 경제학으로부터 구분 짓는 특징이다(Kahneman, 2011, p.269). 이 때문에 세일러와 선스타인은 행동경제학의 인간을 신고전학파의 경제인Econs과 구분해 지식인이나 인간Humans으로 규정했다(Thaler & Sunstein, 2008, p.6).

그런데 이런 차이에도 불구하고 양자 사이에 중요한 유사성을 발견할 수 있다. 우선 기대효용이론뿐만 아니라 행동경제학도 서술적인 합리성이든 규범적인 합리성이든 합리성을 표준으로 삼는다. 정확히 말하면, 행동경제학은 서술적인 차원에서 기대효용이론을 비판할 뿐 규범적인 차원의 합리성은 공유한다. 이 점은 처음부터 명확했다(Kahneman & Tversky, 1979, p.263, 277). 양자는 행동주체들이 실제로 규범적인 합리성에 부합되게 행동하는지 여부를 놓고 이견을 가지고 있을 뿐이다.

> 기대효용이론이 위험하의 의사결정에 대한 분석을 지배해 왔다. 이 이론이 일반적으로 합리적인 선택에 대한 규범적인 모형으로 받아들여져 왔으며, 또한 경제행위에 대한 서술적인 모형으로 널리 원용되어 왔다. 우리는 효용이론이 적절한 서술적인 모형이 아니라고 주장한다(p.263).[5]
>
> 이 같은 기대효용이론부터의 이탈들은 규범적으로 수용할 수 없는 결과들로 이어진다. 선호에 있어 그런 이탈들을 통상 의사결정자가 교정한다. 그러나 자신이 따르고 싶은 결정규칙들을 자신의 선호가 위반한다는 것을 의사결정자가 발견할 기회는 여러 상황에서 주어지지 않는다(Kahneman & Tversky, 1979, p.277).[6]

둘째, 양자 모두 개인이나 개체를 기본단위로 상정하므로, 서술적이든 규범적이든 합리성을 궁극적으로 개인차원에 설정한다. 행동경제학이 비합리성을 내세우는 경우에도 개인을 단위로 삼는다. 이런 이유로 신고전학파뿐만 아니라 행동경제학도 집단의 존재나 사회적 조건 및 사회구조를 무시한다(Streek, 2010, pp.387-388, 391). 행동경제학에서 개인의 약점을 보완하기 위한 수단으로 조직을 언급하는 경우도 있으나 역시 부차적이다(Kahneman, 2011, pp.417-418).

---

5 Expected utility theory has dominated the analysis of decision making under risk. It has been generally accepted as a normative model of rational choice, and widely applied as a descriptive model of economic behavior we argue that utility theory is not an adequate descriptive model.

6 These departures from expected utility theory must lead to normatively unacceptable consequences … Such anomalies of preference are normally corrected by the decision maker In many situations, … however, the decision maker does not have the opportunity to discover that his preferences could violate decision rules that he wishes to obey.

셋째, 양자 모두 선택을 중시한다. 신고전학파 경제학이 개인의 선택과 선택의 자유를 중시한다는 것은 익히 알려진 바와 같다. 행동경제학도 주어진 여러 대상들에 대한 선택을 중시한다. 양자 모두에게 개인의 선택은 가장 중요한 인간의 활동이다. 물론 행동경제학은 계산해서 선택하지 않고 습관이나 충동에 따라 반자동적으로 진행되는 행동을 부분적으로 인정한다. 그러나 합리적인 선택이 적용되는 대부분의 경우에는 기대효용이론과 마찬가지로 주어진 대안들 중에서 계산해서 선택하는 것으로 생각한다. 이 경우에는 행동경제학도 대안에 대한 모색, 발견, 수정이나 창조 등의 진화나 변형을 고려하지 않는 것으로 보인다. 그렇다면 기대효용이론뿐만 아니라 행동경제학도 기술혁신과 같은 현상을 설명하기는 힘들 것이다.

넷째, 양자 모두 개인의 선택과 행위를 어떤 유형이든 효용에 의존해 설명함으로써 효용이론이나 공리주의에 근거하고 있다. 이는 신고전학파뿐만 아니라 행동경제학도 결과에 집착해 절차나 과정을 무시하는 경향이 있다는 의미가 된다. 나아가 정치적인 심사숙고를 지닌 시민이나 타인에 대한 배려를 지닌 도덕적인 인간은 신고전학파뿐만 아니라 행동경제학에도 별로 부합되지 않는 것으로 보인다.

다섯째, 신고전학파뿐만 아니라 행동경제학도 모두 개인차원의 선호를 상정하고, 선호가 안정되게 주어져 있다고 보는 것 같다. 행동경제학은 소비자가 자신이 지닌 선호를 잘 모르든지 이에 부합되게 선택하지 못한다고 주장할 뿐이다. 행동경제학도 소비자의 선호가 시장현장에 부딪혀 개조되거나 구성되거나 형성된다고 보지는 않는 것 같다.

이미 논의한 첫 번째를 제외한 나머지들을 논의해 보자. 먼저 행동경제학은 신고전학파를 비판하면서도 보수적인 심리학의 흐름에 따라 개인주의에 의존하므로 신고전학파와 공통분모를 지니고 있다. 주지하듯이, 신고전학파는 사회나 인간과 재화나 자원을 모두 개체로 분해하는 경향이 있다. 사회나 시장은 개인으로 분해하고, 재화나 자원들도 개별자로 분해한다. 이에 따라 인간들의 경쟁과 협동이나 상호의존관계에 대해서는 별로 관심을 가지지 않는다. 1장에서 논의한 바와 같이 개인으로부터 시장이나 경제전체로 나가기 위해 요구되는 집계과정에서도 인간의 사회성은 등장하지 않는다. 대체(비율)나 보완(비율)도 이런 개별화된 재화들이나 자원들 사이에 나타나는 최소한의 상호의존성이다.

행동경제학은 신고전학파와 달리 선택대상들로 형성되는 맥락을 인정해 이들 사이의 관계를 중시하고 의사결정자의 인지적인 오류 등을 내세운다. 그러나 인간을 개인으로 파악한다는 점에서는 행동경제학도 신고전학파와 큰 차이가 없다. 나아가 집계과정에서 미시적인 단위로 분해되는 않는 총체적인 수준의 출현적인 성격에 대해 행동경제학도 의식하지 않는다(Frerichs, 2011, p.303). 이는 행동경제학이 경제학과 사회학의 결합이 아니라 경제학과 심리학의 결합이라는 점에서 어느 정도 예상되었던 바이다. 신고전학파에 비판적임에도 불구하고 행동경제학이 어느 정도 수용되고 있다는 사실도 이런 유사성을 반영한다.

보다 적극적인 증거로 카네만이 두 체계이론에 의존하면서도 원래 스타노비치 등 심리학자들이 제시한 것보다 사회나 문화의 중요성을 축소시켰다는 사실을 주목해야 한다. 이는 양자가 두 체계를 요약하기 위해 제시한 도표들을 비교해 보면 확인된다(Stanovich & West, 2000, p.659, Table 3; Kahneman, 2003. p.1451, Figure 1; Kahneman, 2011, pp.20-21).

스타노비치의 두 체계를 구분하는 기준에는 묵시적인지 명시적인지, 상호작용이 있는지, 총체주의적holistic인지 분석적인지, 맥락에 의존하고 대화적conversational이거나 사회적인지 아니면 비사회적인지 등이 포함되어 있다. 이에 비해 카네만은 스타노비치를 인용하면서도 이런 요인들을 세척했다. 무엇보다 카네만은 총체주의나 맥락을 크게 부각시키지 않았고, 대화나 타자와의 상호교류가 가지는 의미를 거의 언급하지 않았다.

두 체계이론에 대한 이런 축소가 최근에 카네만이 제1체계를 흄과 연결시킨 사실과 무관하지 않다(Kahneman, 2011, pp.51-52). 그는 흄의 연상주의를 심리학의 연상적인 기억으로 해석하고, 제1체계와 연상적인 기억을 연결시켰다. 그리고 그 근거를 제1체계가 현상에 성급하게 인과성을 부여하는 경향에서 찾았다. 그런데 이 연결은 오히려 혼란을 낳는 것 같다. 일단 제1체계가 성급하고 과도한 인과성과 연결되어야 하는지 분명치 않다. 설령 그렇다고 하더라도, 인과성에 대한 강조를 흄과 연결시키는 데는 문제가 있다.

우선 1장에서 논의한 바와 같이 흄이 경험주의나 실증주의의 비조라고 보면, 흄의 연상주의가 인과성을 내세웠다고 보기 힘들다. 오히려 흄은 무리한 인과성의 규명을 포기하고 통계적인 규칙성이나 상관관계에 만족했다고 보아야 한다. 또한 흄이 신고전학파의 철학적인 근거이고 신고전학파가 제2체계와 연결되므로, 흄은 제1체계보다 제2체계와 연결되어야 한다.

적어도 축소되지 않은 제1체계는 흄이 아니라 오히려 흄과 대립되는 마르크스의 변증법이나 습관이나 충동을 강조하는 베블렌, 그리고 문화심리학에서 강조하는 동양적인 세계관과 연결될 가능성이 더 크다. 이와 관련해 행동경제학과 공리주의의 관계뿐만 아니라 행동경제학과 흄의 관계는 행동경제학과 신고전학파의 차이점과 유사성을 규명하는 데 근거가 될 수 있다는 점을 기억해 둘 필요가 있다.

이같이 카네만은 신고전학파를 비판하면서도, 신고전학파에 부합되게 개체주의를 유지하려고 노력하면서 상당부분 이에 동조하고 있다. 카네만보다 사회성을 수용하는 세일러와 선스타인조차도 개인의 선택과 선택의 자유를 중시해서 자신들이 주장하는 자유온정주의의 목적이 선택의 자유를 극대화하는 데 있음을 분명히 했다. 바로 이런 이유로 이들에게 선택의 틀choice architecture에 대한 설계design와 이를 위해 봉사하는 자유온정주의의 유도방법이 극도로 중요하다(Thaler & Sunstein, 2008, p.11, 66).[7] 단순히 말하면, 선택의 자유에 집착한다는 점에서 이들은 프리드먼과 크게 다르지 않다.

뇌신경경제학에 의존해 행동경제학을 주창하는 캐머러도 개인의 선택이나 선택의 자유를 강조한다. 캐머러는 신고전학파의 합리성에 대해 비판적이면서도, 여전히 '선택과 관련된 변수와 제도들'the variables and institutions that influence "economic" choices을 경제학의 대상으로 삼았다(Camerer, 2009). 캐머러도 개인의 선택과 선택의 자유를 지고의 가치나 행위로 간주해, 신고전학파

7 And insisting that choices remain unrestricted, we think that the risks of inept or corrupt designs are reduced. Freedom to choose is the best safeguard against bad choice architecture (p.11).

와 한 배를 타고 있다.

이같이 개인의 선택행위와 선택의 자유를 금과옥조로 간주한다는 점에서 행동경제학은 신고전학파와 별로 다르지 않다. 당위적인 차원에서는 양자 모두 소비자주권이나 소비자의 자율성에 대해 의구심을 가지고 있지 않다. 행동경제학은 이렇게 중요한 선택을 개인들이 현실 속에서 진정 합리적으로 수행하고 있는지에 대해 견해를 달리할 뿐이다.

행동경제학은 재화들이나 자원들의 대체보완비율에 집중하지는 않는다. 또한 맥락특정성 등을 통해 재화나 자원들이 독립성을 잃거나 개체화되지 않는 범위를 신고전학파보다 더 넓게 인정한다. 그러나 개인의 독립성에 집착한다는 점에서는 행동경제학도 신고전학파와 마찬가지이다.

카네만이 '자본주의의 기관'이라는 사회성이 높아 보이는 주제를 다루면서도, 개인의 과도한 낙관주의를 부각시키는 데 그쳤다는 데서도 이 점을 확인할 수 있다(Kahneman, 2011, pp.255-265). 또한 카네만은 최근 들어 사회, 빈곤, 문화, 진화나 역사를 언급했는데, 이 역시 단편적이고 부차적이다(Kahneman, 2011, pp.56, 297-299, 301).

이미 논의한 바와 같이 신고전학파와 차별화되는 행동경제학의 특징들, 즉, 준거, 맥락, 초기대안에 대한 개념들에서도 이런 유사성을 확인할 수 있다. 카네만과 트버스키는 준거든 맥락이든 모두 개인의 심리이나 선택에 부합되는 방식으로 협소하게 규정했다. 이들은 준거를 주로 특정 개인이 보유하고 있는 재화의 종류와 수량이나 화폐로 정의했다. 이런 준거에 따르면 개인은 어제의 소득과 오늘의 소득을 비교할 뿐 타인의 소득은 별로 고려하지 않는다. 나아가 습관 속에 포함되어 있는 제도나 규칙 등은 고려하지 않는다.

따라서 행동경제학의 준거는 베블렌뿐만 아니라 듀이젠베리가 강조했던 습관이나 소득 및 소비의 사회적인 비교나 상대성조차 본격적으로 수용하지 않는다. 이렇게 규정되는 준거는 개인차원에서 명시될 수 있어 모호성을 지니지 않는다. 여기서 행동경제학이 개별재화나 자원의 독립성을 상당부분 부정하면서도, 개인들의 독립성은 고집한다는 것을 확인할 수 있다.

일단 행동경제학의 입장에 따라 준거를 개인차원에서 규정하더라도 개인이 재화나 자원을 선택하는 것과 같은 방식으로 준거를 선택한다고 주장할 수는 없다. 특정 시점에서 개인의 선택에 영향을 미치는 준거는 주어져 있기 때문에. 적어도 준거는 선택행위자체보다는 안정적이라고 보아야 한다. 그런데 행동경제학은 준거의 존재를 인정하고 이것이 개인의 선택에 미치는 영향을 설명할 뿐 준거의 형성과 변동에 관해서는 별로 말하지 않는다.

기대수준이나 목표치에 해당되는 준거를 사회적이고, 장기적이거나, 관습적인 존재가 아니라 개인이 단기에 선택할 수 있는 목표로 취급하는 것은 행동경제학을 보다 개인주의에 부합되게 만든다(Köszegi & Rabin, 2006). 이 해석에 의하면 사람들이 성취결과뿐만 아니라 과도한 목표로 인한 좌절이나 실망을 미리 고려해 목표를 선택한다. 달성할 목표로 메달의 수준을 선택하는 올림픽선수나 진학목표가 되는 대학을 선택하는 한국의 입시생이 그 예이다. 이 경우 개인이 자신의 준거조차 어느 정도 관리할 수 있다고 보므로 다시 신고전학파로 회귀하고 있다는 해석이 가능하다. 행동경제학의 이런 특징은 준거집단을 강조한 아커로프(1982)와 대비하면 좀 더 명확해진다.

카네만보다 트버스키에는 개인주의에서 벗어나는 부분이 더 많다. 트버스키는 신고전학파와 달리 선택대상과 비교의 준거를 구분하고, 이들 사이에 비대칭성을 상정하며, 선택 대상이 지닌 개별 속성들의 질적인 차이를 강조했다. 나아가 그는 사이먼슨 등과의 연구에서 사람들이 무언가 선택을 했을 때 자신과 타인에게 선택을 정당화할 수 있는 그럴듯한 이유나 근거를 찾는다는 논리를 전개했다(Simonson & Tversky, 1992; Shafir, Simonson & Tversky, 1993). 비대칭성과 선택에 대한 정당화는 대안들이 서로 다른 차원의 가치들을 지니기 때문에 발생한다. 그러나 트버스키조차 이런 주장을 폭넓게 내세운 것도 아니고 일관되게 유지한 것도 아니다.

보다 긍정적으로 행동경제학이 준거를 사회적으로 파악했다고 이해해 주더라도, 이는 계층의 이동이 자유롭지 않은 사회를 염두에 둔 논리라고 생각된다. 이것은 준거가 과거에 의존해 형성되며 현상유지편의나 부존자원효과와 연결된다는 점에서도 확인된다. 치열한 경쟁이 지배하는 시장경제에서,

그리고 특히, 입시경쟁이 추가되어 이를 강화시키고 있는 한국과 같은 사회에서는 준거에 보다 적극적으로 사회적인 의미를 부여하는 것이 타당하다. 이같이 행동경제학에서 준거의 의미는 제한적이다.

준거개념을 개선하기 위해 다음과 같이 생각해 볼 수 있다. (1) 사회적으로 계층이 고착되어 있으면 준거가 과거에 의존해 보수적으로 결정되는 데 비해, 계층의 이동이 자유로우면 준거가 미래지향적으로 결정될 수 있다. (2) 사회가 동적이거나 불안정하면, 각 개인의 준거도 불안정하며, 사회가 정적이거나 안정되어 있으면 준거도 수시로 변동하지 않는다. 이에 따르면 가령, 한국사회는 계층이 유동적이고 불안정한 사회에 가까우므로, 한국인에게 준거는 수시로 변동할 가능성이 높다.

여기서 신고전학파가 아니라 행동경제학에 내포된 보수성을 지적할 필요가 있다. 부존자원효과나 현상유지의 편견은 좁게는 무차별곡선이 전제하는 선택의 가역성에, 넓게는 선호의 일관성이나 안정성이라는 미시경제학의 대전제에, 위배된다. 그렇지만 경제행위가 행위전체를 대변하고 경제행위와 관련된 심리가 인간심리의 일부라면, 이런 현상들은 통계학에서 귀무가설(H_o)의 중요성이나 인간이 가진 내재적인 보수성으로 이어질 수 있다.

구체적으로 부존자원효과나 현상유지편견은 통계검증에서 α 오류와 β 오류에 대한 선택과 관련이 있다. α 오류는 귀무가설(H_o)이 사실인데 대립가설(H_a)을 택함으로써 발생하는 오류이고, 반대로 β 오류는 H_a이 사실인데 H_o를 택했을 때 발생하는 오류이다. 따라서 α 오류에 대한 우선적인 회피는 H_o에 대한 집착을 의미하고, β 오류에 대한 회피는 반대로 H_a에 대한 우호적인 입장을 담고 있다. 결국 부존자원효과나 현상유지편견은 특별한 이유가 없으면 귀무가설을 거부하지 않는 인식이나 인지의 보수성에 부합된다.

이런 보수성은 전통에 대한 옹호인데, 인식과 관련해 인식론적인 자유주의자라고 불리며 신고전학파와 친화적인 포퍼에 형상화되어 있다. 그의 비판적 합리주의에 의하면, 지금까지 인정받은 기존 가설은 특별히 반박되지 않는 한, 그대로 인정되어야 한다. 이 입장에서는 기존 이론이 귀무가설로 설정되므로 β 오류의 회피보다 α 오류의 회피를 중시하게 된다. 이런 인식의 보수성이 상당부분 사회에서 만들어지는 것이라면 문제는 더욱 심각해진다.

행동경제학자들은 맥락도 준거만큼 좁게 정의했다. 트버스키와 사이먼슨이 대표적인 예이다. 이들의 맥락은 선택대상들의 배열이나 제시방식 등으로 규정되어 선택의 "환경"과 별로 관련이 없다. 이미 예시한 바와 같이, 용량이나 품질이 다르고 가격도 다른 컴퓨터 x, y가 제시된 선택상황과 이들에 더해 이들보다 용량과 가격이 모두 떨어지는 z가 추가된 선택상황에서 맥락이 달라진다. 한 시점에서 대안들 사이의 독립성이 위배되는 경우뿐만 아니라 시점사이에 대안들이 독립적이 아닌 경우도 이런 부류에 속한다. 예로서 쌍곡형 할인, 프랑스식당과 이태리식당이 섞인 외식의 선택, 오름세 임금과 내림세 임금의 선택 등이 그런 것이다. 행동경제학이 중시하는 이런 예들에서 개인은 선택하는 대상에 대해 맥락을 부여할 뿐 선택상황전체나 타인과의 비교 혹은 이들과의 관계에 크게 관심을 두지 않는다.

맥락에 대한 카네만 등의 좁은 정의는 준거에 대한 이들의 좁은 정의에 합치된다. 주어진 무차별곡선에서 준거는 출발점에 해당되며 맥락은 이런 출발점을 포함해 전체적인 대안들의 분포나 순서를 의미한다. 비트겐쉬타인에서 드러나듯이, 일반적으로 맥락주의는 논리적 원자주의와 대립된다. 원자주의는 여러 개별 요소들이 독립적인 성격을 가지고 상황이나 구조를 만들어낸다고 주장한다. 이에 비해 맥락주의에서는 상황과 구조가 이런 개별요소들로 분해되거나 환원되지 않으며, 오히려 개별요소들이 구조 속에서 비로소 가치나 의미를 찾게 된다.

맥락이 중요해지면 선택상황을 포함해 상황이 원자로 분해되지 않기 때문에, 이 원자들을 다 모아놓아도 해명되지 않는 부분이 남게 된다. 이는 전체가 원자들의 합보다 크거나 이와 다르고, 더 적극적으로는 출현적 성격을 갖게 된다는 것을 의미한다. 그러므로 맥락의 중요성은 흔히 분석주의에 대비되는 총체주의로 발전하게 된다.

이 경우 맥락은 내재적이거나 내생적이다. 이에 비해 원자들이나 구성요소들이 자신의 구조를 스스로 구성하지 못하는 경우 외적으로 존재하는 환경이 맥락으로 기능할 수 있다. 동일한 수량과 분포의 동일한 요소들이지만, 이들을 둘러싸고 있는 외적인 환경이 달라지면서 그 의미나 가치가 달라질 수 있다. 이런 종류의 맥락은 내적인 맥락보다 근원적이지 않다.

신고전학파와 달리 행동경제학은 준거와 맥락을 강조하면서 이런 원자주의에서 어느 정도 벗어나 있다. 그러나 행동경제학은 대안들의 분포나 빈도 등에 의해 규정되는 맥락을 강조해, 사회와 무관하게 개인에게 귀속되는 맥락을 주로 상정하고 있다. 이 때문에 개인들 사이의 관계나 개인과 사회의 관계를 심각하게 고려하지 않는다.

또한 행동경제학에서 맥락의 변동은 철저하게 개인의 선호나 기호라는 주관성에 의존한다. 나아가 특정 대안의 개입여부로 맥락의 변동여부를 논의하는 것은 현 시점의 부존자원자체로 준거를 설정하는 것만큼이나 미시적이고 한계주의에 부합되며 근시안적이다. 비유하자면, 이는 어떤 집안의 전체 분위기를 파악하기보다 새로 아기가 태어나거나 며느리가 들어와서 분위기가 바뀐 것에 가깝다.

이같이 구체적인 내용이 아니라 방법론에 있어 행동경제학은 신고전학파와 통한다. 이에 근거해 준거와 맥락의 몇 가지 성격을 명확히 할 필요가 있다. 첫째, 준거는 선택의 대상과 동질적인데 비해, 일반적으로 맥락은 준거를 포괄하지만 이보다 넓어 동질적이 아니다. 무엇보다 카네만이 인용한 심리학 논문에서 헬센Harry Helsen은 적응수준을 정의하면서도 현실의 자극에 대한 준거를 제시했다. 이 경우 준거는 색깔이나 무게인데 실험자들이 판정하는 대상도 색깔이나 무게이다.

이와 비슷하게 카네만 뿐만 아니라 아커로프 혹은 그 이전에 듀젠베리의 상대소득가설에서도 준거는 소비재묶음이거나 소득 등으로 선택대상과 같은 요인들로 정의된다. 특히, 카네만이나 세일러의 부존자원효과는 현재 보유하거나 소비하는 소비재묶음이 선택될 소비재묶음의 결정에 영향을 미친다는 주장으로 이어진다.

반면 본원적인 의미의 맥락은 선택대상이나 추구대상과 동질적인 준거점을 포함하지만 이것으로 환원되지 않는다. 식사선택에 대한 준거점이 특정(범위)의 식사나 수량이라면, 식사의 맥락은 식사의 이유(성급한 배 채우기와 가족과의 외식), 동석한 사람들의 종류와 규모(회사동료와 고교동창), 식당의 분위기(맥도날드 판매점과 고급 레스토랑) 등 다양한 요인들로 형성된다. 당연히 선택의 대상이 되는 식사의 종류와 수량이 맥락에 영향을 미치지만, 결코 맥락을 결정하는 유일한 요인은 아니다.

포괄적이므로 맥락은 경제주체와의 구체적인 연결고리를 통해 나타나는데 이것이 동작신호cue이다. 예를 들어, 동창회 회식에서의 편한 복장과 사업상 식사에서의 정장은 두 회식의 전체 성격을 전달하고 나타내는 일종의 신호이다. 그런데 신호 역시 식사의 종류나 수량과는 다르다. 나아가 거꾸로 식사의 맥락이 식사의 종류와 수량을 결정할 수도 있다. 모호성, 총체성 그리고 사회성을 모두 내포하고 있다는 점에서 식사나 모임의 분위기라는 말이 일상생활의 맥락을 가장 적절하게 표현한다.

둘째, 다 같이 동질적이라도 심리학에서 문제되는 색깔이나 무게와 경제학에서 문제되는 소비재나 소득 사이에는 차이가 있다. 전자는 사회와 무관하게 인식하거나 느낄 수 있는 자연적인 속성이다. 이에 비해 후자는 경제와 사회의 인간관계 속에서 획득되는 사회적인 존재이다. 이런 이유로 전자는 오로지 한 시점이나 여러 시점에서 특정인에게 주어지는 여러 가지 대안들이나 상황들로 규정된다. 후자는 이 뿐만 아니라 인간들의 위치나 이들 사이의 분배로부터 영향을 받는다.

가령, 선택대상과 준거가 동질적이라면 무게나 색깔에 대한 선택에 있어서는 해당인의 과거 경험만이 개입된다. 이에 비해 다 같이 동질적이더라도 소비재나 소득에 있어서는 타인의 소비나 소득이 영향을 미칠 수 있다. 카네만은 이런 차이에 예민하지 못한 것 같다.

사회성의 결여는 경제사회체제로서 시장이나 가격기구에 대한 무관심이나 정당화로 이어질 수 있다. 이미 지적한 바와 같이 신고전학파가 의존하는 합리적인 개인의 선택과 시장의 가격기구 중에서 행동경제학은 개인의 합리적인 선택을 비판의 대상으로 삼는다. 그러므로 행동경제학은 개인이나 선택을 문제 삼고 이에 대해 정책적인 대안까지 제시하지만, 시장이나 가격기구에 대해서는 심각하게 논의하지 않거나 무관심하다.

쉽게 말해, 행동경제학의 입장에서는 개인들이 완벽하게 합리적이기만 하면, 개인들이 되도록 많은 선택의 자유를 지니는 것이 좋다. 그러므로 이런 무관심이 시장경제에 대한 정당화를 낳을 수도 있다(Frerichs, 2011, p.305, 309). 그러나 행동경제학의 이런 무관심은 가격기구에 의존하는 시장경제체제가 거꾸로 개인의 인지나 감정 그리고 행위에 영향을 미치지 않는다는 전제하에서만 설득력을 지닌다. 만약 시장경제체제가 인간이나 개인에게 영향을 미친다면, 개인의 선택이나 합리성에 대한 계도나 단속이 유효하지 않거나, 적어도 충분치 않을 수 있다.

나아가 행동경제학이 원하는 바와 같이, 자유온정주의를 통해 개인의 합리성이 제고되더라도, 개인의 합리적 선택이 시장과 가격기구의 문제나 모순을 그대로 재생산할 수 있다. 심지어 개인이 비합리적일 때, 시장경제의 비합리성에 저항하는 것이 되고, 합리적일 때 이런 비합리성에 복종하는 것일 수 있다. 아래 예들이 이를 보여준다.

사례 1

이윤을 위해 두툼한 피자를 먹이려는 기업의 전략에 야무지게 대항하는 소비자의 합리성은 자신의 유혹을 이겨내 돈을 절약하며 건강도 지킨다. 동시에 이런 합리성은 시장경제가 안고 있는 문제에 저항하는 것이 된다.

사례 2

가장 값싸고 훌륭한 식당을 찾아다니며 식당의 서비스에 대해서도 까다로운 소비자의 합리성은 자신의 부와 건강을 지키며 식당들의 경쟁을 유도하고 효율성을 제고한다. 그러나 종업원의 노동과 착취를 강화해 시장경제의 문제를 재생산하거나 공고히 할 수도 있다. 이런 경우 자유온정주의가 아니라 생산과정에 대한 소비자단체의 감독이나 생산가격에 대한 배려가 요구된다(Watson, 2005, pp.212-225).

사례 3

아이스크림 가게에서 초콜릿 아이스크림은 즐겨 먹으면서도 흑인 종업원의 서비스를 탐탁하게 생각하지 않고, 아이스크림뿐만 아니라 인종에 대한 선호도 가게 주인에게 표현하는 백인소비자가 있다고 하자. 이 소비자는 자신의 효용을 극대화하지만, 시장경제를 통해 사회적 모순을 재생산하고 있다.

소비자 선택을 사회로부터 고립된 개인의 행위로 상정하는 사고방식에 대해 일차적으로 사회성을 부여하는 방법은 신고전학파와 달리 개인이 선택에 활용하는 가격이라는 정보, 제약조건을 형성하는 예산제약, 그리고 선호나 기호 등을 사회적으로 해석하는 것이다. 일반적으로 가격과 관련된 가격차별과 예산제약과 관련된 소득분배의 불평등이 사회적인 성격을 지닌다. 또한 선호는 사회적으로 형성되며 계층이나 계급에 따라 달라진다고 주장할 수 있다.

이미 언급한 바와 같이 세일러와 선스타인은 준거와 맥락을 보다 넓게 정의했다. 특히, 법학자인 선스타인은 두 체계이론을 사회정치적으로 해석해, 제2체계를 한 사회내의 전문가와, 제1체계를 일반대중과, 각기 연결했다. 이런 해석은 카너만 등의 개인주의적인 인지과정에서 벗어난다. 그러나 이들조차 방법론적인 개인주의에서 본격적으로 벗어나 일관되게 사회성을 내세웠다고 보기 힘들다.

자유온정주의를 예산제약이나 소득불평등과 연결시켜 비판할 수도 있다. 자유온정주의가 기능하려면 초기대안이든 다른 대안이든 이것들에 적어도 대다수의 구성원들이 접근할 수 있어야 한다. 그렇지 않으면 초기대안이 바람직하다는 사회적 합의가 전반적으로 실현될 수 없다. 이 때문에 자유온정주의는 암묵적으로 구성원들에게 모든 대안들이 이용가능하다고 전제할 것이다. 그러나 현실경제에서 소득과 가격의 차이로 인해 특정 계층이 특정 재화에 접근할 수 없는 경우가 허다하다.

가령, 미국의 흑인들이 소득이 낮아 지방이 많은 육류를 섭취한다면, 지방이 많은 육류의 섭취를 말리고 신선한 야채의 섭취를 권장하는 자유온정주의는 부유층의 사치에 불과하다. 미국 사립대학이 제공하는 고등교육은 또 다른 예이다. 시차적인 선택에서 특정 계급이나 계층에게 고등교육 등의 혜택을 우선적으로 제공한다면, 이는 소득의 차이에 준한다. 이렇게 보면 자유온정주의는 예산제약 등 개인적이거나 사회적 제약은 고려하지 않고 선호에만 초점을 맞춘다는 한계를 안고 있다. 역시 이 수준에서는 선호에 따른 선택의 자유를 일방적으로 강조하는 프리드먼과 행동경제학 사이에 별 차이가 없다.

따라서 사회의 동질성, 사회의 평등도, 사회의 안정성 등이 자유온정주의의 의의나 실효성의 전제조건이다. 방법론적인 개인주의로 인해 불평등, 계층이나 계급 등 사회구조와 관련된 요인들에 대해 무감각하다는 점에서는 자유온정주의가 자유방임주의보다 특별히 나을 것이 없다. 양자 모두 사회의 안정보다 선호의 안정에 일방적으로 관심을 두고 있다. 따라서 마르크스라면 자유온정주의에 대해서도 부르주아적인 한계를 지적할 것이다.

보다 적극적으로 자유온정주의가 제대로 시행되려면 일부 사회구성원들에게 특정 대안들에 대한 접근을 열어주는 소득재분배정책이나 복지정책이 선행되어야 한다. 가령, 흑인들에게 건강식과 대학교육을 권장하려면, 이들을 우선적인 선택의 대상으로 제시하기 이전에, 건강식과 대학교육을 향유할 수 있는 소득이나 보조금이 필요하다. 나아가 이들이 건강식과 대학교육을 좋아할 줄 알아야 한다. 이렇게 되려면 이들 자신뿐만 아니라 이들의 조상이나 부모 그리고 친지들에게 이것을 향유했던 경험이 어느 정도 쌓여 있어야 한다.

사실 보다 진보적인 사람들은 여건이 주어진 상태에서 잘못 선택하는 경우보다 여건 자체가 마련되어 있지 않은 상황이나 사회구조가 더 문제라고 생각한다. 이렇게 보면, 자유온정주의가 지극히 제한된 개입이고 정책이라는 판정이 다시 확인된다.

행동경제학의 생각과 달리 초기대안을 설정하는데 있어 사회성이나 사회관계를 고려해야 할 뿐만 아니라 인간관계나 사회관계 자체가 초기대안의 역할을 대신할 수도 있다. 먼저 인간에게 자신이 소속된 사회나 자신의 인간관계가 삶을 안정시킨다(Stiglitz et al., 2009, pp.14-15). 안정된 삶은 각자의 올바른 판단과 선택을 포함한다. 그런데 주위사람과의 대화, 상담, 조언이 합리적인 판단과 선택에 도움이 될 수 있다. 그렇다면 합리적인 선택을 위한 유도장치를 법이나 규정뿐만 아니라 사람들의 인간관계에서 찾을 수도 있다.

일반적으로 방법론적인 개인주의를 기계적으로 적용하는 신고전학파는 개인과 시장 혹은 개체와 전체를 수시로 혼동하고 양자 사이를 주저 없이 왕복한다. 이 때문에 합리성과 관련해서도 개체의 합리성이 전체의 합리성을 낳는다는 단순한 생각에 만족하는 경우도 많다. 이는 수요공급곡선에서와 같이 전체를 개체의 단순한 합이라고 보거나 마샬과 같이 전체가 평균적인 대표기업 등 대표개체와 동일하다고 보는 것에 해당된다(Kirman, 1992).

이에 비해 행동경제학은 개체의 불완전한 합리성이나 비합리성이 전체의 비합리성을 낳는다고 생각한다. 개체의 합리성이 완전치 않다고 보는 점에서 행동경제학은 신고전학파와 다르다. 그렇지만 개체의 합리성이나 비합리성이 자동적으로 전체의 합리성이나 비합리성으로 이어진다고 보는 점에서 동일하다. 즉, 신고전학파뿐만 아니라 행동경제학도 개체와 전체 사이의 관계에 별로 관심이 없고, 이들 사이에 불연속, 모순 혹은 단절이 생길 가능성도 별로 인정하지 않는다. 개체로부터 전체로 손쉽게 나아가는 경향에 있어서는 행동경제학도 신고전학파와 다르지 않은 것 같다.

물론 개체주의나 개인주의는 하나의 입장이므로 이것이 그 자체로 약점이라는 주장이 옳지 않을 수도 있다. 그렇더라도 신고전학파와 달리 행동경제학에 사회성을 부여할 수 있다고 생각하는 것은 오해라는 것을 지적해야 한다.

앞서 신고전학파 경제학에서 개인이 중요해 개인이 시장의 투사에 가깝다는 점을 지적했는데, 이 점에서도 행동경제학이 차별성을 지니고 있지 않다. 특히, 다중적인 자아를 설정하는 미세경제학에서 이 점이 두드러진다(Ainslie, 2009). 이 이론은 프로이트를 변형해 신고전학파가 블랙박스로 간주하는 개체의 내부로 파고들었다고 자부한다(Ainslie, 1986, p.139). 따라서 신고전학파의 개인이 시장의 불완전한 모사라면, 미세경제학에서의 자아는 시장에 대한 보다 현실적인 서술이다(Ainslie, 2009, p.364, 372; Zheng, 2001, p.241). 그러나 양자 모두에게 사회성은 결여되어 있다.

행동경제학이 개체주의에 의존한다는 것은 카네만의 대안이 공리주의로의 복귀에 그치게 되는 이유와 무관하지 않다. 벤담의 공리주의가 사회성을 강조하는 부분도 있으나, 기본적으로 개인의 쾌락과 고통에 의존한다. 또한 신고전학파도 효용이라는 공통의 척도로 모든 것을 환원하고 이들을 비교한다.

카네만이 심리물리학의 시조로서 자신이 의존했다고 말한 페히너가 한계효용체감의 법칙 등으로 한계효용이론의 시조라는 점도 주목할 필요가 있다(Kahneman, 2011, p.270). 페히너는 베버Ernst Weber에 근거해 느낌이 자극의 절대치가 아니라 이것의 로그 값에 비례한다는 가설을 내세웠다(Fechner, 1860, p.13).[8] 이로부터 신고전학파 경제학과 행동경제학의 뿌리가 다르지 않다는 추정이 나온다.

기수적 효용이나 대인간 합산의 문제를 논외로 하면, 공리주의의 특징은 결과주의consequentialism와 수량주의sum-ranking이다(Sen, 1987, Chap.2). 신고전학파에서 결과주의와 수량주의가 두드러진다는 점은 이미 지적한 바 있다. 행동경제학은 수시로 개인의 선택에 있어서 수량주의로부터 벗어나 질적인 요소를 고려한다. 대표적인 예로 트버스키는 선택대상들의 여러 가지 측면과 차원을 강조하고 이로 인한 선택방식과 결과의 차이를 부각시켰다(Tversky, 1972). 그러나 적어도 결과주의에 있어서는 신고전학파와 다르지 않은 것 같다. 경험효용이 의사결정효용에 미치지 못한다는 점을 강조했지만, 의사결정효용이나 경험효용이나 모두 결과나 상태이다.

외견상 결과에 대한 집착을 완화하려는 행동경제학자들도 공리주의나 효용주의를 벗어나지 못한 것으로 보인다(Loewenstein & O'Donoghue, 2006, p.189). 특히, 이들은 화폐로 표시된 비용의 지불을 심리적인 고통으로 환산하고, 이자계산을 위한 할인과 같이 감정도 할인한다. 또한 죄의식과 두려움이라는

---

8 $\gamma = k \log \beta / b$ Der Grösse der Empfindung (γ) steht im Verhältnisee nicht zu der absolute Grösse der Reizes sondern der Logarithsmus der Reizes (β). wenn dieser auf seinen Schwellenwerth (b), d.i. diejenige Grösse als Einheit bezogen wird, bei welcher die Empfindung entsteht und verschwindet, oder kurz, sie ist proportional dem Logarithsmus des fundamentalen Reizwerthes.

감정 등을 미래의 막연한 고통을 현재화해 할인하지 않게 만드는 장치로 이해한다(op.cit, pp.186-187, 195-196).

> 그러나 자기규제의 중요한 근원은 내적이다. 사람들은 "바람직하지 못한" 활동을 벌일 때 죄의식과 두려움을 위시해 부정적인 감정들을 경험하는 경향을 키우게 된다. 이런 감정들은 종종 즉각적인 감정이라는 형태로 지연된 비용들을 즉각적인 것으로 만드는 목적에 봉사한다. 이런 감정적인 비용들은 즉각적이기 때문에 유혹에 무너져 나중에 겪을 결과들과 마찬가지 방식으로 할인되지 않는다. 그래서 과잉소비를 억제시키는 데 도움이 된다(p.186).[9]

이같이 신고전학파뿐만 아니라 행동경제학도 결과에 집착해 민주주의와 같은 절차나 생산과정 등 과정을 효용으로 환원하는 경향이 있다. 절차나 과정을 그 자체로 인정하지 않고 이를 효용으로 바꾸려는 프레이(Bruno Frey) 등의 노력도 이와 연속선상에 있다(Frey & Stutzer, 2002).

카네만은 기대효용이론이 벤담에서 멀어진데 비해, 행동경제학은 벤담을 기반으로 삼는다고 주장했다. 그러나 기대효용이론이 벤담에서 멀어졌다고 하더라도 이와 무관하다고 보기는 어렵다. 기대효용이론은 서수적 효용이나 현시선호에 의존해 선택의 궁극적 동인이라는 실재로서의 효용을 부정하고 대인간의 효용비교도 회피한다. 그래서 흔히 기대효용이론이 쾌락과 고통의 산술에서 벗어났다고 말한다. 그러나 효용극대화라는 공준에서 확인할 수 있듯이, 기대효용이론도 모종의 효용을 공통의 척도로 모든 것을 환원하고 이들을 비교한다. 이 이론 역시 재화나 사물에 대한 좋고 싫음이라는 개인의 주관적이거나 감성적인 판단에 의존하므로 공리주의와의 연계를 유지하고 있다고 판단할 수밖에 없다.

---

9 But an important source of self-regulation is internal: people cultivate a tendency to experience negative emotions-in particular, guilt and fear-when they engage in certain "undesirable"" activities. Such emotions often serve the purpose of *immediatizing* the delayed costs in the form of immediate emotions. Because these emotional costs are immediate, they are not discounted in the same way as are the delayed consequences of succumbing to temptations, and thus help deter overconsumption.

이 점에서 공리주의와 경제학을 동일시하거나 신고전학파 경제학을 공리주의의 대표로 간주하는 센이나 롤즈의 입장이 여전히 타당하다. 이들의 입장에서는 신고전학파와 공리주의는 공통적으로 효율성과 생산성에 치중해 자유, 자아실현, 의무와 규범, 기능과 행위, 형평, 분배 등의 가치가 인간에게 지니는 중요성을 간과한다. 그러므로 기대효용이론과 공리주의가 배치되는 것처럼 취급한 카네만의 입장을 있는 그대로 받아들일 수 없다. 이같이 행동경제학뿐만 아니라 신고전학파가 공리주의에 근거한다는 것은 공리주의의 강점과 약점이 양자 모두의 강점과 약점이 된다는 것을 의미한다.

앞서 지적한 바와 같이, 행동경제학은 신고전학파와 달리 이기심이나 고립된 개인의 합리성이 아니라 이타심, 공정성 혹은 형평을 폭넓게 논의한다(Kahneman et al., 1986; Loewenstein et al., 1989). 그런데 이 경우에도 공정성이나 형평을 그자체로 논의하기보다 사회적 선호나 사회적 효용으로 바꾸어 논의한다. 이는 공리주의에 대한 행동경제학의 의존성을 강화시킨다. 이런 맥락에서 사회적 규범을 사회적 선호나 효용으로 환원하는 것이 오류라는 주장에 주목할 필요가 있다(Binmore, 2010a, 2010b).

물론 행동경제학에는 모든 것을 효용으로 환원하는 획일적인 통약가능성에 대한 의문이 없지 않다. 차원·속성·측면들을 고려한 트버스키의 선택이론, 척도의 부합성, 차원들을 넘어선 강도의 비교, 선호역전에 대한 설명 등이 이에 해당된다. 그럼에도 불구하고 하나의 척도로 환원하는 것이 제2체계에 부합되며 적정한 자원배분을 낳는다는 흐름이 행동경제학에 유지되고 있다. 그리고 이 점은 최근의 카네만에서 가장 노골적으로 드러난다.

구체적으로 지불할 의사와 유사하게 여러 차원들을 관통하는 강도나 수량을 측정하려는 노력matching across diverse dimensions은 이에 부합된다(Kahneman, 2011, pp.93-94). 카네만은 1시간에 20쪽을 읽을 수 있는 독서능력은 달리기로 10초에 몇 미터를 달리는 것에 해당되는지를 찾고 있다. 나아가 카네만이 상정한 제2체계의 게으름이나 처리노력의 경제는 노동경제학에서 여가선호와 노동회피로 인한 적정화와 비슷하다(pp.39-41).

또한 여러 차원이나 가치들 사이에 결코 사전적으로 우열을 부여하거나 가중치를 부여하지 않는다. 이런 일은 행동경제학의 입장에서도 전적으로 개인의 몫이다. 이 점에서 기대효용이론이나 자유방임주의뿐만 아니라 행동경제학과 자유온정주의도 개인의 선택을 최대로 존중한다.

이 입장은 통약불가능성, 가치의 우열, 금기 등을 내세우는 롤즈, 엘리자베스, 누스바움, 샌덜, 센 등과 대비된다. 이들과 비교하면, 카네만이 내세운 강도의 비교는 독서와 달리기의 강도를 부각시켜 독서와 점수나 돈의 강도 비교를 시사하는 듯이 보인다. 비교가능성이 연속성과 같이 기술적인 공준이라는 생각도 이에 부합된다(Tversky & Kahneman, 1986, p.S252).

세일러와 선스타인은 카네만보다 사회의식을 가지고 있으면서도, 이 점에서는 시장의 가격기구와 금전적인 욕구나 절약에 전혀 문제를 제기하지 않는다. 이들도 신고전학파와 마찬가지로 우선적인 가치나 금기를 인정하지 않으며, 개인의 합리적인 선택을 도와준다면 무엇이든지 수용한다. 이들의 관심은 유도장치와 투명성제고 등을 통해 개인에게 주어지는 선택의 틀을 잘 설계하는데 집중되어 있다. 이렇게 보면 이들의 자부심과 달리 이들의 입장을 제3의 길로 간주하기 힘들다(Thaler & Sunstein, 2008, pp.255-256).

구체적으로 이들은 장기매개가 왜 문제인지 의아하게 생각한다(op.cit, p.177). 또한 이미 교과서에 올라있는 오염배출권의 매매에 적극 찬동했다(op. cit, pp.188-189). 나아가 미국의 의료보험문제가 잘못된 진료에 대한 소송권을 모든 의료보험에 의무화했기 때문에 발생했다며, 자유계약의 원리에 따라 소송권을 선택하도록 허용하자는 해결책을 내놓았다. 여기서 소송권을 돈으로 매매한다는 생각을 이상히 여길 필요가 없음을 역설했다(op.cit. pp.209-211). 이 부분에서 자유온정주의는 시장자유주의와 완전히 겹친다.

행동경제학자로 보기 힘들지만 최근에 행동경제학을 상당부분 수용한 맥파든은 이들보다 더 극단적으로 개인의 합리성과 가격기구의 효율성을 분리시켰다(McFadden, 2006). 한편으로 그는 학습이나 경험이 적은 일회성의 복잡한 선택에 국한해 개인의 비합리성을 인정하고, 초기대안의 설정을 통해 도와줄 것을 주창했다. 반면 그의 입장에서 시장과 가격기구는 언제나 자유롭고 완전하다. '자유로운 시장과 얽매인 소비자'라는 논제가 보여주듯이, 그는 소비자의 비합리성은 인정하나 시장의 비합리성은 인정할 수 없다. 이런 생각이 자유온정주의에도 깔려 있지 않은지 의심이 든다.

이제 경제학과 공리주의의 유사성을 비판적으로 논의해 보자. 양자 모두 현실의 인간이 겪는 쾌락과 고통에 의존해 인간의 행위나 판단을 설명한다. 그렇다면 행동경제학은 신고전학파와 마찬가지로 영미철학의 강점과 약점을 그대로 반영한다. 이는 인간의 이성과 감성을 모두 쾌락과 고통으로 환원해 도구적인 이성을 넘어서는 보다 상위의 이성을 고려하지 않는다는 문제를 안고 있다.

공리주의나 신고전학파에 담겨진 이성은 도구적인 이성에 국한되는데 비해, 희랍과 대륙철학자들이 말하는 이성은 목표나 가치에 대한 성찰을 포함한다. 여기서 가정주부, 상인, 회계사가 맞는 문제 및 이를 해결하려는 계산이 인생과 사회에 대한 철학자의 고민거리 및 이에 대한 성찰과 구분된다. 나아가 양자의 중간에 정치적인 의식을 지닌 시민의 이성이 존재한다.

논의의 결과로 행동경제학과 기대효용이론이 공리주의를 상당부분 공유하며, 이 부분에서 행동경제학은 기대효용이론과 다르다기보다 오히려 비슷하다는 것이 드러났다. 행동경제학은 중심개념인 준거의존성, 맥락특정성, 초기대안 등을 정치, 사회, 문화의 차원이 아니라 개인차원의 인지라는 관점에서 공리주의를 유지하는 방식으로 제시했다. 이에 따라 행동경제학은 기대효용이론과 개체주의나 개인주의를 공유하고, 공리주의에 준하는 사회철학도 공통분모로 삼는다. 이미 지적한 바와 같이 신고전학파는 광범위한 존재들을 쾌락과 고통의 대상으로 삼으며 상품화해서 가격을 부과하는 경향이 있다. 공리주의를 신뢰하는 행동경제학도 이런 흐름에 편승할 가능성이 높다.

그러나 공리주의나 경제학이 일반재화 이외의 대상들을 효용함수에 수용할 수 있는 범위와 방식에 엄연한 한계가 있다. 보편적으로 여러 층위에 있는 가치들을 모두 쾌락과 고통이나 가격이나 화폐라는 하나의 차원으로 환원한다는 것이 이런 사고방식에 대한 지속적인 비판이다(Anderson, 1993; Sandel. 1998; Podolny & Hill-Popper, 2004).

우선 아리스토텔레스를 위시한 윤리학의 전통이 이런 비판의 근거이다. 돈보다 재화나 서비스, 재화나 서비스보다 건강, 건강보다 우정, 우정보다 자유나 정의 등이 더 중요하다면, 이들 모두를 쾌락 및 고통이나 돈으로 환원하는 것은 문제이다. 나아가 이들을 목적이 아니라 쾌락이나 돈벌이를 위한 수단으로 삼는 것은 목적과 수단의 전도로 더 큰 문제를 안고 있다.

이는 신고전학파뿐만 아니라 행동경제학도 인간의 동물적인 성격에 집중한다는 해석에 부합된다. 단적으로 행동경제학조차도 인간의 존엄성, 자율성, 자유의지 등을 수용하기에는 힘겹다(Frerichs, 2011, pp.298-299). 행동경제학이 신고전학파보다 합리성은 약화시키면서도 공정성이나 이타심 등 사회적 선호 등을 고려해 선호를 더 풍요롭게 만든다는 사실이 이런 해석을 강화시킨다(ibid, p.303).[10] 나아가 행동경제학이 사회적 선호를 다루기는 해도 선호들 사이의 상호작용을 다루지는 않는다(Loewenstein & Prelec, 1992, pp.595-596).

인간관계나 사회관계, 그리고 집단이나 조직은 사회성을 대표하므로 이들을 경제학이 수용하는 방식과 범위를 기억할 필요가 있다. 기본적으로 경제학은 개인이 궁극적인 단위이고 인간관계가 여기서 파생되므로 근원적이라고 생각하지 않는다. 또한 이들을 목적이거나 그 자체로 존중하기보다 재화나 자원과 비슷하게 개인을 위한 수단으로 취급한다. 어떤 경우에도 경제학은 인간관계나 사회관계를 목적으로 생각하거나, 이런 관계가 개인의 존재를 가능케 하거나 이들을 구속한다고 생각하지는 않는다. 같은 이유로 인간관계나 사회관계를 재화나 자원보다 원초적이며 우선하는 가치나 기반으로 인정하지 않는다. 이 점에서도 행동경제학은 신고전학파와 차이가 없다고 생각된다.

인간관계나 사회관계가 효용을 낳는 경우는 타인과의 비교가 간접적으로 소비나 효용에 영향을 미치는 경우와 구분된다. 앞서 논의한 듀젠베리의 상대소득가설, 페스팅거의 사회적 비교나 프랭크의 지위재 이론에서는 인간관계가 아니라 불특정 다수나 타인과의 비교가 일반재화나 서비스의 소비와 효용에 영향을 미친다. 이들 경우 타인을 의식하지만 인간관계가 하나의 재

---

10 behavioral economics thus seems to follow two different paths: *restricting* the rationality assumption (cognitively) and *enriching* the preference assumption (socially).

화나 서비스로 효용함수에 투입되지는 않는다. 그러므로 이들의 논리는 신고전학파와 달리 인간의 사회성을 인정한다.

그러나 이들도 인간관계나 사회관계나 개인이나 인간을 구성한다고 보지 않기 때문에 본격적으로 인간의 사회성이나 사회관계를 내세우는 것은 아니다. 이런 점에서 이들은 모두 아리스토텔레스, 칸트, 그리고 마르크스와 차이를 보인다.[11]

행동경제학도 효용을 중심에 놓고, 모든 것을 이것으로 환원하는 데 현실적으로 어려움이 있지만, 이렇게만 된다면 좋겠다는 갈망을 품고 있다. 그러므로 화폐와 효용 사이의 갈등에 대해 여전히 무감하다. 더구나 시장과 가격기구에 대한 관심이 신고전학파보다 덜 하기 때문에 더더욱 이를 심각한 문제로 간주하지 않는다.

이와 관련해 신고전학파뿐만 아니라 행동경제학도 외부의 여러 자극들을 구분하지 않는다는 점을 주목할 필요가 있다. 이미 설명한 준거나 적응수준과 관련해, 물의 온도, 재화의 효용, 특정 수량의 소득 사이에 행동경제학은 차이를 두지 않는다. 설탕물과 화폐를 같은 평면에 놓는 뇌신경경제학에도 이런 성격이 없지 않다(Frerichs, 2011, p.306).

카네만이 강조한 차원들 사이의 비교는 이를 반영하고 있다(Kahneman, 2011, pp.93-94). 이에 해당되는 설문은 다음과 같다. "4살 박이 어린이가 1시간에 10쪽의 글을 읽을 수 있다면, 이는 성인남자가 10초에 몇 미터를 달리는 것과 같은가?" 독서와 달리기는 전혀 다른 차원이지만 그들의 강도intensity를 비교할 수 있다고 심리학자들은 생각한다. 카네만은 이런 비교가 가능하다고 생각할 뿐만 아니라 돈이 개입되는 지불의사와 수락의사도 이것의 연장이라고 이해한다. 그에게서 독서, 달리기, 사적 재화, 지리산, 그리고 돈은 모두 자극이라는 점에서 유의미한 차이를 가지고 있지 않다.

---

11 칸트에 의하면 어떤 개인과 외적인 물체의 관계로 보이는 재산권조차 사회관계 전체에 근거하고 있다. 교환관계나 착취관계를 위시한 마르크스의 사회관계들도 이와 유사하다. 마르크스가 여러 군데에서 쾌락주의와 공리주의를 비판했던 이유가 여기에 있다. 그렇지만 마르크스에서는 경제적이고 유물적인 실체가 칸트의 도덕적이고 법적인 내용을 대신한다.

그러나 온도는 물리적이고, 효용은 심리적이며, 소득은 사회적이다. 또한 온도나 맛이 보편적인데 비해, 화폐는 시장경제체제 속에서 사회문화적으로 규정된다. 행동경제학도 개인과 효용의 관점에서 이들을 파악하기 때문에 이런 '무차별성'을 보인다. 또한 이런 생각은 모든 것을 상품화하고 통약해서 가격을 부여하는 시장경제와 신고전학파 경제학에 족히 부합되지 않는가? 혹은 이런 생각은 모든 것을 가격이나 점수 등으로 수량화 하려는 관행에 능히 합치되지 않는가?

카네만은 미세한 확률의 보건 상 위험에 자신이나 자신의 자녀가 노출되었을 때 극도로 높은 보상가격을 부르는 상황에 대해 모호한 입장을 취한다(Kahneman, 2011, pp.349-351). 한편으로 이는 자신이나 자녀의 생명이 돈과 교환될 수 없는 높은 가치임을 드러냈다는 점에서 이해된다. 그러나 다른 한편으로 그는 이것이 여러 다른 위험들을 고려할 때 주어진 자원의 적정한 배분에 위배된다는 점을 지적했다. 결과적으로 그는 통약이 되지 않는 존재를 강조하기보다 제1체계의 비일관성을 지적하고 제2체계에 의존한 규범적인 합리성을 강조하는 방향으로 기울어져 있다.

이같이 인간의 사회성이나 사회관계에 일차적인 의미를 부여하지 않는다는 점에서 행동경제학은 신고전학파와 별 차이가 없다. 그런데 경제학이 내세우는 로빈슨 크루소는 마르크스뿐만 아니라 '인간이 사회적 동물'이라는 아리스토텔레스의 입장과도 배치된다. 무겁게 들리는 사회관계를 차치하더라도, 사람들, 특히, 한국인들이 일상에서 만나는 복잡한 인간관계조차 그자체로든 비율로든 경제학에는 등장하지 않는다.

나아가 재화들 사이의 관계보다 인간들 사이의 관계가 복잡하다는 점을 고려하면 두 가지 경제학의 이런 무관심은 보다 심각해진다. 일반적으로 개체의 숫자와 그런 개체들이 만나 이루는 관계의 숫자는 일치하지 않으며, 전자의 변동이 후자의 변동과 일치하지도 않는다. 그런데 n개의 재화가 ${}_nC_2$개의 관계를 낳는다면, n명의 개인은 $\sum_i {}_nC_i$가지의 인간관계나 사회관계를 낳으므로, 인간관계는 재화관계보다 더 복잡하고 다양하다.

예를 들어, 2명(ab)에서 3명(abc)으로 1명 늘어나는데, 관계는 1가지(ab)에서 최소한 4가지(ab, bc, ac, abc)로 늘어난다. 그런데 5명(abcde)을 상정하면 인간관계는 3인, 4인, 5인이 결합된 경우까지 포함해 재화관계보다 더 많다. 나아가 2명의 관계라도 수평적인가(친구관계) 수직적인가(상사와 부하의 관계, 형제)를 따지면, 인간관계들은 조합($_nC_2$ 혹은 $_nC_k$)에서 순열($_nP_2$ 혹은 $_nP_k$)이 되어 더 다양해진다.

다윈, 마르크스, 케인즈, 하이에크뿐만 아니라 복잡계complexity 이론 등 여러 사상에서 전체나 사회는 개체나 개인의 단순한 합을 넘어서 출현적 속성을 낳는다(Schenk. 2006; Farmer & Geanakoplos, 2008). 이에 따라 개체수준의 무질서가 전체수준에서 질서를 낳을 수 있고, 개체수준의 질서가 전체수준에서는 무질서를 낳을 수도 있다(Kirman, 2004).

출현적 성격에 준하는 신고전학파경제학의 외부효과나 계량경제학의 잔차는 출현적 성격을 정태적이고 부차적인 현상으로 취급한다(Kirman, 2010). 극단적인 시장주의자이면서도 하이에크는 이론의 목적을 예측에 둔다는 점뿐만 아니라 출현적 속성을 경시한다는 점을 들어 계량경제학을 비판했다. 더구나 이런 생각은 하이에크뿐만 아니라 케인즈와 마르크스 등 이념에 관계없이 등장한다. 이 점에서 왈라스적인 일반균형에 의존하는 신고전학파가 스스로를 방어하기는 힘들다(Hong 2002; 홍 훈 2002).

이런 비판으로부터 신고전학파뿐만 아니라 행동경제학도 자유롭지 못하다는 점이 중요하다. 방법론적인 개인주의로 인해 신고전학파가 개체들의 상호의존이나 상호작용, 다수나 전체가 모여 형성되는 출현적 속성, 그리고 인간관계나 사회관계 등을 배제한다면, 행동경제학은 최소한 이들을 경시한다. 이들을 본격적으로 인정하려면 고립된 개체를 부정하고, 이로 인해 발생하는 결과를 외부효과나 잔차와는 다른 개념으로 파악해야 한다.

지금까지의 논의를 통해 신고전학파에 대한 비판적인 입장에도 불구하고 다수의 행동경제학자들이 신고전학파와 비슷하다는 점을 지적했다. 이런 유사성은 개체주의와 사회성의 결여로 압축할 수 있다. 세부적으로는 합리성에 대한 집착, 효용에 대한 강조, 선택과 결과에 대한 일방적인 강조와 행위 및 과정에 대한 경시를 지적했다(Frerichs, 2011).[12] 이에 따라 인간의 사회적인 성격을 행동경제학에 대한 보완이나 비판의 근거로 삼고자 한다.

부연하면 행동경제학과 연관을 지닌 실험경제학에 대해서도 사회성의 결여를 지적할 수 있다. 우선 신고전학파가 의존하던 방법은 계량경제학 모형을 통한 포퍼의 반증주의이다. 그렇다면 경제학의 반증주의를 비판하면서 자연과학에서와 마찬가지로 경제학이 실험에 의존해야 한다고 주장하는 것은 큰 변화이다(Smith, 2002). 특히, 버논 스미스는 실험이 반증주의보다 나은 대안이라고 주장했다.

한편으로 스미스는 반증주의가 검증대상인 가설과 검증을 위해 필요한 보조가정들 중 어느 것이 시험되는지 구분할 수 없다고 비판했다. 이 점은 포퍼의 반증주의에 대해 스미스이전에도 많은 사람들이 지적했던 바이다. 다른 한편으로 전통적인 입장에 대항해 사회현상에 대해서도 실험이 가능하다고 스미스는 주장했다. 이 점에서 최근의 경제학은 계량경제학에 의존하는 기존의 가설검증 모형Hypothetico-Deductive Model이나 반증주의에서 부분적으로 벗어나고 있다.

그런데 현실의 실험에서는 반드시 신고전학파의 전제나 결론에 합당한 결과만 나오지 않는다. 또한 인간이나 사회현상에 대해 실험이라는 방법을 사용하는 것에 대해 적지 않은 비판이 제기되고 있다. 구체적으로 실험을 통한 사회현상 분석에는 실험의 조건과 현실이 크게 차이나지 않는다는 전제가 있다. 그런데 이런 전제는 변수들을 통제할 수 있다는 실험의 또 다른 강점과 배치된다. 즉, 통제가 제대로 되면 될 수록 그만큼 실험은 경제현실과 멀어지게 된다(Siakantaris, 2000). 또한 인간이나 사회에 대한 실험은 자연에 대한 실험과 달리 윤리적인 문제를 떠나 실험자와 피실험자의 관계를 위시한 사회관계와 분리될 수 없다. 실험이 경매와 관련해 상대적으로 좋은 결과를 낳는 이유

---

12 예상대로 이 논문은 법, 경제, 사회에 있어 행동경제학의 영향이 지닌 한계로 선택의 자유에 대한 지나친 강조에서 비롯되는 사회성의 결여를 지적했다. 이 글에 의하면 행동경제학은 부분적으로 사회적인 요소들을 고려하지만, 본격적으로 사회적인 규정이나 사회적인 재구성을 부각시키지는 않는다. 이런 점들은 이 논문이 이 책과 공유하는 부분이다. 그렇지만 이 논문에서 공리주의나 결과주의에 대한 지적은 미흡하다.

도 경매가 상대적으로 복잡성이 덜 하고 사회관계로부터 격리되어 있기 때문이다.

5.3 경제학의 배태성과 이념성

지금까지의 논의는 신고전학파에 대한 행동경제학의 비판이 불완전하고 제한적이라는 것을 보여준다. 사실 개인의 완전한 합리성과 개인의 제한된 합리성 사이의 논쟁은 "불완전하고" "제한된" 논쟁일 수 있다. 합리성이 제한되어있다고 주장하기보다 합리성과 비합리성이나 이성과 감성의 갈등을 고려하는 것이 보다 의미를 지닐 수 있다. 그리고 이런 갈등의 내면에서 사회제도뿐만 아니라 응결된 사회구조를 읽거나 발견할 수도 있다(Myerson, 1999, p.1069, 1078).

개인의 선호와 선택에 편중되어 있는 신고전학파의 담론에 대한 사회적 속박이나 사회구조를 드러내가 위해서는 행동경제학과 독립적으로 내재적인 비판이 필요하다. 동시에 이를 통해 개인의 유인이나 동인을 보완하거나 수정할 방법을 강구할 수도 있다.

선호관계와 교환관계를 관통하는 것은 통약에 의존한 비교(比較)와 비율(比率)이다. 이것이 시장에서 교환과 교환비율이나 상대가격으로 나타난다. 또한 이것이 개인의 선호에 따른 선택과 (한계)대체비율로 나타난다. 양자는 각기 사회적 통약과 개인적 통약으로 규정할 수 있다. 그런데 신고전학파는 개인들의 선택들이 모여 시장이 재생산된다고 보는 경향이 강하다. 이를 뒤집어 보면 개인의 선택을 나타내는 선호관계에 대한 공준들이 교환관계를 나타내는 시장경제의 조건이나 성격을 반영한다는 가설을 내세울 수 있다.

우선 반사성은 재화들 사이의 관계나 비율이 재화와 재화자신의 관계에도 적용된다는 의미이다. 이를 사회관계에 연장하면, 타인과의 관계가 각자자신에게도 적용된다는 결과이다. 그런데 신고전학파는 개체주의나 원자주의를 표방하고 관계가 개체들의 외부에 존재한다고 보기 때문에 사회관계가 개체에게 내면화된다고는 생각하지 않는다(Hodgson, 2002). 반사성은 개체의 외부에 존재하는 관계를 기계적으로 개체에 적용하기 위해 요구되는 조건이다. 그러므로 반사성은 사회관계의 내면화에 대한 왜곡되고 축소된 형상이라고 해석할 수 있다.

완전성은 개인이 모든 물건들에 대해 호불호를 가지고 있다는 의미이다. 이는 시장에서 모든 물건에 가격이 부과되어 교환과 비교가 가능한 상황에 상응한다. 이는 전면적인 상품화, 세계화, 혹은 보편적인 통약의 조건을 개인의 선택에 부과한 것으로 해석할 수 있다. 세계화가 자본의 세계화라면, 개인의 선택에 자본의 논리를 각인시키는 조건이 완전성이 된다.

이행성은 재화 등 모든 개체에게 획일적으로 동일한 관계를 부과한다. 관계가 아니라 비율로 파악하면, $x/y=r_{xy}$ & $y/z=r_{yz} \rightarrow z/x=r_{xy}r_{yz}$. 이렇게 보면 이행성은 경쟁과 차익거래를 전제로 하는 일물일가uniform price와 통일된 시장의 존재에 부합된다. 이행성이 성립하지 않는 경우 하나의 재화에 두 개 이상의 가격이 공존하므로, 분단시장이나 가격차별에 상응한다. 결과적으로 이행성은 통일된 하나의 시장이라는 이념이 개인의 선택에 각인된 결과라고 해석할 수 있다.

이들 모든 공준들보다 근원적인 전제는 독립성이다. 독립성은 방법론적인 개체주의와 개인주의를 반영한다. 시장에서 교환을 통해 각 개인이 자신의 이익을 위해 선택한다는 논리는 인간과 재화 및 자원을 개별화하는 경향을 낳는다. 재화나 자원의 한계대체율은 이들의 대체보완관계에 대한 개인주의적인 파악이라고 해석할 수 있다. 나아가 대체보완관계는 재화나 자원들의 포괄적인 보완성, 사회성, 집단성을 축소시켜 파악하는 방식이라고 생각된다. 이보다 덜 하지만 지위, 절차, 인간관계 등이 낳는 효용은 인간의 사회성을 축소시켜 파악하는 방책이다.

논의를 요약하면 모든 사물이나 제품이 비교 가능한 것도 아니고, 비교가 가능한 두 물체에 대해서도 비교의 기준이나 준거, 혹은 비교의 방향에 따라 그 결과가 달라진다. 이에 따르면 기대효용이론은 완전성 등의 공준을 통해 상품화와 가격에 따른 시장의 평가를 그대로 수용해 개인의 선택에 투입했다고 해석할 수 있다.

이같이 반사성, 완전성, 이행성, 독립성, 연속성, 불변성은 두 명 이상의 개인들이 참여하는 시장이나 교환에 적용되는 논리들을 한 개인의 선호에 모사하는 경향을 내포하고 있다. 사물에 가격이 부과되는 상품화와 이들이 효용의 대상으로 포섭되는 공리주의의 확산이나 개량이 함께 진행된다고 추정할 수 있다. 이 점에서 세계화가 수요공급에 의존한 가격결정장치의 이식이자 개인의 주관성을 합리적인 개인으로 재편하는 과정이라는 주장이 설득력을 얻는다(Watson, 2005).

이와 비슷하게 행동경제학을 조망해 보자. 행동경제학이 제품들 사이에서 발견한 상호의존성은 제품들 전체의 성격이나 의미로 이해할 수 있다. 또한 상호의존성이든 전체성이든 제품들이 아니라 인간들 사이에 보다 손쉽게 적용할 수 있다.

우선 비관련대안의 등장이나 그 반대가 이미 제시된 여러 대안들에 대한 정보를 담고 있는 경우, 비관련대안의 독립성이 깨질 수 있다. 가령, 낯선 고장의 낯선 식당에 들어가 식사를 고르는 상황을 생각해 보자. 이 경우 이 식당에 대해 아는 바가 없으므로 제공되는 식사 전체를 놓고 식당의 수준을 판단하게 된다. 그래서 식당의 수준이 높다고 판단하면 고가의 정식을 주문하고, 낮다고 판단하면 저가의 간단한 식사를 고르게 된다(Luce & Raiffa, 1957, pp.288-289).

예를 들어, 김치찌개, 비빔밥, 된장찌개, 불고기만 있는 식당과 이에 더해 국수전골, 갈비, 징기스칸 요리가 있는 식당에 대해 사람들은 다르게 판단할 수 있다. 그래서 전자에서 된장찌개를 골랐으나, 후자에서는 불고기로 바뀔 수 있다. 이 예는 갈비 등의 대안이 등장하면서 식당에 대한 정보가 바뀌어 선택이 달라진 경우이다. 이럴 때 특정 음식이 아니라 음식전체가 나름대로의 의미나 가치를 지니고, 이것이 식당자체에 대한 판단을 낳는다.

이와 유사하지만 사회성이 높으면서 한국사회에 부합되는 예는 모임이나 회의 참석여부를 결정하는 상황이다. 전혀 알지 못하는 모임이나 회의에 대해 이것의 목적이나 방식이외에도 누가 참석하는지가 참석여부의 결정을 낳는다. 이는 참석자 개인이 아니라 참석자 전체가 중요하고 참석자 전체의 성격이 참석 자체의 의미나 가치를 결정한다는 것을 뜻한다.

센은 선택의 내적인 정합성에 관련해 개인의 독립성과 대안들의 독립성을 함께 논의했다. 이미 언급한 바와 같이 선택의 내적인 정합성을 위한 체르노프조건은 어떤 집합에서 선택된 대안은 이 대안을 포함하는 진부분집합에서 반드시 선택된다는 것을 의미한다. 그런데 센은 이 같은 내적인 정합성만으로 선택의 합리성을 규정할 수 없다며 외적인 준거나 맥락이 중요하다고 주장했다(Sen, 1993a, p.499). 그리고 그는 선택대안들 전체, 즉, 메뉴의 변동에 따른 맥락의 변동을 부각시키고 있다.

대표적으로 특정 대상의 개입여부가 선택대상들의 구성이나 집합 전체의 의미를 변화시킬 수 있다. 이 경우 내적인 정합성에서 벗어나 체르노프조건을 충족시키지 못하면서도 선택은 여전히 나름대로의 합리성을 지닐 수 있다.

가령, [녹차, 커피]의 집합과 [녹차, 커피, 코케인]의 집합이 지닌 차이는 단순히 코케인이라는 대안의 추가에 그치지 않고, 코케인까지 포함하는 메뉴 전체의 가치, 이런 메뉴를 고려하는 사람에 대한 평가, 그리고 선택맥락의 차이를 낳는다. 다른 예로, 선거후보의 집합으로 [시장주의자, 케인즈주의자, 공산주의자]는 [시장주의자, 케인즈주의자]보다 선택대안이 하나 더 늘었다는 사실이외에 공산주의자까지 고려한다는 점에서 해당 사회의 이념적인 개방성이나 무질서를 나타낸다. 결과적으로 선거장이나 "선거판" 전체의 성격이 달라진다.

센이 말하는 맥락을 앞서 행동경제학이 강조하는 맥락과 비교하면, 첫 번째보다는 두 번째나 세 번째 의미의 맥락에 가깝다. 그렇지만 센에서는 하나의 대안이 포함되는지 여부가 메뉴 전체의 의미나 의미에 대한 판단에 영향을 미친다는 점에서 여전히 차이가 있다. 보다 종합적으로 이런 차이를 부각시켜 보자.

신고전학파에서는 하나의 대안이 변동하면 그것은 대안의 변동 자체로 머물거나 이와 대체보완관계에 있는 대안들에게 개별적으로 영향을 미친다. 혹은 다른 대안들에 대한 영향이 비례성이나 규칙성을 유지해 동일한 비율로 대안들에 대한 선택이 변동한다. 이에 비해 행동경제학은 대안들 사이에 대비효과나 맥락의 형성으로 인한 대인들의 가치변동과 이에 수반되는 선택의 변동을 강조한다. 이에 따라 특정 대안이 다른 대안들에게 비례적이거나 규칙적이지 않고 차별적인 영향을 미칠 수 있다고 주장한다.

그런데 행동경제학과 마케팅에서는 이런 재화들 사이의 관계로 인해 형성되는 맥락이 대안들 전체 혹은 메뉴가 지닌 의미나 가치와 관련되지는 않는다. 나아가 이런 맥락이 해당 소비자나 경제주체의 품성이나 인격 혹은 소비자들 사이의 관계로 이어지지는 않는다. 이와 대조적으로 센에서는 특정 대안의 존재여부가 다른 대안들에게 규칙적이든 불규칙적이든 개별적으로 영향을 미치는 수준을 넘어서 메뉴 전체의 가치나 의미를 바꾼다. 그리고 이런 맥락의 변동이 관련된 사람의 품성이나 인간관계 등과 연결된다.

메뉴에 없지만 언제나 존재하는 대안, 즉 메뉴에 있는 어느 것도 선택하지 않는 대안을 센이 명시적인 대안으로 간주한다는 점도 주목할 필요가 있다. 메뉴변동에 대한 센의 생각을 연장하면 특정 대안이 메뉴에 있는 경우뿐만 아니라 특정 대안이 메뉴에 없는 경우에도 메뉴 전체의 의미, 상대방의 인간성, 선택의 맥락이 바뀔 수 있다. 그리고 그것이 특정인의 정체성이나 사회적 위치를 규정할 수 있다. 여가활동으로 갑은 [등산, 조깅, 산책, 독서]의 메뉴와 을은 [등산, 조깅, 산책, 독서, 골프, 승마]의 메뉴를 가지고 있다면, 이는 기호의 차이를 넘어서 각자의 정체성이나 사회적 지위를 표현할 가능성이 있다.

이와 관련해 독립성을 비판하는 논리로 서전Robert Sugden의 후회이론regret theory도 언급할 필요가 있다(Sugden, 1985, 2003; Munro & Sugden, 2003; Loomes et al., 2009). 이 이론에 의하면 사람들은 선택할 때 특정 대안이 가져다준 결과뿐만 아니라 자신이 선택할 수 있었지만 선택하지 않은 대안이 가져다주었을 결과도 비교한다. 자신이 예측한 방향으로 상황이 전개되는 경우에는 자신이 택한 대안이 옳았다는데 대해 기뻐하면서 추가적인 즐거움을 얻게 된다. 이와 반대의 경우에는 자신이 택한 대안에 대해 후회하면서 효용의 감소를 겪는다. 이런 이유로 여러 대안들은 서로 독립적이지 않다.

서전은 기대효용이론의 독립성이 유지되는 경우를 현시선호조건이나 체르노프 조건과 묶어, 두 개씩 비교할 때 순환적이지cyclical 않다는 의미에서 이행성으로 해석했다(Sugden, 1985). 이에 따라 그는 이런 이행성이 위배되는 경우 독립성이 손상된다고 생각했다. 후회가 있는 경우 독립성이 손상되며, 후회가 선택 가능한 대안들의 구성과 밀접하게 연관되어 있다는 점을 지적했다(pp.172-173).

이런 해석에 근거해 그는 독립성을 전제한 기대효용이론과 후회로 인해 이것이 위배되는 경우를 각기 상대방이 없는 운동경기(예, 투원반)와 상대방과의 상호작용이 있는 운동경기(축구)에 비유했다(pp.169-170). 그런데 이 비유는 인간의 사회관계와 선택대상인 재화나 대안들 사이의 관계를 동일시한다는 점에서 기대효용이론(그리고 행동경제학)과 다르지 않은 것 같다. 그렇지만 대안들의 구성에 대한 언급은 대안들의 독립성에 대한 보다 강한 반박이며, 넓은 의미의 맥락이나 구조의 중요성으로 이어질 수 있다.

이미 논의한 바와 같이 행동경제학은 독립성, 비례성, 규칙성 등의 공준을 반박하는 현실의 사례들을 발굴해 왔다. 그런데 행동경제학 역시 전반적으로 개인의 선택이라는 차원에서 이런 공준에 대한 위반사례들을 제시한다. 이에 비해 인간의 사회적인 규정성을 강조하는 입장에서 규범적이든 서술적이든 개인의 차원에서 제시되는 합리성 전체를 포괄적으로 조망할 필요가 있다.

구체적으로 개인차원의 합리성이 사회적 요인으로 해명되는지 아니면 반박되는지를 정리해야 한다. 사회적 규정이 개인적 합리성의 공준과 부합될 때도 있고 그렇지 않을 때도 있다. 부합된다면, 전반적으로 규범적인 합리성보다 서술적인 합리성이 현실에 가깝다고 보아야 한다. 반면 양자가 충돌하면 규범적인 합리성과 서술적인 합리성이 공유하는 부분과 비교해야 한다.

4장에서 논의한 바와 같이 준거의존성, 맥락특정성, 초기대안의 중요성 등에서 사회성이 약화되거나 축약되어 나타난다고 이해할 수 있다. 보다 평이하게 표현하면, 행동경제학이 강조하는 개인의 판단과 선택상 오류들이 개인의 인지가 아니라 사회적 요인에서 발생한다는 해석이 가능하다.

보다 종합적으로 반사성, 완전성, 추이성에 대한 유보를 낳는 이론들로 마르크스의 가치형태론, 러시아의 마르크스주의 심리학자 비고츠키Lev Vygotsky의 사고와 언어이론, 그리고 행동경제학의 전반적인 흐름에서 벗어나 있는 트버스키의 유사성에 대한 설명을 들 수 있다.[13] 마르크스와 트버스키는 각기 교환관계와 선호관계와 관련되고, 비고츠키는 양자 모두와 관련된다. 특히, 유사성과 비교에 관한 트버스키의 논의는 동등성과 교환에 관한 마르크스의 논의와 여러 점에서 비슷하다. 비교의 대상과 기준 혹은 주체와 객체를 구분해 비대칭적으로 파악하는 것이 양자의 핵심적인 공통점이다.[14]

(1) 마르크스의 가치형태론

신고전학파에서 교환관계는 동등성의 관계이다. 그런데 동등성의 관계는 이미 지적한 반사성, 대칭성, 이행성 등 몇 가지 속성을 지니므로 교환관계도 이 속성들을 충족시킨다(Luce & Raiffa, 1957, p.187). 그런데 마르크스의 교환관계도 동등성을 전제하나 이런 속성을 충족시키지 않는다. 마르크스는 비교되거나 교환되는 두 상품이나 물체들 사이에 비대칭성을 상정했기 때문이다.

구체적으로 x=y는 반드시 y=x를 의미하지 않는다. 즉, 사과=책은 책=사과와 다르다. 혹은 사과→책은 책→사과와 다르다. 이런 비대칭성은 상품과 화폐의 비대칭성으로 발전한다. 주지하듯이, 마르크스는 교환을 판매자와 구매자라는 인간위주의 관계로서보다 상품과 화폐의 교환으로 파악했다. 그리고 이와 함께 화폐의 발생을 설명하려고 노력했다. 이런 목적을 위해 그는 가치형태개념을 도입했다.

가치형태는 가치가 표현되는 방식인데, 교환관계에 있어서는 서로 교환되는 상품과 화폐가 서로 다른 종류의 가치형태이다. 그는 상품과 화폐의 위치

---

13 이 부분은 비록 트버스키의 주장이지만 행동경제학에 포함되지 않았으므로 행동경제학과 어느 정도 독립적으로 취급했다.

14 이후의 논의에서는 개인의 선호관계와 시장의 교환관계 사이의 차이나 상품·재화와 여타 대상 사이의 차이를 잠시 접어두기로 하자. 또한 기대효용이론과 같이 트버스키도 정태적인 상태의 비교에 집중한데 비해 마르크스는 동적으로 재생산되는 관계를 상정한다는 차이도 잠정적으로 묶어 두자.

를 각기 상대가치형태relative value form와 등가물형태equivalent form로 구분하고, 양자에게 능동·수동의 관계, 배타성 그리고 불가분성을 부여했다. 상대가치형태에 놓이는 상품은 자신의 가치를 적극적으로 표현하려는 주체인데 반해, 등가물형태에 놓이는 화폐는 상품의 가치를 표현해 주는 객체이다.

이같이 마르크스는 주류경제학과 같이 교환비율에 집착하기보다 등식의 좌변과 우변이라는 위치에 주목해 비교나 교환의 방향에 따른 우열이나 비대칭성을 설정했다. 즉, 서로 다른 두 상품들(의 소유자들), 나아가 상품(소유자)과 화폐(소유자) 사이에 존재하는 비대칭성을 강조했다.[15]

마르크스는 평가나 비교의 대상이 되는 상품을 상대가치형태로, 평가의 기준이나 비교의 준거가 되는 상품을 등가물형태로 규정한 것이다. 여기서 같은 상품이라도 상대가치형태가 될 때와 등가형태가 될 때 그 역할이나 기능이 달라진다. 이 점에서 상대가치형태와 등가물형태는 트버스키에 있어 대상과 비교의 준거에 해당된다. 트버스키를 의식하면서 마르크스의 생각을 다시 설명해 보자.

교환을 판매(C-M)와 구매(M-C)로 나누어 이해하면 설명이 명확해진다. 먼저 생산자나 상인의 입장에서 교환을 판매로 보면, 상품이 대상이고, 화폐가 비교의 준거이므로, 화폐중심으로 비교의 차원 혹은 속성이 결정된다. 이 경우 상품은 팔려야 하므로 사용가치와 (가치나) 교환가치의 두 가지 차원 중에서 교환가치가 비교의 차원이 된다. 여기서 상품은 화폐와 교환가치라는 점에서 유사하다. 이런 이유로 상품이 (현실적으로) 사용가치라는 차원보다 (잠재적으로) 교환가치라는 차원이 부각된다. 동시에 화폐가 (잠재적으로) 사용가치라는 차원보다 (현실적으로) 교환가치라는 차원이 부각된다.

반면 소비자의 입장에서 교환을 구매로 보면, 화폐가 필요한 특정의 상품으로 전환되므로, 사용가치 차원이 부각된다. 이 경우 화폐는 상품과 사용가

---

15 화폐소유자와 상품소유자의 우열이나 비대칭은 노동자와 자본가의 세력관계보다 미묘하다. 이는 상인과 고객, 모기업과 협력업체, 계약당사자인 발주자와 입찰자 혹은 한국사회에서 계약당사자 갑과 을 사이에서 나타난다. 뿐만 아니라 국제통화체계에서 경화와 여타 화폐사이의 관계와 비슷하다. 가령, 달러는 한국경제가 나빠질 경우뿐만 아니라 미국경제가 나빠질 때도 한국경제로부터 빠져나간다.

치라는 점에서 유사하다. 여기서 화폐는 (현실적으로) 교환가치가 아니라 (잠재적으로) 사용가치라는 차원으로 등장하고, 상품은 (잠재적으로) 교환가치라는 차원보다 (현실적으로) 사용가치라는 차원으로 등장한다.

신고전학파는 교환가치나 사용가치나 모두 개인의 효용으로 환원하므로 이런 서로 다른 차원의 공존을 고려할 수 없다. 이에 비해 트버스키나 선형소비모형에서는 여러 차원이나 속성들이 그 자체로 고려된다. 그런데 마르크스에서는 교환가치는 물론이고 사용가치조차도 사회적이므로, 여러 차원들이 모두 사회적으로 구성되고 재생산된다는 점을 덧붙일 필요가 있다. 이 점에서는 마르크스, 베블렌, 보들리야르, 부르디유가 신고전학파와 구분된다.

이에 따라 행동경제학의 논리를 마르크스의 입장에서 비판할 수 있다. 행동경제학자(와 심리학자)는 서로 다른 차원에서의 비교에서와 같이 사용가치와 교환가치를 단순히 차원으로 규정할 것이다. 이에 비해 마르크스, 그리고 그 이전의 아리스토텔레스에 있어 사용가치와 교환가치는 사회와 경제를 규정하는 구분이다. 그러므로 사용가치와 교환가치를 개인수준에서 인지와 선택과 관련해 주관적으로 설정되고 변경되는 차원이나 속성과 동일시할 수 없다. 뒤집어 보면, 행동경제학은 사회와 경제를 담고 있는 존재나 형태를 손쉽게 개인수준의 차원이나 속성으로 환원한다고 비판할 수 있다. 마르크스의 입장에서 이것은 사회구조나 사회관계를 물화하는 오류일 수 있다.

마르크스의 입장에서는 이행성 뿐만 아니라 반사성도 자명하지 않다. 외투=외투는 물리적이나 자연적으로는 동어반복으로 항상 성립한다. 그러나 교환관계가 등장하는 사회 속에서는 이 등식이 반드시 성립하지 않는다.

먼저 외투를 동일한 외투와 교환할 이유가 없다. 또한 교환관계에서 외투의 가치를 외투에 표현할 수 없다. 사과=책은 가치가 개입되는 교환이지만, 사과=사과는 사과가 사용가치라는 사실만을 드러낸다. 마르크스 자신이 상품의 이런 사회적 성격을 명시적으로 강조한 바 있다. 끝으로 동일한 외투라도 상대가치형태에 놓이느냐 등가물형태에 놓이느냐에 따라 사회적 기능이 다르다. 그러므로 마르크스에서 오히려 외투=책은 성립할 수 있어도, 외투=외투는 성립하지 않는다.

더 발전시키면 일반적으로 자신을 스스로를 통해 표현하고 스스로에게서 확인할 수 있는 존재는 신뿐이다. 이런 점에서 화폐를 뉴메레르로 삼아 화폐의 가치가 1이라고 주장하는 것도 마르크스에서는 타당하지 않다. 마르크스에서 세속의 신은 자본이고, 자본의 매개체로서 화폐이다. 그런데 자본은 정지된 상태에서 자신과의 동일성을 확인하는 것이 아니라 상품, 화폐, 노동력, 생산수단 등의 이질적인 존재들을 매개로 하는 자신의 운동을 통해 자신과의 일체성을 획득한다(Marx, 1967, pp.153-154). 사회관계들을 재생산하는 이런 운동을 내포한다는 전제하에서 비로소 자본=자본 혹은 돈=돈이다.

되짚어보면 이행성과 관련해 마르크스가 『자본론』의 가치형태론에서 제시한 초보적인 가치형태, 전개된 가치형태. 일반적 가치형태의 차이를 재검토할 필요가 있다(홍 훈, 1994a, 1994b). 여기서 이행성은 전개된 가치형태에서 일반적 가치형태로 "이행"하는 과정에서 생긴다고 보아야 한다. 여기서 x=y이고 y=z이라고 반드시 x=z를 의미하지 않는다. 즉, 사과=책은 책=우산이라고 반드시 사과=우산이 아니다. 가치실현의 과정에 시간이 필요하기 때문이다.

완전성은 모든 물건들의 비교가능성을 상정한다. 이 점에 대해서는 마르크스와 신고전학파 사이에 유사성이 적지 않다. 자본의 세계화와 시장경제의 확산을 피할 수 없는 사회현상으로 보는 경향이 강하기 때문이다. 물론 동일한 사회현상을 시장이나 교환에 국한시키지 않고 정치경제적으로 바라보면서 이에 대한 평가가 정반대라는 차이는 남는다. 방법론에 있어서도 신고전학파와 정반대의 구조를 보인다. 마르크스는 사용가치로 선호관계나 개인의 선택을 매개하며, 가치로 교환관계를 매개하며, 다시 전자를 후자로 설명한다. 무엇보다 이런 현실을 타파하려는 비판이 따라 붙는다.

(2) 비고츠키에서의 개념형성

일반 재화들이나 물체들 혹은 선택의 대안이 지닌 차원들이나 속성들이 완전히 일치하지 않으므로 이들을 공통요인으로 환원하거나 환산할 수 없는 경우가 많다. 이는 아동의 개념발달 및 범주규정과 관련된 비고츠키의 논의와 친화력을 지니고 있다. 그에게서 언어는 사고와 변증법적으로 결합되어 발전하며, 기본적으로 사회적이다. 과학적인 개념은 이런 언어와 사고의 발달을 함께 담고 있다. 그의 주장은 다행히도 우리에게 친숙한 동요로 예시할 수 있다.

> 원숭이 엉덩이는 빨게, 빨가면 사과, 사과는 맛있어, 맛있으면 바나나, 바나나는 길어, 길으면 기차, 기차는 빨라, 빠르면 비행기, 비행기는 높아, 높으면 백두산, 백두산 뻗어내려 반도삼천리

이 동요에서 맛으로 따지면 사과보다 바나나가 낫고, 길이로 따지면 바나나보다 기차가 더 길다. 여기서 사물들을 비교하는 차원이 계속 변해 완전성이 완전하게 파괴된다. 예를 들어, 사과와 바나나는 비교가능하고, 바나나와 기차는 비교가 가능하지만, 사과와 기차는 비교가능하지 않다. 하나의 차원으로 모두를 환원할 수 없기 때문이다.[16]

원숭이의 엉덩이 $\leq$ 사과 $\leq$ 바나나 $\leq$ 기차 $\leq$ 비행기 $\leq$ 백두산 $\leq$ 반도삼천리
(색깔) (맛) (길이) (속도) (높이) 〈근원〉

또한 사과를 바나나와 비교할 때는 사과의 맛이 바나나의 맛과 비교해 얼마나 좋은지 평가한다. 그러나 거꾸로 바나나를 사과와 비교할 때는 맛이 아니라 길이나 색깔이 부각될 수 있다. 바나나는 사과보다 길며 바나나는 사과와 달리 노랗다. 각 차원에서 보다 더 강하거나 나은 것이 그 차원의 기준이 된다. 원숭이보다 빨간 사과가 빨간 색깔의 기준이자 준거이며, 맛이 더 나은 바나나가 맛의 기준이자 준거이다.

이 경우 기차가 사과보다 낫다고 말할 수 없다. 심지어 기차와 사과는 비교가능하지 않다. $x \rightarrow y$라고 $y \rightarrow x$가 아니므로, $x \rightarrow y$ & $y \rightarrow z$라고 반드시

16 소쉬르의 언어학이론은 *signifiant*·*signifié*의 구분으로 마르크스나 트버스키와 유사할 뿐만 아니라 단어의 의미를 상대적인 가치로 간주하는 등 명시적으로 경제학의 가치이론과 유비를 자부하고 있다(Saussure, 1959).

x→z가 아니다. 따라서 이 예에서는 이행성이 성립하지 않는다. 역시 사물들에 여러 차원들이 공존하는데 이들이 하나의 척도나 단위로 환원되지 않기 때문이다.

반사성도 성립하지 않을 수 있다. 맛으로 본 사과와 색깔로 본 사과가 다를 수 있기 때문이다. 상황이나 맥락에 따라 맛이 중요했다가 다시 색깔이 중요해질 수 있다. 물론 사과는 그 자체와 맛과 색깔 두 차원에서 모두 동일하므로 반사성이 성립한다고 볼 수도 있다.

경제에서 이런 통약의 단위는 가치, 노동, 효용, 통화, 국민소득 등이고 다른 영역에서는 능력, 중력, 무게 등이다. 신고전학파에서 이런 공통차원은 효용이나 화폐이고 마르크스에서는 노동과 가치이다. 여기서 모두 화폐로 따진 물건의 가치나 수능점수로 따진 학생들의 수학능력이 이행성을 갖는 이유도 확인할 수 있다. 통약이 가능해야 이런 단위를 설정할 수 있기 때문이다. 특히, 돈으로는 백두산이나 지리산을 포함해 이들 모두가 비교 가능하다

통약이 주로 수리나 측정과 관련된다면, 언어에서는 이와 유사한 것이 추상화이다. 자연언어를 주관심사로 삼았던 비고츠키는 비교가 어느 정도의 추상성을 요구한다고 주장했다. 사실 측정이나 수량화는 언어보다 더 추상성이 높다. 성인들이 활용하는 여러 부문의 과학적인 개념도 이보다 덜하지만 추상성을 지니고 있다.

언어발생에 대한 아담 스미스의 논의나 교환과 가치에 대한 마르크스의 논의에서도 추상성이 요구된다(홍 훈, 2007a, 88-89쪽). 스미스에 의하면 전치사(on)는 'x위의 y'(y on x)와 같이 사물들(탁자위의 사과)을 x와 y로 추상화할 것을 요구한다. 마르크스도 교환에서 통약을 통해 가치가 등장하기 위해서는 구체적인 사용가치가 추상화 되어야 한다고 주장했다. 더구나 언어와 개념의 변증법적인 발전을 내세운 비고츠키의 설명은 마르크스가 제시한 초보적인 가치형태, 전개된 가치형태, 일반적 가치형태로의 이행과 유사하다.

비고츠키에 의하면 추상화가 쉽지 않은 어린이는 인지능력의 발달과정에서 위에서 제시한 것과 같은 분절된 비교의 단계를 거치게 된다. 나아가 인지능력이 완성된 성인에게도 사물이 여러 차원들을 가지고 있기 때문에 일상생

활에서 사물들을 비교하는 데 수시로 이런 방식으로 사고하게 된다. 그렇다면 상품의 교환뿐만 아니라 언어를 통한 의사의 교환 속에서도 이행성, 완전성, 반사성 등이 충족되지 않을 수 있다.

(3) 트버스키의 유사성이론

트버스키는 카네만과 함께 작업하기 이전에 사물들의 유사성과 선택의 차원에 관해 논의하면서 비교되는 두 사물을 대상subject과 비교의 준거referent of comparison로 구분했다(Tversky, 1977). 트버스키에 의하면, x → y의 비교가 가능하더라도, y → x의 비교는 가능하지 않을 수 있다. 또한 x → y와 y → x가 모두 가능하더라도, 비교의 결과가 다를 수 있다. 즉, y가 다른 것을 판정해 주는 기준이 되고 x가 판정의 대상이 되는 경우와 반대로 x가 기준이 되고 y가 대상이 되는 경우 유사성의 정도가 달리 나올 수 있다.

그 이유는 비고츠키에서와 비슷하게 비교의 준거가 바뀌면서 비교되는 차원이 바뀌기 때문이다. 트버스키는 비교되는 두 사물 중 어느 것을 기준으로 삼고 어느 것을 대상으로 삼느냐에 따라 유사성의 종류나 정도가 달라진다고 주장했다. 이 주장은 사물들이 효용이나 기타 동질적인 메트릭으로 환원되지 않는 여러 측면이나 차원을 지닌다고 전제한다.

예로서, "사람은 나무와 같다"라고 할 때 육성이나 교육의 중요성이 부각되는데 비해, "나무는 사람과 같다"에서는 뿌리가 있다는 점이 부각된다. 이는 x=y와 y=x 혹은 x → y와 y → x가 다르다는 주장을 낳는다. 연장하면, x ⇄ x가 가능하더라도, x → y와 y → x가 다른 차원들을 부각시킨다는 점에서, 일관된 비교로 생각할 수 없다. 이는 x = x이므로 x ~ x이라는 주장을 반박한다. 즉, x(사과 한 개) ≠ x(사과 한 개).

마르크스와 가까운 예로, 동일한 냉장고이지만 대리점에 놓여 있을 때와 이미 팔렸을 때 그 가치가 다르다. 이것은 샀던 냉장고를 되팔려고 할 때 드러난다. 대상과 준거를 분자와 분모로 보면, 화폐를 뉴메레르로 삼아 화폐의 가치 혹은 가격이 '1'이라는 주장이나 화폐가치는 물가의 역수라는 주장도 재고할 필요가 있다. 이렇게 보면 반사성은 동일한 물건에 대해 개인이 동일한 가치를 부여한다는 생각이나 시장에서 균형가격의 성립이나 일물일가의 법칙과 통한다.

보다 특정적으로 트버스키는 선호가 이행성을 가지지 않을 수 있으며, 이행성의 부재가 예외가 아니라 현실에 가깝다고 주장했다. 한 개인이 두 대안을 놓고 선택할 때, 어떤 차원에 있어 일정 수준이나 일정 정도의 차이보다 작을 때 이를 무시하고 다른 차원에 의존해 선택한다는 것이다.

예로서, 직원을 채용하는 데 근무경험이라는 차원에서 5년 이상은 차이가 없다고 간주하고, 학력 차원을 기준으로 우열을 가릴 수 있다. 혹은 자동차를 구입할 때 공간이 4인용을 넘어서면 무차별하고, 그 다음은 연비로 우열을 가리는 경우도 이에 해당된다. 학생을 선발하는 데 모든 과목의 점수를 가중합산하지 않고, 국어 80점 이상은 모두 같은 것으로 간주하고, 수학점수로 우열을 따지는 경우도 이에 해당된다.

이런 예들에서와 같이 특정 차원에 대해 어느 수준 이하의 차이를 무시하는 경우 이행성에 위배되는 결과가 나온다. 다음 예가 이를 보여준다(Tversky, 1969, p.32).

	I	II
x	2ε	6ε
y	3ε	4ε
z	4ε	2ε

이 예에서 I, II 차원에서 1ε이하의 차이를 무시하는 개인이 있다고 하자. 이 개인에게 x, y를 비교하면 $x \geq y$, y, z를 비교하면 $y \geq z$이다. 그런데 x, z를 비교하면 $x \geq z$ 가 아니라 $z \geq x$가 될 수 있다. 이런 경우 이행성이 깨진다. 기술적으로 현실의 선택을 나타내는 일반적인 모형인 가합적 차이 모형additive difference model에서 차이함수가 선형적이지 않으면 이행성이 보장되지 않는다(pp.42-43).

여기서 트버스키의 논리는 x와 y가 등식의 좌변과 우변 중 어느 쪽에 놓이는가에 따라 x와 y에 대한 선호나 선택이 달라진다는 의미를 담고 있다. 그러므로 트버스키의 대상과 비교의 준거는 각기 마르크스의 상대가치형태와 등가물형태에 해당된다.

논의를 요약하면 모든 사물이나 제품이 비교 가능한 것도 아니고, 비교가 가능한 두 물체에 대해서도 비교의 기준이나 준거, 혹은 비교의 방향에 따라 비교의 결과가 달라질 수 있다. 선택이 비교에 근거하므로 비교의 결과가 달라지면 선택의 결과도 달라진다.

물론 트버스키와 마르크스 사이에 중요한 차이들은 남는다. 기대효용이론과 같이 트버스키는 주어진 속성이나 정태적인 상태를 비교하는 데 중점을 둔다. 이에 비해 마르크스에서 교환과 가치는 운동이고 동적인 관계를 상정한다. 또한 마르크스가 사물을 비교하는 차원들을 사회적으로 규정하는데 비해, 트버스키는 그와 반대이다. 그러나 이를 논외로 한다면 위와 같은 유사성이 있다.

(4) 물리적인 거리와 사회적인 거리

이행성과 대칭성의 붕괴를 사회성으로 발전시키는 데 거리에 대한 논의가 의미가 있다. 흄이 거리를 표준적인 예로 삼아, 관계를 비교로 치환했고, 관계의 의미를 바꾸어 놓았다(Hume, 1739-40, p.61). 그런데 선호나 교환에 있어 신고전학파와 행동경제학이 비교에 의존한다면, 이에 비판적인 입장들은 관계를 강조하는 경향이 있다. 이에 따라 개인주의적이고 정태적인 비교를 사회적이고 동태적인 관계로 다시 뒤집는데 거리에 대한 재해석이 의미가 있을 것이다.

> 관계라는 단어는 상당히 다른 두 가지 의미로 흔히 사용된다. 그것은 두 관념이 상상 속에서 연결되고 하나가 다른 하나를 끌어들이는 그런 성질을 의미할 수 있다. 혹은 상상 속에서 두 관념들의 자의적인 조합에 근거해서라도, 우리가 이들을 비교하는 것이 적절하다고 생각하는 그런 상황을 의미할 수도 있다. 그래서 물체들을 비교해 그 관념을 얻으므로 거리가 진정한 관계라는 것을 철학자들이 인정할 것이다

(Hume, 1739-40, p.61).[17]

구체적으로 물리적인 거리와 구분되는 사회적인 거리social distance에 의존해 재해석을 시도할 수 있다. 간단히 말해, 물리적인 거리가 성립하기 위한 조건들이 사회적인 거리에서는 충족되지 않을 수 있다. 주지하듯이, 벡터 공간에서 메트릭 공간과 유클리드공간을 규정하는 거리함수distance function, d=d(u,v)는 다음의 세 조건을 만족시킨다.

① $d(u,v)=0$, if $u=v$
서울에서 서울까지의 거리는 영이다.
② $d(u,v)=d(v,u)$
서울에서 부산까지의 거리와 부산에서 서울까지의 거리는 같다.
③ $d(u,v) \leq d(u,w)+d(w,v)$
서울에서 부산까지의 거리는 서울에서 대전까지의 거리와 대전에서 부산까지의 거리의 합보다 크지 않다.

물리적인 거리와 달리 권력관계 등 인간관계에서 사람들 사이의 사회적 거리는 이 세 가지 조건을 반드시 충족시키지 않는다. 먼저 일반적으로 u, v, w 등 구성요소가 원자적인 개체라면 ①이 충족될 것이다. 그러나 이들이 내부에 구조를 지닌 체계라면 반드시 그렇지 않다. 신고전학파의 개인이나 재화는 전자에 해당되고, 마르크스의 상품이나 인간, 프로이트의 인간은 후자에 가깝다. 하고 싶은 것, 해야 하는 것, 할 수 있는 것이 일치되지 않는 인간에게도 ①이 성립한다는 보장이 없다. 인간은 자신에 관해 모르는 부분이 있어 이

---

17 The word Relation is commonly used in two senses considerably different from each other. Either for that quality, by which two ideas are connected together in the imagination, and the one usually introduces the other, or for the particular circumstance, in which, even upon the arbitrary union of two ideas in fancy, we may think proper to compare them. Thus distance will be allowed by philosophers to be a true relation, because we acquire an idea of it by the comparing of objects.

에 대해 놀라거나 자신에 대해 거리를 느낄 수도 있다. 다중인격자에게도 자신과의 거리가 영이 아닐 수 있다.

또한 구성요소들이 동등하다면, ②와 ③이 충족될 것이다. 그러나 이들이 동등하지 않아 주인과 종, 주체와 객체, 주어와 서술어, 중심과 주변이 구분된다면, 이 조건들이 충족되기 힘들다. 나아가 친구나 연인 두 사람의 거리는 어느 사람의 관점에서 보느냐에 따라 달라 비대칭적일 수 있다. 교통통신이 발달한 이후에는 교통수단의 운행횟수 등을 고려한 실질적인 거리조차, 부산에서 서울로의 여행인가 서울에서 부산으로의 여행인가에 따라 다를 수 있다.

끝으로 물리적인 거리가 아니라 교통과 통신을 고려한 실질적인 거리로 보면 얼마든지 ③은 지켜지지 않는다. 가령, 대전(u)-강릉(v)의 물리적인 거리는 대전(u)-서울(w)-강릉(v)보다 짧지만, 열차타는 시간으로는 후자가 더 짧다. 서울이 교통의 중심지라는 점이 핵심이다. 사실 도시화된 거의 모든 국가에서 정치경제사회의 중심지가 교통의 중심지가 되면서 이런 현상은 보편적이다. 스페인의 그라나다에서 발렌시아까지의 물리적인 거리는 그라나다-마드리드-발렌시아의 물리적인 거리보다 짧지만, 교통수단을 고려한 거리는 그 반대일 수 있다.

인간관계로 보면 두 사람의 거리가 제삼자를 매개로 줄어들 수도 있다. 보다 중요한 사회현상으로서 화폐가 w라면, 물물교환에서보다 u와 v의 거리는 줄어든다. 물론 이런 주장에는 극도의 인플레이션이나 공황 혹은 전쟁의 상황이 아니라는 전제가 있다. 또한 권력의 중심이 w라면, u와 v는 이를 통해 비로소 접촉이 가능하며, 당연히 w를 통할 때 이들의 거리가 좁혀진다. 중앙계획국, 과거 한국의 청와대와 중앙정보부는 이에 해당된다. 이 역시 정변이나 전쟁이 일어나지 않은 상황에 적용된다. 교우관계나 지배구조나 의사결정구조, 그리고 사회적 연결망에서도 이와 마찬가지이다. 특히, 교통망이나 통신망, 인간관계의 망에서 이 점이 확연하다.

촌수(寸數)가 친인척들에 적용되는 거리라면, ①과 ②는 적용된다. 그런데 부모가 중심을 이루어 ③이 적용되지 않는다. 이 경우에도 매개체가 있다는 것이 관계를 설정해 거리의 측정을 가능케 하므로 거리를 늘린다고 볼 수 없다. 예를 들어, 사촌(四寸)에는 부모자식관계와 형제관계가 개입되어 있다.

부연하면 ③은 일반적으로 삼각부등식triangular inequality이라고 불린다. 그런데 ①과 ②는 의미로 보아 반사성과 대칭성에 상응한다. 거리가 단위인 이유는 여러 속성들을 거리라는 하나의 스칼라로 전환시키기 때문이다. 이 점에서 메트릭 공간의 조건에는 통약이 개입되어 있다. 자동차 $u=[u_i]$와 $v=[v_i]$에 대해, 크기, 수명, 성능, 공간, 디자인, 중고차 가격 등의 여러 차원에서 비교하고, 최종적으로 하나를 선택하는 상황이 이에 해당된다. 자동차의 가치를 효용이나 노동으로 바꾸는 것도 이와 비슷하다. 그런데 물리적인 거리와 달리 가치 등 사회경제적인 수량을 도출하는 데는 여러 측면들이 동등하게 고려되거나 하나의 메트릭으로 용해된다는 보장이 없다.

(5) 가치이론의 역설과 확률이론의 역설

기대효용이론은 변형된 효용이론과 특정 확률이론의 결합이다. 효용이론을 가치함수로 전환하고, 확률을 결정가중치로 전환한 행동경제학에 대해서도 이같이 판정할 수 있다. 그런데 효용이론과 확률이론은 익히 알려진 두 가지 역설, 즉, 다이아몬드와 물의 역설, 그리고 성 피터스버그의 역설에서 출발한다. 그리고 양자는 한계효용이론을 매개로 통일되고 있다. 그런데 가치이론의 역설과 확률이론의 역설에 대한 해결책에서 화폐추구를 순화시키려는 노력을 읽어낼 수 있다. 이에 따라 기대효용이론의 형성에서 화폐와 효용의 구분이나 사회성을 희석하려는 노력이 있었다고 추정할 수 있다.

첫째, 스미스가 제기한 다이아몬드와 물의 역설은 사용가치와 교환가치가 일치하지 않아 가치가격문제에 대한 도전거리를 경제학에 안겨주었다. 이를 극복하기 위해 한계효용이 가치를 결정하고 상대가격이나 교환비율을 결정하는 제본스의 한계효용이론이 등장했다. 이 논리는 재화뿐만 아니라 화폐나 자본을 효용으로 환원한다. 한계효용이론은 교환가치를 모종의 사용가치로 환원해 상업사회에 대한 비판을 중화시키고 있다. 그러나 효용과 화폐, 효용극대화와 이윤극대화는 신고전학파 내에서 수시로 갈등을 일으키고 있다.

둘째, 이와 대칭적으로 도박에서 출발하는 확률이론에 있어 성 피터스버그의 역설은 사람들이 무한히 많은 판돈을 내야하는 도박에 응한다는 결과를 낳는다. 이를 해결하기 위해 베르누이는 한계효용이론이 등장하기 이전에 화폐에 대해 효용 및 한계효용을 도입했고, 화폐의 효용이 체감한다고 주장했다. 그런데 그는 화폐로 구입할 수 있는 재화의 효용이 체감한다는 데서 화폐의 효용이 체감하는 이유를 찾았다.

이는 다이아몬드와 물의 역설을 재화나 이에 대한 소비로부터 얻는 효용으로 해명하는 한계효용이론과 차이가 있다. 그렇지만 도박을 통한 화폐획득이 그 자체로 목적이 아니라 재화구입 및 소비를 통한 효용획득이 목적이라는 점과 이 효용이 체감한다는 점은 다이아몬드와 물의 역설뿐만 아니라 성 피터스버그의 역설을 해명하는 데도 활용되고 있다. 이 같은 제본스의 한계효용이론과 베르누이의 주관적 확률이론 모두에 대해 비판적인 해석이 가능하다. 그리고 이런 해석은 이들을 이어받은 기대효용이론에 대한 비판이기도 하다.

다이아몬드와 물의 역설은 가치나 가격뿐만 아니라 시장경제나 상업사회의 특징을 내포하고 있다. 아리스토텔레스나 마르크스 등은 이 역설을 통해 시장경제나 상업사회를 비판했다. 비판의 핵심은 인간의 맹목적인 화폐추구이다. 특히, 마르크스는 이를 개인의 비합리성, 인간의 비합리성, 그리고 궁극적으로 체제 자체의 비합리성으로 간주했다. 성 피터스버그의 역설에서는 이런 비합리성이 더 두드러지게 나타난다. 제본스와 베르누이는 모두 이런 비합리성을 주관성에 의존해 개인의 합리성으로 탈바꿈시킨 것으로 해석할 수 있다.

구체적으로 만약 화폐 자체가 목적이 되어 재화와 독립적인 심리적 가치를 가지며 이것이 체감한다고 보면, 이는 통상적인 한계효용이론과 다른 논리가 된다. 마르크스와 케인즈가 강조한 화폐물신이나 케인즈와 일부 행동경제학자들이 지적한 화폐환상 혹은 화폐 자체에 대한 집착이나 그것의 명목가치에 대한 집착은 이런 논리를 낳는다.

그 예로 주식시장에서 투기가 진행되고, 이자율에 비해 주가가 크게 상승하며, 수익률과 배당금이 늘어나는 경우를 들 수 있다(Durand, 1957; Székely et al., 2004). 여기서 주가나 수익률은 2배씩 늘어나지 않고, 이보다 낮은 비율로 늘어난다. 그리고 이에 대한 할인율은 화폐에 대한 효용이라기보다 시장에서 나타나는 이자율로 대변되는 할인율이다. 이 경우 지속적으로 높아지는 주식가격이 성 피터스버그 역설에서 판돈의 무한한 증가에 해당된다.

물론 여기서 이자율을 신고전학파의 논리에 따라 다시 시간선호로 바꾸어 효용으로 설명할 수도 있다. 이렇게 되면 화폐에 대한 주관적 가치의 하락이라는 기존의 설명을 유지할 수도 있다. 그러나 주식시장의 과열을 해명하는 데는 이자율을 경기변동, 관습이나 제도로 설명하는 고전학파, 마르크스, 케인즈의 생각이 보다 적절한 것 같다.

기대효용이론에서 재화의 주관적 가치, 화폐의 심리적 가치, 그리고 주관적인 확률이 혼합된다. 화폐의 심리적 가치가 재화의 주관적 가치로 환원된다고 보더라도, 재화의 주관적 가치와 확률에 대한 주관적인 파악이 일관된 논리인지 확인할 필요가 있다. 반대의 입장에서는 화폐자체가 목적이 되어 개인차원에서 비합리성이 고조되는 상황을 설정하고 있다.

베커의 이론에서도 이보다 확장된 이념성을 찾아 볼 수 있다. 그는 선호형성과 관련된 소비능력의 형성이 시간이외의 자원을 요구하므로 가정내의 성장배경, 그리고 계급이나 계층의 영향을 보다 광범위하게 허용한다. 누가 포도주를 좋아하는가보다 누가 포도주를 마실 줄 아는가를 개인의 주관적인 요인으로 설명하기가 더욱 부담된다. 반면 선호보다 소비능력에 기업의 선전이나 광고에 쉽게 함몰되지 않는 견고함이나 지속성을 부여할 수 있다.

동시에 공장의 생산을 가계의 활동과 동일시한다는 점에서 베커의 생각은 자본에 의한 포섭을 표현하고 있다. 이는 가계에서 해방된 노예들이 노동자로서 공장에서 일하는 상황을 넘어서 가계마저 공장이 되는 상황으로 이해할 수 있다. 이런 입장에서는 공장이나 노동자가 아니라 음악을 감상하는 능력이나 김치를 만드는 기술 등 소비자의 능력이나 인적인 속성도 자본으로 간주된다. 베커의 인적자본이론도 같은 맥락에서 이해할 수 있다.

이런 점은 베커가 제시한 재화와 상품에 대한 구분에도 반영되어 있다. 마르크스에서 상품은 교환가치와 가치로 인해 재화나 사용가치로부터 구분된다. 이와 반대로 베커에서 상품은 가계 내부에서 생산되어 최종소비에 가까워진 존재이다. 또한 마르크스에서는 상품이 공장에서 만들어지는데, 베커에서는 상품이 가정에서 만들어진다.

비슷한 결론은 베커에서 가계의 생산이 기업의 생산이나 노동시장에 의해 지배된다는 데서도 확인된다. 노동시장의 임금변동이 시간의 가치를 결정하고, 이렇게 결정된 시간의 가치가 소비에 투입되는 시간과 소비양식을 결정한다. 가령, 우유인가 생수인가의 선택은 단순한 소비자 선택이다. 그러나 집에서의 식사인가 외식인가의 선택은 단순히 소비자선택이 아니라 노동시장과 기업의 생산이 촉발시킨 선택이다. 이렇게 보면, 베커에 있어 소비의 양식과 소비자의 선택이 노동시장의 선택에 압도된다고 말할 수 있다.

베커가 가계를 소비의 주체이자 생산주체로 생각하면서, 코즈와 윌리엄슨이 부각시킨 만드느냐 사느냐의 의사결정이 기업뿐만 아니라 소비자에게도 요구된다. 김치를 담그느냐 사느냐의 선택이 그 예이다. 생산의 장소로 보면 이는 모기업인가 협력업체인가의 선택이 아니라 공장인가 가계인가의 선택이다.

이렇게 보면 대기업에 하청업체가 부속되어 있듯이, 공장이나 기업에 가계가 부속되어 있다고 생각할 수 있다. 여기서 다시 마르크스의 주제로 되돌아간다. 물론 이렇게 보더라도 기업과 소비자는 여전히 의사결정의 목표에 있어 차이를 보인다. 기업의 목표는 최종적인 재화의 생산이고, 가계의 목표는 소비재의 소비이다.

5.4 심리학에서 사회성의 복원

이제 신고전학파 경제학이나 행동경제학보다 사회성을 강조하는 사상들로 사회심리학의 조류, 진화이론과 아리스토텔레스주의, 그리고 동양사회와 사회관계를 강조하는 문화인류학 및 심리학의 세 부류를 검토해 보자. 이들은 모두 인간의 사회적인 성격을 강조하며, 정도상의 차이가 있으나 인간이 개인으로 존재하지 않고 인간관계나 사회관계 속에 존재한다는 점을 강조한다.

원래 마르크스주의자들은 사회관계를 사회를 구성하는 중심축으로 삼았다. 최근 들어 문화심리학자들은 동양사회의 인간관계가 인간과 사회의 구성단위라고 주장했다. 아리스토텔레스의 추종자들도 인간관계를 중시하고, 사회자본이론은 사회연결망를 포함하는 관계를 중시한다. 이들은 모두 신고전학파 경제학에서 주장하는 개인의 합리적인 선택이 현실도 아니고 행동경제학이 주장하는 바와 같이 이상도 아니라고 주장하는 셈이다.

먼저 행동경제학은 경제학이자 심리학이다. 그런 의미에서 행동경제학을 평가하는데 있어서는 경제학의 성격이나 역사뿐만 아니라 심리학의 성격과 역사도 중요하다. 행동경제학이 사회성을 부정하거나 약화시키지만, 넓은 의미의 심리경제학은 인간의 사회적인 성격을 포괄적으로 인정한다. 심리경제학에 대한 다음과 같은 정형화된 사실 중에서 특히, 2, 3, 11, 12, 13은 행동경제학에서 강조하지 않는 부분으로 사회성을 부각시킨다(Earl, 2005, pp.912-916).

1) 기회비용과 제약이 인지적 불협화음을 줄이기 위해 각 개인에 따라 재구성된다.
2) 행동은 사회적 신분 추구 등 내재적으로 사회적인 성격을 가지고 있다. 이에 따라 심리경제학은 반드시 방법론적 개체주의나 전체주의와 결합되지 않는다.
3) 소비자의 감정은 비경제적인 변수들에 의해 영향을 받는다. 이는 내구재가 질적으로 향상되는 과정으로 예시된다.
4) 의사결정은 통상 제한된 합리성의 지배를 받는다. 사람들은 정보과다가 아니라 지식부족으로 시달리는 반면 이를 상상력이 보완해 준다.
5) 선택은 기대수준에 만족하려는 행위이며, 기대수준은 궁극적으로 실현 가능한 수준에 걸맞게 변경된다.
6) 주의는 적정 배분되지 않고, 의사결정자의 주의를 끄는 그 무엇이 선택에 충격을 주므로, 선택은 변덕스러울 수 있다.
7) 불확실성 하에서의 통찰이나 판단은 주류경제학의 분석이나 통계적인 분석과 달

리 일상적인 해결방식과 편의에 지배된다.

8) 의사결정자의 미래할인율은 지수형이 아니라 쌍곡형이어서 감소한다. 이는 중독이나 자기통제의 결여를 의미한다.
9) 선택은 의사결정의 규칙에 따른 추론과 감정에 의존하는데, 추론에 의존한 선택도 궁극적으로 감정에 기초해 있다.
10) 의사결정의 규칙들은 선택의 맥락에 따라 바뀐다.
11) 세상을 보는 방식이 변한다는 점에서 의사결정자가 학습한다고 말할 수 있으나, 동시에 세상을 보는 방식이 이런 방식을 변경시킬 수 있는 능력을 제한할 수 있다.
12) 소비자와 작업자의 행위가 때로 병적일 수 있다.
13) 상표에 대한 선택은 해당인의 생활방식이나 인생관에 의해 결정된다.
14) 사람들이 언제나 이기적으로 행동하는 것은 아니다.

특히, 인지나 심리에 대한 보다 적극적인 고려는 신고전학파가 옹호하는 방법론적인 개인주의와 친하지 않다. 심리가 개인에게서 관찰된다고 해서 반드시 개인에게서 비롯된 결과라고 말할 수 없으며, 그 근원이 얼마든지 사회적일 수 있기 때문이다. 구체적으로 생물학적인 기반뿐만 아니라 문화나 역사, 그리고 사회구조에 따라 심리가 다르게 나타날 수 있다.

예를 들어, 음식과 같은 차원에서 돈에 대해 집착하고 화폐지불을 고통스러워한다는 뇌신경경제학의 결과는 인간의 심리가 사회적이라는 해석을 가능케 한다(Camerer et al., 2005, pp.35-36). 이는 신고전학파에 배치되는 반면 돈에 대한 집착을 강조한 마르크스나 케인즈에 부합된다. 이런 점은 신고전학파뿐만 아니라 행동경제학조차 쉽게 수용하지 않는다.

물론 경제학뿐만 아니라 심리학에서도 20세기 내내 사회성이 지속적으로 약화되었다. 그렇지만 원래 사회심리학의 관점에서 보면, 행동경제학은 사회적인 맥락이나 사회적인 장social context을 행위적인 맥락behavioral context이나 개인의 장으로부터 구분하지 못하고 있다(Wright, 1943, pp.360-361, 366-368; 1949, p.214; 1950, pp.166-167). 두 맥락이 모두 객관적인 상황을 서술하는 경우에도, 사회적 맥락은 사람들 상호*interpersonal* 의사소통에서 형성되는데 비해, 행위

적 맥락은 단순히 개인적인*intrapersonal* 계산과 비교에 의존한다.[18]

> 이것은 단순히 필요를 충족시켜주는 물체와 목표지향적인 행위, 그리고 행로와 수단이나 장애와 우회로 구성된 행위적인 맥락이 아니다. 그것은 서로 경쟁하고 협동하는 자아들이 상호 의사소통하고 서로 작용하는 사회적 맥락이다. 만약 문화적인 사물이 수용되고 내부화된다면, 그래서 준거의 틀로 기능하게 된다면, … (Wright, 1943, pp.360-361)
>
> 사회적 세계는 인간들의 자아들과 함께 인간들의 상호 인간적인 삶과 연대가 의존하고 있는 환경적인 사물들과 사건들, 과정들과 활동들로 구성되어 있다. 그래서 자연세계의 경우에는 의사소통이 단순히 통찰을 보완하거나 확대하는데 불과한데 비해, 여기서는 의사소통이 구성원들이 참여하는 조직화된 사회생활에 대한 집단 구성원들의 지식기반 그 자체이다(Wright, 1950, pp.166-167).

보다 최근의 연구에 의하면, 본래적인 의미의 사회심리학은 사회적 집단이 공유하는 인지, 감정, 그리고 행동의 형태에 의존했다(Greenwood, 2003, 2004). 이 입장에서는 준거, 초기대안, 맥락을 개인이나 개인의 부존자원이 아니라 사회집단의 규범 등에 근거해 해석했다. 이를 위해서는 사회적인 것과 심리적인 것을 구분하고, 다시 사회 심리와 개인 심리를 구분해야 한다. 또한 이 연구는 사회관계와 사회적 의미를 강조하면서, 미국의 사회심리학계에서 사회성이 소멸했음을 지적하고, 그 원인을 방법론적이거나 윤리적인 개인주의에서 찾았다(Greenwood, 2000, 2004).[19]

행동경제학에 비판적인 기게렌저도 통계적인 검증이 심리학을 압도하면서 사회심리를 개인적인 현상으로 간주하게 되었다는 점을 지적했다(Gigerenzer, 2000, p.241). 대표적인 예로, 협상에 관한 심리학의 논의에서도 사회

---

18 원래 라이트(H. W. Wright)는 맥락을 행위적 맥락, 사회적 맥락, 세계적(cosmic) 맥락의 세 가지로 제시했으나, 나중에 논리를 전개하면서 행위적이거나 자연적인 맥락과 사회적인 맥락의 두 가지로 좁혔다.

19 그렇지만 그린우드 자신은 뒤르켕을 수정해 수용했기 때문에, 개인들을 넘어서 별도로 존재하는 집단의 실재성과 개인들이 모인 집합체의 존재를 부인했다(2003, p.103). 이에 따라 그 자신이 다른 방식으로 개체주의를 끌어들인다고 비판받을 여지가 있다.

성의 희석을 발견할 수 있다(Bazerman et al., 2000). 원래 협상에 관한 논의는 사회심리학의 대상이었으나, 1980-90년대에 인지심리학과 행동심리학의 대상이 되었다. 이렇게 되면서 일상적인 해결방식이 부각되는 반면 사회적 맥락이나 협상대상자의 해석이 지니는 중요성은 약화되었다. 이렇게 보면 인지·행위심리학과 사회문화심리학은 서로 다른 영역을 다룬다기보다 같은 영역의 경쟁자들이다.

그럼에도 불구하고 최근 들어 적지 않은 숫자의 유력한 심리학자들이 사회성을 강조하고 있다. 이들의 관점에서 보면 행동경제학도 과도하게 인지에 집중해 개인의 머릿속에 갇혀 있는 셈이다. 물론 인간의 사회성과 사회관계는 다양한 모습으로 나타난다.

사회성을 낳는 인간들의 사회관계는 인간들의 직접적인 상호작용을 낳는 경우와 묵시적으로 개입된 경우, 직접적인 대화가 요구되는 경우와 그렇지 않은 경우, 여러 사람들이 부분적으로 개입된 경우와 전면적으로 개입된 경우, 개체가 관계를 통해서만 존재하는 경우와 단순히 관계로부터 영향을 받는 경우로 나눌 수 있다. 협상과 관습·법의 차이를 통해 이런 구분이 명확해진다.

사회관계의 두께나 밀도도 주목할 필요가 있다. 두터운 관계는 집단이나 여타 관계들로 중첩적으로 방어되는 관계이고, 얇은 관계는 그렇지 않은 관계이다. 임의의 두 사람 갑과 을의 관계가 갑과 을이 속한 집단 전체의 지지를 받거나, 갑과 병의 관계나 을과 병의 관계로 보완되거나 이에 의존적이라면 보다 두터워진다. 이에 비해 집단 전체의 지지를 받지 못하거나 여타 관계들과 경쟁적이거나 충돌하게 되면 그 관계는 얇아진다. 이같이 외견상 동일한 갑과 을의 관계지만 다른 관계들로 풍요롭게 될 수도 있고 빈약해질 수도 있어 질적인 차이를 지닌다.

이를 통해 경제학이나 사회적 연결망이론에서 말하는 단기적인 인간관계 및 교환관계나 사회관계로부터 마르크스의 사회관계나 동양의 인간관계를 구분할 수 있다. 마르크스의 교환관계나 착취관계 등 생산관계는 자본주의의 사회구조에 의해 뒷받침된다는 점에서 두텁다. 대기업 취직은 이에 해당되며, 비영리단체에서의 활동은 여기서 어느 정도 벗어난다.

한국을 위시한 동양의 사회관계는 마르크스의 사회관계와 달리 익명성이나 물적인 성격이 강하지 않다.[20] 그렇지만 한국의 사회관계나 인간관계도 소속집단이나 조직의 뒷받침을 받으며 다른 인간관계들로 중첩되어 있다는 점에서 두텁다. 한국의 학교동창회와 선후배관계는 이런 예이며, 혼외관계는 여기서 벗어난다.

마르크스와 동양의 사회관계들은 사회구조나 체제 혹은 집단에 의해 설정되므로 인간에게 내면화되어 있다. 다시 말해, 이런 사회관계들은 사회구조나 집단을 내포하거나 머금고 있어 풍요롭다. 이 때문에 두텁고 구조적인 사회관계는 반복되는 단기적인 관계들과 얇고 개별적인 관계들을 낳는다. 여기서는 단기적이고 개별적인 관계들이 모여 장기적이고 두터운 관계가 사후적으로 형성되는 것이 아니라, 반대로 사전적으로 장기적이고 두터운 관계가 존재해 이로부터 단기적이고 개별적인 관계들이 파생된다.

이것은 방법론적인 개체주의에 근거한 신고전학파나 사회적 연결망이론이 제시하는 관계들과 다른 모습이다. 이들은 단기적인 관계들이 반복되고 모여 장기적이고 지속적인 관계가 형성된다고 주장한다. 이와 대조적으로 마르크스와 동양의 사회관계에서는 구조적인 관계가 여러 개별적인 관계들로 풀리고 장기적인 관계가 단기적인 관계들로 가지를 친다. 같은 이유로 개별자들이나 개별적인 관계들의 보완성이나 이행성 등이 존재하더라도 사후적으로 형성된다기보다 사전적으로 주어진다.

마르크스에서 개별적인 고용계약은 자본주의의 구조적인 노동자와 자본

---

20 별도의 논의를 필요로 하나, 마르크스의 사회관계와 한국을 위시한 동양의 사회관계 사이의 가장 큰 차이는 관계의 비인격성여부에 있다. 마르크스에서 자본주의의 사회관계는 비인격적이고 익명적이며 물적인데 비해, 한국사회의 관계는 인적이어서 익명성이 적다. 자본주의사회경제에 대한 규범적인 판단은 다르지만, 넓게 보아 익명성이라는 현실진단에 있어 베버, 하이에크, 신고전학파, 그리고 아마도 행동경제학은 마르크스와 다르지 않다. 그런데 최근에는 중도좌파적인 입장에서 인터넷의 발달과 가상현실(virtual reality)의 등장에 힘입어 소집단뿐만 아니라 세계수준에서 인간들 사이의 동정심이나 배려가 가능하며, 시장과 관계의 익명성을 타파해야 하고 또한 그렇게 할 수 있다면서, 인간성의 회복을 내세우는 흐름도 생겼다(Watson, 2005).

가의 계급관계에서 파생되므로 이런 구조성을 갖고 있는 두터운 관계이고 반복게임일 수밖에 없다. 한국의 학벌이나 학연을 보면, 갑과 을이 선후배이고, 을과 병이 선후배이면, 갑과 병은 선후배이다. 이같이 선후배관계는 보완적이며 이행성을 갖는다. 그런데 이 경우 개별적인 선후배관계들과 이들의 보완성이나 이행성은 출발점이 아니라 모두 같은 학교를 나왔다는 원초적인 사실에 의해 구조적으로 파생된 관계들이다. 뒤집어 말하면, 신고전학파에서 강조하는 관계들의 보완성, 대체성, 이행성 등은 한국의 학벌과 학연에 대해서는 당연해서 의미 없는 공준이다.

이런 관계들은 여러 겹이나 여러 층으로 되어 있기 때문에, 당사자들의 관계뿐만 아니라 배후의 관계나 구조들이 해소되어야 비로소 소멸되므로, 생명력이 강하다(Uzzi, 1997, pp.50-51; Hong, 2012, pp.6-8). 개인이 사회와 무관하게 독자적으로 관계나 집단을 형성한다고 보지 않는다면, 사회의 규칙이나 규범이 승인하는 관계와 그렇지 않은 관계도 구분할 필요가 있다. 현 시점에서 이성간의 결혼은 전자에 해당되고, 동성간의 결혼은 후자에 해당된다.

사회성을 강조하는 입장들은 인지심리학이 아니라 문화/사회/정치심리학에 등장한다. 먼저 사회적 구성주의social constructionism는 인간의 인식이 세상을 있는 그대로 모사한 것이 아님을 드러냈다는 데 인지심리학의 공적이 있다는 점을 인정한다. 그러나 인지심리학이 심리를 인간의 머릿속에 가두어 놓았다고 사회적 구성주의는 비판한다. 사회적 구성주의는 심리를 인간의 마음으로부터 끄집어내, 다른 인간과 관계를 맺고 사회적인 행위와 소통을 수행하는 장에 설정한다(Gergen, 1985).[21]

보다 본격적으로 사회성을 부각시키는 심리학의 조류로 사회적 정체성 이론social identity theory, 사회적 지배 이론social dominance theory, 체제 정당화 이론system justification theory을 들 수 있다. 이런 사조들은 현 시점에서 경제학이나 사회학보다 심리학에 비판적인 관점들이 더 풍부하다는 것을 보여준다. 이들은 구체적인 내용에 있어 커다란 차이를 보이면서도, 인간의 행위, 선택, 이

21 법사회학의 관점에서도 행동경제학이 역사주의(historical)를 넘어서 실재주의(realist)를 주장하지만, 구성주의(constructivist)에 이르지 못한 것으로 판단하고 있다(Frerichs, 2011, p.291).

성, 감성, 선호, 이념 등이 사회적이라고 본다는 점에서 모두 신고전학파에 대립각을 형성하고 있다. 동시에 이들은 마르크스학파와 베블렌을 근거로 삼는 제도학파와 높은 연관성을 가지고 있다.

먼저 타흐펠Henri Tajfel의 사회적 정체성 이론에 의하면 인간의 정체성은 개인적으로 규정되지 않고 집단이나 계층에 근거해 사회적으로 규정되고 분류되거나 범주화되어, 인간의 인식이나 행위에 영향을 미친다(Tajfel & Turner, 1979, 1986). 이 이론에 의하면 인간의 정체성, 자기인식, 자존심 등은 개인이 아니라 집단의 일원으로 나타난다. 이 때문에 인간은 개인 자체나 개인적인 관계가 아니라 소속집단의 위상이나 신분 혹은 서열로 규정된다. 집단이라는 사회의 정체성이 인간의 정체성을 이루므로, 집단의 서열이 집단의 구성원들에게 내면화되어 우월감, 자기비하, 일류의식이나 이류의식 등을 낳는다.

구체적으로 집단의 서열이나 신분체계가 정당화될수록, 권력, 특권이나 명예, 부 등 희소자원의 불평등한 배분이 강화된다. 반면 이런 신분체계가 정당성을 잃거나 불안정해지면, 구성원들의 정체성이나 자기인식, 소속집단의 존재, 그리고 전반적으로 현재 상태에 대한 부정이 생기게 된다. 물론 제한적이지만 개인이 집단에 만족하지 않는 경우 다른 집단으로 옮아갈 가능성은 열려 있다. 그러므로 사회적인 이동성이 높으면, 이런 집단은 고착화되지 않으며, 이런 집단이 고착화되면 사회적 변동은 심화된다.

집단의 위상은 다른 집단과의 비교와 경쟁을 통해 획득된다. 집단들 사이의 사회적 비교는 집단소속이 개인에게 내면화되고, 비교의 차원들이 정해지며, 비교상대가 존재한다는 세 가지를 요건으로 삼는다. 또한 사회적 비교는 사회적 범주화, 사회적 정체성을 통한 자기평가, 집단들 사이의 사회적 비교라는 세 가지 과정을 요구한다(p.46).

사회적 비교와 관련해 소속집단의 위상을 높이기 위한 경쟁뿐만 아니라 위상에 대한 인식의 형성과 변경도 중요하다. 비교의 차원들을 변경하거나, 이런 차원들에 부여되는 가중치를 바꾸거나, 종전과 다른 집단이나 다른 서열의 집단을 준거나 상대로 바꾸면서 위상이 변경된다(pp.43-44). 또한 다른 집단과의 비교에서 완벽하게 패배하면, 위상이나 서열 배치에 대한 완전한 순

종이나 소속집단에 대한 비하가 발생하기도 한다.[22]

개인들의 정체성이 집단에의 소속과 집단들 사이의 경쟁으로 규정된다는 점에서 사회적 정체성 이론은 신고전학파나 행동경제학과 구분된다. 뿐만 아니라 사회적 비교를 개인들이 아니라 집단들 사이에 적용하고 개인들 사이의 관계보다 집단들 사이의 관계를 앞세운다는 점에서는 페스팅거나 프랭크의 사회적 비교와도 구분된다. 현상에 대해서도 개인의 차원이 아니라 집단이나 사회의 차원에서 규정하고, 이에 집착하거나 이를 거부할 가능성을 인정한다는 것도 행동경제학과 차별화되는 강점이다.

최근 신고전학파 경제학의 연장선상에서 친사회적인prosocial 행위를 강조하는 연구가 등장했다. 이에 의하면 사람들이 실제로 이타적이거나 사회적인 것이 아니라 스스로에게나 남에게 그렇게 보여 자신의 이미지나 평판을 유지하려는 의도로 신호를 보내기 위해 이런 행위를 벌인다(Bénabou & Tirole, 2006, 2011; Ariely et al., 2009). 여기서는 사회적 신호나 사회적인 정체성이 아니라 개인이 자신에게 보내는 신호나 개인의 정체성이 중요하다.

행동경제학에서도 현실의 경제주체나 인간이 효용이 아니라 자기신호, 목표달성, 통달, 삶의 의미 등을 추구한다는 점을 인정한다(Loewenstein, 1999). 이 중 자신에 대한 신호는 각자가 자신의 존재를 확신하지 못하기 때문에 스스로를 확인하거나 스스로에게 다짐하는 것을 의미한다. 이는 소비로부터 얻은 효용에 집중하며, 시간선호 등에 있어 합리성에 집착하는 전통적인 경제학에서 벗어난다. 그러나 이 역시 개인의 정체성에 집착해 정체성을 사회적으로 파악하는 논리와 구분된다.

이들보다 아커로프를 주목할 필요가 있다. 아커로프는 재화의 소비나 이에 근거한 행위와 독립적으로 정체성의 증감으로 인해 효용이 변동한다고 주장했다(Akerlof & Kranton, 2000). 정체성은 남녀, 인종, 계층, 계급 등 다양한 사

---

22 집단의 위상을 바꾸는 방식을 한국의 학벌집단에 적용하면, 공부보다 인간성이 중요하다든지, 세부적인 지식보다 안목이 중요하다든지 하는 것이다. 또 다른 예로 A, B, C의 서열을 가진 학교들이 있으면, B학교의 졸업생들이 A학교보다 낫다고 무리해서 주장하려다가 C학교보다 낫다고 주장하는 것이다. 혹은 C학교의 졸업자는 A를 높이 올려 B와 C는 별 차이가 없다고 주장함으로써 자존심을 유지하기도 한다.

회적 범주로 규정된다. 가령, 남자답다거나 여성스럽다는 것도 이에 해당된다. 또한 정체성의 변동에 집단이 개입하지는 않지만 본인뿐만 아니라 주변인들이 영향을 미친다. 한국사회의 학벌, 정형화, 낙인, 왕따나 일본의 이지메 등은 이와 연관된다. 여전히 효용이론과 공리주의에 의존한다는 점을 제외하면, 그의 이론은 신고전학파뿐만 아니라 행동경제학보다 사회적 정체성이론에 가깝다.

사회적 정체성이론보다 사회적 지배 이론과 체제 정당화 이론이 마르크스로부터 더 많은 영향을 받아 전통적인 사회과학에 대해 보다 비판적이다. 시대니어스Jim Sidanius의 사회적 지배 이론과 조스트John Jost의 체제 정당화 이론은 위계적인 사회관계가 존재한다는 점과 이를 정당화하기 위한 이념이 작동한다는 데 초점을 맞춘다(Sidanius et al., 2004; Jost et al., 2004). 이들은 모두 마르크스의 허위의식을 출발점으로 삼는다(Sidanius et al., pp.868-869).

이들은 모든 것을 사회적이라고 보므로, 맥락을 규정하는데 있어서도 행동경제학과 달리 사회성을 부각시킨다(Sidanius et al., p.850). 이를 확장시키면 행동경제학의 기존 개념이나 논리 속에서 사회구조나 관계 혹은 과정 등을 읽어낼 수 있다. 행동경제학에 단순히 사회구조와 관계 혹은 계급을 대립시키는 것과 달리 이것은 행동경제학이 중시하는 개인에 대한 내적인 비판이 되거나 보다 적극적으로 행동경제학을 수정하는 방식이 될 수 있다.

구체적으로 행동경제학의 준거를 마르크스주의 심리학에서 사회적으로 재해석하거나 재구성한 예로 준거가 계급이나 계층, 성별, 인종 등에 따라 다르다는 논리를 들 수 있다(Eibach & Keegan, 2006). 행동경제학을 사회지배이론과 결합한 이 이론에 의하면, 사회의 지배층과 피지배층이나 상층과 하층이 평등문제에 대한 준거를 달리하므로, 평등과 관련된 사회변동에 대해서도 다른 평가를 제시했다.

가령, 미국의 백인과 흑인은 인종문제의 개선정도에 관해 서로 달리 평가했다. 상층인 백인은 과거를 준거로 삼아 그동안 많이 개선되었다고 평가했으나, 흑인은 이상적인 상태나 지향목표를 준거로 삼아 크게 달라지지 않았다고 평가했다. 인종차별의 해소는 백인에게 기득권의 상실이고, 흑인에게는 이득이다. 그런데 백인이 생각하는 상실이 흑인이 얻었다고 생각하는 이득보다 더 크다. 이에 따라 사회 전체적으로 손실회피가 나타났다고 해석한다.

여기서 일단 준거나 기대수준이 과거나 현재 상태일수도 있지만 미래의 목표나 지향일 수도 있음을 인정해야 한다(March, 1978; Heath et al., 1999). 또한 준거를 과거와 미래 중 어디에 연결시키느냐가 계층이나 인종, 혹은 보수나 진보의 정치적 이념에 따라 결정되어 과거의존성이나 미래지향성으로 나타난다.

이런 방향으로 행동경제학을 발전시키려면, 계급이나 계층, 인종, 성별, 문화 등에 따라 준거나 맥락, 그리고 가치함수가 달라지거나 차이가 난다고 주장해야 한다. 가치함수와 관련해 소득을 따진다면 당연히 계급이나 계층 사이에 그 수준이 다르다는 점이 인정된다. 따라서 계급 등의 차이를 손실회피나 민감도 체감 정도의 차이로 규정해야 한다.

보다 부정적으로 보면 행동경제학의 준거의존성이나 가치함수에 이미 지배계급의 논리가 담겨 있다고 판단할 수 있다. 또한 부존자원효과나 현상유지편의는 기득권층이나 지배층의 논리로 합당하고 기존체제를 옹호하는 이념의 산물이다(Samuelson & Zeckhauser, 1988).[23] 이런 허위의식의 재생산에는 의식적인 부분도 있고 무의식적이거나 자동적인 부분도 있다(Jost & Banaji, 1994, pp.15-16).

나아가 정신적 회계나 지출의 고통은 기업의 논리가 소비자에게 파고들어 화폐에 대한 집착을 낳은 상황으로 자본주의경제의 이념에 부합된다(Thaler, 1999; Carruthers & Espeland, 1991, pp.55-56). 동시에 사회를 정당화하는 이념의 관점에서 준거의존성이나 손실회피 등을 해명할 필요도 있다(Jost & Burgess, 2000; Kay et al., 2002; Jost & Hunyady, 2003). 이 경우 이념은 하부계급이나 계층에게 고통을 덜어주는 구실을 한다. 물론 그 대가는 부당한 사회를 개혁하려는 의지

23 새뮤엘슨과 제크하우저가 지적하듯이, 현상유지편의와 부존자원효과를 자기인식, 인지적 부조화, 과거 선택의 합리화로 이해하는 경우에는 체제정당화이론에 어느 정도 부합된다. 그렇지만 이렇게 해석하더라도 집단이나 사회가 아니라 개인에 집착한다는 차이는 남는다(홍 훈, 2013).

의 상실이다. 이런 관점에서 준거의존성이나 손실회피도 사회체제를 정당화하는 이념적인 기제의 소산이라는 추정이 가능하다.

나아가 마르크스, 베블렌, 갈브레이스, 보들리야르 등의 주장에 비추어 신고전학파뿐만 아니라 행동경제학이 신봉하는 개인으로서 소비자의 주권에 대해 의심을 가져볼 필요가 있다. 행동경제학은 신고전학파와 달리 소비자의 자율성이 불완전하다고 주장하면서도 이것이 필수적인 사회구성의 원리라는 데는 신고전학파에 동의한다. 이에 비해 마르크스나 베블렌은 개인으로서의 소비자나 소비자의 자율성이 원초적으로 허구라고 생각한다.

인간심리의 사회성을 가장 강조하는 사상가가 마르크스이므로 비판심리학critical psychology이나 비고츠키 등의 마르크스주의 심리학, 프로이트를 마르크스와 연결시키는 비판사회이론 등을 고려할 필요가 있다. 이 흐름은 당연히 인간의 인지능력에 대해 발생론적이거나 역사적인 설명을 중시하며, 인지능력과 감정이 사회구조나 관계 혹은 과정의 산물이라는 입장을 공유한다.

비판적 심리학자들은 특히, 마르크스의 상품물신숭배, 허위의식과 이념 등의 개념에 의존한다(Augoustinos, 1999; Billig, 1999; Mather, 2003). 상품물신숭배가 만들어내는 자본주의에 대한 정당화, 착취를 위한 노동과 생산, 그리고 불평등에 대한 구조적인 은폐와 억압, 생산에 대한 사회적 망각을 통한 소비자주의 등이 중요하다. 특히, 소비자주의에서는 상품이 노동이나 생산과 무관하게 상표와 가치로 표시되어, 생산에 대한 망각이 일상적인 언어를 통해 습관적이면서 일상적으로 재생산된다.

이에 근거해 도출할 수 있는 논리로 화폐에 대한 집착을 낳는 배금주의, 상품에 대한 숭배, 사용가치의 소비에 집착하는 쾌락주의와 사치, 인간이나 인간관계보다 물질을 중시하는 물질만능주의 등을 들 수 있다. 이에 따르면 마르크스의 허위의식 등을 수용한 최근 주류 사회심리학조차 사회적 인지라는 관점에서 허위의식을 개인의 인지적인 결함으로 간주해 개인이 사회와 무관하게 게으른 인지의 주체로서 휴리스틱에 의존한다고 생각한다.

이만큼 사회성을 강조하지 않지만 이와 비슷한 흐름이 경영학의 소비자연구에서도 발견된다. 상당수의 경영학자와 심리학자들은 소비자의 선호가 미리 존재하는 것이 아니라 시장에서 발견되거나 구성되고 이 과정을 기업이 조정한다고 주장한다.

우선 신고전학파는 소비자가 이미 형성된 안정된 선호를 지니고 이를 알고 있는 상태에서 시장에 나온다고 전제한다. 행동경제학은 소비자가 자신이 지닌 선호에 부합되게 선택한다는 신고전학파의 생각을 비판하면서, 선호가 안정적이라고 생각하지 않는다. 페인John Payne 등은 행동경제학보다 더 나아가, 소비자의 선호가 미리 형성되어 있는 것이 아니라 판매현장에서 구성된다고 주장했다(Payne, 1982, 1992; Bettman et al., 1998, p.188).

소비자가 안정적인 선호를 가지고 있으나, 이를 모르고 있다가, 광고를 통해 자신의 선호를 발견하거나 시장이라는 현장에서 이것을 깨우치게 된다는 주장은 이전에도 이미 존재했다. 페인 등은 소비자가 단순히 자신의 선호를 모르다가 나중에 현장에서 발견하는 것이 아니라 현장에 당도하기 전까지는 이런 선호자체를 가지고 있지 않다는 보다 강한 주장을 내세운다.

사이먼슨 등은 선호가 잠자고 있다가 기업의 광고 등으로 자극을 받으면 표면으로 떠오른다고 주장해 이보다 절충적인 입장을 제시했다(Simonson, 2008a, 2008b). 이 논리에 의하면 선호의 일부는 형성되지만 다른 부분은 내재적이다. 내재적인 선호는 잠재적으로 있다가 기업의 자극으로 일깨워진다.

이 입장에서는 현장에서 선호가 구성되므로 소비자의 선호구성이 고고학의 발견이 아니라 건축에 비유된다. 그렇지만 이들에게서도 선호를 구성하는 주체는 기업이 아니라 여전히 소비자 자신이다. 그래서 행동경제학자뿐만 아니라 페인 등도 소비자의 주권이나 자율성을 부정하는 수준까지 나아가지는 않는다. 압축하면, 소비자의 선호는 미리 존재하지 않고 시장에서 형성되나, 그것을 형성하는 주체는 소비자자신이다. 이런 제한으로 인해 이들의 입장은 여전히 개인의 선택과 연결되므로, 이해상충의 문제나 정치사회적인 관점과 거리를 두고 있다.

이런 부류의 경영학자들은 빠짐없이 소비자의 선호구성이 맥락에 의존한다는 점을 강조하는데, 이들도 맥락을 선택대안들의 집합으로 규정한다. 이들에게서 맥락은 인지와 관련되며, 선택대안들의 가치를 상대적이거나 관계적으로 만든다. 여기서 대안의 위치와 대안들 사이의 관계가 중요하다(Bettman et al., 1998, pp.191, 195, 206-207). 맥락이 중요해지는 대표적인 예로 비대칭적으로 압도되는 대안asymmetrically dominated alternative이 추가되면서 대안들의 독립성 공준이 깨지는 상황을 들 수 있다.

그렇지만 '이유에 근거한 선택'reason-based choice이나 선택에 대한 정당화와 연결되어 대안들의 독립성 위반을 사회적으로 해석할 수 있는 부분이 없지는 않다(op.cit, p.207, 209). 선택은 정확성의 최대화, 노력의 최소화, 부정적 감정의 축소, 그리고 정당화라는 네 가지 목표를 지닌다(op.cit, p.194). 그런데 부정적 감정, 그리고 특히, 정당화는 선택을 사회와 연결시키는 고리가 될 수 있다.

이들에 의하면 부정적인 감정은 같은 평면위에 놓고 상충관계를 설정해 계산의 대상으로 삼기 힘든 가치(예, 생명, 자유, 환경)의 존재 혹은 롤즈가 강조하는 통약의 어려움과 관련되어 있다. 또한 인간이 사회적 존재여서 사회적 맥락이 중요하다는 점과 선택을 자신이나 주위사람들에게 정당화하는 일이 중요해진다(op.cit, pp.193-198, 202-208). 그리고 이런 정당화로 인해 사람들이 특이한 대안보다 손쉬운 대안을 선택하는 경향이 높다.

이들은 소비자의 전략으로 가중합산, 사전표기식 선발, (트버스키가 제안한) 요소별 제거의 방법, 동일 가중치 적용, 자의적인 선택의 다섯 가지를 제시했다. 또한 비교 가능한 재화들(예로서, 여러 종류의 자동차)과 그렇지 않은 재화들에 대한 선택(자동차와 집)을 구분했다. 전자에서는 비교기준이 구체적인데 비해, 후자에서는 비교기준이 추상적으로 변한다는 점을 지적했다.[24] 이들은 부분적으로 트버스키에 의존하면서 규격화 효과가 대안들 자체가 아니라 대안들에 대한 서술과 관련된다는 점도 지적했다.

---

24 겉모습으로 이것은 마르크스가 통약을 설명하면서 추상화나 추상노동을 논의한 것과 다르지 않다. 여기서 경영학은 비교 가능한 재화에서 그렇지 않은 재화로 옮아가고 있어, 서로 다른 재화들을 무차별곡선에 놓고 논의하는 경제학과 정반대로 움직이고 있다. 같은 이유로 경영학에서는 소비자가 실제로 따지는 것과 같이 재화의 여러 가지 속성들이 중요하다.

이들의 논의에서 사람들이 무언가 선택을 했을 때 자신과 타인에게 선택을 정당화할 수 있는 그럴듯한 이유나 근거를 찾으려 노력한다는 주장이 가장 주목거리이다(Simonson, 1989; Simonson & Tversky, 1992; Shafir, Simonson & Tversky, 1993). 이는 대안들이 서로 다른 차원의 가치들을 지니고 있기 때문에 발생한다. 이런 유형의 선택은 통상적인 경제학자의 선택이 아니라 신학자, 정치가, 그리고 검사의 선택에 가깝다(Lerner & Tetlock, 1999; Tetlock, 2002). 재화에 대한 선택에서 나타나는 타협, 극단적인 대안의 회피, 그리고 어려운 결정의 지체 등은 모두 선택에 대해 이유를 찾기 때문에 생기는 현상이다.

선호의 구성이론은 선택의 기반이 되는 선호가 원래부터 존재하지 않았다고 전제하므로, 선호의 비일관성이나 불완전성보다 기대효용이론에게 더 심각한 비판이다. 그리고 화폐로 가치를 환산하는 경우에 이런 상황이 더 두드러진다. 가령, 환경의 가치에 대한 정확적인 평가의 방법이 이미 주어진 사람들의 선호를 아는 과정이 아니라 이를 구성하는 과정이라고 생각하므로, 그것이 기대효용이론에 미치는 영향은 파괴적이다. 이는 선호나 합리성의 서술적인 기반뿐만 아니라 규범적인 기반까지 인정하지 않는다(Slovic, 1995, p.369-370).

비록 트버스키 등이 개입되어 있지만, 이런 이유로 이 입장은 대다수 행동경제학자들의 생각보다 더 비판적인 흐름이라고 생각된다. 또한 이같이 선호가 시장에서 발견되거나 구성되고 이 과정에 기업이 개입되어 있다면, 행동경제학의 사회철학인 자유온정주의는 보다 적극적으로 그 모습을 바꾸지 않는 한 그 근거를 잃게 된다. 소비자의 기호가 수시로 재구성되는 상황에서 초기 대안의 설정을 통한 권유는 무력해 보인다. 나아가 선전이나 광고가 소비자나 경제주체들의 인식이나 인지에 미치는 영향을 부정하지 않는 한, 기업에 대한 모종의 통제도 불가피하다.

5.5 진화이론

벤담으로 복귀하자는 행동경제학의 주장은 경제학이 내세우는 선호가 아니라 벤담이나 한계효용학파의 효용개념을 되살려야 한다는 갈망을 담고 있다. 그러나 효용개념을 되살리더라도 결과주의는 그대로 남는다. 또한 행동경제학도 행동이나 행위보다 선택을 중시한다. 그것도 도덕, 공정성, 숙고 등을 부차적으로 취급하면서 효용에 초점을 맞춘 선택을 행동경제학도 중시한다.[25]

선택을 중시하고 인간을 선택하는 존재로 파악한다는 점에서도 행동경제학은 신고전학파와 다르지 않다. 양자는 선택의 결과가 적정한 상태에 도달하는가에 있어 견해를 달리할 뿐이다. 이미 원용했던 다음 구절을 꼼꼼하게 분해하면 이런 점들이 드러난다. 카네만이 포기한 것은 완전히 합리적인 인간이지, 효용을 위해 선택하는 존재로서의 인간이나 개인으로 파악한 인간이 아니다.

> 우리는 효용이론을 합리적 선택의 논리로 보존했으나 사람이 완전하게 합리적인 선택의 주체라는 생각은 버렸다(Kahneman, 2011, p.314).[26]

그렇다면 행동경제학이 신고전학파와 마찬가지로 결과에 집착해 과정이나 절차를 경시한다는 진단이 가능하다. 당연히 진정한 의미에서 인지과정이나 의사결정과정에 관심을 두지 않는다는 비판도 가능하다. 무엇보다 인간과 경제주체의 구체적인 일상과 현장에서는 선택이 아니라 행위자체가 중요하다는 입장을 가진 학자들이 적지 않다. 이들은 주로 진화심리학이나 진화경제학 등 진화이론을 내세운다. 이 안에서 심리학자 기게렌저, 진화경제학,

---

25 번역으로 인해 다소 혼란이 있지만, 행동경제학에 담겨 있는 behavior는 action보다 소극적이어서 경제학이 강조하는 선택에 가깝다. 그리고 이렇게 보면 행동경제학은 생각보다 행태주의 심리학(behaviorism)에 가까워진다.

26 We retained utility theory as a logic of rational choice but abandoned the idea that people are perfectly rational choosers.

그리고, 조금 다르지만, 센 등을 논의할 수 있다.

먼저 카네만과 트버스키에 대해 가장 심리학적이고 내재적인 비판을 제시한 기게런저를 살펴보자. 신고전학파에 대한 비판에도 불구하고 행동경제학도 개인의 완벽한 합리성을 지향한다는 점을 기게렌저는 추궁한다. 심지어 카네만 등이 현실에 존재하지 않는 규범적 합리성을 공유하고 있다는 점에서 행동경제학이 위장된 신고전학파에 불과하다고 그는 비판했다. 이는 조금 다른 입장이지만 적응적이든 집단적이든 결과의 효율성에 집착한다는 점에서 신고전학파와 행동경제학이 쌍둥이라는 극단적인 주장과 상통한다(Streek, 2010, p.392).

우선 기게렌저에 의하면 서양의 계몽주의는 라이프니쯔Leibniz 이래 수리적인 방법으로 세계의 보편적인 법칙을 얻으려고 했으나, 그 이후 대부분 이를 포기했다. 이런 이상을 포기하지 않은 학문분야가 경제학과 심리학이다(Gigerenzer, 2000, p.166, 201). 이들이 이상적이고 규범적인 합리성을 설명하는 근거는 베이지언 통계학, 유의미성에 근거한 가설검증, 분산분석 등 확률이론이다(op.cit, chapter 4). 더구나 심리학에서는 수십 년 동안 피셔Ronald Fisher와 네이먼Jerzy Neyman의 혼합에 베이지언이 겹친 통계학을 교과서로 삼아 왔다(chapter 13). 기게렌저에 따르면, 현실의 인간들은 여기서 벗어날 뿐만 아니라 이것이 반드시 규범이나 이상이 되어야 할 이유도 없다.

기게렌저에 의하면 행동경제학의 진단과 달리 현실의 인간들은 신속하고 간편한 해결책들fast and frugal heuristic에 의존해 일상적인 문제들을 훌륭하게 해결한다(Todd & Gigerenzer, 2000, 2003). 이런 해결책들은 생존을 위한 적응을 목표로 진화해 왔다. 그런데 이들은 여러 상황에서 경제학과 심리학이 의존하는 확률이론에서 벗어난다. 이 때문에 확률이론, 그것도 혼란스런 확률이론을 규범으로 삼으면서 이로부터 벗어난다는 이유로 인간들이 불완전하다고 판단하는 카네만과 트버스키가 문제이다.

나아가 행동경제학이 주로 교실의 학생들을 대상으로 교과서에서 나오는 글과 숫자로 구성된 명제형의 논리propositional logic에 근거해 실험해 왔다는 점을 그는 비판했다. 이런 명제형의 논리는 일상적으로 해결해야 하는 문제가 담고 있는 사회적 맥락을 고려하지 않는다(Ortmann & Gigerenzer, 1997).

우선 여기서 문제는 심리학자 웨이슨Peter Wason이 1966년에 창안한 카드 선택 실험Wason card selection test이다. 앞면은 숫자, 뒷면은 특정 색깔을 지닌 네 장의 카드가 있다. 이 카드를 펼쳐 놓았는데, 보이는 면이 3, 8, 붉은 색, 갈색이었다. 이 상황에서 카드의 앞면이 짝수이면 뒷면이 붉다는 명제를 검증하기 위해 한 장을 뒤집어 보려면, 이들 중 어느 것을 택해야 하는지를 묻는다.

검증을 위해서는 앞면이 8과 같이 짝수인 카드나 뒷면이 붉은 카드를 뒤집어야 한다. 3을 뒤집어 붉은 색이 나오든 안 나오든 제시된 명제를 검증할 수 없기 때문이다. 또한 갈색을 뒤집어 홀수가 나오든 짝수가 나오든 명제를 검증할 수 없다. 이 실험에서 대부분 사람들이 제대로 선택하지 못했다(Cosmides, 1989, pp.197-198). 반면 사회관계나 사회계약과 관련된 실험에서는 사람들이 거의 틀리지 않았다.

예를 들어, 인간은 2차 방정식을 푸는 방법보다 교대로 야근하는 규칙을 누가 게을리 했는지 적발하는 방법을 찾는 데 더 능하다. 기게렌저는 이것을 실용적이거나 사회적이라고 규정했다.[27] 이에 따라 서술적인 맥락에 대한 행동경제학의 강조가 비현실적이라는 부정적인 평가도 등장했다(Cheng & Holyoak, 1989; Gigerenzer & Hug, 1992).

기게렌저에 의하면, 현실의 인간은 신고전학파가 주장하는 바와 같이 완벽하지 않지만, 그렇다고 행동경제학이 주장하는 것처럼 많은 실수와 오류를 범하지도 않는다. 양자가 각기 주장하는 서술적인 합리성과 규범적인 합리성은 어느 것도 일상생활 속의 인간이 지닌 합리성이 아니다. 규범적인 합리성이 현실이라고 주장하는 신고전학파나 그것이 현실이 아니라고 주장하

27 그런데 이들 내부에 이견이 없지 않다. 한편으로 쳉 등은 코스미데스에 대해 사회적 계약이나 사회적 교환이 아닌 상황이 많으며, 이런 상황에서 허가나 의무의 준칙이 개입되는 경우, 이 실험이 예상하는 바를 충족시킨다고 주장했다. 기게렌저는 양자의 논쟁을 극복하기 위해 실용적인 것과 사회적인 것을 모두 수용하면서 속임이나 적발의 가능성과 사회계약 자체를 구분하고, 상황과 관련된 당사자들의 입장 차이와 이에 따른 관점 차이에 따라 웨이슨 실험의 결과가 달라진다고 주장했다.

는 행동경제학은 외견상으로만 대립되어 있다. 실은 양자 모두 허수아비를 내세워 옹호하고 공격한다는 점에서 동일한 오류를 범하고 있다(홍 훈·이규상, 2009ⓒ).

이런 이유로 기게렌저에서 규범적 합리성과 서술적 합리성의 구분은 무의미하다. 그는 기대효용이론과 행동경제학 사이에 제3의 길을 취해 일상생활 속에서 경제학이 상정하는 것처럼 강한 합리성이 요구되지 않는다고 반박한다. 동시에 신속하고 간편한 휴리스틱을 통해 인간이 일상의 문제들을 처리할 수 있을 정도의 합리성을 갖추고 있다고 주장한다.

행동경제학에 대한 기게렌저의 비판은 파레토 최적 조건에 대한 하이에크의 비판과 비슷하다. 하이에크에 따르면 근접한 경제의 두 가지 상태에 대해 판정할 수는 있지만, 경제의 가상적인 모든 상태들을 판정하는 균형이나 파레토최적과 같은 조건은 존재하지 않는다. 하이에크가 시장의 균형과 최적 조건을 부정하는 것과 비슷하게, 기게렌저는 인간이 보편적으로 규범적인 합리성을 지닌다는 것을 부정한다. 하이에크와 기게렌저가 모두 진화론에 우호적이라는 점에서 이런 유사성은 우연이 아니다. 진화를 강조하는 이들에게 파레토 최적의 조건은 마르크스의 공산주의 지상낙원만큼이나 허구적이다.

이 입장에서는 현실생활 속에서 적응이 필요한 일상의 문제를 해결하는데 있어 인간이 활용하는 것은 추상적이고 숫자와 말로 된 명제유형의 일반논리가 아니다. 인간은 영역마다 제각기 다른 구체적 내용을 담고 있는**domain-specific** 논리들을 활용한다(Cheng & Holyoak, 1989; Cosmides & Tooby, 1992). 이에 따라 인간의 인지능력은 '스위스 군대 칼'과 같다. 또한 카네만과 트버스키가 제시한 대표성, 근접성, 구속성 등 한 단어로 된 설명들은 인지과정을 제시할 수 없어 진정한 이론이 아니다(Gigerenzer, 2000, p.290).

그런데 기게렌저 등은 모두 사회계약을 사회적 교환과 동일시해, 계약과 교환을 사회성의 대표로 삼았다. 또한 이들에게 사회의 합리성은 개인이나 개체들이 경쟁하는 상황에서 요구되는 합리성이며, 사회적 맥락은 개인들이 우연히 만나는 상황에서 생겨난다(Gigerenzer, 2000, pp.201-210). 이 점에서 이들 역시 여전히 개인주의나 공리주의의 관점에서 사회와 인간의 행위를 파악해,

사회관계나 사회구조를 진지하게 다루지 않다고 말할 수 있다. 심지어 이들 중 코스미데스는 내용과 맥락을 동일시하고 이들 모두를 다시 비용편익의 계산을 가능케 하는 존재로 파악했다.

종합적으로 비교하면, 일반균형이론과 게임이론을 관통하는 기대효용이론은 개인의 합리성을 지렛대로 삼아 시장의 효율성이나 합리성을 내세운다. 이에 비해 행동경제학은 개인의 합리성이 부족하기 때문에 시장이 충분히 효율적이거나 합리적이지 않다고 묵시적으로 주장한다. 기게렌저는 신속하고 간편한 휴리스틱을 통해 인간이 일상의 문제들을 처리할 수 있다고 이들 모두를 비판했다. 기게렌저는 시장이나 사회가 실용적인 합리성으로 무장된 인간들로 구성되어 있으므로 현실 문제를 해결하는 데 어려움이 없다고 생각한다.

그러나 기대효용이론, 이에 비판적인 행동경제학, 양자에 비판적인 기게렌저 모두가 사회나 시장보다 개체나 행동주체에 무게를 두고 있다. 이렇게 보면, 신고전학파, 행동경제학, 그리고 기게렌저는 모두 인간이 모종의 합리성을 지니며, 시장이나 사회를 유지하기 위해 적어도 필요조건으로 인간 혹은 개인의 합리성을 요구한다는 공통분모를 지니고 있다.

이 지점에서 시장경제의 두 가지 축으로 알려진 개인과 시장의 위상을 조망할 필요가 있다. 1장에서 이미 지적한 바와 같이, 신고전학파가 시장경제를 설명하고 정당화하는 두 가지 축은 시장의 가격기구와 개인의 합리적 선택이었다. 개인과 시장이 서로 다른 차원들이나 층위들임에도 불구하고, 신고전학파는 대표경제주체 등의 개념을 통해 이들 사이를 손쉽게 이동하거나 양자를 혼동한다. 더구나 경제학은 이 두 가지 중 어느 것이 진정한 핵심인지에 대해 일관된 입장을 제시하지 못하고 있다. 뿐만 아니라 경제학을 비판하는 관점들도 이에 대해 일관된 입장을 가지고 있지 않다.

앨시언이나 초기의 베커, 그리고 실험경제학자 스미스와 플롯 등은 시장의 가격기구자체에 주로 의존한다. 우선 앨시언의 고전적인 논문(Alchian, 1950)에 의하면, 불확실성이 지배해 개인의 지식이나 예측력이 떨어지는 경우에도 시장이 마치 생태계와 같이 전체수준에서 개별기업들을 채택하거나 선별한다.

이 관점에서는 개별기업이 이윤을 극대화한다는 가정은 옳지 않다. 기업은 이윤을 추구하는데, 시장은 그 중에서 단지 양의 이윤을 달성한 기업만을 남긴다. 이것은 시장이 작동하는 한 개체에게 요구되는 합리성의 수준이 그다지 높지 않다는 주장을 가져온다.

베커도 초기에 시장의 가격기구를 우위에 놓으면서 개인의 합리성이 중요치 않다고 주장했다(Becker, 1962). 이것은 프리드먼의 실증경제학 방법론에 따라 가정의 비현실성을 허용하면서 비합리적인 행위를 포괄하려는 노력이었다. 연장선상에서 보다 최근에는 가격기구가 합리성을 대신해 줄 수 있다는 주장까지 나왔다. 양자 모두에서 중요한 것은 예산제약이지 선택이 아니다.

그러나 합리적인 선택을 무의미하게 만드는 이런 흐름이 과연 개인주의를 근간으로 삼는 신고전학파와 기대효용이론에 부합되는지 의문이 든다. 더구나 실험경제학의 원조인 버논 스미스는 합리성보다 시장 자체에 의존하면서도 이보다 복잡한 논리를 전개했고 사회성을 더 강조했다.

구체적으로 버논 스미스에 따르면 개인이 어떤 종류의 합리성도 가지고 있지 않아 전적으로 무지하더라도 시장의 출현적인 성격으로 균형과 효율성을 달성할 수 있다(Smith, 2003, pp.480-481). 이에 따라 그는 하이에크와 마찬가지로 진화와 시장이 필요로 하는 규칙을 강조했다. 또한 하이에크의 비판지점을 넓혀, 왈라스적인 일반균형이나 쿠르노-내쉬 균형을 낳은 게임이론이 모두 인간의 합리성에 의존하므로, 구성주의의 오류를 범했다고 비판했다. 심지어 그는 인간의 합리성을 강조한다며 행동경제학도 구성주의라고 평가했다.

그런데 대륙의 합리주의, 마르크스나 공리주의뿐만 아니라 일반균형이론, 게임이론, 그리고 행동경제학을 구성주의로 간주하는 것은 하이에크의 생각도 아니며, 그 자체로 타당한 견해도 아닌 것 같다. 여기서 버논 스미스는 개인의 합리성과 시장의 합리성이나 효율성을 혼동한 것으로 보인다. 달리 말해, 이것은 스미스가 개인이나 인간과 구분되는 사회나 이들의 상호작용을 형상화하지 못해서 생긴 과도한 판단이라고 생각된다. 이같이 개인과 시장이나 사회를 중간과정 없이 연결시킨다는 점에서는 신고전학파, 행동경제학, 심지어 기게렌저까지 스미스와 한배를 타고 있다고 평가할 수 있다.

그렇지만 버논 스미스는 경쟁이 요구되는 시장의 익명적인 교환으로부터 분리해 협동이 요구되는 인격적인 교환을 중시하고 호혜성이 효용으로 환원될 수 없는 자연스런 인간의 사회성이라고 주장했다. 이렇게 보면 버논 스미스는 카네만보다 기게렌저에 가깝다(Smith, 1998, 2010; Paganelli, 2011).

기게렌저도 행동경제학을 비판하면서 사회계약 등과 관련해 원래 사회적인 성격을 강조했다. 무엇보다 맥락을 의미론적, 실용적, 환경적, 사회적으로 나누고, 이런 부분들을 행동경제학이 간과했다고 기게렌저는 주장했다. 이 중에서도 사회적인 맥락을 강조하면서, 주인과 대리인, 고용주와 피고용인의 입장 변화에 따른 해석과 선택의 차이를 부각시켰다. 그러나 기게렌저도 나중에 이런 맥락들을 환경적인 것으로 포괄하면서 사회적인 맥락을 약화시킨 것 같다(Ortmann & Gigerenzer, 1997).

신고전학파의 논의가 행위보다 선택에 편중되어 있다는 진화경제학의 비판은 행동경제학에도 유효하다. 이런 이유로 카네만이 해석하고 제시한 두 체계이론은 진화심리학이나 진화경제학과 일견 비슷하면서도 상당한 거리를 두고 있다.

진화이론을 조망하기 위해서는 마르크스, 다윈, 하이에크뿐만 아니라 고전학파, 베블렌, 슘페터 등과 대비시킬 필요가 있다. 우선 진화는 혁명이나 균형과 구분된다. 의식주의 공급을 통한 생계유지나 번식도 신고전학파의 효용이나 마르크스의 착취에 근거한 가치증식과 구분된다. 효용은 의식주의 소비를 통해 얻는 만족이므로 의식주의 소비자체나 이를 통한 생계유지 및 출산과 구분된다. 또한 다윈은 '자연성'을 강조하면서 식량이나 의식주 등 사용가치와 인구(혹은 노동자)의 공급에 집중해 유전자의 선별을 부각시킨다. 이에 비해 마르크스는 '사회성', 그것도 자본주의에 고유한 사회성을 부각시키므로, 사용가치나 인구나 보편적인 노동보다 화폐, 가치, 자본을 강조한다. 마르크스에서 가치는 다윈에서 유전자에 해당된다.

그러나 진화는 한편으로 변화라는 점에서 역사나 혁명과 연결되고, 다른 한편으로 모종의 질서라는 점에서 균형과 비교될 만하다. 먼저 다윈이나 베블렌의 진화는 마르크스의 역사나 혁명과 마찬가지로 동태적인 과정을 중시한다. 또한 생계와 번식은 동식물과 인간이 공유하는 부분으로 효용과 가치 증식 모두에 기반을 제공한다. 경제학의 역사에 있어서 고전학파가 신고전학파와 마르크스의 중간에 놓여 있다는 점도 이런 주장을 강화시킨다.

소비를 통해 생계를 유지하고 이에 근거해 번식이 가능하다는 논리는 고전학파에 가깝다. 주지하듯이, 고전학파와 마르크스는 노동자의 임금이 생계비에 따라 결정된다는 논리를 공유하고 있다. 더구나 마르크스는 다윈의 『종의 기원』을 대단히 높게 평가해 자신과의 친화력을 드러냈다.

반면 이미 지적한 바와 같이 신고전학파는 일반균형체계에 근거해 정태적인 균형 상태를 강조한다는 점에서 이들과 대비된다. 또한 게임이론은 진화적으로 안정적인 전략 개념 등을 통해 진화를 균형과 비슷하게 파악하고 있다. 물론 개체의 역할이 균형과 진화 모두에서 중시된다.

그러나 진화이론은 균형체계와 달리 결과를 예정하지 않아 미래를 열어 놓는다. 전체적으로 상당수의 논자들은 합리적인 선택이론이나 확률이론이 생물학적인 잔화이론과 반드시 일치되지 않는다고 주장한다. 새비지 등에 나오는 선택의 공준들에 의존한 효용극대화가 생존과 적응의 극대화와 일치되지 않는다는 것이다. 무엇보다 개체차원의 합리성이 집단적인 합리성과 일치하는 않는 경향을 이들은 강조한다(Cooper, 1987, 1989). 이는 개체의 선호가 집단의 이익에 따라 움직여 불안정한 경우로 이해할 수도 있다(Cooper, 1989, p.473).

예를 들어, 일군의 특정 동물이 겨울에 포식자에게 먹히지 않고 살아남기 위해 색깔을 선택하는 상황을 생각해 보자. 겨울에 눈이 오면 흰색으로 하고, 눈이 오지 않으면 땅의 색과 마찬가지로 흑색으로 유지해야 한다. 그런데 겨울에 눈이 올 확률은 0.8이고, 그렇지 않을 확률은 0.2이다. 이런 상황에서 기대효용을 극대화하려면 100마리의 개체가 모두 흰색을 선택해야 한다. 그러나 이렇게 했는데, 만약 눈이 오지 않으면, 이 동물은 멸종하게 된다. 그러므로 이 종의 생존을 위해서는 개체 중 일부는 백색이 아니라 흑색을 취하는 혼합전략이 필요하다.

이와 비슷하게 기업 등 제도의 진화를 분석하는 경제학의 이론들은 기업의 일상적인 처리방식routine과 생물의 유전자gene가 모두 지속성이나 안정성, 결정성, 전승가능성, 그리고 선택가능성을 지닌다고 주장한다. 나아가 양자의 관계가 유추나 비유를 넘어서, 기업에 있어 처리방식, 숙련, 조직 사이의 존재론으로 발전하고 있다(Vromen, 2006). 여기서도 사려에 의한 의식적인 선택의 과정과 무의식이나 잠재의식 속에서 진행되는 과정의 공존이 부각된다.

현재 가장 설득력이 있는 진화이론은 기억인자meme나 일상적인 처리방식을 통한 문화적인 진화와 유전자를 통한 생물학적인 진화를 결합시키려는 공진화co-evolution이다(Bergstrom, 1996; Hodgson, 1998; Smith, 2003). 공진화는 제도와 인간, 그리고 이질적 인구집단들 사이의 상호작용을 강조한다(Hodgson, 1988).

예를 들어, 서부 아프리카 특정 지역 주민들이 가지고 있는 (겸상 적혈구성) 빈혈은 농경사회에서 비롯되었다(Jeroen et al., 2003, p.293). 식량인 얌을 농사짓기 위해, 나무를 자른 것이, 물을 고이게 만들었다. 물이 고이자 모기의 숫자가 늘어났으며, 이로 인해 말라리아가 발생했다. 결과적으로 말라리아로부터 보호받기 위해 주민들에게 빈혈이 생겼다는 것이다.

이같이 다층적인 조직이나 체계가 강조되면서 미시단위의 행위들이 모여 거시수준에서 나타나는 출현적 속성에 초점을 두는 복잡계이론이 부상했다. 공진화, 출현적 성격, 그리고 복잡계에 대한 관심으로 경제, 정치, 문화, 종교, 자연을 연결하는 사회에 대한 총체적인 시각이 회복될 수도 있을 것이다. 이런 이유로 상당수의 학자들은 다윈을 가지고 사회와 자연을 설명하겠다는 보편적인 다윈주의universal Darwinism를 들고 나왔다. 궁극적으로 이런 총체적인 시각은 마르크스 등의 시각과 접합될 가능성도 내포하고 있다.

더불어 게임이론, 실험경제학, 생물경제학, 심리경제학 등 여러 분야에서 진화를 강조하는 경향이 나타나서, 학제간의 연구가 진행되고 있다(Stiglitz, 2000, p.1448; Samuelson, 2005, pp.96-100). 특히, 경제학, 심리학, 생물학 및 생태학에서 진화적인 접근이 부상해 상호 연결되고 있다. 앞서 언급한 인간 본성이나 자연 상태라는 이념은 시장경제의 진정한 과거를 축약시키거나 배제해, 성경의 천지창조와 유사하며, 다윈의 진화이론에 배치된다. 고전학파부터 시작되어 신고전학파에 이르러 경직되었던 시장경제의 논리는 이제 '시장창조'에서 '시장진화'로 나아가고 있다.

이런 추세는 신고전학파의 주변에서 일어나는 일이지만, 상당부분 신고전학파를 벗어나는 것이기도 하다. 특히, 일반균형이론을 위시한 그간의 경제학이 거의 전적으로 균형 등 물리학적인 유추에 의존해 왔다는 점에 비추어 보면, 이는 새로운 변화이다. 쉽게 말해, 대다수 경제학자들이 경제나 시장을 기계와 비슷하게 생각해 왔는데, 이제는 생명체이나 유기체로 생각하고 있다.

이런 흐름 중 가장 주목해야 할 학자들이 넬슨Richard Nelson과 윈터Sidney Winter이다. 폴라니Michael Polanyi와 슘페터에 의존하는 진화경제학자 넬슨은 다윈이 아니라 라마르크Jean Baptiste Lamarck를 따라 획득된 후천적인 형질이 유전된다고 보면서 문화적 진화를 부각시켰다(Nelson & Winter, 1982). 넬슨은 조직의 존재를 염두에 두면서 선택과 균형 대신에 모색 등의 행위와 선별로 규정되는 진화를 강조했다. 그에 의하면 조직은 일상적인 관행을 따르며 개체는 숙련이나 능력에 의존한다.[28]

조직의 관행이나 인간의 능력은 규정집의 지침이나 요리책에 나와 있는 명시적인 지식뿐만 아니라 폴라니가 부각시킨 암묵적인 지식tacit knowledge을 내포한다. 또한 조직의 관행은 상당부분 구성원들의 공유하는 경험이나 문화에 의존한다. 그러므로 이들 사이의 의사소통은 자연언어뿐만 아니라 나름대로의 방언에 의존한다.[29]

폴라니(Polanyi, 1958)에 의하면, 명시적인 지식은 추상적인 논리에 근거해 문자나 숫자로 교과서나 규정집 등에 등장한다. 이에 비해 암묵적인 지식은 행위를 통해 체득하고 활용되는 지식으로 본인이 의식하지 못하며 문자나 수학으로 표현하거나 전달할 수 없는 지식이다. 양자의 차이는 자전거 운행의

---

28 베커가 내세운 소비자본도 소비능력으로 보면 이런 능력에 부합되나, 효용이론에 얽매어 있고 조직과 무관하게 생각한다는 점에서 차이가 있다.

29 한국의 정비소에서 사용하는 "미숑"(trans-mission)이나 "쇼바"(shock ab-sorber), 한국의 병원에서 사용하는 "엔도"(endo-scopy) 등은 작업장의 신속한 의사소통을 위한 용어들로, 자신들이 정확한 어원을 알지 못하며 국외자들이 알아들을 수 없다는 점에서 방언에 가깝다.

원리와 자전거를 탈 줄 아는 것의 차이나 요리책의 지시사항과 요리할 줄 아는 것의 차이로 예시할 수 있다.

일단 신고전학파는 생산이나 기술변동과 관련해 암묵적인 지식을 인정하지 않는다. 또한 관행이나 숙련은 습관적이거나 자동적인 부분을 지니므로 경제학이 상정하는 합리적인 인간에서 벗어난다. 더불어 넬슨의 이론에서 생산과 기술변동은 정지된 상태에서 특정 결과를 추구하는 선택이 아니라 시간이 필요한 과정 속에서 반복적으로 진행되는 거의 자동적인 활동이나 행위의 결과이다.

이 입장에서는 신고전학파가 시간과 과정을 사상하고 경제현상을 개인의 합리적인 선택으로 분해하기 때문에, 여러 가지를 설명할 수 없는 블랙박스로 간주하게 된다. 기술변화가 일어나는 회사나 공장, 인지적인 과정이 진행되는 인간의 머리, 그리고 동적인 배움이 진행되는 학교도 신고전학파에게는 '암상자'이다(Rosenberg, 1982; Ainslie, 1986, p.139; Akerlof & Kranton, 2002, p.1198).

이에 따라 넬슨은 신고전학파의 균형과 극대화나 적정화를 부정한다. 이 부분에서 그는 사이먼의 제한된 합리성이나 행동경제학에 부합된다. 또한 그가 강조한 루틴은 행동경제학의 제1체계에 포함되어 있는 습관에 가깝다. 그러나 행동경제학조차 암묵적인 지식을 적극적으로 인정한다고 보기 힘들다. 또한 이미 주어진 대안들에 대한 선택이 아닌 행위나 활동을 행동경제학이 적극적으로 수용한다고 보기도 어렵다.

진화경제학은 행위와 지식, 그리고 생산과 기술의 불가분한 관계를 설정해 소위 내생적인 성장이론을 주장한 로머P.Romer의 이론보다 기술을 더 근원적이고 내생적으로 규정한다. 학교나 국립연구소, 심지어 사내연구소가 아니라 기업의 생산현장이 기술의 서식처이고 생산자가 기술의 보유자라는 것이다. 진화이론에서는 지식이나 기술이 없는 행위나 생산은 불가능하다. 그리고 이런 의미의 지식이나 기술은 상당부분 암묵적이다.[30]

---

30 진화이론과 신고전학파의 이런 대립은 교환과 화폐 사이의 관계나 사고와 언어 사이의 관계에서도 확인된다. 반면 이 점에서 진화이론은 마르크스나 비고츠키와 통한다. 한반도에서는 명시적인 지식과 암묵적인 지식이 계급이나 계층에 따라 분화되어 있다. 한문과 한글, 영어 등 외

암묵적인 지식에 대한 관심은 지식경제학이나 지식경영에도 광범위하게 확산되어 있다. 그런데 암묵적인 지식의 중요성과 더불어 지식의 보유자로서 집단이나 조직의 중요성이 부각되고 있다. 이에 따라 지식과 관련해 개인에게 체현되어 있는 것이 아니라 조직에 배태되어 있거나 조직에 서식하는 지식이 광범위하게 인정되고 있다. 이런 조직은 공식적이거나 비공식적인 작업집단으로서 지속적인 대화를 통해 지식을 전수하고 활용하며 창출한다. 이 과정은 명시적인 지식과 암묵적인 지식의 상호작용과 양자 사이의 반복적인 전환이나 변형으로 규정할 수 있다(Nonaka et al., 2001; Nonaka, 2007; Brown and Duguid, 1991).

암묵적인 지식에 근거한 진화이론은 원래 지식이나 기술이 일상의 행위나 삶에 뿌리를 두고 있다는 생각에서 비롯된다. 특히, 진화이론은 지식과 행위나 실천의 결합이나 양자의 밀접한 상호작용을 설정한다. 이 입장에서는 행위에 지식이 요구되고 행위 속에서 지식이 전달되고 발생한다.[31]

경제로 좁히더라도 이런 종류의 지식이나 능력은 생각보다 널리 확산되어 있다. 적어도 생산뿐만 아니라 교환이나 분배, 그리고 심지어 소비에서도 지적인 능력이 요구된다. 베커 등의 가계생산함수도 부분적으로 이와 친화력을 지닌다. 예로서, 배추를 사다가 김치를 담그는 것뿐만 아니라 김치를 먹을 줄 아는 것도 지식이나 능력을 필요로 한다. 여기서는 신고전학파의 주장과 같이 어떤 것에 대한 정보를 가지고 있다거나 이를 선택하는 것이 중요하지 않다. 오히려 어떤 것을 소비하거나 생산하거나 이것을 활용할 줄 아는 것이 중요하다.

포도주를 마실 줄 알고, 책을 읽을 줄 알며, 고전음악을 들을 줄 알고, 옷을 입을 줄 아는 것에는 모두 지식이나 지적인 판단, 그리고 능력이 요구된다. 물론 소비과정에서 지성뿐만 아니라 감성과 본능도 작용한다. 그러나 소비가 완벽한 정보 하에서 이루어지는 선택이 아니라 능력을 기반으로 반자동적

국어와 우리말 사이의 관계도 이와 유사하다.

31 마르크스가 '이론과 실천'의 변증법을 강조했다면, 암묵적인 지식의 논리는 '지식이나 기술과 생산'의 변증법을 내세우는 것처럼 보인다. 물론 전자보다 후자가 도구적인 이성에 부합된다.

으로 이루어지는 행위이면서 변형되거나 혁신될 가능성을 내포한다는 점이 중요하다. 또한 이런 소비능력을 육성하기 위한 경험을 얻기 위해서는 돈, 원료, 장비, 시간, 노동 등을 투입해야 한다.

이렇게 보면 생산능력이나 기술은 소비능력과 별 차이가 없는 것 같다. 이에 대해 베커 등 신고전학파 경제학자도 감지하고 있으나, 전반적으로 신고전학파는 지식이나 기술 혹은 기호를 활동이나 행위와 연결시키기보다 이와 분리시키고, 이렇게 분리된 행위를 시간의 흐름과 무관한 선택으로 처리한다. 따라서 소비는 주어진 선호 하에서의 선택이 된다. 이에 비해 진화이론은 생산뿐만 아니라 소비도 행위와 지식으로 규정한다.

기게렌저 뿐만 아니라 진화경제학이 반자동적인 행위와 과정을 중시한다는 점에 비추어 보면, 행동경제학은 오히려 신고전학파에 가깝다. 행동경제학은 습관의 역할은 인정하면서도 습관적인 행위에 있어 이런 지식의 존재를 적극적으로 인정하지 않기 때문이다. 구체적으로 행동경제학도 여러 대안들의 예상되는 가치에 근거해 선택하고 적정화하려고 노력하는 것이 인간의 근본적인 행위라고 생각한다. 이런 노력에서 인간이 그다지 성공적이지 못하다고 본다는 점에서 행동경제학은 신고전학파와 다르다. 그러나 행위가 아니라 선택이 인간을 규정한다고 보는 점에서는 행동경제학도 신고전학파에 동의한다.

그렇다면 신고전학파와 행동경제학이 선택으로 간주했던 활동들을 모두 능력이 요구되고 실용적인 지식이 필요하며 습관에 의존하는 구체적인 행위로 다시 이해할 필요가 있다. 소비, 생산, 분배, 교환 등이 모두 그렇다고 보아야 한다.

신고전학파는 개인과 시장을 동일시하고 개인의 선택과 시장의 결과를 일치시키는 경향이 있다. 그러나 시장의 가격이 재화의 사회적 가치와 사회적 비용을 반영하는지 여부로 내부효과와 외부효과를 나눈다면, 이는 개인의 선택과 시장의 조정 중에서 후자에 중점을 두는 것이다. 일반적으로 개인의 의사결정에 고려되면서도 가격에 반영되지 않거나 반대로 가격에 반영되면서도 개인의 의사결정에 고려되지 않는 경우를 생각할 수 있다.

이에 따라 개인의 의사결정에 고려되는지 여부와 가격에 반영되는지 여부에 따라 상황을 네 가지로 나눌 필요가 있다. 즉, 개인이 고려하면서 가격에 반영되는 경우, 개인이 고려하지만 가격에 반영되지 않는 경우, 개인이 고려하지 않으나 가격에 반영되는 경우, 그리고 개인이 고려하지도 않고 가격에 반영되지도 않는 경우이다.

그러므로 개인의 의도와 시장의 결과 사이의 불일치나 차이도 부각시킬 필요가 있다. 당연히 신고전학파가 경시하지만 마르크스, 케인즈, 진화이론 등이 중시하는 과정과 시간을 고려할 필요가 있다. 동시에 이런 과정을 사회적인 관계에 근거한 사회적 과정으로 설정할 필요가 있다. 이것이 카네만이 주장하는 의사결정효용과 경험효용 사이의 괴리를 개인의 인지라는 수준을 벗어나 보다 사회적으로 재구성하는 방법이기도 하다.

신고전학파와 공리주의에 비판적이며 행위와 능력을 강조한다는 점에서 진화경제학은 롤즈, 센, 누스바움Martha Nussbaum 등과 통한다. 이들은 한계효용학파와 신고전학파의 차이에 주목하기보다 이들이 모두 공리주의에 포괄된다고 전제하므로, 행동경제학과 입장을 달리한다. 직간접적으로 아리스토텔레스에 의존하는 이들은 모두 활동능력capabilities을 강조하는 접근법으로 요약할 수 있다(Yujuico, 2008). 아리스토텔레스는 이성이나 합리성이 학습을 요구하고 습관을 통해 내면화된다고 생각했다. 원하는 바를 기호나 선호가 아니라 할 줄 아는 것으로 파악한다. 이는 선택대상을 물체나 물체의 속성이 아니라 행위나 서비스로 보는 것에 부합된다.

우선 센은 신고전학파를 비판하면서 선호를 넘어서는 그 무엇을 상정한다. 그가 제시한 예로, "담배를 끊어야 하는데"라는 발언에는 담배를 피우고 싶은 선호와 담배를 끊어야 한다는 의지나 초선호metapreference가 겹쳐 있다. 이는 선호와 다르며 이를 지배하는 별도의 동인이 있다는 의미이다. 신고전학파는 의지를 부정하거나 이를 선호로 환원하는데 비해, 센은 선호 이외에 책무나 초선호 등을 상정한다.

센은 선호로 환원되지 않는 그 무엇을 상정하므로 행동경제학이나 자유온정주의와 외견상 부합되는 것처럼 보이나 근원적으로는 다르다. 구체적으로 센은 인간에게 책무나 의무와 더불어 윤리나 도덕이 중요하다고 생각한다. 행동경제학의 제1체계를 좁게 보면, 의무나 도덕 혹은 의지가 아니라 본능이나 습관, 그리고 반의식에 지배되어 센과 차이가 있다. 또한 자유온정주의는 인간의 합리성이 불완전하다고 보지만, 윤리나 도덕으로 이를 보완하기보다 초기대안이나 냉각기간의 설정에 머문다.

보다 우호적으로 해석하면 자유온정주의도 규칙이나 규정, 그리고 주위 사람들의 도움으로 각자 올바른 일상생활을 유지하도록 노력하는데 동의할 것이다. 나아가 자신의 감정이나 본능, 단기적인 안목을 억제하는 생활습관 등 내적인 장치들도 강조할 것이다. 더불어 이미 논의한 바로서 행동경제학은 의사결정에 공정성이 개입된다는 점을 들어 신고전학파를 비판한다. 이렇게 보면, 행동경제학 자체는 아니더라도 자유온정주의는 윤리와 도덕의 존재를 부정하지 않는다는 점에서 센과 롤즈, 누스바움 등의 아리스토텔레스주의와 통할 수 있다.

그러나 행동경제학과 자유온정주의가 공리주의에 의존한다는 점에서는 센과 분명한 차이를 보인다. 이런 차이는 인간과 인간의 행위에 대한 아리스토텔레스나 칸트와 공리주의의 차이에서 비롯된다. 센은 공리주의를 비판하면서 수동적인 감성이 아니라 능동적인 행위agency를 인간의 특징으로 내세웠다. 이런 행위에는 쾌락이나 이익의 추구보다 도덕이나 실천적 이성, 그리고 책무 등이 중요하다. 당연히 센은 효율성이나 적정성보다 자유나 자아실현을 강조한다.

센에 의하면 재화나 자원은 인간에게 쾌락을 주기 때문이 아니라 인간의 자유로운 행위를 가능케 하는 능력이나 기능을 부여하기 때문에 가치를 지닌다. 그리고 그에 있어 이런 능력이나 기능은 상당부분 사회적이다(Sen, 1985, 1987). 현대사회에서 자동차라는 재화, 이를 운전할 수 있는 능력, 이런 능력을 통해 출퇴근하고 여행을 다니는 기능이 한 예이다.

센의 입장에서도 자동차라는 재화의 의미나 가치는 사람마다 다르지만, 그것을 효용의 차이가 아니라 가치와 능력이나 기능의 차이로 파악한다. 자동차의 기능을 출퇴근, 주말여행, 식당이나 공연장 방문 중 어디에 둘 것인지는 사람마다 다르며, 각자에게 자동차는 다른 능력과 기능을 제공한다. 이 때문에 그에게서 경제학이 상정하는 경제인은 가격이나 효용은 알지만 가치나 의미, 능력, 기능 등의 다양성은 박탈당한 '합리적 바보'이다(Sen, 1977).[32]

이에 따라 그는 인간들이 기본능력을 동일하게 발휘할 수 있도록 메워주어야 한다며 모종의 평등주의를 내세운다. 가령, 이것은 독일식 자본주의에서 고졸사원에게 대졸교육을 시켜주는 방식과 유사하다. 센의 다른 주장뿐만 아니라 평등주의라는 결론도 능력이나 행위를 강조하므로, 효용을 위한 선택에 일방적인 관심을 두고 있는 행동경제학과 부합되지 않는다.

행동경제학과 자유온정주의는 인간이 신고전학파가 주장하는 바와 같이 효용을 극대화할 수 없다고 주장하면서도, 인간이 효용을 추구하며, 또한 추구해야 한다는 입장을 버리지 않는다. 이에 비해 센은 인간이 효용이외에 다른 가치들을 추구하며, 정적인 감정보다 동적인 행위를 중시한다는 점에 주목한다. 그러므로 기존의 경제인뿐만 아니라 카네만이 상정하는 인간도 소극적이고 정적이라고 그는 판단한다.[33]

나아가 행동경제학과 이에 근거한 자유온정주의가 효용이론이나 공리주의에 대해 어떻게 생각하든 여전히 개인주의적이다. 이에 비해 센에게 선호나 기호, 그리고 재화의 기능이나 인간의 사용능력은 기본적으로 사회적이다. 센은 겉으로 개인적이거나 인지적인 것으로 보이는 현상이 실제로는 사회적이고 현실적이라고 주장한다. 노사관계나 정치적인 협상 등과 같이 확연히 사회적인 현상뿐만 아니라 개인의 선택조차 사회적일 수 있다고 주장한다는

---

32 여기서 앞서 논의한 베커가 센과 연관된다. 센은 사회구성원들이 소비재를 통해 자신을 실현하는 기능을 갖추게 된다고 주장해, 소비에 대해 능동성을 부여한다. 소비를 재화의 소모로 간주하는 전통적인 경제학의 입장보다 소비를 적극적인 활동으로 취급하므로, 베커는 센과 비슷하다. 물론 베커가 생산과 효용을 강조하는데 비해 센이 활동과 기능을 강조한다는 차이는 남는다.

33 센과 친화력을 갖고 있는 롤즈도 공리주의에 대해 비판적이다. 또한 그가 주장하는 사회적 일차재에 대한 평등한 분배나 열등한 자에 대한 우선적인 배려는 선택상황의 초기치나 우선적인 대안의 설정이라는 자유온정주의의 입장보다 더 적극적으로 평등성을 추구하고 더 많은 정부의 개입을 요구한다. 그렇지만 자유온정주의도 초기치나 대안의 순서를 정할 때 모종의 사회적 합의가 필요하므로, 롤즈와 겹치는 부분이 있다.

점에서 그의 논리는 보다 적극적이다. 또한 선호나 예산제약이 사회적으로 결정된다는 주장보다 내적인 비판에 가깝다.

구체적으로 센은 소위 재화들이나 재화묶음들의 독립성이 위배되는 근거가 선택대안들의 집합 밖에 존재한다면서, 이것을 맥락, 그것도 사회적 맥락이라고 불렀다(Sen, 1993a). 센 자신은 의식하지 못했지만, 이는 트버스키가 생각하는 맥락과 구분되며, 트버스키와 경영학자들이 내세우는 맥락의 성격과 한계를 드러낸다. 즉, 재화들이 내적으로 형성하는 것처럼 보이는 맥락이 선택행위 밖에서 사회적으로 형성된다는 것이 센의 주장이다.

센의 사례는 파티에서 파이가 하나 남았을 때는 자신이 그것을 먹는 대안(y)보다는 남을 위해 먹지 않는 대안(x)을 선택한다. 이에 비해 파이가 두 개 있을 때는 먹지 않는 대안(x)이나 두 번째 파이를 먹는 대안(z)보다 첫 번째 파이를 먹는 대안(y)을 선택한다. 이 예는 작은 집합에서는 y가 아니라 x를 택하고, z가 추가된 큰 집합에서는 x가 아니라 y를 택한 경우이다. 센 자신이 강조하듯이, 이 예는 선택의 내적인 정합성을 위해 요구되는 비관련 대안들의 독립성에 위배된다.

이 예는 트버스키의 예와 몇 가지 점에서 차이가 있어 행동경제학에 대해 완전히 내적인 비판은 아니다. 이 예에는 내가 무엇을 선택하느냐의 문제뿐만 아니라 누가 무엇을 차지하느냐는 분배의 문제, 그리고 어느 대안도 선택하지 않는 것도 대안으로 취급한다는 문제가 겹쳐 있다. 취업과 연관 지으면, 어느 직장을 선택하느냐, 누가 어떤 직장을 얻게 되느냐, 그리고 여가와 실업의 가능성이 포함되어 있다. 이에 비해 여러 용량과 가격을 가진 컴퓨터 중 하나를 선택하는 트버스키의 예는 단순히 선택과 관련될 뿐 분배와 무관하며, 대안들 중 어느 것도 선택하지 않는 경우는 배제한다. 이런 차이들에도 불구하고 센의 예는 겉으로 개인의 선택행위나 선택의 대안들이 형성하는 것처럼 보이는 맥락이 실은 사회적임을 보여준다.[34]

---

34 가격과 예산제약이 개입되지 않았다는 점에서 센의 예는 기존 경제학의 예와 대비된다. 트버스키도 소득을 고려하지 않고 있으며, 가격을 재화의 다른 속성과 같은 차원에서 취급하나, 가격을 고려한다는 점에서 센과 차이가 있다.

센이 제시한 또 다른 예로, 차 한 잔 마시러 놀러오라는 친구의 제안에 대해서는 안 가기(x)보다 가서 차를 마시는 쪽(y)을 택한다. 그러나 차를 마시든지(y) 코카인을 하자는(z) 제안에 대해서는 안 가는 쪽(x)을 택한다. 이 경우에도 정합성이 깨진다.

이 경우에는 코케인이라는 대안의 추가가 선택상황에 대한 인식에서 비롯되는 가치epistemic value 전체에 변화를 가져온다. 차나 주스가 아니라 코케인을 제안했기 때문이다. 그리고 상황에 대한 인식변화는 단순히 선택상황 자체에 대한 판단이 아니라 그렇게 제안한 친구에 대한 평가로 이어진다. 이 예에서는 하나의 대안이 인접대안들뿐만 아니라 대안들의 집합전체에 대한 평가와 대안들의 제안자에 대한 평가에도 변화를 가져왔다.

이 경우 진열대의 물건들이 아니라 타인의 제안이라는 점과 타인에 대한 평가가 수반된다는 점에서 타인과의 인간관계가 개입되어 있다. 그렇지만 이 경우 타인은 분배 등 나와의 관계가 아니라 그가 제시한 대안들과의 관계를 통해 확인된다. 하나의 극단적이거나 이례적인 대안이 대안들의 집합전체의 성격을 바꾸는 경우는 회의(예, 핵무기포기)나 협상(임금동결)에서도 나타난다. 이는 회의의 의제agenda와 같이 권력이나 세력의 문제를 내포하기도 한다. 이 논의를 통해 센이 내세우는 맥락이 행동경제학의 맥락과 비교해 사회적이라는 점을 알 수 있다.

사실 행동경제학과 자유온정주의가 강조하는 준거, 문맥, 초기대안 등은 모두 선호와 관련될 뿐 가격과 소득이 개인들에게 차별적으로 부과하는 제약과 무관하다. 소득분배나 계층 · 계급의 차별 등은 신고전학파뿐만 아니라 행동경제학에게도 먼 나라의 이야기이다. 행동경제학은 인간이나 사회문제들 중 얼마나 많은 부분이 개인의 인지적인 불완전성에서 비롯되고, 얼마나 많은 부분이 계급이나 계층들 사이에 존재하는 권력이나 소득의 불평등에서 비롯되는지에 관해 고민하지 않는다. 나아가 순전한 개인의 인지상 불완전성이나 비합리성이 권력이나 빈부의 차이로 인한 정보의 차이가 가져올 의사결정의 우열과 비교해 얼마나 중요한지도 자유온정주의는 논의하지 않는다.

센의 생각은 칸트와 닿아 있다. 개인의 기호가 사회적이라면, 이들 사이의 관계는 개인적이면서 동시에 사회적이다. 또한 이 재화에 대한 소유가 법에 의존한다고 보면, 이 법이 사회적이고 전체적이므로, 개인의 재산소유에 이미 사회성이 내포되어 있다. 이 점에서 푸펜도르프나 밀과 칸트는 명확하게 대비된다(홍 훈, 2009a, 199-214쪽). 푸펜도르프나 밀이 개인에 존재하는 사회성을 부정하거나 희석시킨다면, 칸트는 이와 반대로 이런 사회성이나 전체성을 확인하거나 강화시키고 있다.

자유와 정부에 대한 대륙의 지배적인 입장은 루소의 사회계약론이나 칸트의 윤리학 등에서 나타난다. 칸트에서는 국가의 지배가 개인들 사이의 관계를 지배하는 수준에 이르고 또한 그렇게 되어야 한다. 칸트는 인간이 정치적이고 사회적이어서 국가나 사회가 이미 개인에게 내면화되어 있다고 본다.

칸트는 자신의 『도덕철학』에서 몇 차례에 걸쳐 하나의 의지, 두 개의 의지, 그리고 모두의 의지들이라는 세 가지 기준이나 순서를 원용했다(홍 훈, 2009a, 199-214쪽). 그는 이들을 각기 현실이나 자의적인 개인행동, 협약, 그리고 법으로 규정했다. 또한 이들을 일방, 쌍방 혹은 양자, 전방으로 표현했다(Kant, 1790, pp.14-19, 24-29). 현실은 일방적이고 물리적인 점유와 통한다고 생각된다. 협약이나 거래 및 계약은 쌍방이 만나 이루어진다. 끝으로 사회계약이나 법은 사회의 모든 구성원들이 모여 성립된다.

칸트 전반에 흐르고 있는 경험적인 것에 대한 격하는 흄을 극복하려는 의지를 보여준다. 넓게 보아 흄은 경험이나 감각을 중시했고, 사회계약에 적대적이었고, 시장에 대해 우호적이었다. 이렇게 보면 칸트는 이성에 대한 강조, 사회계약이나 의지의 중요성, 법률에 대한 의존 등 여러 측면에서 일관되게 흄에서 벗어나고 있다.

인간관계에 대한 칸트의 강조는 나와 물체와의 관계가 동시에 타인과의 관계라고 생각한 데서 드러난다. 이렇게 생각한 이유는 전체의지와 법률에 의한 정당한 분배를 통해 소유가 가능해졌기 때문이다(pp.17-18). 이에 따라 그는 법적인 매개를 거치지 않은 인간과 물체의 관계는 감각적이거나 현실에 의존하는데 비해, 인간들 사이의 관계는 합리적이고 법에 의존한다고 주장했다(p.22).

칸트는 인간과 물체 혹은 재화의 관계에서 재화가 인간의 소유물이라는데 중점을 두고, 이 관계에 법적으로 소유를 정당화하는 전체성이나 사회성이 개입되어 있다고 주장했다. 반면 공리주의는 어떤 개인에게 특정 재화가 소유물이라는 점이 아니라 쾌락의 대상이라는 점에 초점을 맞추었다.

> 외부의 어떤 것을 자신의 소유로 하는 것은 공적인 입법 권력의 규제 하에 있는 법적이거나 시민적인 사회에서만 가능하다. 그러므로 모두를 묶는 의지, 그리고 그 자체로 공통의 집단적이고 권위적인 의지만이 모두에게 안전을 보장할 수 있다. 따라서 외적으로 내 것과 네 것은 시민사회에서만 가능하다(Kant, pp.365-366).[35]

사회철학에 있어 푸펜도르프의 개체주의가 인식에 있어 흄의 경험주의와 결합된데 비해, 칸트에는 이런 전체성이 선험성과 연결되어 있다. 전자의 흐름이 영국의 경제학을 통해 강화된데 비해, 후자는 헤겔과 마르크스를 통해 강화되었다. 특히, 마르크스에 이르러 칸트의 선험성은 완전히 사회성으로 전환되어 인간과 사회를 관통했다고 해석할 수 있다.

5.6 사회관계와 동양사회

소비자주권이라는 개인주의에 대해서는 고전적인 철학자들뿐만 아니라 비판적인 경제학자들도 의문을 제기한다. 커만(Kirman, 2010)에게 비우량주택담보대출로 인한 미국의 경제위기는 경제이론의 위기이다. 그에 의하면 신고전학파 경제학은 미시거시를 막론하고 일반균형이론에 근거해 경제현상이 고립된 개인들이 벌인 행동들의 단순한 합이라고 본다. 또한 개인들의 다양

35 Etwas äußeres als das seine zu haben, ist nur in einem rechtlichen Zustande, unter einen öffentlichen gesetgebenden Gewalt, d. i. im bürgerlichen Zustande, möglich... Also ist nur ein jeden anderen verbindender, mithin kollektiv-allgemeiner (gemeinsamer) und machthabender Wille derjenige, welcher jedermann jene Sicherhiet leisten. Also kann es nur im bürgerlichen Zustande ein äußeres Mein und Dein geben.

한 기호나 기대를 배제하고 대표행위자라는 평균적인 존재에 의존해 경제전체를 한 명의 의사결정자처럼 취급한다. 이런 시각에서 그는 보다 나은 경제학을 위해 주식시장 등에 있어 개인들의 상호의존, 상호작용, 상호관계를 중시하고, 사회적 연결망을 고려하자고 주장한다.

이와 유사하게 복잡계이론 등에 근거해 경제학의 균형개념에 제한을 가하려는 학자들도 있다(Farmer & Geanakoplos, 2008) 이들에 의하면 우선 일반균형이론의 균형개념이 미시거시나 일반균형체계 혹은 게임이론을 막론하고 경제학의 핵심이다. 동시에 균형개념이 의존하는 개인의 행위와 선택은 행동주체에 기초하므로 거시경제학 등에 비추어 강점을 지닌다.

그러나 인간은 원자와 달리 생각하고 추론한다는 점에서 물리학과 경제학의 균형이 다르다고 이들은 주장한다(op.cit. p.16). 또한 균형개념은 시간과 불확실성을 사상하고, 환경이나 자연 상태의 변동을 외생적 충격으로 간주한다는 한계를 지닌다. 더불어 현실의 금융시장에서 비효율성이 사라지는 속도는 느리며, 구조적 변동으로 비효율성이 증가하는 경우도 많다(pp.24-25).

균형개념이 적용되지 않는 경우에 고려할 대안은 행동경제학 및 실험경제학, 전략과 구조의 구분, 제한적인 합리성과 다양한 행동주체에 대한 고려, 진화에 근거한 생물학적인 유추, 그리고 복잡계의 원리 등이다. 이에 따라 합리성이 제한되어 있는 여러 다양한 행동주체들의 상호연관을 검토할 필요가 있다.

이들은 행동경제학이나 실험경제학도 긍정적으로 평가하고 있으나, 개체와 전체의 연결에 대한 행동경제학의 미흡함에 비추어 볼 때, 행동경제학에 대한 우호적인 태도는 그다지 정당하지 못한 것 같다.

이들보다 인간관계나 사회관계를 강조한다는 점에서 사회자본social capital이나 사회적 연결망social networks이 더 돋보인다(Bourdieu, 1986; Coleman, 1988; Putnam, 1995; Emirbayer & Goodwin, 1994; Glanville & Bienenstock, 2009; Moody & Paxton, 2009). 이들에 따르면 동양뿐만 아니라 미국을 포함한 서양에서도 인간과 사회경제가 제대로 기능하기 위해 사회자본이나 사회적 연결망이 현실적으로 필요하며, 실제로도 기능하고 있다. 사회자본은 미시와 거시 혹은 나와 우리의 연결고리로서 이런 일을 가능하게 만들어준다. 물론 이런 개념들의 부근에서 신뢰가 중요하다는 주장도 함께 등장한다.

우선 부르디유Pierre Bourdieu는 마르크스의 자본개념을 넓혀 경제자본, 문화자본, 사회자본으로 나누었다. 여기서 문화자본은 교육자격증과 연결되고, 사회자본은 여러 종류의 사회관계 및 연결망들로 구성된다. 문화자본과 가정을 강조하는 부르디유의 관점에서는 한국의 학벌도 문화자본과 사회자본의 결합이다. 이에 비해 고울만James Coleman은 인적자본의 형성에 있어서도 사회자본이 개입된다는 점을 강조했다. 나아가 퍼트남Robert Putnam은 사회자본에 친목단체나 사교단체까지 포함시키고 이것이 민주주의를 위한 시민적인 참여의 기반이 된다고 주장했다.

사회자본이나 사회적 연결망은 사회구조를 강조하는 사회학의 입장에서 방법론적인 개체주의에 근거한 경제학의 인적자본이론을 비판한 결과이다. 사회적 연결망이나 사회자본에 관한 이론들은 사회구조와 개인의 합리적 선택을 어느 정도 강조하느냐에 따라 여러 가지 모습으로 나타난다.

전반적으로 사회자본과 사회연결망은 각기 사회구조와 개인의 행동을 상대적으로 더 강조한다. 이에 따라 사회자본 개념이 베커의 인적자본에 더 비판적이다. 이미 지적한 바와 같이, 기존 경제학과 대체로 방법론적인 개인주의를 공유하는 행동경제학은 사회연결망과 친화력을 지니지만, 사회자본과는 상당한 거리를 두고 있다.

연결망이론에서는 경제적 연결망과 사회적 연결망 사이에 차이가 있다. 경제학자들은 소프트웨어의 호환성이나 컴퓨터와 특정 인쇄기의 부합성compatibility 등 기술적인 연결망에 집중한다(Katz & Shapiro, 1994). 이는 이미 지적한 경제학의 특징을 반영한다. 즉, 경제학은 일차적으로 관계나 맥락보다 비율에 집중하고, 관계나 맥락에 관심을 두더라도 인간들이나 사회가 아니라 개인의 선택대상이 되는 재화들이나 자원들 사이에서 발생하는 관계나 맥락에 집중한다. 역시 이미 지적한 바와 같이, 이 점에서는 행동경제학도 기존의 신고전학파와 크게 다르지 않다.

신고전학파와 행동경제학의 방법론적인 개체주의에 대한 비판과 대안은 조직행동이나 사회심리분야에서 보다 두드러진다. 특히, 한국인을 포함한 동양인을 부각시켜 경제인이나 행동경제인이 아니라 문화적 경제인을 내세우는 흐름 속에서 이런 경향이 드러난다(Henrich, 2000; Frerichs, 2011, pp.296-297). 그 내용은 사회관계, 인지나 지식, 그리고 유인이나 동기부여 등 주로 세 가지 차원에서 제시할 수 있다(Hong, 2012).

우선 경제학의 개인주의에 대한 보다 확고한 비판자들은 상당수의 문화심리학자와 경영학자들이다. 이들은 인간이 개인뿐만 아니라 사회관계속에서 존재하고 집단이나 조직에 속해 있다는 사실을 중시한다(Triandis, 1989, 1998; Kitayama, et al., 2004; Hofstede & Crae, 2004; Sen. 1993b, p.p.50). 이들은 동양사회에서 인간이 개인으로 존재하기보다 상호의존적인 관계에 의존해 왔다는 점을 여러 사례연구들을 통해 광범위하게 주장해 왔다(Markus & Schwartz, 1987: Markus & Kitayama, 1991, 2010),

나아가 미국 이민자 중 백인이 아닌 인종에서는 인간관계가 중요하다는 점도 강조한다.[36] 이들에 의하면 경제학이 신봉하는 소비자 선택의 자유는 미국의 백인 대졸자 중산층이라는 전세계인구의 극히 일부에만 타당하다(Snibbe & Markus 2005; Stephens & Markus, 2007; Savani et al., 2008). 이와 독립적으로 일본이나 독일 자본주의의 특징으로서 거래의 기초가 되는 관계나 중국경제를 상징하는 관계Quanxi가 동양의 인간관계로 폭넓게 제시되고 있다(Boisot & Child, 1988; 홍 훈, 1999).[37]

가령, 올림픽 경기에서 금메달을 획득한 미국선수는 주로 현재 자신의 특성을 강조한다. 이에 비해 일본선수는 과거의 실패와 극복을 말하면서 코치나 동료, 가족에게 공을 돌린다(Markus et al., 2006). 이는 자신의 행위를 주변과

---

36 사람을 의미하는 인간(人間)이라는 단어 자체에 이미 '사이'가 끼어 있을 정도로 관계는 한국사회 그리고, 아마도, 중국사회에서 근원적이다. 또한 신고전학파뿐만 아니라 행동경제학에서 배경(background)은 교육적인 배경 등과 같이 개인의 과거경력이나 선택의 배경과 같이 개인이 선택하는 물적인 환경을 지칭한다. 이에 비해 한국사회에서 "배경"은 흔히 특정인의 사회관계전체나 소속집단의 총칭이다.

37 이런 관점에서 보면, 동양에서는 어린이와 친모를 쉽게 분리시키는 대리모나 입양에 서양보다 더 많은 정신적인 고통이 따를 것으로 예상된다.

분리해서 생각하느냐 묶어서 생각하느냐에 따라 나타나는 차이이다. 또한 동양인은 장기적인 관계에 의존적이어서 친구가 쉽게 바뀌지 않으므로, 자신에 대한 평판이 깎일 때 상대적으로 수치심이 더 강하다(Sznycer, et al., 2012).

관계의존적인 인간은 신고전학파의 경제인과 대비된다. 경제인은 선호 등에 대한 비교와 계산을 주업으로 삼는다. 이미 지적한 바와 같이, 관계를 비교로 재해석하거나 비교로 바꾸고 이를 거리로 예시한 사람은 흄이다. 이 점에서 흄이 신고전학파의 시조라는 입장은 거듭 강화된다. 이렇게 보면 미시경제학에 흔히 등장하는 재화에 대한 비교뿐만 아니라 준거의존성을 낳는 소득의 비교나 사회적 비교도 모두 신고전학파와 연속적이며, 사회관계나 인간관계의 중요성과 대비된다.

인간관계와 관련해 피스케Alan Fiske를 참고할 필요가 있다. 그는 인간의 사회생활을 지배하는 네 가지 사회관계를 가정에서와 같은 공동체적인 나눔, 군대에서와 같은 권위적인 서열, 선물교환에서와 같은 동등한 배열, 시장에서의 가격결정으로 나누었다(Fiske, 1992). 이 중에서 동양의 사회관계는 네 번째를 제외한 나머지들로 구성되어 있다는 추정이 가능하다. 또한 인간관계에 대한 동양사회의 의존은 낙인이나 "왕따"도 신고전학파나 행동경제학에서처럼 개인차원이 아니라 역사문화에 배태된 관계차원에서 설정된다는 것을 의미한다(Shelton et al., 2010, pp.627-628)

그렇다면 동양사회에서 인간이 개인으로 존재하기보다 서로 의존적이고 인간관계를 중시하고 집단적이어서 윤리나 사회체제를 유지한다고 이해할 수 있다. 사회구성원들이 상호의존적이므로 타인에게 이런 저런 조언을 준다. 이런 상황에서는 외로움이 아니라 오히려 권위나 참견 혹은 획일성이 문제될 수 있다. 이런 동양사회에서 자유방임주의나 사회주의는 사회적 영향을 지닐 수 있으나 자유온정주의나 사회자본은 의미를 상실할 가능성이 높다.

구체적으로 의무, 규범, 자기책무, 생활규칙이나 습관 등이 지배적인 동양사회에서 자유온정주의는 이미 사회의 일부이다. 또한 가족, 친구, 이웃, 동료, 선후배가 조언자나 제삼자로 존재하므로, 자유온정주의가 별로 필요 없을 것이다. 더불어 한국사회만 보아도 온정주의가 확산되어 있고, 도처에 선생이나 지도자가 너무 많은 것이 오히려 탈이다. 끝으로 사회가 위계적이어서 여러 부문에서 어떤 대안이 좋은지 고민하지 않아도 이미 최상의 대안이나 좋은 대안이 사회적으로 합의되어 있는 경우도 많다. 학교, 직책, 주거, 재화, 인재 등에 있어 이런 합의는 흔하다.

인간들이 상호 독립적인가 상호의존적인가의 차이는 행위의 동기에도 영향을 미친다. 특히, 이미 경제학에 전파된 내적인 동기와 외적인 동기의 구분이 중요하다. 아리스토텔레스에 따라 이는 활동의 목적이 활동 자체 내에 있는지 아니면 활동 밖에 있는지로 구분할 수도 있다(Hong, 2011, pp.189-190). 동양에서는 집단이나 관계에의 연루가 내적인 동기를 구성할 가능성이 높다.

사회에서 관계나 집단이 중요하다면, 이들이 인간에게 내면화된다고 생각할 수 있다(Hodgson, 2002). 그렇다면 인간의 자아self에도 개인적인personal 자아 이외에 관계적인relational 자아와 집단적인collective 자아가 있다고 주장할 수 있다(Brewer & Gardner, 1996, p.84; Shamir, et al., 1993; Kark & Shamir, 2002; Howell & Shamir, 2005, pp.99-100).

예를 들어, 자신의 소득과 점수를 올리기 위해 노력한다면, 이는 개인적인 자아에 해당된다. 이에 비해 여러 사람들과의 관계 때문에 노동이나 공부를 열심히 한다면 이는 관계적인 자아의 작동이다. 끝으로 가족이나 회사 혹은 나라를 위해 일하거나 공부한다면 이는 집단적인 자아에 해당된다. 이에 따라 인간은 여러 가지 자아들의 경쟁이나 협동 속에서 상황에 따라 이들 중 특정 자아를 발현한다고 이해할 수 있다.

더불어 독립성이나 상호의존성의 차이는 인간뿐만 아니라 선호와 재화의 존재 및 이해에도 차이를 낳는다. 문화나 인간관계 혹은 사회관계의 차이에 따라 개인의 선호가 달리 형성된다는 주장은 넓은 동의를 얻고 있다. 위에서 언급한 피스케의 네 가지 사회관계를 지배하는 성격으로 무관심(숙명론), 위계(집단주의), 동등(평등주의), 경쟁(개인주의)을 제시하고, 이에 근거한 선호의 형성을 내세운 이론도 있다(Wildavsky, 1987).

역사문화적인 차이가 사람이나 사회의 차이를 낳는다면, 이것이 당연히 재화나 서비스의 모습에도 차이를 가져온다. 인간과 사회가 집단적이고 관계의존적이라면, 재화도 집단적이고 관계적이다. 이런 관점은 인간뿐만 아니라 재화나 자원에 대해서도 대체관계보다 보완관계를 중시하고, 물질, 생계, 의식주 등 총체적인 존재로서의 재화나 자원을 강조하게 된다. 총체적인 존재로서 문화개념은 총체적인 존재로서 재화나 자원에 부합된다.

집에서 지붕과 기둥은 보완적일 뿐만 아니라 결합되어 있다. 시각, 청각, 미각, 촉각, 후각 등 오각은 보완적일 뿐만 아니라 결합되어 있다. 사회를 유기체로 생각하는 사상에서는 전사, 철학자, 장인, 농부 등의 사회적 분업이 사회를 유지하는 데 모두 필요하다고 본다. 이는 유기체라는 하나의 복합체 안에 존재하는 결합관계에 가깝다. 또한 생계나 의식주라는 범주는 여러 재화나 서비스의 결합체나 덩어리를 상정하므로, 이 내부에서 재화들은 독자성이 없이 뭉쳐 있다. 이보다 덜 하지만, 호텔, 교통, 유적방문 등이 결합된 패키지 상품이나 끼워 팔기에서는 여러 재화들이 묶여 일체를 이룬다. 이런 모든 것은 경제학에서 강조하는 대체보완관계를 넘어서며, 굳이 따지면 대체관계보다는 보완관계에 가깝다.

더욱 좁히면 집단주의와 개인주의의 차이는 개별재화에서도 확인할 수 있다. 김치찌개와 샌드위치는 그 예가 될 수 있다. 샌드위치는 빵, 고기, 야채의 결합인데, 구성요소들의 개별성이 높아 분해가 가능하다. 이런 이유로 샌드위치는 때때로 구성요소들을 묶는 외적인 도구를 필요로 한다. 따라서 샌드위치는 요소들의 복합체는 아니다. 이는 구성요소들이 각자 독자성을 유지하면서 하나의 음식이 된다는 의미이다. 부분으로 떨어지기 쉬우므로 경제학에서 말하는 대체나 보완이 이 제품에 보다 손쉽게 적용될 수 있다. 또한 개별요소로의 분리가 손쉬우므로 특정의 개별요소를 다른 것으로 대체하는 일이 손쉽다. 가령, 고기 대신 햄을 넣은 샌드위치가 손쉽게 고안될 수 있다.

이에 비해 김치찌개는 무, 배추, 고춧가루, 소금 등이 덩어리나 복합체를 이루면서 음식이 된다. 샌드위치가 빵, 고기, 야채, 치즈 등으로 분해될 수 있다면, 김치찌개는 김치, 두부, 고기, 물로 분해할 수 없어 복합체에 가깝다. 김치찌개가 하나의 그릇이나 심지어 솥과 같은 용기에 담겨야 한다는 것이 이를 반영한다. 이에 비해 샌드위치는 접시에 담을 필요가 없고 더구나 그릇을 필요로 하지 않는다. 이런 이유로 김치찌개에는 대체와 보완이 용이하지 않다. 거의 모든 다른 구성요소들과의 조화가 요구되기 때문이다.

이런 의미에서 김치찌개는 관계와 집단을 중시하는 한국사회에 부합된다. 특정 집단이나 관계에 누군가 쉽게 진입할 수 없다. 이런 차이는 특정 음식이 아니라 여러 음식으로 이루어진 식사전체에서도 드러난다. 서양의 정식에서는 구성요소들의 결합이나 종합이 훨씬 자유롭다. 가령, 전채 2, 식사 4, 후식 3이라면, 2*4*3의 여러 조합이 가능하다. 한국의 식사에서는 이와 같은 융통성은 많지 않으며, 단순히 여러 종류의 식사가 존재할 뿐이다.

서양의 정식이 시간적으로 배치되는데 비해 한국의 정식은 공간적으로 배치된다는 차이도 있다. 전통적인 한국음식은 한 상(床)에 여러 음식이 함께 등장하는데 비해, 서양의 음식은 순서에 따라 하나씩 차례대로course 등장한다. 한국의 정식은 모든 요리가 동시에 등장해 소비되는데 비해, 서양의 정식에서는 시간을 두고 개별요리가 등장하고 소비된다. 한꺼번에 여러 음식이 등장하는 경우 여러 음식들이 총체적으로 하나를 구성하는데 비해, 순서에 따라 나오는 경우 각 음식 혹은 접시는 개별적이거나 독립적이다. 전자에서는 정식이 하나를 이루며 개별요리는 전체의 부분이고 전체의 모습을 파악하기도 쉽다. 후자에서는 개별요리들이 독립적이며 이들이 이루는 전체를 파악하기 힘들다. 그러므로 한국의 역사문화에서는 개별요소를 변경시키는 혁신이 쉽지 않다고 예상할 수 있다.

또한 여러 명이 회식하는 경우, 한국의 식사에서는 동시에 나온 여러 음식들 중에서 각자가 좋아하는 음식이 다를 수 있지만 상 전체로 보면 누구나 어느 정도 그 상 전체를 좋아하는 것이 된다. 이에 따라 각자의 기호가 집단의 기호에 묻히게 된다. 이에 비해 미국의 식사에서는 보다 명확하게 각자의 기호가 드러난다. 후자에서는 음식의 개별성뿐만 아니라 인간의 개별성도 부각되는 셈이다.

이에 따라 재화들의 관계에 대해 보완, 대체, 독립의 세 가지로 구분하는 경제학의 입장으로부터 탈출해 보자. 주안점은 문화권을 넘나드는 경우 독립성이나 의존성이 비관련성이나 관련성과 동일한지 검토하는데 있다. 일단 개인의 선택과 관련해 한계단위에 대해 부여되는 성격이 아니라 사회전체에 적용되는 성격으로 간주해 소득효과 등을 무시해 보자.

예를 들어, 미국에서 햄버거와 콜라는 보완적이고, 햄버거와 피자는 대체적이며, 햄버거와 자동차는 독립적이다. 한국에서는 밥과 국은 보완적이고, 밥과 자장면은 대체적이며, 밥과 자전거는 독립적이다. 그렇다면 햄버거와 밥은 대체적인가 독립적인가 아니면 무관한가? 과거 한국사회에서 햄버거는 식단에 오르지 않았으므로, 햄버거와 밥은 독립적이라기보다 무관하다. 이 점에서 햄버거와 자동차의 관계와 햄버거와 밥의 관계는 다르다. 이렇게 보면 밥과 콜라나 자장면과 피자도 대체적이거나 보완적이지 않을 뿐만 아니라 독립적이지도 않다. 이들은 상호무관하다. 이들은 가격이나 소득이 변하더라도 쉽게 대체되거나 함께 소비될 수 없다.

앞서 지적한 바와 같이 신고전학파는 인간의 상호의존성 혹은 인간관계나 사회관계, 그리고 사회성을 부정하면서 경제나 문화의 주체인 인간뿐만 아니라 이를 뒷받침하는 재화, 자원, 사물들을 개별자로 쪼갰다. 인간과 재화가 개별화되면서 개인과 개별재화나 서비스는 그 자체로 존재하며, 그 자체로 의미와 가치를 지닌다. 대체보완관계나 비율은 개별적으로 파악한 재화나 자원의 상호의존성을 파악하는데 불과하므로 여러 재화들이나 사물들의 총체적인 덩어리를 상정하지 않는다.

이에 따라 신고전학파는 서로 연결되어 있거나 결합되어 있던 인간이나 소유자들이나 재화나 자원들로부터 특정 인간이나 특정 재화나 자원을 손쉽게 분리할 수 있다고 생각한다. 이는 시장의 경쟁과 이에 따른 재화나 자원의 이동에 부합된다. 반면 배태성embeddedness, 헌신적인 자본dedicated capital, 독일이나 일본의 자본주의에서 발견되는 장기적인 거래관행이나 사회관계 등은 방법론적인 개체주의에서 벗어난다(홍 훈, 1999).

이같이 인간을 개인으로 쪼개는 데 문제가 있다면 재화나 자원은 개별자로 쪼개는 데도 한계가 있다. 동시에 역사문화적인 차이가 사람이나 사회의 차이를 낳는다면, 이것이 당연히 재화나 서비스의 모습에도 차이를 가져온다. 개체주의를 넘어서 관계를 강조하는 경우, 우선 재화나 자원에 대해서도 대체관계보다는 보완관계를 중시하게 된다. 나아가 두세 개의 재화나 자원들 사이의 대체나 보완을 강조하는 것이 아니라 여러 재화와 자원들을 묶어 물질, 생계, 의식주 등 총체적인 수준에서 이해해야 한다. 총체적인 존재로서 문화는 총체적인 존재로서 재화나 자원에 부합된다. 재화나 자원들이 결합되는 데 재화들과 자원들 사이에 우열이 존재할 수 있다.

시장경제가 아니라 전통사회, 사회주의경제나 전시통제경제나 개발독재국가에서처럼 재화의 가격들을 동결·통제·억제한다면, 소비재들을 하나의 덩어리로 취급할 수 있다. 또한 가격이 변동하더라도 이런 변동이 소득에 비해 중요치 않은 현재의 특정 계급이나 계층 혹은 가상적인 미래사회의 구성원들은 소비재들을 역시 마찬가지로 취급할 수 있다. 나아가 배태성이나 헌신적인 자본, 그리고 장기적인 거래관행이나 사회관계 등은 방법론적인 개체주의와 대체관계에 부합되지 않는다.

원래 물질이 정신의 지배를 받아야 한다는 아리스토텔레스의 주장은 재화들을 의식주 등 덩어리로 파악했다. 이는 효용극대화가 아니라 일상적으로 생각하는 바와 같이 특정 욕구의 충족이나 행위의 수행을 목표로 하는 것과 비슷하다. 또한 신고전학파이전의 고전경제학이나 마르크스경제학에서도 재화들을 의식주로 파악해 보완개념이 지배적이었다. 생계나 의식주의 해결은 특정 종류의 재화들을 일정한 비율로 필요로 한다. 이 경우 재화들의 종류나 비율에 융통성이 없지는 않으나 전체적인 윤곽은 정해져 있다. 특히, 결혼, 장례, 축제 등 특정 행사에 필요한 음식, 장식, 장비 등은 종류와 비율에 있어 보완적이어서 하나의 묶음과 같이 취급된다.

신고전학파 경제학과 행동경제학은 재화들 사이의 의존관계나 대체보완관계가 역사, 문화, 기술에 의해 결정된다는 사실에 둔감하다. 가령, 김치찌개와 된장찌개는 역사 문화적으로 한국인이 좋아하는 음식이다. 역사 문화가 다르면 좋아하는 음식도 다르다. 또한 자동차와 휘발유가 서로 보완재인 근거는 기술조건에 있으며, 개인의 선호나 기호, 재화에 대한 분류 및 문화나 역사와는 무관하다. 이런 이유로 기술이 바뀌면, 자동차의 보완재로 경유나 전기가 등장할 수 있다.

나아가 신제품의 등장으로 나타나는 기술의 변동은 대체관계와 보완관계를 뒤바꿀 수도 있다. 종전의 컴퓨터에는 워드프로세서가 장착되어 있지 않았으므로 양자는 보완적이었으나, 이제 컴퓨터에 장착되었으므로 대체관계에 있다. 그리고 그런 대체의 정도가 워낙 심각해 워드프로세서는 더 이상 독자적인 재화로 존재하기 힘들다. 이같이 대체관계와 보완관계는 기술변동 및 신제품의 등장과 함께 진화한다고 볼 수 있다. 슘페터가 기술혁신과 진화를 규정하기 위해 강조한 요소들의 결합combinations은 이를 나타낸다(Schumpeter, 1955, pp.14-15).

경제학은 이런 기술적이거나 역사문화적인 규정을 전제나 배경으로 받아들일 뿐 이것이 구체적인 상황에서 특정 개인의 대체나 보완을 결정한다고 생각하지는 않는다. 그러나 기술적이거나 역사 문화적으로 파악하면 대체보완관계는 개인마다 크게 달라지지 않는다. 대체보완관계에 영향을 미치는 재화나 산업에 대한 분류방식도 역사, 문화, 기술에 의해 결정된다.

재화들 사이의 대체보완관계도 인간관계나 인간과 사회의 관계와 마찬가지로 진화한다. 그리고 이를 규정하는 역사, 문화, 기술의 진화는 개인들의 선택들로 환원할 수 없다. 대부분의 한국인들에게 밥과 김치는 보완관계에 있으나, 일부 청소년들에게는 밥과 김치가 아니라 밥과 치즈가 보완관계에 있다. 이같이 개인의 선택과 독립적인 요인들로 존재하는 보완관계와 대체관계는 함께 선택하거나 함께 선택하지 않도록 개인에게 요구한다는 점에서 선택을 유도하거나 선택에 대한 제약으로 작용한다.

여러 제품들이 모인 종합적인 상품은 개별재화들의 보완성이나 적합성을 이미 체현하므로 대체의 가능성과 개인의 선택을 억제한다. 금요일 저녁에 집에서 모임을 가질 때 필요한 물건들, 종합 관광상품이나 선물세트 등이 그런 예이다. 종합적이거나 복합적인 상품들은 특정 시대의 사회상이나 문화를 반영한다.

두 재화의 관계는 수평적일 수도 있으나 수직적일 수도 있다는 점에 대해서도 신고전학파와 행동경제학은 무감각하다. 대체보완 모두와 관련해 경제학은 해당 재화들이 대등하다고 보는 경향이 있다. 이는 경제학이 시장에서 동등한 개인들을 상정하는 것과 비슷하다. 시장에 등장하는 사람들이 개별적이면서 동동한 개인인 것과 같이, 시장에 등장하는 재화들도 개별적이면서 동등한 재화들이라고 생각한다. 그런데 사회 속에서 개인들이 동등하다는 판단이 언제나 옳지 않듯이, 재화들도 언제나 대등하지 않다.

종합적이거나 결합된 상품에서 이를 구성하는 여러 제품들의 위계는 보다 명확하다. 자동차에서 좌석과 라디오의 위치는 명확하게 규정되어 별로 선택을 허용하지 않는다. 경제학에서 대체관계나 대체비율에 대한 논의는 개인주의와 개체주의의 관점에서 설정되어 이런 상황을 반영하기 힘들다.

이런 차이를 시간선호와 연결시켜 보자. 파핏(Derik Parfit, 1971)에 의하면 시간선호는 자신의 과거, 현재, 미래를 분리시켜 생각하고, 현재의 자신과 비교해 미래의 자신을 타인과 같이 간주해 낮게 평가하기 때문에 발생한다. 그렇다면, 개인보다 사회관계를 중시하는 사회에서는 현재와 미래의 연결성이 높고, 자신과 비교해 타인의 가치를 그렇게 낮게 평가하지도 않는다고 예상할 수 있다.

이렇게 보면 시간선호는 사회경제의 성격과 불가분의 관계에 있다. 사회경제에 공동체적인 성격이 강하면 강할수록, 공시적으로 이타심이 커질 뿐만 아니라 통시적으로 자신의 과거, 현재, 그리고 미래를 연속적으로 생각할 것이다. 연장하면 이는 인간이 자신의 조상, 자신, 그리고 후손을 연결시켜 생각한다는 의미가 된다. 이에 따라 할인율, 이자율, 저축성향 등이 변동할 것이다.

이 같은 논리에 따라, 특정 인격체의 현재와 과거 및 미래를 연결시키고, 이들을 각기 조상 및 후손과 연결시켜, 시간선호에 문화생물학적인 기초를 제공할 수 있다. 이렇게 되면 분명히 전반적으로 할인율이 낮아져, 다른 조건이 같다면 이자율이 낮아지고 저축률은 높아질 것이다. 물론 그 역도 성립한다. 즉, 개인주의가 확산될수록 현 시점에서 자신과 타인을 분명하게 나눌 뿐만 아니라 자신의 과거, 현재, 미래 혹은 자신의 조상, 자기 자신, 후손을 단절적으로 혹은 분리시켜 생각할 것이다. 이렇게 되면 할인율은 높아지고, 다른 조건이 같다면 이자율이 높아지고 저축률은 낮아질 것이다.

한국이나 일본 사람들의 선호에 있어서 공간적인 개인들 사이의 유사성이나 공동체적 가치의 존재, 그리고 시간적으로 현재에 비해 과거와 미래 혹은 조상과 자손의 중요성 등에는 문화·역사적 요소가 담겨 있는 것으로 보인다. 공동체적 가치가 줄어들면 타인의 선호에 비해 본인의 선호가 더욱 중요해지고, 현재가 과거나 미래와 단절되면, 미래의 가치가 떨어져 저축은 줄어들 것이다.

신고전학파의 입장에서는 문화나 규범도 효용의 근거로 삼을 수 있다. 가령, 노인에게 자리를 양보하지 않으면 고통을 느끼므로 예의도 효용함수에 넣을 수 있다. 그런데 노인에게 자리를 양보하지 않는 것이 한국인에게는 고통을 줄 수 있으나 미국인에게는 그렇지 않을 수 있다. 예의나 범절이 다르기 때문이다. 그러므로 이것은 자동차 같은 일반재화가 대부분의 한국인과 미국인에게 효용을 줄 수 있는 것과 구분된다. 또한 사회가 변해서 이런 예의가 소멸된다면, 한국인에게도 양보에 대한 거부가 더 이상 고통을 주지 않을 것이다. 나아가 역사문화는 쾌락이나 고통으로 환원되지 않는 근원적인 성격을 가지므로 이와 충돌되는 경우에도 나름대로 기능할 수 있다. 뿐만 아니라 효용함수가 이런 역사문화의 차이나 변화를 적극적으로 해명할 수 없다는 문제를 안고 있다.

동양에서 집단과 사회관계의 중요성은 재화의 대체보완관계나 할인뿐만 아니라 의사결정에 있어 위험이나 확률에 대한 태도에도 차이를 가져온다. 이런 사회의 의사결정에서는 기대효용이론이 내세우는 비용편익분석이 아니라 유형, 사례, 역할 등의 범주, 정당성이나 이유, 감성이나 직관, 역사 등이 부각된다(Weber & Hsee, 2000, pp.42-48). 특히, 위험에 대한 태도나 관점이 사회관계를 중심으로 한 문화적인 차이, 즉, 위계주의, 평등주의, 개인주의에 따라 바뀐다는 점도 주목할 부분이다(Wildavsky & Dake 1990, pp.43-44).

예를 들어, 중국인이 미국인보다 위험회피적인 성격이 적은데, 이는 중국인의 사회관계나 연결망이 완충기능을 지니고 있기 때문이다. 혹은 동서양인 모두 손실을 회피하는 경향이 있지만, 서양인은 손실액수보다 확률에, 동양인은 거꾸로 확률보다 손실액수에, 각기 더 예민한 것으로 나타났다

(Bontempo et al., 1997).[38]

나아가 인간의 독립성과 상호의존성의 차이는 인식의 차이와 무관하지 않다. 심리학자 니스벳은 동양과 서양의 인식이나 인지를 각기 변증법과 분석철학으로 구분한다(Peng & Nisbett, 1999; Nisbett et al., 2001). 그의 연구에 의하면, 흄 등이 내세운 분석철학은 과거와 현재의 서양을 대표하는데 비해, 서양에서 헤겔Georg Wilhelm Friedrich Hegel과 마르크스를 통해 나타난 변증법은 과거와 현재의 동양에 부합된다.

구체적으로 동일률law of identity, 비모순율law of noncontradiction 혹은 배중률law of the excluded middle로 규정되는 분석적인 형식논리가 서양적인 인식을 대변한다. 반면 변역률principle of change, 모순율principle of contradiction, 정합률 혹은 전체율principle of relationship or holism로 규정되는 모종의 변증법이 동양적인 인식을 이룬다(Peng & Nisbett, 1999: 743-744; Choi & Nisbett, 2000; Li, Nisbett & Su, 2001).[39]

형식논리에서는 "죽느냐 사느냐 그것이 문제이다." 그러나 변증논리에서는 "삶과 죽음이 하나다." 뿐만 아니라 분석철학은 인간을 개인으로 분해하고, 그것의 자율성을 내세우며, 대상을 원자화하거나 개체화해서 그것의 속성을 강조한다. 반면 변증법은 인간관계와 집단을 중시하고, 대상을 총체적으로 파악해 장field, 맥락, 상황을 강조한다고 이들은 생각한다(Guisinger & Blatt, 1994).

이들이 인용한 원의 세조 쿠빌라이 칸과 마르코 폴로의 대화는 이런 차이

---

38 이것은 앞서 4장 3절에서 논의한 것으로 다른 차원들 사이의 비교에서 발생하는 비합리적인 선택과 연결된다(Tversky, Slovic & Kahneman, 1990; Slovic, 1995). 앞선 논의에서는 동일 차원에 대한 집착으로 인해 답을 돈으로 요구하느냐에 따라 상금에 집착하거나 확률에 집착한다는 것이 핵심이었다. 이에 비해 여기서는 미국인과 중국인이 지속적으로 각기 확률과 상금에 집착한다는 결과가 나왔다. 그렇지만 상금보다 확률이 복잡한 숫자라면 상금에 대한 집착보다 확률에 대한 집착이 보다 합리적일 수 있다. 그렇다면 서양인이 다른 차원들 사이의 비교로 가끔 비합리적인데 비해, 중국인은 이와 무관하게 지속적으로 비합리적이라는 해석이 이 연구에서 나올 수도 있다.

39 이들의 한문표기는 다음과 같다. 동일률(同一律), 비모순율(非矛盾律) 혹은 배중률(排中律), 변역률(變易律), 모순율(矛盾律), 정합률(整合律).

를 예시한다. 정원을 걷다가 눈에 띈 다리에 대해, 쿠빌라이는 다리 전체를 논하고, 마르코 폴로는 다리를 구성하고 있는 벽돌 하나하나에 초점을 맞춘다. 또한 동양의학과 서양의학, 바둑과 체스 등도 이런 차이를 드러내며, 기(氣)나 건축에서 풍수지리(風水地理)도 서양과 대비되는 동양의 총체성을 표현한다(Masuda & Nisbett, 2001, p.933). 이들의 또 다른 실험에 따르면 호수 속의 물고기를 볼 때, 미국인은 물고기 자체에 중점을 두는데 비해, 일본인은 배경이 되는 호수 혹은 호수와 물고기의 관계에 주목한다.

형식논리는 존재나 상태를 강조하면서 모순을 배제하는데 비해, 변증법은 역사와 변화를 강조하면서 모순을 인정하고 이에 대한 극복이나 수용을 중시한다. 이로부터 형식논리는 모순을 밝혀내기 위한 논쟁과 토론을 중시하고, 변증법은 심각한 의견 충돌 대신 타협과 중용을 중시한다는 판단을 니스벳 등은 이끌어낸다. 원래 가설에 모순되는 현상이 확인되어도 한국인들이 미국인들만큼 놀라지 않는다는 실험결과가 이런 주장의 근거이다(Choi & Nisbett, 2000). 새옹지마(塞翁之馬)도 변화에 대한 중국인들의 수용을 나타내므로 이에 대한 근거로 제시된다(Li, Nisbett & Su, 2001).

이에 따라 형식논리에서 개인의 입장이나 이익이 중요하다면, 변증법에서는 집단을 위한 의무와 타인과의 관계를 유지하기 위한 화합(和合)이 중요하다. 제품을 선택하는데 있어서도 서양에서는 특정 속성을 강조하면서 극단적인 방향으로 나간다. 이에 비해 동양에서는 중간적이거나 타협적인 방향으로 나가게 된다는 것이다.

이런 이유로 분석논리는 규칙이나 범주를 중시하며 당사자나 해당 사물에 집중하는데 비해, 변증논리는 사물의 상황이나 맥락 혹은 상황이 벌어지는 장을 중시한다. 니스벳이 지적하지는 않았지만, 일반적으로 서양언어보다 동양언어, 특히 한문이 보다 더 맥락에 따른 해석을 요구한다. 그 이유는 동사와 명사의 구분이나 시제가 없고, 주어 등 많은 단어들이 생략된 문장구조를 보이며, 다의적인 단어들을 활용하기 때문이다.[40]

---

40 예를 들어, 연암(燕岩) 박지원(朴趾源)의 허생전(許生傳) 중 한 구절을 보자. "兒生執匙 教以右手 一日之長 先而食之". 이 문장은 "어린이가 태어나서 숟가락을 들 나이가 되면, 먹을 때 오른

이런 차이에 관해 서양사회는 수렵채취 위주여서 물체에 중점을 두는데 비해, 농경사회인 동양에서는 논밭field에서와 같이 환경을 중시하기 때문이다. 이같이 사회역사적인 요인으로 인해 동서양에 서로 다른 사회적 인지체계sociocognitive system가 존재한다는 결론을 이들은 도출했다.

전반적으로 니스벳의 주장은 설득력을 지니지만 몇 가지 부분은 의심스럽다. 우선 변증법이 타협이나 중용을 낳는다는 주장은 근거가 박약하다. 이들은 변증논리를 정과 반의 공존으로 해석해 여러 의견들 사이의 타협이나 정치적인 협상과 명확히 구분하지 않고 있다. 이런 해석이 헤겔과 마르크스의 변증논리를 노자 등 동양의 사상과 비슷하게 파악한 근거이다. 그러나 적어도 헤겔이나 마르크스의 변증법은 양극단의 대립이나 모순적인 결합을 내세우므로 이런 타협이나 중용을 허용하지 않는다.

또한 동양인이 쉽게 타협한다는 주장을 내세우려면 서양인이 동양인보다 의회나 노사협상 등에서 여러 사람의 의견을 엮는 합의안을 도출하는 데 더 능숙하다는 것을 해명해야 한다. 나아가 서양인을 표본으로 삼는 경제학이 여러 재화들 사이의 대체나 볼록형 결합을 쉽게 제시하고 더 높은 효용을 가져다준다고 생각하는 것도 해명해야 한다.

잠정적인 가설은 우선 타협이나 조화의 단위가 다르다는 것이다. 서양인은 개인의 선택에서는 재화들에 대해 쉽게 타협하나, 개인들 사이의 관계에서는 그렇지 않다. 반면 동양인은 소속 집단에서는 개인들 사이에 보다 쉽게 타협하나 집단들 사이에서는 더욱 자신의 이익이나 입장을 고집한다. 다음으로는 서양의 민주주의가 개인들의 다양성을 허용하면서도 이들 모두가 합의하거나 공유하는 가치를 전제한다고 보아야 한다.

뿐만 아니라 분석철학이나 과학철학은 양적이고 연속적인 차이를 강조하는데 비해, 변증법은 질적이고 불연속적인 차이를 강조한다. 이에 따라 변증법은 범주나 개념을 강조하는데 비해, 경제학에서는 이것이 정의로 바뀐다.

손을 쓰라고 가르치고, 하루라도 나이가 많으면, 먼저 먹도록 한다."로 해석된다. 무엇을 가르치는지, 무엇이 길다는 것인지. 무엇을 먹는지, 문장들 사이의 연결이 순접, 역접, 조건, 이유 중 어느 것인지, 주어가 무엇인지 등등을 모두 문맥을 통해 파악해야 한다.

이 점 역시 변증법이 규칙이나 범주를 무시하고 분석철학은 이를 존중한다는 니스벳의 주장과 충돌한다.

예를 들어, 변증법에 의존하는 마르크스 경제학은 상품, 화폐, 자본, 시장, 가격, 교환 등이 어디서 나왔고 그것이 무엇인지에 대해 고민한다. 이에 비해 분석적인 신고전학파의 교과서에는 이런 범주나 개념들이 거의 등장하지 않는다. 대신 통화량, 자본량, 상품의 상대가격이나 교환비율과 거래량 등을 어떻게 정의하거나 수량화해서 현실에 대한 설명이나 예측을 위한 수리적이고 계량적인 가설을 도출할 수 있는지를 고민한다.

재화들 사이의 대체가능성을 신고전학파가 광범위하게 인정하는 것도 범주나 질적인 존재에 대한 무관심과 통한다. 경제학의 입장에서 사과와 자동차 사이에 대체가 가능하다면, 이는 사과와 자동차가 완전히 다른 재화가 아니라는 것을 의미한다. 이에 비해 고전학파나 상식적인 판단에서는 재화들 사이의 보완성을 강조하거나 여러 재화들에 각기 별도의 기능을 부여한다. 이는 범주나 분류에 대한 집착을 의미한다.

그리고 이런 흐름은 변증법과 동양사상을 분리시키는 것이 아니라 연결시킨다. 동양에는 음양(陰陽), 시비(是非), 선악(善惡), 우열(優劣), 애증(愛憎) 등 이질적이거나 상반되거나 이분법적인 표현들이 흔하다. 이와 비슷하게 '잘하거나 못하는' 학생, '좋거나 나쁜' 상품이나 학교, '덥거나 추운' 날씨 등의 구분들이 한국사회에 지배적이다. 그렇다면 마르크스와 신고전학파의 차이는 동서양의 차이에 부합된다.

또한 변증법이 사물의 관계를 강조한다면, 분석철학은 사물의 비율과 수량을 강조한다. 가치이론과 관련해 교환관계가 아니라 교환비율에 집중하는 주류경제학의 수량주의에 대한 마르크스의 비판은 이런 차이를 보여준다. 사물의 비례성이나 시장의 합리성과 관련되는 수량주의는 가격뿐만 아니라 시간(辰時), 계절(春夏秋冬), 방향(東西南北) 등에 대한 느슨하고 질적인 동양의 구분과 부합되지 않는다.

이렇게 보면, 관계에 대한 변증법의 강조는 인간관계에 대한 강조로 개인주의에 대비되고, 인간이든 사물이든 이들의 비율에 대립되며, 질적인 범주에 대한 의존으로 연속적인 변량에 대비된다. 앞서 사회관계의 인적인 측면과 물적인 측면에 대한 의존에 있어서는 차이가 있지만, 마르크스의 사상과 동양의 사상이 모두 사회관계를 중시한다는 점을 지적했다. 이를 니스벳의 주장과 결합시키면, 양자는 사회를 파악하는데 있어 사회관계를 중시할 뿐만 아니라 인식에 있어서 변증법과 총체성을 중시한다는 점에서도 일치하는 셈이다.

이들의 해석 중에서 변증논리가 문맥이나 맥락을 중시한다는 점에서 행동경제학은 변증논리와 통한다. 행동경제학이 두 가지 체계를 내세운다는 점에서도 정과 반을 내세우는 변증논리와 외견상 유사성이 있다. 그런데 행동경제학과 변증논리가 상정하는 맥락의 성격이 다를 수 있다. 또한 행동경제학의 두 체계 중 비합리적인 부분은 나름대로 정돈된 체계라기보다는 합리적인 체계로 포착되지 않는 잔여의 성격을 완전히 벗어나지 못했다. 이에 비해 변증법에서 정과 반은 모두 확고한 체계로서 동등한 위치에 서있다. 더구나 행동경제학은 두 체계의 결합을 상정하지 않아 변증법에서 합에 해당되는 존재를 인정하지 않는다.

보다 긍정적으로 동양의 사고를 행동경제학과 결합하는 방법도 모색할 필요가 있다. 법학자인 선스타인은 두 체계이론을 사회정치적으로 해석해 두 체계를 각기 한 사회내의 전문가와 일반대중에게 부여했다. 이런 비슷한 맥락에서 두 체계를 동양과 서양 등 사회문화적인 차이에 적용할 수 있다 (Sunstein, 2002; Kahan & Slovic, 2006; Peng & Nisbett, 1999).

이와 관련해 앞서 진화경제학이 강조한 암묵적인 지식의 중요성을 기억할 필요가 있다. 암묵적인 지식은 분석적인 지식과 달리 직관이나 시각 등을 내포한다. 더구나 적어도 동양사회에서는 조직에 배태된 암묵적인 지식은 상당부분 동양의 근원적인 인식체계인 총체적이고 변증법적인 인식에 근거할 가능성이 높다(Hong, 2012, pp.30-33). 그 이유는 서세동점의 상황에서 서양에서 전래된 지식은 분석적이고 명시적이며 추상적인 지식일 가능성이 높다. 이것이 지배적으로 되면서 전통적인 동양의 인식체계가 내부로 잠복했을 것이다. 그렇다면 이것이 상당부분 암묵적인 지식의 기반이 되었을 것으로 보인다. 더구나 입시경쟁으로 인해 주입식교육이 압도하는 한국의 교육현장이 생산현장과 괴리되어 있다고 보면 이런 주장은 보다 강화될 수 있다.

결어

이제 전체 논의를 정리해 보자. 먼저 행동경제학에서 발견할 수 있는 긍정적인 측면은 무엇인가? 그것은 신고전학파 경제학과 달리 인간에 대한 관심이 지대하다는 것이다. 신고전학파가 인간을 중심에 놓지 않고 시장, 경제, 사회를 논의했다면, 행동경제학은 보다 현실적인 인간을 중심에 놓고 있다. 그리고 이에 근거해 사회의 여러 부문에서 나타나는 현상들을 보다 설득력 있게 설명하고 있다. 이 점이 경제학자들이 행동경제학에 호감을 느끼는 이유이다. 무미건조한 신고전학파 경제학과 달리, 미흡하지만, 그래도 인문학적인 경제학, 이것이 행동경제학이 주는 매력이다.

신고전학파는 수리화된 보편적인 이론과 인간의 합리성을 고집하면서 많은 현상들의 내용을 생략해 왔다. 이에 비해 행동경제학은 보다 낮은 수준의 보편성과 인간의 합리성을 추구하면서, 여러 현상들의 내용을 고려하고, 직관이나 상식과 통하는 설명들을 제시하고 있다. 행동경제학의 이런 강점은 그것의 정책적인 결론인 자유온정주의와 어느 정도 독립적이다.

그렇다면 행동경제학이 지닌 한계는 무엇인가? 이는 인간에 대한 사회, 문화, 역사의 영향을 충분히 고려하지 못하고 있다는 점이다. 그리고 이런 약점은 대체로 행동경제학이 신고전학파와 공유하는 부분이다. 좁게 보면 행동경제학은 신고전학파와 마찬가지로 규범적인 합리성을 공유한다. 넓게 보면 행동경제학이 앞세우는 인간도 여전히 인지의 관점에서 파악한 개인이며, 행동한다기보다 선택하는 개인이고, 그것도 쾌락과 고통에만 매달리는 공리주의적인 개인이다.

무엇보다 행동경제학이 보다 현실적인 인간을 부각시킨다고 하지만, 여전히 쾌락을 위해 선택하는 개인에 중점을 둔다는 것이 약점이다. 이런 편향은 개인과 사회의 간격을 메우지 못하는 문제를 안겨준다. 이에 따라 행동경제학은 개인의 인지와 선택의 영역을 벗어나는 모든 요인들을 개인의 비합리성으로 오판할 가능성을 안고 있다. 이는 신고전학파가 노동과 자본의 투입증가를 제외한 모든 변동을 기술변동으로 치부하는 것과 비슷하다. 이것은 마치 개인이 보다 합리적으로 선택하기만 하면 모든 경제사회의 문제가 해결될 것처럼 생각하게 만든다. 이 점은 자유온정주의에서 특히 두드러진다. 이런 역사성과 사회성의 결여에 있어서는 행동경제학이 신고전학파와 다르지 않은 것 같다.

이에 따라 전통적인 사회이론이나 사회성을 강조하는 심리학의 이론, 진화경제학과 진화심리학 등 진화이론, 개인이 아니라 사회관계를 강조하는 동양의 특징 등을 제시했다. 인간에 대한 사회적 조건이나 구조의 규정, 선택이 아니면서도 의미 있는 행위, 그리고 역시 사회, 문화, 역사를 고려할 필요가 있다고 주장한 셈이다.

남는 문제는 행동경제학을 어떻게 수정하거나 다른 것과 결합해서 대안을 만드느냐이다. 이것은 추후의 과제이지만 이에 대해 최소한의 윤곽을 그려보자. 보편적으로 지금까지의 논의가 개인과 사회를 연결시키는 데 어떤 도움을 줄 수 있는지 논의해 보자.

일단 경험적으로는 개체의 행위와 사회적인 구조가 공히 현상에 영향을 미치는 것으로 관찰될 것이다(Blount & Neale, 1984). 그런데 선택, 인지, 비교, 정당화, 준거, 초기대안, 맥락 등에 대해 개체와 전체 혹은 개인과 사회의 관계를 설정해야 한다.

이를 위해서는 일단 사회가 개체의 단순한 합이라고 보는 순박한 개체주의나 개체가 전체의 기계적인 일부라고 보는 순박한 전체주의를 회피해야 한다. 신고전학파는 물론이고 행동경제학이나 실험경제학조차 순박한 개체주의의 오류를 범하고 있다. 또한 개체의 차이를 완전히 무시하고 개인의 행위를 완전히 사회적으로 규정하는 일도 오류이다.

첫 번째로 개체가 모이면 개체들의 속성들과 다른 속성이 나타나지만, 이런 속성이 개체들과 별도로 존재하지 않으며, 개체들에게 이런 속성이 내면화되지도 않는 상황을 생각할 수 있다. 아담 스미스나 하이에크가 주장하는 인간행동의 의도되지 않은 결과나 복잡계 이론이 강조하는 출현적 속성이 이를 나타낸다. 사회학자 뒤르켕Emile Durkheim 등도 이를 주장한다(Greenwood, 1991, 2003; Streek, 2010, p.395). 여기서 개체 하나하나는 그 자체로 전체성이나 사회성을 지니지 않는다.

둘째, 개체들이 모여 출현적인 속성을 낳을 뿐만 아니라 개체 속에 어느 정도 사회나 전체가 내면화되어 있는 상황을 생각할 수 있다. 이런 상황에서는 개인이 이미 사회를 자신 안에 지니고 있어 개인이 잠재적으로는 사회이다. 아마도 아리스토텔레스, 그리고 특히, 독일의 철학자들, 칸트, 헤겔, 마르크스에서 인간은 이런 식으로 사회적인 동물이다.

이 중에서 후자가 보다 타당하다고 생각된다. 이에 더해 개체와 전체를 직접 연결시키지 않고 중간에 매개체를 설정할 필요가 있다. 경제학으로 보면 미시와 거시 사이에 중간체meso로 생각할 수 있다. 구체적으로 미시나 거시 사이에, 혹은 자아ego와 체제system나 사회 사이에, 상호간의 의사소통, 사회관계, 집단, 신분·계층·계급 등을 중간체로 설정할 수 있다(Jost et al., 2004).

일단 지금까지의 논의에서 등장한 것을 이에 따라 분류해 보자. 미시적인 단위나 자아는 신고전학파나 행동경제학이 강조하는 선택, 카네만 등이 강조하는 인지, 사이먼슨이나 세일러가 지적한 인지적 불화나 합리화 등과 주로 관련된다. 거시적인 단위나 체제는 센과 선스타인의 규범이나 법, 마르크스, 비고츠키, 조스티 등의 체제 정당화이론이나 이념을 포함한다.

중간체나 집단과는 페스팅거, 프랭크, 아커로프 등의 사회적 비교, 공정성에 대한 카네만 등의 고려, 블라운터의 사회적 인지, 트버스키와 사이먼슨의 이유 있는 선택, 힐튼의 상호간 의사소통, 선스타인의 협상과 흥정, 그리고 사회적 관계, 조스티의 집단에 대한 정당화 등이 연결된다. 그렇지만 개체와 전체, 미시와 거시의 대표적인 중간체로서 사회적인 것을 구성하는 존재가 인간들 사이의 다양한 사회관계이다.

이들 사이에 어느 다른 하나로 환원되는 않는 다층적인 상호의존과 상호작용을 개념화하면, 이들의 상호의존이나 상호작용은 동등할 수도 있고 위계적일 수도 있다. 이에 따라 다음과 같은 가능성이 있을 수 있다.

미시 → 거시, 미시 → 중간 → 거시
미시 ← 거시, 미시 ← 중간 ← 거시
미시 ⇄ 거시, 미시 ⇄ 중간 ⇄ 거시

이들을 인간들의 직접적인 상호작용을 낳는 경우(협상)와 묵시적으로 인간관계가 개입된 경우(관습과 법), 직접적인 대인 간 대화가 요구되는 경우(협상)와 그렇지 않은 경우(법의 규정), 여러 사람들이 부분적으로 개입된 경우(협상)와 전면적으로 개입된 경우(관습과 법), 개체가 관계를 통해서만 존재하는 경우와 단순히 관계로부터 영향을 받는 경우로 나눌 수 있다.

관습이나 법 혹은 규칙 등에는 주로 인간들의 상호작용이 직접 드러나지 않고, 이미 사회계약과 같은 전체적인 개입을 통해 사회성이 생긴다. 전체성이 각 개체에게 삽입되어 있는 셈이다. 칸트가 생각하는 법(개인의 재화 소유)이나 도덕은 이런 모습을 지니고 있다. 이 경우 직접적으로 대화도 요구되지 않으나, 관련된 규정이나 묵시적인 관습이 단순히 서술적이라거나 진정한 의미의 맥락이나 해석을 필요로 하지 않는다. 물론 이런 전체성을 체현하면서도 각 개체들은 자율성을 유지하고 상호간에 관계를 맺을 수 있다. 이럴 경우에는 추가로 대화나 상호작용이 발생한다. 마르크스의 사회관계는 전체성을 체현하면서도 개체들이 맺는 이런 관계에 가깝다.

이런 전체성의 개입 없이 자율적인 개체들이 서로 관계를 맺고 대화를 벌이며 상호작용을 벌인다고 생각할 수 있다. 서로 이익을 추구하는 개체들이 거래를 벌이거나 장기적인 관계를 맺는 경우가 그 예이다. 이 경우 인간관계나 사회관계는 이들 개체들을 모두 포괄하는 전체성을 전제하지 않을 수 있다.

이어 지금까지의 논의를 한국의 경제사회의 특징과 연결시켜 보자(홍 훈, 2012). 행동경제학이 채택한 두 체계이론을 수정해 동서양의 구분, 그리고 명시적인 지식과 암묵적인 지식의 구분에 결합하면, 한국인과 한국사회를 설명하는 출발점이 될 수 있다.

(1) 카네만, 그리고 이보다 스타노비치 등에 따라, 직관, 감성, 습관뿐만 아니라 사회관계와 전체성이 포함되는 제1체계와 분석적이고 계산적인 이성에 의존하는 제2체계를 구분한다.

(2) 니스벳에 따라 동양의 총체적이거나 관계적인 인식을 제1체계에 결합시키고, 서양의 분석적인 관점을 제2체계에 결합시킨다.

(3) 폴라니를 결합시켜, 서세동점으로 동양에서 총체적인 관점은 억압되어 암묵적인 지식을 이루고, 분석적인 관점은 명시적인 지식을 이룬다고 본다.

(4) 선스타인에 의존해, 동양, 특히 한반도에서 서양의 분석적인 지식은 유학파 등 서양학문을 배운 지식인이나 전문직업인이 소유하며, 일반인들은 동양의 총체적인 관점에 의존한다고 생각한다.

이에 따라 경제와 사회, 그리고 경제주체와 지식인 등 인간도 이중적이거나 복합적이라고 생각한다. 이는 한국인들에게 분석적이고 계산적인 표면과 총체적이고 관계적인 내면이 충돌, 공존, 결합하고 있다는 가설을 낳는다. 그리고 이런 이중적이거나 복합적인 존재가 경제성장, 교육폭발, 기술발전 등의 근원이라고 추정한다.

예를 들어, 기독교라는 신앙이나 일반균형체계나 기대효용이론에 대한 믿음을 생각해 보자. 이들은 주로 서양의 영향을 받은 지식인이 보유하고 있다. 한국의 종교가 대부분 그렇듯이 한국의 기독교도 사회에서 커다란 힘을 발휘하나 구복신앙의 성격이 강하고 배타성도 높다. 이는 서양에서 믿는 기독교와 상당한 차이를 갖고 있다. 이에 대해 기독교의 원리가 우리의 일상과 거리를 갖고 있거나 일상에서 나름대로 변형되었다는 해석이 가능하다.

한국의 경제학교육에서 가르치는 일반균형이론이나 기대효용이론은 교육의 핵심 주제이다. 그런데 학생뿐만 아니라 선생도 효용과 확률이 들어간 이 복잡한 계산을 한국의 경제주체들이 어느 정도 실제로 현실경제에서 수행하는 일이라고 확신하지는 않는다. 이 역시 현재 미국의 경제학자들이 이 이론들에 대해 갖고 있는 강한 믿음과 차이가 있다. 한국사회와 경제의 일상은 이와 상당한 거리를 두고 있고, 시장원리가 한국경제의 일상에 적용될 때는 크게 변형된다는 해석이 가능하다.

이에 더해 (5) 타흐펠의 사회적 정체성, 시대니어스의 사회적 지배, 그리고 조스트의 체제정당성 이론에 근거해 정치경제적인 이념을 해명할 필요가 있다. 나아가 (6) 개인-관계-집단·사회의 삼중구조를 사회를 설명하는 데 설정할 필요가 있다. 또한 이들은 서로 분리되어 있는 것이 아니라 서로 삼투되어 있다. 이에 따라 개인은 관계를 이루고 관계가 모여 집단이나 사회를 이룬다고 본다. 동시에 관계는 사회나 집단을 내포하고, 자아는 개인적 자아 이외에 관계적 자아와 집단적 자아로 구성되어 있다.

물론 이 모든 것은 추후의 많은 연구를 필요로 한다.

참고문헌

AER American Economic Review, PP Papers and Proceedings.

CJE Cambridge Journal of Economics.

JCR Journal of Consumer Research.

JEL Journal of Economic Literature.

JEP Journal of Economic Perspectives.

JPE Journal of Political Economy.

QJE Quarterly Journal of Economics.

이규상 · 홍 훈 (2009) 자유온정주의와 자유방임주의, 『경제학연구』, 57:3, 171-193쪽.

홍 훈 (1992) 근대경제학내의 자유주의, 『사회비평』, 51-75쪽.

홍 훈 (1994a) 『맑스 경제사상의 구조와 한계』, 한울.

홍 훈 (1994b) 가치형태론에 존재하는 한 가지 이질성에 관한 연구, 『연세경제연구』 창간호, 39-72쪽.

홍 훈 (1994c) 경제민주화의 사상적 배경, 『연세경영연구』, 31:2, 13-77쪽.

홍 훈 (1998) 현대적인 기업이론과 맑스적인 관점, 『산업노동연구』, 34:1, 229-254쪽.

홍 훈 (1999) 『한국 자본주의의 실체』, 서울: 대한상공회의소.

홍 훈 (2000) 『마르크스와 오스트리아학파의 경제사상』, 대우학술총서, 아카넷.

홍 훈 (2002) 케인즈와 하이에크, 『케인즈의 경제학』 13장, 박만섭 편, 다산출판사, 321-345쪽.

홍 훈 (2004) 세계화에 대한 이해, 『세계화와 남북한 사회경제 구조변화』, 17-45쪽, 아르케, 서울.

홍 훈 (2005) 경제학설사, 『한국의 학술연구』, 188-204쪽, 경제학 대한민국학술원.

홍 훈 · 장상환 · 정성진 · 안현효 · 류동민 · 최종민 (2006a) 한국의 중고등학교 경제교육: 경제와 도덕, 『경제교과서 살리기』, 필맥, 서울.

홍 훈 (2006b) 사회관계에 관한 아리스토텔레스의 사상, 『마르크스주의연구』, 3:1, 185-231쪽.

홍 훈 (2006c) 마르크스에 있어서 사회관계와 물리적 비율의 갈등, 『마르크스주의연구』, 3:2, 230-265쪽.

홍 훈 (2007a) 『경제학의 역사』, 서울: 박영사.

홍 훈 (2007b) 신고전학파 경제학의 변화와 한국학계의 수용 (1960-2006년), 『사회경제평론』, 29:1, 89-130쪽.

홍 훈 (2008a) 교육은 상품이 될 수 있는가?, 『동향과 전망』, 74, 189-228쪽.

홍 훈 (2008b) 『인간을 위한 경제학』, 서울: 도서출판 길.

홍 훈 (2009a) 『경제학과 자유주의』, 연세대학교 출판부.

홍 훈 (2009b) Common Sense and Economic Knowledge, 『마르크스주의연구』, 6:2, 287-334쪽.

홍 훈 · 이규상 (2009c) 행동경제학의 규범적 분석과 합리성, 『사회경제평론』. 32, 101-131쪽.

홍 훈 (2012) 한국경제사회, 한국인, 한국교육: 한국형 모델의 이론적인 구성요소들, 4장, 『한국형 모델』, 유정식 · 홍훈 · 장종익 · 박종현 공저, 서울: 연세대학교 출판문화원.

三省堂 (2005) 國語辭典.

Abramovitz, M. (1956) Resource and Output Trends in the United States Since 1870, *AER*, 46:2, *PP*, pp.5-23.

Ainslie, G. (1986) Beyond microeconomics: Conflict among interests in a multiple self as a determinant of value, *The Multiple Self*, ed. J. Elster, Cambridge University Press.

Ainslie, G. (2009) Pleasure and Aversion: Challenging the Conventional Dichotomy, *Inquiry*, 52:4, pp.357-377.

Akerlof, G. (1982) Labor contracts as partial gift exchange, *QJE*, 97:4, pp.543-569.

Akerlof, G. (2002) Behavioral macroeconomics and macroeconomic behavior, *AER*, 92:3, pp.411-433.

Akerlof, G. & R. Kranton (2000) Economics and Identity, *QJE*, 115:3, pp.715-753.

Akerlof, G. & R. Kranton (2002) Identity and Schooling: Some Lessons for the Economics of Education, *JEL*, XL, pp.1167-1201.

Alchian, A. (1950) Uncertainty, Evolution, and Economic Theory, *JPE*, 58:3, pp.211-221.

Alchian, A. & H. Demsetz (1972) Production, Information Costs and Economic Organization, *AER*, 62:5, pp.777-795.

Allais, M. (1953) Le comportement de l'homme rationel devant le risque: critique des postulats et axiomes de l'école americaine, *Econometrica*, 21:4, pp.503-546.

Allais, M. (1954) Puissance et Dangers de l'Utililisation de l'Outil Mathématique en

Economique, *Econometrica*, 22:1, pp.58–71.

Allais, M. (1989) My Life Philosophy, *The American Economist*, 33:2, pp.3–17.

Allen, R. G. D. (1935) A Note on the Determinateness of the Utility Function, *Review of Economic Studies*, 2:2, pp.155–158.

Altman, M. (2005a) The ethical economy and competitive markets, *Journal of Economic Psychology*, 26:5, pp.732–757.

Altman, M. (2005b) Behavioral Economics, Power, Rational Inefficiencies, Fuzzy Sets, and Public Policy, *Journal of Economic Issues*, 39:3, pp.683–706.

Altman, M. (2006) Human agency and free will: choice and determinism in economics, *International Journal of Social Economics*, 33:10, pp.677–697.

Ames, C. (1992) Classrooms: Goals, Structures, and Student Motivation, *Journal of Educational Psychology*, 84:3, pp.261–271.

Anderson, E. (1993) *Value in Ethics and Economics*, Cambridge, Massachusetts: Harvard University Press.

Ariely, D., G. Loewenstein & D. Prelec (2006) Tom Sawyer and the construction of value, *Journal of Economic Organization and Behavior*, 60, pp.1–10.

Ariely, D., A. Bracha & S. Meier (2009) Doing Good or Doing Well? Image Motivation and Monetary Incentives in Behaving Prosocially, *AER*, 99:1, pp.544–555.

Arrow, K. J. (1951) *Social Choice and Individual Values*, New Haven: Yale University Press.

Arrow, K. J. (1993) Excellence and Equity in Higher Education, *Education Economics*, 1:1, pp.5–12.

Arrow, K. J. (2001) The five most significant developments in economics of the twentieth century, *European Journal of the History of Economic Thought*, 8:3, pp.298–304.

Augier, M. & J. March (2002) A model scholar: Herbert A. Simon, *Journal of Economic Behavior and Organization*, 49, pp.1–17.

Augoustinos, M. (1999) Ideology, False Consciousness and Psychology, *Theory & Psychology*, pp.295–312.

Aumann, R. J. & J. H. Drèze (2008) Rational Expectations in Games, *AER*, 98:1, pp.72–86.

Axelrod, R. (1986) An Evolutionary Approach to Norms, *American Political Science Review*, 80:4, pp.1095–1111.

Ayres, I. & R. Gertner (1989) Filling gaps in incomplete contracts: an economic theory of default rules, *Yale Law Journal*, 99:87, pp.87–130.

Babcock, L., X. Wang & G. Loewenstein (1996) Choosing the wrong pond: social comparisons in negotiations that reflect a self-serving bias, *QJE*, 111:1, pp.1-19.

Bagwell, L. S. & B. D. Bernheim (1996) Veblen effects in a theory of conspicuous consumption, *AER*, 86:3, pp.349-373.

Balakrishnan R. et al. (2009) *A Progressive Program for Economic Recovery and Financial Reconstruction*, Schwartz Center for Economic Policy, New School for Social Research.

Bardhan, P. & I. Ray (2006) Methodological approaches to the question of the commons, *Economic Development and Cultural Change*, 54:3, pp.655-676.

Bateman, I, D. Kahneman, A. Munro, C. Starmer & R. Sugden (2005) Testing competing models of loss aversion: an adversarial collaboration, *Journal of Public Economics*, 89:8, pp.1561-1580.

Baumol, W. (1951) The Neumann-Morgenstern Utility Index-An Ordinalist View, *JPE*, 59:1, pp.61-66.

Bazerman, M. H., J. R. Curhan, D. A. Moore & K. L. Valley (2000) Negotiation, *Annual Review of Psychology*, 51, pp.279-314.

Beatty, J. E. and W. R. Torbert (2003) The False Duality of Work and Leisure, *Journal of Management Inquiry*, 12:3, pp.239-252.

Becker, G. S. (1962) Irrational Behavior and Economic Theory, *JPE*, 70:1, pp.1-13.

Becker, G. S. (1965) A Theory of the Allocation of Time, *Economic Journal*, 75:299, pp.493-517.

Becker, G. S. (1975) *Human Capital*, Chicago: The University of Chicago Press.

Becker, G. S. (1976) *The Economic Approach to Human Behavior*, Chicago: The University of Chicago Press.

Becker, G. S. (1992) Habits, Addictions, and Traditions, *Kyklos*, 45:3, pp.327-346.

Bénabou, R. & J. Tirole (2003) Intrinsic and Extrinsic Motivation, *Review of Economic Studies*, 70:3, pp.489-520.

Bénabou, R. & J. Tirole (2006) Incentives and Prosocial Behavior, *AER*, 96:5, pp.1652-1678.

Bénabou, R. & J. Tirole (2011) Identity, Morals, and Taboos: Beliefs as Assets, *QJE*, 126:2, pp.805-855.

Benartzi, S. & R. Thaler (1995) Myopic Loss Aversion and The Equity Premium Puzzle, *QJE*, 110:1, pp.73-92.

Berg, N. & G. Gigerenzer (2007) Psychology implies paternalism?, *Social Choice and Welfare*, 28:2, pp.337-359.

Berg, N. & G. Gigerenzer (2010) As-if behavioral economics: neoclassical economics in disguise, *History of Economic Ideas*, 18:1, pp.133-166.

Bergh, J. C. J. M. van den & J. M. Gowdy (2003) The microfoundations of macroeconomics: an evolutionary perspective, *CJE*, 27:1, pp.65-84.

Bergstrom, T. C. (1996) Economics in a Family Way, *JEL*, 34:4, pp.1903-1934.

Bernoulli, D. (1954) Exposition of a new theory on the measurement of risk, *Econometrica*, 22:1, pp.23-36.

Berns, G., D. Laibson & G. Loewenstein (2007) Intertemporal Choice-toward an integrative framework, *Trends in Cognitive Sciences*, 11:11, pp.482-488.

Bettman, J., M. F. Luce & J. W. Payne (1998) Constructive consumer choice processes, *JCR*, 25:3, pp.187-217.

Billig, M. (1999) Commodity Fetishism and Repression: Reflections on Marx, Freud and the Psychology of Consumer Capitalism, *Theory & Psychology*, 9:3, pp.313-329.

Binmore, K. (1987) Modeling Rational Players, *Economics and Philosophy*, 3, pp.179-214.

Binmore, K. (2006) Justice as a Natural Phenomenon, *Analyse & Kritik*, 28, pp.1-12.

Binmore, K. (2008) Do Conventions Need to be Common Knowledge? *Topoi*, 27, pp.17-27.

Binmore, K. (2010a) Social norms or social preferences, *Mind and Society*, 9, pp.139-157.

Binmore, K. (2010b) Game theory and institutions, *Journal of Comparative Economics*, 38, pp.245-252.

Blaug, M. (2001) Where Are We Now On Cultural Economics?, *Journal of Economic Surveys*, 15:2, pp.123-143.

Blount, S. (1995) When Social Outcomes Aren't Fair: The Effect of Causal Attributions on Preferences, *Organizational Behavior and Human Decision Processes*, 63:2, pp.131-144.

Blount, S. (2000) In theory whoever said that markets were fair, *Negotiation Journal*, 16:3, pp.237-252.

Blount, S. & M. Neale (1984) The Role of Negotiator Aspirations and Settlement Expectancies in Bargaining Outcomes, *Organizational Behavior and Human Decision Processes*, 57:2, pp.300-317.

Boisot, M. & A. Canals (2004) Data, Information and Knowledge, *Journal of Evolutionary*

Economics, 14:1, pp.43-67.

Bontempo, R., W. Bottom & E. Weber (1997) Cross-Cultural Differences in Risk Perception: A Model-Based Approach, *Risk Analysis*, 17:4, pp.479-488.

Bourdieu, P. (1986) The Forms of Capital, trans. R. Nice, *Handbook of Theory of Research for the Sociology of Education*, Greenwood Press, pp.241-258.

Bowles, S. & H. Gintis (1975) The Problem with Human Capital Theory: A Marxian Critique, *AER*, 65:2, pp.74-82.

Bowles, S. & H. Gintis (2002) Home reciprocans, *Nature*, 415:10, pp.125-128.

Bowles, S. & S. Polania-Reyes (2012) Economic Incentives and Social Preferences: Substitutes or Complements, *JEL*, 50:2, pp.368-425.

Brentano, Lujo (1929) *Der Wirtschaftende Mensch in der Geschichte*, Leipzig: Verlag von Felix Meiner.

Brewer, M. B. & W. Gardner (1996) Who is This "We" ? Levels of Collective Identity and Self Representations, *Journal of Personality and Social Psychology*, 71:1, pp.83-93.

Briley D. A., M. W. Morris & I. Simonson (2000) Reasons as Carriers of Culture: Dynamic versus Dispositional Models of Cultural Influence on Decision Making, *JCR*, 27:2, pp.157-178.

Broadbent, J. and R. Laughlin (1997) Contracts and competition? A reflection on the nature and effects of recent legislation on modes of control in schools. *CJE*, 21:2, pp.277-290.

Brower, L. (1913) Intutionism and Formalism, *Bulletin of the American Mathematical Society*, 37:1, pp.55-64.

Brown, J. & S. P. Duguid (1991) Organizational Learning and Communities-of-Practice: Towards a Unified View of Working, Learning and Innovation, *Organization Science*, 2:1, pp.40-57.

Camerer, C. (1988) Gifts as Economic Signals and Social Symbols, *American Journal of Sociology*, 94, pp.S180-S224.

Camerer, C. (1997) Progress in Behavioral Game Theory, *JEP*, 11:4, pp.167-188

Camerer, C. (2004) Prospect Theory in the wild: Evidence from the Field, Chapter 5, *Advances in Behavioral Economics*, ed. C. Camerer, G. Loewenstein & M. Rabin, N.J.: Princeton University Press.

Camerer, C. (2006) Wanting, Liking, and Learning: Neuroscience and Paternalism,

University of Chicago Law Review, 73:87, pp.87-110.

Camerer, C. (2009) The Case for Mindful Economics, *The Foundations of Positive and Normative Economics*, ed. A. Caplin & A. Schotter, Oxford: Oxford University Press.

Camerer, C. & R. Thaler (1995) Anomalies: Ultimatums, Dictators and Manners, *JEP*, 9:2, pp.209-219.

Camerer, C., L. Babcock, G. Loewenstein & R. Thaler (1997) Labor Supply of New York City Cabdrivers: one day at a time, *QJE*, 112:2, pp.407-441.

Camerer, C., S. Issacharoff, G. Loewenstein, T. O'Donoghue & M. Rabin (2003) Regulation for conservatives: Behavioral economics and the case for "asymmetric paternalism", *University of Pennsylvania Law Review*, 151, pp.1211-1253.

Camerer, C., G. Loewenstein & D. Prelec (2005) Neuroeconomics, *JEL*, 43:1, pp.9-64.

Carmen, Z. & D. Ariely (2000) Focusing on the Foregone: How Value Can Appear So Different to Buyers and Sellers, *JCR*, 27, pp.360-370.

Carnap, R. (1995) *An Introduction to the Philosophy of Science*, New York: Dover Publications.

Carruthers, B. G. & W. N. Espeland (1991) Accounting for Rationality: Double-Entry Bookkeeping and the Rhetoric of Economic Rationality. *American Journal of Sociology*, 97:1, pp.31-69.

Cesaratto, S. (1999) Savings and economics growth in neoclassical theory, *CJE*, 23:6, pp.771-793.

Chase, V. M., R. Hertwig & G. Gigerenzer (1998) Visions of rationality, *Trends in Cognitive Sciences*, 2:6, pp.206-214.

Cheng P. W. & K. J. Holyoak (1989) On the natural selection of reasoning theories, *Cognition*, 33, pp.285-313.

Clayson, D. E. and D. A. Haley (2005). Marketing Models in Education: Students as Customers, Products, or Partners, *Marketing Education Review*, 15:1, pp.1-10.

Coase, R. H. (1937) The Theory of the Firm, Chapter 2, *The Nature of the Firm*, edited by O. E. Williamson & S. O. Winter, Oxford: Oxford University Press.

Coase, R. H. (1960) The Problem of Social Cost, *Journal of Law and Economics*, 3, pp.1-44.

Coase, R. H. (1992) The Institutional Structure of Production, *AER*, 82:4, pp.713-719.

Cole, H, G. Mailath & A. Postlewaite (1992) Social Norms, Savings Behavior, and Growth,

JPE, 100:6, pp.1092-1125.

Coleman, J. (1988) Social Capital in the Creation of Human Capital, *American Journal of Sociology*, 94, pp.S95-S120.

Cooper, W. S. (1987) Decision Theory as a Branch of Evolutionary Theory: A Biological Derivation of the Savage Axioms, *Psychological Review*, 94:4, pp.395-411.

Cooper, W. S. (1989) How Evolutionary Biology Challenges the Classical Theory of Rational Choice, *Biology and Philosophy*, 4, pp.457-481.

Cosmides, L. (1989) The logic of social exchange: Has natural selection shaped how humans reason? Studies with the Wason selection task, *Cognition*, 31:3, pp.187-276.

Cosmides, L. & J. Tooby (1992) Cognitive Adaptations for Social Exchange, *The Adapted Mind*, ed J. Barkow et al., New York: Oxford University Press.

Davidson, P. (1982-83) Rational Expectations: a Fallacious foundation for studying crucial decision-making process, *Journal of Post Keynesian Economics*, 5:2, pp.182-198.

Della Vigna, S. (2009) Psychology and Economics: Evidence from the Field, *JEL*, 47:2, pp.315-372.

de Saussure, Ferdinand (1959) *Course in General Linguistics*, trans. W. Baskin, New York: Philosophical Library.

Diamond, P. & J. Hausmen (1994) Contingent valuation: Is some number better than no number?, *JEP*, 8:4, pp.45-64.

Dietrich, M. (1994) *Transaction Cost Economics and Beyond*, London: Routledge.

Duesenberry, J. (1949) *Income, Savings and the Theory of Consumer Behavior*, Cambridge, Mass.: Harvard University Press.

Durand, D. (1957) Growth stocks and the Petersburg paradox, *Journal of Finance*, 12, pp.348-363.

Durkheim, E. (1895) *The Rules of Sociological Method*, ed. S. Lukes, New York: The Free Press.

Dworkin, R. (1980) Is Wealth A Value?, *Journal of Legal Studies*, 9:2, pp.191-226.

Earl, P. E. (2005) Economics and psychology in the twenty-first century, *CJE*, 29:6, pp.909-926.

Eibach, R. & T. Keegan (2006) Free at last: social dominance, loss aversion, and white and black Americans' differing assessments of racial progress, *Journal of Personality and Social Psychology*, 90:3, pp.453-467.

Elster, J. (1989) Social norms and economic theory, *JEP*, 3:4, pp.99–117.

Elster, J. (1998) Emotions and economic theory, *JEL*, 36:1 pp.47–74.

Emirbayer, M. & J. Goodwin (1994) Network Analysis, Culture, and the Problem of Agency, *American Journal of Sociology*, 99:6, pp.1411–1454.

Espeland, W. N. & M. L. Stevens (1998) Commensuration as a Social Process, *Annual Review of Sociology*, 24, pp.313–343.

Etzoni, A. (2010) Bounded rationality, Discussion Forum II, Behavioral Economics, *Socio-Economic Review*, 8, pp.377–383.

Fama, E. (1980) Agency Problems and the Theory of the Firm, *JPE*, 88:21, pp.288–307.

Fama, E. & M. C. Jensen (1985) Organizational Forms and Investment Decisions, *Journal of Financial Economics*, 14:1, pp.101–119.

Farmer, J. B. & J. Geanakoplos (2008) The Virtues and Vices of Equilibrium and the Future of Financial Economics, *Complexity*, 14:3, pp.11–38.

Fechner, G. T. (1860) *Elemente der Psychophysik*, Vol. 2, Leipzig: Breitkopf und Haertel.

Fehr, E. & K. Schmidt (1999) A Theory of Fairness, Competition, and Cooperation, *QJE*, 114:3, pp.817–868.

Fehr, E. & S. Gächter (2000) Fairness and Retaliation: The Economics of Reciprocity, *JEP*, 14:3, pp.159–181.

Fehr, E. & S. Gächter (2002) Altruistic punishment in humans, *Nature*, 415:10, pp.137–140.

Feldman, M. W. & K. N. Laland (1996) Gene-culture coevolutionary theory, *Trends in Ecology and Evolution*, 11:11, pp.453–457.

Fellner, W. (1961) Distortion of Subjective Probabilities as a Reaction to Uncertainty, *QJE*, 75:4, pp.670–689.

Festinger, L. (1954) A theory of social comparison processes. *Human Relations*, 7, pp.117–140.

Fine, B. (1997) The New Revolution in Economics, *Capital and Class*, 61:1, pp.143–148.

Fine, B. (2000) Endogenous growth theory: A critical assessment, *CJE*, 24:2, pp.245–265.

Fine, B. & C. Lapavitsas (2000) Markets and money in social theory: what role for economics?, *Economy and Society*, 29:3, pp.357–382.

Fishburn, P. (1989) Generalizations of Expected Utility: A Survey of Recent Proposals, *Annals of Operations Research*, 19, pp.3–28.

Fiske, A. P. (1992) The four elementary forms of sociality: framework for a unified theory of social relations, *Psychological Review*, 99:4, pp.689–723.

Frank, R. (1984) Are Workers Paid their Marginal Products, *AER*, 74:4, pp.549–571.

Frank, R. (1985) The Demand for Unobservable and Other Nonpositional Goods, *AER*, 75:1, pp.101–116.

Frank, R. (1989) Frames of Reference and the Quality of Life, *AER*, PP, 79:2, pp.80–85.

Frank, R. (1997) The frame of reference as a public good, *Economic Journal*, 107, pp.1832–1847.

Frank, R. (2000) Why is Cost–Benefit Analysis so Controversial?, *Journal of Legal Studies*, 29:2, pp.913–930.

Frank, R. (2005) Positional Externalities Cause Large and Preventable Welfare Losses, *AER*, PP, 95:2, pp.137–141.

Frederick, S., G. Loewenstein & T. O'Donoghue (2002) Time Discounting and Time Preference: A Critical Review, *JEL*, 40:2, pp.351–401.

Frerichs, S. (2011) False Promises? A Sociological Critique of the Behavioral Turn in Law and Economics, *Consumer Policy*, 34, pp.289–314.

Frey, B. (1994) How Intrinsic Motivation is Crowded Out and In, *Rationality & Society*, 94:6, pp.334–352.

Frey, B. & A. Stutzer (2005) Beyond Outcomes: Measuring Procedural Utility, *Oxford Economic Papers*. 57:1, pp.90–111.

Friedman, M. (1982) *Capitalism and Freedom*, Phoenix Books: The University of Chicago Press.

Friedman, M. (2008) Methodology of Positive Economics, Chapter 7, *The Philosophy of Economics, An Anthology*, ed. D. Hausman, Cambridge: Cambridge University Press.

Friedman, M. & L. J. Savage (1948) The utility analysis of choices involving risk, *JPE*, 56:4, pp.279–304.

Friedman, M. & L. J. Savage (1952) The expected utility hypothesis and the measurability of utility, *JPE*, 60:6, pp.463–474.

Fulbrook, E. (2002) An Intersubjective Theory of Value, Chapter 17, *Intersubjectivity in Economics: Agents and Structures*, ed. E. Fullbrook, London: Routledge.

Galbraith, J. K. (1976) *The Affluent Society*, Boston, Mass.: Houghton Mifflin Company.

Galanter, E. & P. Plinter (1974) Cross–Modality Matching of Money Against Other

Continua, *Sensation and Measurement*, ed. by H. R. Moskowitz et al., Dordrecht, Holland: Reidel, pp.65-76.

Geothals, G., G. Winston & D. Zimmerman (1999) Students Educating Students, *Williams Project of the Economics of Higher Education*, Discussion Paper No. 50.

Gergen, K. J. (1985) The social constructionist movement in modern psychology, *American Psychologist*, 40:3, pp.266-275.

Georgescu-Roegen, N. (1952) A Diagrammatic Analysis of Complementarity. *Southern Economic Journal*, 19:1, pp.1-20.

Ghiselin, M. T. (1978) The Economy of the Body, *AER*, 68:2, pp.233-237.

Ghiselin, M. T. (1999) Progress and the economy of nature, *Journal of Bioeconomics*, 1, pp.35-45.

Gigerenzer, G. (2000) *Adaptive Thinking*, New York: Oxford University Press.

Gigerenzer, G. & K. Hug (1992) Reasoning about social contracts, *Cognition*, 43:2, pp.127-171.

Glanville, J. & E. J. Bienenstock (2009) A Typology for Understanding the Connections Among Different Forms of Social Capital, *American Behavioral Scientist*, 52:11, pp.1507-1530.

Glennerster, H. (1991) Quasi-Markets for Education. *Economic Journal*, 101:408, pp.1268-1276.

Gneezy, U. & A. Rustichini (2000) A Fine is a Price, *Journal of Legal Studies*, 29:1, pp.1-15.

Gode, D. K. & S. Sunder (1993) Allocative Efficiency of Markets with Zero-Intelligence Traders: Market as a Partial Substitute for Individual Rationality, *JPE*, 101:1, pp.119-137.

Gourville, J. T. (1998) The Effect of Temporal Reframing on Transaction Evaluation, *JCR*, 24:4, pp.395-408.

Green, L. & J. Myerson (2004) A Discounting Framework for Choice With Delayed and Probabilistic Rewards, *Psychological Bulletin*, 130:5, pp.769-792.

Greenwood, J. D. (1991) *Relations and Representations*, London: Routledge.

Greenwood, J. D. (2000) Individualism and the social in early American social psychology, *Journal of the History of the Behavioral Sciences*, 36:4, pp.443-455.

Greenwood, J. D. (2003) Social facts, social groups and social explanation, *Noûs*, 37:1, pp.93-112.

Greenwood, J. D. (2004) What happened to the "social" in social psychology, *Journal for the Theory of Social Behaviour*, 34:1, pp.19–34.

Gul, F. & W. Pesendorfer (2009) The Case for Mindless Economics, *The Foundations of Positive and Normative Economics*, eds. A. Caplin & A. Schotter, Oxford University Press.

Hands, D. W. (2010a) Economics, psychology and the history of consumer choice theory, *CJE*, 34, pp.633–648.

Hands, D. W. (2010b) Stabilizing consumer choice: the role of "true dynamic stability" and related concepts in the history of consumer choice theory, *European Journal of History of Economic Thought*, 17:2, pp.313–343.

Hands, D. W. (2011) Back to The Ordinalist Revolution: Behavioral Economic Concerns in Early Modern Consumer Choice Theory, *Metroeconomica*, 62:2, pp.386–410.

Hanoch, Y. (2002) "Neither an angel nor an ant": Emotion as an aid to bounded rationality, *Journal of Economic Psychology*, 23:1, pp.1–25.

Hansmann, H. (1981) The Rationale for Exempting Nonprofit Organizations for Corporate Income Taxation, *Yale Law Journal*, 91:1, pp.54–100.

Hansson, I. & C. Stuart (1990) Malthusian Selection of Preferences, *AER*, 80:3, pp.529–544.

Hanushek, E. A. (1986) The Economics of Schooling, *JEL*, 24:3, pp.1141–1177.

Harcourt, G. C. (1979) The Social Science Imperialists, *Australian Journal of Political Science*, 14:2, pp.243–251.

Hart, O. (1990) An Economist's Perspective on the Theory of the Firm, *Organization Theory*, ed. O. E. Williamson, Oxford University Press.

Hart, O. (2001) Financial Contracting, *JEL*, 39:4, pp.1079–1100.

Hausman, D. M. & M. S. McPherson (1993) Taking ethics seriously, *JEL*, 31:2, pp.671–731.

Hausman, D. M. & M. S. McPherson (1996) *Economic Analysis and Moral Philosophy*, Cambridge University Press.

Hayek, F. A. (1979) Law, *Legislation and Liberty*, Vol. I, Chicago: The University of Chicago Press.

Heath, C. & J. Soll (1996) Mental Budgeting and Consumer Decisions, *JCR*, 23:1, pp.40–52.

Heath, C., R. P. Larrick & G. Wu (1999) Goals as Reference Points, *Cognitive Psychology*, 38:1, pp.79–110.

Heath, T. B., S. Chatterjee & K. R. France (1995) Mental Accounting and Changes in Price:

The Frame Dependence of Reference Dependence, *JCR*, 22:1, pp.90–97.

Helson, H. (1964) Current trends and issues in adaptation-level theory, *American Psychologist*, 19:1, pp.26–38.

Henrich, J. (2000) Does Culture Matter in Economic Behavior? Ultimatum Game Bargaining among Machiguenga of the Peruvian Amazon, *AER*, 90:4, pp.973–979.

Hertwig, R. & G. Gigerenzer (1999) The 'conjunction fallacy' revisited: how intelligent inferences look like reasoning errors, *Journal of Behavioral Decision Making*, 12, pp.275–305.

Hicks, J. R. (1939) *Value and Capital*, Oxford at the Clarendon Press.

Hicks, J. R. & R. G. D. Allen (1934) A Reconsideration of the Theory of Value Part I, *Economica*, 1:1, pp.52–76.

Hicks, J. R. & R. G. D. Allen (1934) A Reconsideration of the Theory of Value Part II, *Economica*, 1:2, pp.196–219.

Hilton, D. (1995) The Social Context of Reasoning: Conversational Inference and Rational Judgment, *Psychological Review*, 118:2, pp.248–271.

Hirshleifer, J. (1977) Economics from a Biological Viewpoint, *Journal of Law and Economics*, 20:1, pp.1–52.

Hirshleifer, J. (1978a) Natural economy versus political economy, *Journal of Social and Biological Structures*, 1, pp.319–337.

Hirshleifer, J. (1978b) Competition, Cooperation, and Conflict in Economics and Biology, *AER*, 68:2, pp.238–243.

Hirshleifer, J. (1985) The Expanding Domain of Economics, *AER*, 75:6, pp.53–68.

Hodgson, G. M. (1988) *Economics and Institutions*, University of Pennsylvania Press.

Hodgson, G. M. (1998) The Approach of Institutional Economics, *JEL*, 36:1, pp.166–192.

Hodgson, G. M. (2002) Reconstitutive Downward Causation, Chapter 10, *Intersubjectivity in Economics: Agents and Structures*, ed. E. Fullbrook, London: Routledge, pp.159–180.

Hodgson, G. M. & T. Knudsen (2004) The firm as an interactor: firms as vehicles for habits and routines, *Journal of Evolutionary Economics*, 14, pp.281–307.

Hogarth R. M. & M. Reder (1986) Introduction: perspectives from economics and psychology, *Rational Choice: The Contrast between Economics and Psychology*. ed. R. M. Hogarth & M. Reder, Chicago: The University of Chicago Press.

Hofstede, G. & R. R. Crae (2004) Personality and Culture Revisited: Linking Traits and Dimensions of Culture, *Cross-Cultural Research*, 38:1, pp.52-88.

Holmstrom, B. & P. Milgrom (1991) Multi-Task Principle-Agent Analysis, *Journal of Law Economics and Organization*, 7, pp.24-52.

Holt, D. B. (1997) Poststructuralist lifestyle analysis: conceptualizing the social patterning of consumption in postmodernity, *JCR*, 23:1, pp.326-350.

Holt, D. B. (2002) Why do brands cause trouble? a dialectical theory of consumer culture and branding, *JCR*, 29:1, pp.70-90.

Hong, H. (2002) Marx's value forms and Hayek's rules: a reinterpretation in the light of the dichotomy between physis and nomos, *CJE*, 26,, pp.613-635.

Hong, H. (2011) Aristotle and Marx on Money, Production and Slavery, *Journal of Greco-Roman Studies*, 44, pp.177-208.

Hong, H. (2012) Towards a Korean Socioeconomic Model: Collective, Relationships, Knowledge, Motivation, Leadership and Value, *Working Paper*, presented at the 24th annual conference of SASE.

Hovenkamp, H. (1995) Law and Economics in the United States, *CJE*, 19:2, pp.331-352

Howell, J. M. & B. Shamir (2005) The Role of Followers in the Charismatic Leadership Process: Relationships and their Consequences, *Academy of Management Review*, 30:1, pp.96-112.

Hsee, C., G. Loewenstein, S. Blount & M. Bazerman (1999) Preference Reversals Between Joint and Separate Evaluations of Options: A Review and Theoretical Analysis, *Psychological Bulletin*, 125:5, pp.576-590.

Hugly, P. & C. Sayward (2000) Frege on Identities, *History and Philosophy of Logic*, 21, pp.195-205.

Hume, D. (1739-40) A *Treatise of Human Nature*, London: Penguin Books.

Hume, D. (1748) *An Inquiry Concerning Human Understanding*, Section 12. Of the academical or sceptical philosophy, Part III, Project Gutenberg.

Innacone, L. R. (1998) Introduction to the Economics of Religion, *JEL*, 34:3, pp.1465-1495

Irwin J. R. & J. H. Davis (1995) Choice/matching preference reversals in groups: consensus processes and justification-based reasoning, *Organizational Behavior and Human Decision Processes*, 64:3, pp.325-339.

Iyengar, S. S. & M. R. Lepper (1999) Rethinking the Value of Choice: A Cultural Perspective on Intrinsic Motivation, *Journal of Personality and Social Psychology*, 76:3, pp.349-366.

Jensen, M. C. & W. H. Meckling (1984) Theory of the Firm, *The Modern Theory of Corporate Finance*, ed. M. C. Jensen & C. W. Smith, New York: McGraw-Hill.

Jeroen C. J. M. van den Bergh & S. Stagl (2003) Coevolution of Economic Behavior and Institutions, *Journal of Evolutionary Economics*, 13:3, pp.289-317.

Jeroen C. J. M. van den Bergh & J. M. Gowdy (2003) The microfoundations of macroeconomics: an evolutionary perspective, *CJE*, 27:1, pp.65-84.

Johnson M. D. & C. Fornell (1987) The nature and methodological implications of the cognitive representation of products, *JCR*, 14:2, pp.214-228

Jost, J. & M. Banaji (1994) The role of stereotyping in system-justification and the production of false consciousness, *British Journal of Social Psychology*, 33:1, pp.1-27.

Jost, J. T. & D. Burgess (2000) Attitudinal ambivalence and the conflict between group and system justification motives in low status groups, *Personality and Social Psychology Bulletin*, 26, pp.293-305.

Jost, J. T. & O. Hunyady (2003) The psychology of system justification and the palliative function of ideology, *European Review of Social Psychology*, 13:1, pp.111-153.

Jost, J. T., M. R. Banaji & B. A. Nosek (2004) A Decade of System Justification Theory: Accumulated Evidence of Conscious and Unconscious Bolstering of the Status Quo, *Political Psychology*, 25:6, pp.881-919.

Kahan, D. M. & D. Braman (2003) More statistics, less persuasion: a cultural theory of gun-risk perceptions, *University of Pennsylvania Law Review*, 151:4, pp.1291-1328.

Kahan, D., P. Slovic. D. Braman & J. Gastil (2006) Fear of democracy: a cultural evaluation of Sunstein on risk, *Harvard Law Review*, 119:4, pp.1071-1108.

Kahneman, D. (1994) New Challenges to the Rationality Assumption, *Journal of Theoretical and Institutional Economics*, 150:1, pp.18-36.

Kahneman, D. (2003) Maps of Bounded Rationality: Psychology for Behavioral Economics, *AER*, 93:5, pp.1449-1775 .

Kahneman, D. (2011) *Thinking, fast and slow*, London: Allen Lane, Penguin Books.

Kahneman, D. & A. Tversky (1972) Subjective Probability: A Judgment of Representativeness, *Cognitive Psychology*, 3, pp.430-454.

Kahneman, D. & A. Tversky (1973) On the Psychology of Prediction, *Psychological Review*, 80:4, pp.237-251.

Kahneman, D. & A. Tversky (1974) Judgment under Uncertainty: heuristics and biases, *Science*, 185, pp.237-251.

Kahneman, D. K. & A. Tversky (1979) Prospect Theory: An Analysis of Decision under Risk, *Econometrica*, 47:2, pp.263-292.

Kahneman, D., P. Slovic & A. Tversky (1982) *Judgment under Uncertainty: heuristics and biases*, Cambridge: Cambridge University Press.

Kahneman, D. & A. Tversky (1984) Choices, Values, and Frames, *American Psychologist*, 39:4, pp.341-350.

Kahneman, D., J. Knetsch & R. Thaler (1986a) Fairness as a constraint on profit seeking, *AER*, 76:4, pp.728-741.

Kahneman, D., J. Knetsch & R. Thaler (1986b) Fairness and the assumptions of economics, *Journal of Business*, 59, pp.S285-230.

Kahneman, D., J. L. Knetsch & R. Thaler (1990) Experimental Tests of the Endowment Effect and the Coase Theorem, *JPE*, 98:6, pp.1325-1348.

Kahneman, D., J. Knetsch & R. Thaler (1991) Anomalies: The Endowment Effect, Loss Aversion, and Status Quo Bias, *JEP*, 5:1, pp.193-206.

Kahneman, D., P. Wakker & R. Sarin, (1997) Back to Bentham? Explorations of Experienced Utility, *QJE*, 112:2, pp.375-405.

Kahneman, D. & A. Krueger (2006) Developments in the Measurement of Subjective Well-Being, *JEP*, 20:1, pp.3-24.

Kahneman, D. & R. Thaler (2006) Utility Maximization and Experienced Utility, *JEP*, 20:1, pp.221-234.

Kant, I. (1790) *Die Metaphysik der Sitten, The Science of Right, http://www.marxists.org/archive/.*

Kantor, B. (1979) Rational Expectations and Economic Thought, *JEL*, 17:4, pp.1422-1441.

Kark, R. & B. Shamir (2002) The Influence of Transformational Leadership on Followers' Relational versus Collective Self-Concept, *Academy of Management*, Proceedings, OB: D1-D6.

Katz, M. & C. Shapiro (1994) Systems Competition and Network Effects, *JEP*, 8:2, pp.93-115.

Kay, A. C., M. C. Jimenez & J. T. Jost (2002) Sour grapes, sweet lemons, and the anticipatory rationalization of the status quo, *Personality and Social Psychology Bulletin*, 28, pp.1300–1312.

Kelman, M., Y. Rottenstreich & A. Tversky (1996) Context–Independence in Legal Decision Making, *Journal of Legal Studies*, 25:2, pp.287–318.

Keynes, J. M. (1921) *A Treatise on Probability*, London: Macmillan

Khalil, E. (2003) The context problematic, behavioral economics and the transactional view: an introduction to 'John Dewey and economic theory', *Journal of Economic Methodology*, 10:2, pp.107–130.

Kim E. Han, A. Morse & L. Zongales (2006) What Has Mattered to Economics Since 1970, *JEP*, 20:4, pp.189–202.

Kirman, A. (1992) Whom or what does the representative individual represent?, *JEP*, 6:2, pp.117–136.

Kirman, A. (2004) Economics and Complexity, *Advances in Complex Systems*, 7:2, pp.139–155.

Kirman, A. (2010) The Economic Crisis is a Crisis for Economic Theory, *CESifo Economic Studies*, 56:4, pp.498–535.

Kitayama, S., A. Snibbe, H.–R. Markus & T. Suzuki (2004) Is There Any "Free" Choice? *Psychological Science*, 15:8, pp.527–533.

Knetsch, J. L. (1989) The endowment effect and evidence of nonreversible indifference curves, *AER*, 79:5, pp.1277–1248.

Koehler, J. (1996) The base rate fallacy reconsidered: Descriptive, normative, and methodological challenges, *Behavioral and Brain Sciences*, 19, pp.1–53.

Koopmans, T. (1960) Stationary Ordinal Utility and Impatience, *Econometrica*, 28:2, pp.287–309.

Köszegi, B. & M. Rabin (2006) A Model of Reference–dependent Preferences, *QJE*, 121:4, pp.1133–1165.

Kuhberger, A. (2002) The Rationality of Risky Decisions: A Changing Message, *Theory and Psychology*, 12:4, pp.427–452.

Laibson, D. & R. Zeckhauser (1998) Amos Tversky and the Ascent of Behavioral Economics, *Journal of Risk and Uncertainty*, 16:1, pp.7–47.

Landa, J. T. & M. T. Ghiselin (1999) The emerging discipline of bioeconomics, *Journal of*

Bioeconomics, 1, pp.5-12.

Lawson, T. (1981) Keynesian model building and the rational expectations critique, *CJE*, 5:4, pp.311-326.

Lawson, T. (1995) Lucas Critique: A Generlisation, *CJE*, 19:2, pp.257-276.

Lazear, E. P. (2000) Economic Imperialism, *QJE*, 115:21, pp.99-146.

Lerner, J. S. & P.E. Tetlock (1999) Accounting for the effects of accountability, *Psychological Bulletin*, 125:2, pp.255-275.

LeRoy. S. F. (1989) Efficient Capital Markets and Martingales, *JEL*, 27:4, pp.1583-1621.

Levin. I., J. Schreiber, M. Lauriola & G. Gaeth (2002) A Tale of Two Pizzas: Building Up from a Basic Product Versus Scaling Down from a Fully-Loaded Product, *Marketing Letters*. 1:4, pp.335-344.

Lewin, S. (1996) Economics and Psychology, *JEL*, 34:3, pp.1293-1323.

Lewis, D. K. (1969) *Convention*, Harvard University Press, Cambridge.

Lichtenstein, S. & P. Slovic (1971) Reversals of Preference between Bids and Choices in Gambling Decisions, *Journal of Experimental Psychology*, 89:1, pp.46-51.

Litten, L. H. (1980) Marketing Higher Education, *Journal of Higher Education*, 51:1, pp.40-59.

Loewenstein, G. (1999) Because It Is There: The Challenge of Mountaineering ... for Utility Theory, *Kyklos*, 52, pp.315-344.

Loewenstein, G., L. Thompson & M. Bazerman (1989) Social Utility and Decision Making in Interpersonal Contexts, *Interpersonal Relations and Group Processess*, 57:3, pp.426-441.

Loewenstein, G. & D. Prelec (1992) Anomalies in Intertemporal Choice: Evidence and Interpretation, *QJE*, 107, pp.573-597.

Loewenstein, G., S. Issacharoff, C. Camerer & L. Babcock (1993) Self-serving Assessments of Fairness and Pretrial Bargaining, *Journal of Legal Studies*, 22:1, pp.135-159.

Loewenstein, G., D. Read & R. Baumeister (2003) *Time and Decision: Economic and Psychological Perspectives on Intertemporal Choice*, New York: Russell Sage Foundation.

Loewenstein, G. & T. O'Donoghue (2006) "We Can Do This the Easy Way or the Hard Way": Negative Emotions, Self-Regulation, and the Law, *The University of Chicago Law Review*, 73:1, pp.183-206.

Longhurst, R. J. (1996) Education as a Commodity: The Political Economy of the New Further Education, *Journal of Higher and Further Education*, 20:2, pp.49–66.

Loomes, G. & R. Sugden (1982) Regret Theory: an Alternative Theory of Rational Choice under Uncertainty, *Economic Journal*, 92, pp.805–824.

Loomes, G., S. Orr & R. Sugden (2009) Taste uncertainty and status quo effects in consumer choice, *Journal of Risk and Uncertainty*, 39:2, pp.113–135.

Lorenz, E. (1999) Trust, Contract and Economic Cooperation, *CJE*, 23:3, pp.301–315.

Luce, R. D. & H. Raiffa (1957) *Games and Decisions*, John Wiley $ Sons.

Lukes, S. (1974) Power: *a radical view*, Macmillan, London.

Machina, M. J. (1982) "Expected Utility" Analysis without the Independence Axiom, *Eonometrica*, 50:2, pp.277–323.

Machina, M. J. & D. Schmeidler (1992) A More Robust Definition of Subjective Probability, *Econometrica*, 60:4, pp.745–780.

MacKensie, D. (2006) Is Economics Performative?, *Journal of the History of Economic Thought*, 28:1, pp.29–55.

Makowski L. & J. M. Ostroy (2001) Perfect Competition and the Creativity of the Market, *JEL*, 39:2, pp.479–535.

Malinvaud, E. (1952) Note on von Neumann–Morgenstern's strong independence theorem, *Econometrica*, 20:4, p.678.

Malkiel, B. G. (2003) The Efficient Market Hypothesis and Its Critics, *JEP*, 17:1, pp.59–82.

Mankiw, G. (1989) Real Business Cycles: A New–Keynesian Perspective, *JEP*, 3:3, pp.79–90.

Mankiw, G. (2006) The Macroeconomist as Scientist and Engineer, *JEP*, 20:4, pp.29–46.

March, J. (1978) Bounded rationality, ambiguity, and the engineering of choice, *Bell Journal of Economics*, 9:2, pp.587–608.

Mark, K., R. Yuval & A. Tversky (1996) Context–dependence in legal decision making, *Journal of Legal Studies*, 25:2, pp.287–318.

Markose, S. M. (2005) Computability and Evolutionary Complexity: markets as complex adaptive system, *Economic Journal*, 115:504, pp.159–192.

Markowitz, H. (1952) The Utility of Wealth, *JPE*, 60:2, pp.151–158.

Markus, H. R. & S. Kitayama (1991) Culture and the Self: Implications for Cognition, Emotion and Motivation. *Psychological Review*, 98:2, pp.224–253.

Markus, H. R., Y. Uchida, H. Omoregie, S. Townsend & S. Kitayama (2006) Going for the Gold. *Psychological Science*, 17:2, pp.103-112.

Markus, H. R. & S. Kitayama (2010) Cultures and Selves: A Cycle of Mutual Constitution. *Perspectives on Psychological Science*, 5:4, pp.420-430.

Markus, H. R. & B. Schwartz (2010) Does Choice Mean Freedom and Well-Being?, *JCR*, 37:2, pp.344-355.

Marschak, J. (1950) Rational Behavior, Uncertain Prospects, and Measurable Utility, *Econometrica*, 18:2, pp.111-141.

Marx, K. (1967) *Capital*, Vol. I, International Publishers, New York.

Mather, R. (2003) Hegemony and Marxist Psychology, *Theory & Psychology*, 13:4, pp.469-487.

Mauss, M. (1970) *The Gift*, Cohen & West Ltd.

McCleary, R. M. & R. J. Barro (2006) Religion and Economy, *JEP*, 20:2, pp.49-72.

McFadden, D. (2006) Free Markets and Fettered Consumers, *AER*, 96:1, pp.3-29.

Mehra, R. (2003) The Equity Premium: Why Is It a Puzzle? *Financial Analysts Journal*. 59:1, pp.54-69.

Mijovic-Prelec, M. & D. Prelec (2010) Self-deception as self-signalling: a model and experimental evidence, *Philosophical Transactions Royal Society B*, 365, pp.227-240.

Milgrom, P. & J. Roberts (1990) Bargaining Costs, Influence costs, and the Organization of Economic Activity, *Perspectives on Positive Political Economy*, edited by J. E. Alt & K. E. Shepsle, Cambridge University Press.

Mill, J. S. (1991[1859]) *On Liberty*, Oxford: Oxford University Press.

Miller, G. (1997) The Impact of Economics on Contemporary Political Science, *JEL*, 35:3, pp.1173-1204.

Mills, P. & N. Margulies (1980) Toward a Core Typology of Service Organizations, *The Academy of Management Review*, 5:3, pp.255-265.

Mirowski, P. & Somefun, K. (1998) Markets as evolving computational entities, *Journal of Evolutionary Economics*, 8:4, pp.329-356.

Mitchell. G. (2005) Libertarian paternalism is an oxymoron, *Northwestern University Law Review*, 99:3, pp.1245-1277.

Moody, J. & P. Paxton (2009) Building Bridges: Linking Social Capital and Social Networks to Improve Theory and Research, *American Behavioral Scientist*, 52:11, pp.1491-1506.

Mosenson, R. & E. Dror (1972) A Solution to the Qualitative Substitution Problem in Demand Theory, *Review of Economic Studies*, 39:4, pp.433-441.

Munro, A. & R. Sugden (2003) On the theory of reference-dependent preferences, *Journal of Economic Behavior and Organization*, 50:4, pp.407-428.

Munson, J. M. & W. A. Spivey (1981) Product and Brand-User Stereotypes among Social Classes, *Journal of Advertising Research*, 21:4, pp.37-46.

Murray, K. B. & J. L. Schlachter (1990) The Impact of Services versus Goods on Consumers' Assessment of Perceived Risk and Variability, *Journal of the Academy of Marketing Science*, 18:1, pp.51-65.

Muth, J. (1961) Rational expectations and the theory of Price Movement, *Econometrica*, 29:6, pp.315-335.

Myerson, J., L. Green, J. Hanson, D. Holt & S. Estle (2003) Discounting Delayed and Probabilistic Rewards: Processes and Traits, *Journal of Economic Psychology*, 21, pp.619-635.

Myerson, R. (1999) Nash equilibrium and the history of economic theory, *JEL*, 37:3, pp.1067-1082.

Neale, M. & M. Bazerman (1985) The Effects of Framing and Negotiator Overconfidence on Bargaining Behaviors and Outcomes, *Academy of Management Journal*, 28:1, pp.34-49.

Nelson, R. R. & S. G. Winter (1982) *An Evolutionary Theory of Economic Change*, Cambridge, Mass.: Harvard University Press.

Nicolaides, P. (1988) Limits to the expansion of neoclassical economics, *CJE*, 12:3, pp.313-328.

Niebyl, K. (1940) Modern Mathematics and Some Problems of Quantity, Quality. and Motion in Economic *Analysis, Philosophy of Science*, 7:1, pp.103-120.

Nisbett R. E. & T. D. Wilson (1977) Telling more than we can know: Verbal reports on mental processes, *Psychological Review*, 84:3, pp.231-259.

Nisbett, R., K. Peng, I. Choi & A. Norenzayan (2001) Culture and Systems of Thought: Holistic Versus Analytic Cognition, *Psychological Review*, 108:2, pp.291-310.

Nonaka, I. (2007) The Knowledge-Creating Company, *Harvard Business Review*, July-

August, pp.162-171.

Nonaka, I., R. Toyama & P. Byoisière (2001) A Theory of Organizational Knowledge Creation: Understanding the Dynamic Process of Creating Knowledge, Chapter 22, *Handbook of Organizational Learning and Knowledge*, pp.491-517.

Novemsky, N. & D. Kahneman (2005) The Boundaries of Loss Aversion, *Journal of Marketing Research*, 42:2, pp.119-128.

Nowlis, S. M. & I. Simonson (2000) Sales promotion and the choice context as competing influences on consumer decision making, *Journal of Consumer Psychology*, 9:1, pp.1-16.

Obermiller, C., P. Fleenor & P. Raven (2005) Students as Customers or Products, *Marketing Education Review*, 15:2, pp.27-36.

O'Donoghue, T. & M. Rabin (2003) Self-Awareness and Self-Control, Chapter 7, *Time and Decision*, ed. G. Loewenstein, D. Read & R. Baumeister, New York: Russel Sage Foundation.

Ortmann, A. & G. Gigerenzer (1997) Reasoning in economics and psychology, *Journal of Institutional and Theoretical Economics*, 153, pp.700-710.

Ostrom, E. (1998) A Behavioral Approach to the Rational Choice Theory of Collective Action, *American Political Science Review*, 92:1, pp.1-22.

Ostroy, J. & R. Starr (1974) Money and Decentralization of Exchange, *Econometrica*, 42:6, pp.1093-1113.

Pack, H. (1994) Endogenous Growth Theory: Intellectual Appeal and Empirical Shortcomings, *JEP*, 8:1, pp.55-72.

Paganelli, M. P. (2011) The same face of the two Smiths: Adam Smith and Vernon Smith, *Journal of Economic Behavior and Organization*, 78, pp.246-255.

Pareto, V. (1971) *Manual of Political Economy*, trans. A. S. Schwier, New York: Augustus M. Kelley.

Parfit, D. (1971) Personal Identity, *Philosophical Review*, 80:1, pp.3-27.

Payne, J. W. (1982) Contingent decision behavior, *Psychological Bulletin*, 92:2, pp.382-402.

Payne, J. W., J. R. Bettman & E. J. Johnson (1992) Behavioral decision research: a constructive processing perspective, *Annual Review of Psychology*, 43, pp.87-131.

Peng, K. & R. E. Nisbett (1999) Culture, Dialectics, and Reasoning About Contradiction, *American Psychologist*, 54:9, pp.741-754.

Peters, E., D. Västfjäl, P. Slovic, C. K. Mertz, K. Mazocco & S. Dickert (2006) Numeracy and Decision Making, *Psychological Science*, 17:5, pp.407-413.

Pindyck R. & D. Rubindfeld (1981) *Econometric Models and Economic Forecasts*, New York: McGraw-Hill.

Piore, M. (2010) From bounded rationality to behavioral economics, Discussion Forum II, Behavioral Economics, *Socio-Economic Review*, 8, pp.383-387.

Podolny, J. M. & M. Hill-Popper (2004) Hedonic and transcendent conceptions of value, *Industrial and Corporate Change*, 13:1, pp.91-116.

Polanyi, K. (1944) *The Great Transformation*, Boston, Mass.; Beacon Press.

Polanyi, M. (1958) *Personal Knowledge*, London; Routledge & Kegan Paul.

Posner, R. (1997-1998) Rational choice, behavioral economics and the law, *Stanford Law Review*, 50, pp.1551-1608.

Posner, R. (1987) The Law and Economics Movement, *AER*, 77:2, PP, pp.1-13.

Posner, R. (2004) Law and Economics in Common-Law, Civil-Law, and Developing Nations, *Ratio Juris*, 17:1, pp.66-79.

Prelec, D. & G. Loewenstein (1991) Decision Making over Time and under Uncertainty: A Common Approach, *Management Science*, 37:7, pp.770-786.

Putnam, R. (1995) Bowling Alone: America's Declining Social Capital, *Journal of Democracy*, 6:1, pp.65-78.

Putterman, L. & R. S. Kroszner (1996) The economic nature of the firm, Introduction, *The Economic Nature of the Firm*, Cambridge University Press.

Quiggin, J. (1982) A Theory of Anticipated Utility, *Journal of Economic Behavior and Organization*, 3, pp.323-343.

Rabin, M. (1998) Psychology and Economics, *JEL*, 36:1, pp.11-46.

Ratneshwar, S. & A. D. Shocker (1991) Substitution in use and the role of usage context in product category structures, *Journal of Marketing Research*, XXVIII, pp.281-295.

Ratneshwar, S., A. D. Shocker, J. Cotte & R. K. Srivastava (1999) Product, person, and purpose: putting the consumer back into theories of dynamic market behaviour, *Journal of Strategic Marketing*, 7, pp.191-208.

Ray, P. (1973) Independence of Irrelevant Alternatives, *Econometrica*, 41:5, pp.987-991.

Rayo, L. & Becker, G. (2007a) Evolutionary Efficiency and Happiness, *JPE*, 115:21, pp.302-331.

Rayo, L. & G. Becker (2007b) Habits, Peers, and Happiness: An Evolutionary Perspective, *AER*, 97:2, pp.487–491.

Read, D. & G. Loewenstein (1995) Diversification Bias, *Journal of Experimental Psychology, Applied*, 1:1, pp.34–49.

Reay, D., J. Dacies, M. David, & S. J. Ball (2001) Choice of degree or degrees of choice? class, 'race' and the higher education, *Sociology*, 35:4, pp.855–874.

Redelmeier, D., J. Katz & D. Kahneman (2003) Memories of colonoscopy: a randomized trial, *Pain*, 104:1/2, pp.187–194.

Reder, M. W. (1982) Chicago Economics: Permanence and Change, *JEL*, 20:1, pp.1–38.

Rizvi, S. Abu Turab (1994) Game Theory to the Rescue?, *Contributions to Political Economy*, 13:1, pp.1–28.

Robinson, J. (1980) Time in Economic Theory, *Kyklos*, 33, pp.219–229.

Robson, A. (2001) The Biological Basis of Economic Behavior, *JEL*, 39:1, pp.11–33.

Robson, A. (2002) Evolution and Human Nature, *JEP*, 16:2, pp.89–106.

Romer, P. (1987) Crazy Explanations for Productivity Slowdown, *NBER Macroeconomics Annual*, 2, pp.163–202.

Romer, P. (1990) Capital, Labor, and Productivity, *Brookings Papers on Economic Activity*, 8:1, pp.337–367.

Roemer, P. (1994) The Origins of Endogenous Growth, *JEP*, 8:1, pp.3–22.

Rogers, A. R (1994) Evolution of Time Preference by Natural Selection, *AER*, 84:3, pp.460–481.

Rose–Ackerman, S. (1996) Altruism, Nonprofits, and Economic Theory, *JEL*, 34:2, pp.701–728.

Rosen, S. (1987) human capital, *The New Palgrave: A Dictionary of Economics*, 2, pp.681–90, London: Macmillan.

Rosenberg, N. (1982) *Inside the Black Box: Technology and Economics*, Cambridge University Press.

Roth, A. (2002) The Economist As Engineer: Game Theory, Experimentation, and Computation as Tools for Design Economics, *Econometrica*, 70:4, pp.1341–1378.

Roth, A., V. Prasniker, M. Okuno–Fujiwara & S. Zamir (1991) Bargaining and Market Behavior in Jerusalem, Ljubljana, Pittsburgh, and Tokyo: An Experimental Study, *AER*, 81:5, pp.1068–1095.

Rothschild, M. & L. J. White (1995) The Analytics of the Pricing of the Higher Education and Other Services in Which the Customers are Inputs, *JPE*, 103:3, pp.573-586.

Roy, R. (1947) La distribution du revenu entre les divers biens, *Econometrica*, 15:3, pp.205-225.

Rubinstein, A. (2003) "Economics and Psychology?" The Case of Hyperbolic Discounting, *International Economic Review*, 44:4, pp.1207-1216.

Sampson, E. E. (1981) Cognitive psychology, *American Psychologist*, 36:7, pp.730-743.

Samuelson, L. (2002) Evolution and Game Theory, *JEP*, 16:2, pp.47-66.

Samuelson, L. (2005) Economic Theory and Experimental Economics, *JEL*, 43:1, pp.65-107.

Samuelson, P. A. (1967[1947]) *Foundations of Economic Analysis*, New York: Atheneum.

Samuelson, P. A. (1952) Probability, utility and the independence axiom, *Econometrica*, 20:4, pp.670-678.

Samuelson, P. A. (1974) Complementarity: An Essay on The 40th Anniversary of the Hicks-Allen Revolution in Demand Theory, *JEL*, 12:4, pp.1255-1289.

Samuelson, W. & R. Zeckhauser (1988) Status Quo Bias in Decision Making, *Journal of Risk and Uncertainty*, 1, pp.7-59.

Sandel. M. (1998) *What Money Can't Buy: The Moral Limits of Markets*, The Tanner Lectures on Human Values.

Savage, L. J. (1954) *The Foundations of Statistics*, New York: Dover Publications.

Savani, K., H. R. Markus & A. Conner (2008) Let Your Preference Be Your Guide? Preferences and Choices Are More Tightly Linked for North Americans Than for Indians, *Journal of Personality & Social Psychology*, 95:4, pp.861-876.

Schenk, K. E. (2006) Complexity of economic structures and emergent properties, *Journal of Evolutionary Economics*, 16, pp.231-253.

Schulze, W & B. Wansink (2012) Toxics, Toyotas, and Terrorism: The Behavioral Economics of Fear and Stigma, *Risk Analysis*, 32:4, pp.678-694.

Schumpeter, J. A. (1955) *The Theory of Economic Development*, trans. R. Opie, Cambridge, Mass: Harvard University Press.

Schwarz, N. (1999) Self-reports: how the questions shape the answers, *American Psychologist*, 54:2, pp.93-105.

Sen, A. K. (1987) *On Economics and Ethics*, The Royer Lectures, University of California at

Berkeley.

Sen, A. K. (1993a) Internal consistency of choice, *Econometrica*, 61:3, pp.495-521.

Sen. A. K. (1993b) Does Business Ethics Make Economic Sense?. *Business Ethics Quarterly*, 3:1. pp.45-54.

Sen, A. K. (2000) The Discipline of Cost-Benefit Analysis, *Journal of Legal Studies*, Vol. XXIX, pp.931-952.

Sent, E. M. (1997) Sargent versus Simon; bounded rationality unbound, *CJE*, 21:3, pp.323-338.

Sent, E. M. (2004) Behavioral Economics, *History of Political Economy*, 36:4, pp.735-760.

Shafir, E., I. Simonson & A. Tversky (1993) Reason-based choice, *Cognition*, 49, pp.11-36.

Shafir, E., P. Diamond & A. Tversky (1997) Money Illusion, *QJE*, 112:2, pp.341-374.

Shafir, E. & R. Thaler (2006) Invest now, drink later, spend never: On the mental accounting of delayed consumption, *Journal of Economic Pyschology*, 27, pp.694-712.

Shamir, B., R. J. House & M. B. Arthur (1993) The Motivational Effects of Charismatic Leadership: A Self-Concept Based Theory, *Organizational Science*, 4:4, pp.577-594.

Shelton, J., J. Alegre & D. Son (2010) Social Stigma and Disadvantage: Current Themes and Future Prospects, *Journal of Social Issues*, 66:3, pp.618-633.

Shiller, R. (2003) From efficient markets theory to behavioral finance, *JEP*, 17:1, pp.83-104

Shleifer, A. & R. Vishny (1997) A Survey of Corporate Governance, *Journal of Finance*, 52:.2, pp.737-783.

Shocker, A. D., M. Ben-Aliva, B. Boccara & P. Nedungadi (1991) Consideration set influences on consumer decision-making and choice: issues, models, and suggestions, *Marketing Letters*, 2;3, pp.181-197.

Shulman, S. (1997) What's so rational about rational expectations? Hyperrationality and the logical limits to neoclassicism, *Journal of Post Keynesian Economics*, 20:1, pp.135-148.

Siakantaris, N. (2000) Experimental economics under the microscope, *CJE*, 24:3, pp.267-281.

Sidanius, J., F. Pratto, Colette van Laar & S. Levin (2004) Social Dominance Theory: Its Agenda and Method, *Political Psychology*, 25:6, pp.845-880.

Simon, H. A. (1951) The formal theory of the employment relation, *Econometrica*, 19, pp.293–305.

Simon, H. A. (1981) *The Sciences of the Artificial*, Cambridge, Mass.: The MIT Press.

Simon, H. A. (1986) Rationality in Psychology and Economics, *Rational Choice: The Contrast between Economics and Psychology*. ed. R. M. Hogarth & M. Reder, The University of Chicago Press.

Simon, H. A. (1987) Bounded Rationality, In: J. Eatwell, M. Millgate, and P. Newman (Eds.): *The New Palgrave: A Dictionary of Economics,* London and Basingstoke: Macmillan, pp.266–268.

Simon, H. A. (1993) The Human mind: the symbolic level, *Proceedings of the American Philosophical Society*, 137:4, pp.638–647.

Simonson, I. (1989) Choice Based on Reasons: The Case of Attraction and Compromise Effects, *JCR*, 16:2, pp.158–174.

Simonson, I. (2008a) Regarding inherent preferences, *Journal of Consumer Psychology*, 18:3, pp.191–196.

Simonson, I. (2008b) Will I like a 'medium' pillow? Another look at constructed and inherent preferences, *Journal of Consumer Psychology*, 18:3, pp.155–169.

Simonson, I. & A. Tversky (1992) Choice in Context: Tradeoff Contrast and Extremeness Aversion, *Journal of Marketing Research*, 29:3, pp.281–295.

Slovic, P. (1995) The Construction of Preference, *American Psychologist*, 50:5, pp.364–371.

Slovic, P. & S. Lichtenstein (1968) Relative Importance of Probabilities and Payoffs in Risk Taking, *Journal of Experimental Psychology*, 78:3, Part 2, pp.1–18.

Slutsky, E. (1915) On the Theory of the Budget of the Consumer, trans. O. Ragusa, *Readings in Price Theory*, ed. G. Stigler & K. Boulding, London: George Allen & Unwin.

Smith, V. (1998) The Two Faces of Adam Smith, *Southern Economic Journal*, 65:1, pp.1–19.

Smith, V. (2002) Method in Experiment: Rhetoric and Reality, *Experimental Economics*, 5, pp.91–110.

Smith, V. (2003) Constructivist and Ecological Rationality in Economics, *AER*, 93:3, pp.465–508.

Smith, V. (2010) What would Adam Smith think?, *Journal of Economic Behavior and*

Organization, 73, pp.83-86.

Snibbe, A. & H. R. Markus (2005) You Can't Always Get What You Want: Educational Attainment, Agency, and Choice, *Journal of Personality & Social Psychology*, 88:4, pp.703-720.

Solow, R. (1956) A Contribution to the Theory of Economic Growth, *QJE*, 70, pp.65-94.

Solow, R. (1957) Technical Change and the Aggre-gate Production Function, *Review of Economics and Statistics*, 39, pp.312-20.

Spence, A. M. (1973) *Market Signalling*, Cambridge, Mass.: Harvard University Press.

Stadler, G. W. (1994) Real business cycles, *JEL*, 32:4, pp.1750-1783.

Stanovich, K. & R. West (2000) Individual differences in reasoning: Implications for the rationality debate?, *Behavioral and Brain Sciences*, 23:5, pp.645-665.

Starmer, C. (2000) Developments in Non-Expected Utility Theory: The Hunt for a Descriptive Theory of Risk, *JEL*, 38:2, pp.332-382.

Statman, M. (1999) Behavioral Finance: Past Battles and Future Engagements, *Financial Analysts Journal*, 55:6, pp.18-27.

Stell, R. & C. L. Donoho (1996) Classifying services from a consumer perspective, *Journal of Services Marketing*, 10:6, pp.33-44.

Stephens, N. & H. R. Markus (2007) Choice as an Act of Meaning: The Case of Social Class, *Journal of Personality & Social Psychology*, 93:5, pp.814-830.

Stigler, G. (1950) The Development of Utility Theory I, *JPE*, 58:4, pp.307-327.

Stigler, G. (1950) The Development of Utility Theory II, *JPE*, 58:5, pp.375-396.

Stigler, G. J. & G. S. Becker (1977) De Gustibus Non Est Disputandum, *AER*, 67:2, pp.76-90.

Stiglitz, J. (1987) The causes and consequences of the dependence of quality on price, *JEL*, XXV, pp.1-48.

Stiglitz, J. (2000) The Contribution of the Economics of Information to Twentieth Century Economics, *QJE*, 115:4, pp.1441-1478.

Stiglitz, J. (2002) Information and the Change in the Paradigm in Economics, *AER*, 92:3, pp.460-501.

Stiglitz, J., A. Sen & J. P. Fitoussi (2009) *Report by the Commission on the Measurement of Economic Performance and Social Progress.*

Stinebrickner R. and T. R. Stinebrickner (2006) What can be learned about peer effects using college roommates? *Journal of Public Economics*, 90:8/9, pp.1435-1454.

Stracca, L. (2004) Behavioral finance and asset prices: Where do we stand, *Journal of Economic Psychology*, 25:3, pp.373-405.

Strauss, K. (2008) Re-engaging with rationality in economic geography: behavioural approaches and the importance of context in decision-making, *Journal of Economic Geography*, 8, pp.137-155.

Streek, W. (2010) Does 'behavioral economics' offer an alternative to the neoclassical paradigm?, Discussion Forum II, Behavioral Economics, *Socio-Economic Review*, 8, pp.387-397.

Sugden, R. (1985) Why be consistent? a critical analysis of consistency requirements in choice theory, *Economica*, 52:206, pp.167-183.

Sugden, R. (2003) Reference-dependent subjective expected utility. *Journal of Economic Theory*, 111:2, pp.172-191.

Sunstein, C. (2001a) Cost-benefit default principles, *Michigan Law Review*, 99:165, pp.1651-1723.

Sunstein, C. (2001b) Human behavior and the law of work, *Virginia Law Review*, 87:2, pp.205-276.

Sunstein, C. (2002a) Switching the default rule, *New York University Law Review*, 107, pp.106-134.

Sunstein, C. (2002b) The laws of fear, *Harvard Law Review*, 115:4, pp.1119-1168.

Sunstein, C. (2003) What's available? Social influences and behavioral economics, *Northwestern University Law Review*, 97:3, pp.1295-1314.

Sunstein, C. & R. Thaler (2003) Libertarian Paternalism Is Not an Oxymoron, *The University of Chicago Law Review*, 70:4, pp.1159-1202.

Sunstein C. & R. Thaler (2007) The Survival of the Fattest, *New Republic*, 19, pp.59-63.

Székely, G. & D. Richards (2004) The St. Petersburg paradox and the crash of high-tech stocks, *The American Statistician*, 58:3, pp.225-231.

Sznycer, D., K. Takemura, A. Delton, K. Sato, T. Robertson, L. Cosmides & J. Tooby (2012) Cross-Cultural Differences and Similarities in Proneness to Shame: An Adaptationist and Ecological Approach, *Evolutionary Psychology*, 10:2, pp.352-370.

Tajfel, H. & J. Turner (1979) An integrative theory of intergroup conflict, Chapter 3,

The Social Psychology of Intergroup Relations, ed. W. G. Austin & S. Worchel, Monterey, CA.: Wadworth.

Tajfel, H. & J. Turner (1986) The Social Identity Theory of Intergroup Behavior, Chapter 1, *The Social Psychology of Intergroup Relations*, ed. W. G. Austin & S. Worchel, Monterey, CA.: Wadworth.

Tetlock, P. E. (2002) Social functionalist frameworks for judgment and choice: intuitive politicians, theologians, and prosecutors, *Psychological Review*, 109:3, pp.451-471.

Thaler, R. (1981) Some Empirical Evidence on Dynamic Inconsistency, *Economics Letters*, 8, pp.201-207.

Thaler, R. (1985) Mental Accounting and Consumer Choice, *Marketing Science*, 27:1, pp.15-25.

Thaler, R. (1988) The Ultimatum Game, *JEP*, 2:4, pp.195-206.

Thaler, R. (1999) Mental Accounting Matters, *Journal of Behavioral Decision Making*, 12, pp.183-206.

Thaler, R. & E. Johnson (1990) Gambling with the House Money and Trying to Break Even: The Effects of Prior Outcomes on Risky Choice. *Management Science*. 36:6, pp.643-660.

Thaler, R. & C. Sunstein (2003) Libertarian Paternalism, *AER*, PP, 93:2, pp.175-179.

Thaler, R. & C. Sunstein (2008) *Nudge*, New Haven: Yale University Press.

Throsby, D. (1994) The Production and Consumption of the Arts: A View of Cultural Economics, *JEL*, 32:1, pp.1-29.

Tirole, J. (1999) Incomplete Contracts: Where Do We Stand?, *Econometrica*, 67:4, pp.741-781.

Todd P. & G. Gigerenzer (2000) Précis of simple heuristics that make us smart, *Behavioral and Brain Sciences*, 23, pp.727-780.

Todd, P. M. & G. Gigerenzer (2003) Bounding rationality to the world, *Journal of Economic Psychology*, 24:2, pp.143-165.

Triandis, H. C. (1989) The Self and Social Behavior in Differing Cultural Contexts, *Psychological Review*, 96:3, pp.506-520.

Tribe, K. (2004) Educational Economies, *Economy and Society*, 33:4, pp.605-620.

Trivers, R. (1971) The Evolution of Reciprocal Altruism, *Quarterly Journal of Biology*, 46:1, pp.35-57.

Tversky, A. (1967) Additivity, utility. and subjective probability, *Journal of Mathematical Psychology*, 4, pp.175-201.

Tversky, A. (1969) Intransitivity of Preferences, *Psychological Review*, 76:1, pp.31-48.

Tversky, A. (1972) Elimination by aspects: a theory of choice, *Psychological Review*, 79:4, pp.282-299.

Tversky, A. (1977) Features of similarity, *Psychological Review*, 84:4, pp.327-352.

Tversky, A. (1996) Contrasting rational and psychological principles of choice, Chapter 1, *Wise Choices: decisions, games and negotiations*, ed. R. J. Zeckhauser, R. L. Keeney & J. K. Sebenius, Boston, Mass.: Harvard Business School Press.

Tversky, A. & D. Kahneman (1974) Judgment under Uncertainty: Heuristics and Biases, *Science*, 185:4157, pp.1124-1131.

Tversky, A. & D. Kahneman (1983) Extensional versus intuitive reasoning: the conjunction fallacy in probability judgment, *Psychological Review*, 90:4, pp.293-315.

Tversky, A. & D. Kahneman (1986) Rational Choice and the Framing of Decisions, *Journal of Business*, 59:4, pp.S251-S278.

Tversky, A., P. Sattah & P. Slovic (1988) Contingent weighting in judgment and choice, *Psychological Review*, 95:3, pp.371-384.

Tversky, A., P. Slovic & D. Kahneman (1990) The Causes of Preference Reversal, *AER*, 80:1, pp.204-217.

Tversky, A. & D. Kahneman (1991) Loss aversion in riskless choice: a reference-dependent model, *QJE*, 106:4, pp.1039-1061.

Tversky, A. & D. Kahneman (1992) Advances in Prospect Theory: Cumulative Representation of Uncertainty, *Journal of Risk and Uncertainty*, 5, pp.297-323.

Tversky, A. & I. Simonson (1993) Context-dependent preferences, *Management Science*, 39:10, pp.1179-1189.

Twomey, P. (1998) Reviving Veblenian economic psychology, *CJE*, 22:4, pp.433-448.

Uzzi, B. (1997) Social Structure and Competition in Interfirm Networks: The Paradox of Embeddedness, *Administrative Science Quareterly*, 8:2, pp.109-125.

Varian, H. (1978) *Microeconomic Analysis*, New York: W. W. Norton.

Veblen, T. (1918) *The Higher Learning in America*, http://homepage.newschool.edu/het/.

Von Neumann, J. & O. Morgenstern (1943) *Theory of Games and Economic Behavior*, Princeton: Princeton University Press.

Vromen, J. (2006) Routines, genes and program-based behavior, *Journal of Evolutionary Economics*, 16, pp.543-560

Vygotsky, L. (1997) *Pensée et langage*, traduction de F. Sève, Paris: La Dispute.

Waldfogel, J. (1993) The Deadweight Loss of Christmas, *AER*, 83:5, pp.1328-1336.

Wänke, M., H. Bless & N. Schwarz (1998) Context effects in product line extensions: context is not destiny, *Journal of Consumer Psychology*, 7:4, pp.299-322.

Wänke, M., H. Bless & N. Schwarz (1999) Assimilation and contrast in brand and product evaluations: implications for marketing, *Advances in Consumer Research*, 26, pp.95-98.

Watson, M. (2005) *Foundations of International Political Economy*, New York: Palgrave MacMillan.

Weaver, W. (2004[1948]) Science and complexity, Classical Papers, *ECO*, 6:3, pp.65-74.

Weber, E. H. (1850) Der Tastsinn und das Gemeingefühl, In *Handwörterbuch der Physiologie*, Vol. 3., Braunschweig.

Weber, E. & C. Hsee (2000) Culture and Individual Judgment and Decision Making, *Applied Psychology: An International Review*, 49:1, pp.32-61.

Weiss, A. (1995) Human Capital vs. Signalling Explanations of Wages, *JEP*, 9:4, pp.133-154.

Wildavsky, A. (1987) Choosing preferences by constructing institutions: a cultural theory of preference formation, *American Political Science Review*, 81:1, pp.4-21.

Wildavsky, A. & K. Dake (1990) Theories of Risk Perception: Who fears What and Why?, *Daedalus*, 119:4, pp.41-60.

Williamson, O. E. (1975) *Markets and Hierarchies*, New York: The Free Press.

Williamson, O. E. (1985) *The Economic Institutions of Capitalism*, New York: The Free Press.

Williamson, O. E. (2000) The New Institutional Economics, *JEL*, 38:3, pp.595-613.

Williamson, O. E. (2002) The Theory of the Firm as Governance Structure: From Choice to Contract, *JEP*, 16:3, pp.171-195.

Winston, G. C. (1999) Subsidies, Hierarchy and Peers, *JEP*, 13:1, pp.13-36.

Wittgenstein, L. (1953) *Philosophical Investigations*, translated by G. E. M. Anscombe, New York: Macmillan.

Wittgenstein, L. (1958) *The Blue and Brown Books*, New York; Harper and Row.

Wold, H., G. L. S. Shackle & L. J. Savage (1952) Ordinal preferences or cardinal utility?,

Econometrica, 20:4, pp.661-664.

Wright, H. W. (1943) The three contexts of human behavior, *Psychological Review*, 50:4, pp.351-369.

Wright, H. W. (1949) The social, as distinguished from the behavioral, field, *Canadian Journal of Psychology*, 3:4, pp.213-217.

Wright, H. W. (1950) The two aspects of meaning, *Canadian Journal of Psychology*, 4:4, pp.156-170.

Yujuico, E. (2008) Connecting the dots in social entrepreneurship through the capabilities approach, *Socio-Economic Review*, 6: 493-513.

Zarri, L. (2009) Behavioral economics has two 'souls': Do they both depart from economic rationality, *Journal of Socio-Economics*, 39, pp.562-567.

Zheng, Y. (2001) Akrasia, Picoeconomics, and a Rational Reconstruction of Judgment Formation in Dynamic Choice. *Philosophical Studies*, 104:3, pp.227-251.

찾아보기

ㅅ

ㅇ

ㅈ

저자 소개

홍 훈

연세대학교 경제학부 교수
경제사상, 경제이념, 자본주의체제에 관심을 두고 있음.
최근에는 행동경제학 등 현대이론들의 강점과 약점을 연구하고 있음.
저서로는 『맑스 경제사상의 구조와 한계』, 『마르크스와 오스트리아학파의 경제사상』, 『경제학의 역사』 등이 있음. 논문으로는 「신고전학파 경제학의 변화와 한국학계의 수용」, 「행동경제학의 규범적 분석과 합리성」, 「자유온정주의와 자유방임주의」 등이 있음.

신고전학파 경제학과
행동 경제학

값29,000원

2013년 7월 5일 초판 발행
2014년 8월 25일 초판 2쇄
2017년 1월 25일 초판 3쇄

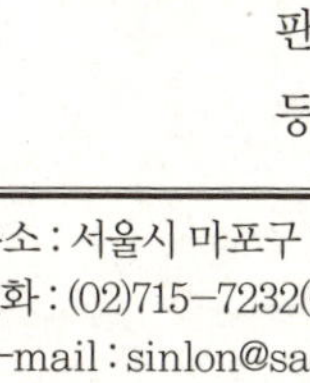

저 자 홍 훈
발행인 리 재 영
발행처 新論社
등록번호 제10-308호(1989.3.4)

판매처 새문사
등록번호 제1-273호(1977.9.19)

주소 : 서울시 마포구 대흥로6길 6-12
전화 : (02)715-7232(代), 717-7235, Fax : (02)715-7235
E-mail : sinlon@saemoon.co.kr
website : www.saemoonbook.com
ISBN : 978-89-7411-359-9 93320